KB126731

인력동원과 신체관리의 동학(動學)

이 저서는 2021년 대한민국 교육부와 한국연구재단의 지원을 받아 수행된 연구임
(NRF-2021S1A5B8096434)

신체정치 연구총서 04

인력동원과 신체관리의 동학(動學)

초판 1쇄 발행 2022년 12월 31일

엮은이 | 청암대학교 재일코리안연구소
발행인 | 윤관백
발행처 | 선인

등   록 | 제5-77호(1998.11.4)
주   소 | 서울시 양천구 남부순환로48길 1 1층
전   화 | 02)718 - 6252 / 6257   팩   스 | 02)718 - 6253
E-mail | sunin72@chol.com

33,000원

ISBN   979-11-6068-772-9   94900
       979-11-6068-321-9   (세트)

· 잘못된 책은 바꿔 드립니다.

신체정치 연구총서 04

인력동원과 신체관리의 동학(動學)

청암대학교 재일코리안연구소 편

선인

▎머리말 ▎

청암대학교 재일코리안연구소는 2018년 '한국의 근대정치와 신체정치'
라는 다년간 연구주제로 한국연구재단의 '대학중점연구소지원사업'에
선정되었다. 우리 연구진은 "신체를 핵심 고리로 삼아 '국민 만들기' 과
정과 '한국적 근대'의 실체를 해명한다"는 연구목표를 실현하기 위한 공
동작업에 힘을 기울였다. 그 결과 1단계 3년 동안의 과제였던 '모더니티
와 신체관리'를 성공적으로 마무리하고 2단계 '전쟁동원과 신체동원' 프
로젝트에 진입할 수 있게 되었다. 기쁜 일이다.

이 총서는 2단계 1년차 성과를 모은 책이다. 처음에 우리 연구진은 다
음과 같은 세 가지 목표를 설정하고 비교사적인 연구를 진행했다. 첫째,
'병사 만들기'와 신체동원을 중심으로 전시체제기의 신체정치와 의료문
화를 검토한다. 둘째, 전쟁기 '인적자원'의 동원뿐만 아니라 전쟁이 신체
에 미친 효과를 연구한다. 셋째, 해방 직후의 국민 만들기 프로젝트의
내용을 살피고, 한국전쟁기 간호의 역할을 통해 젠더 문제를 점검한다.
이번 총서에서 보듯이 대체로 우리의 목표는 이루어졌으며 일부 문제의
식을 확장하기도 했다.

이 총서의 제1부 '제국과 동원의 정치'에서는 일제가 전쟁을 치르면서
어떻게 조선인의 신체를 동원하고 이데올로기 작업을 했는지를 살폈으

며 독일제국의 인력동원도 비교사적으로 점검했다. 황국신민화 교육담론의 함의를 신체 문제를 중심으로 추적하기도 했다. 일제의 '사상동원'에 대한 종교계의 반응을 살피기도 했으며 구술자료를 통해 일제의 노무동원의 과정을 생생하게 서술했다. 또한 전후 일본에서 소국민을 둘러싼 프로파간다의 내용을 점검했으며 독일제국의 인력동원 문제를 젠더의 시각으로 접근하기도 했다. 이 모든 문제의식은 오늘날 더욱 관심을 두어야 할 연구 영역이라고 생각한다.

이 총서의 제2부 '국가와 신체관리'에서는 좀 더 구체적으로 핵심 주제를 설정했다. 첫째, 각 개인의 신체에 국가권력이 영향을 미치는 세밀한 과정을 미시적으로 접근하거나 이데올로기적인 차원에서 다루는 논문이 있다. 중일전쟁 뒤에 '멸사봉공'과 일본정신을 강요하면서 전시형 신체로 길들이려 했던 과정을 밝힌 글, 1946년 충청도 지역 콜레라와 국가의 대응을 다룬 글, 일본 히로뽕을 둘러싼 담론의 전개 과정을 다룬 글이 그것이다. 둘째, 해방 뒤의 보건위생 행정의 구축 과정과 간호 활동을 다루는 논문이 있다. 송형래의 일기를 분석하는 연구방법론이 눈길을 끈다. 또한 전쟁과 간호사의 역할을 총체적 관점으로 서술하는 글도 유용하다고 생각한다.

본 연구진은 2단계 1년차를 시작하면서 '체력은 국력, 전시의 신체'라는 총서 제목을 미리 설정하고 그에 맞추어 연구를 진행했었다. 그 문제의식은 고스란히 이 책 2부에 담겨있다. 그러나 본 연구진은 이 책 1부에 실린 '제국과 동원의 정치'까지 연구 영역을 확장했다. 그리하여 '인력동원과 신체관리의 동학(動學)'이라는 이 책을 출판할 수 있었다. 원래 계획보다 문제의식을 확장한 것은 공동연구의 장점이 발휘되었기 때문이다.

이전과 마찬가지로 우리 공동연구진은 코로나 형국에서도 학술행사를 차근차근 진행하면서 상호 소통과 학문적 점검을 게을리하지 않았다는 것만은 확실하게 말할 수 있다. 공동연구진 여러분의 학문적 열정에 감사드린다. 또한, 그토록 어려운 출판환경 속에서도 이 책을 세상에 선보인 선인출판사 여러분께도 진심으로 고마운 마음을 전하고 싶다.

청암대학교 재일코리안연구소 소장
김인덕

▌목차 ▌

▌목차 ▌

❙목차❙

2부 국가와 신체 관리

▌목차 ▌

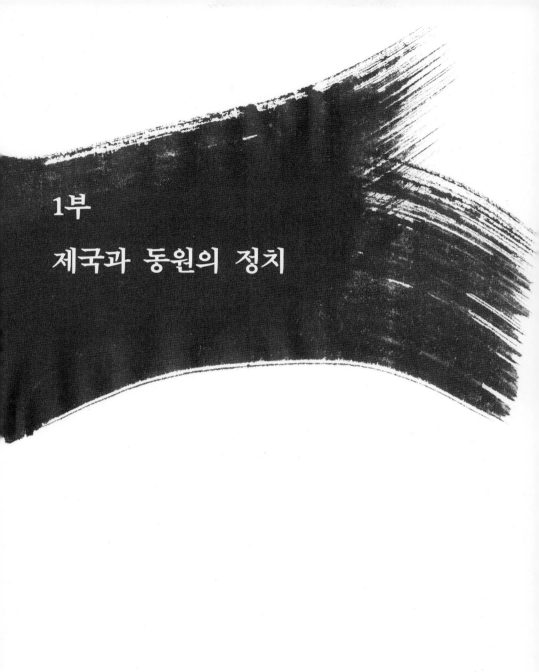

1부
제국과 동원의 정치

전시체제기 일제의 병력 동원 정책과 학교체육

최 재 성

Ⅰ. 머리말

일제는 1931년 '만주사변'을 시작으로 계속 전선을 확대하다가 1945년 8월 무조건 항복으로 패전을 맞았다.[1] 특히 중일전쟁 이후에 이르면 '국가총동원법'으로 상징되는 전시 총동원 체제를 만들었다. 총동원 대상은 병력과 노동력의 인력, 그리고 물자, 자금 등 전 부문에 걸쳐 있었다. 이는 식민지 조선에서도 마찬가지였다. 그중 병력을 동원할 정책으로 중일전쟁 이후인 1938년 육군특별지원병제를 시작으로 1944년부터 징병령을 시행하기에 이르렀다.

---

[1] 이 시기를 일본에서는 '14년간의 전쟁'으로 취급하고 있다(遠山茂樹·藤原彰·今井淸一, 박영주 옮김, 『일본현대사』, 도서출판 한울, 1988, 270쪽). '15년 전쟁'으로 부르는 경우도 있다(박은영, 「15년전쟁 하 일본 기독교의 전쟁 협력 – 전후 '전쟁책임' 문제와 관련하여」, 『일본사상』 39, 한국일본사상사학회, 2020). '15년 전쟁'은 '14년간의 전쟁'과 같은 표현이다. 기간은 '14년간'이고, 햇수로는 '15년'이기 때문이다.

육군특별지원병제는 1938년 4월 실시되었는데, 일본 정부가 '제국 차원 최초로' 식민지 조선에서 실시한 지원병제였다.[2] 이어 태평양전쟁기에는 해군특별지원병제와 학도지원병제가 실시되었는데, 1943년 8월 1일 해군특별지원병제가,[3] 같은 해 10월 학도지원병제가 연달아 시행되었다.[4] 그리고 마침내 1944년부터 징병제가 시행되었다.

병력 동원을 위한 전 단계는 '튼튼한 육체를 가진 청년'의 확보였다. 그리하여 학교 체육에서 그 점에 중점을 두었다. 일제는 중일전쟁 이후 육군특별지원병령 실시와 동시에 조선교육령을 개정했다. 이후 전선의 확대와 함께 국민학교규정을 비롯한 각 학교규정을 개정하여 일관된 '국민교육체제'를 구축하고, 징병제를 실시했다. 이에 이 글에서는 지원병제 실시와 징병제 실시를 기준으로 크게 두 시기로 나눠 살펴보고자 한다. 먼저 두 가지 병력동원 정책의 실시와 교육 분야에서 조선교육령과 각 학교규정의 개정 사이의 관계를 추적하고자 한다. 다음으로 1938년 조선교육령 개정 이후에 학교체육에서 검도와 유도 등 무도가 필수과목이 되고, 1941년 국민학교규정 시행 이후에는 '체조' 과목이 체련과로 변경되었으며, 1943년에는 정규 체육 이외 과외체육훈련이 강조된 과정을 고찰하겠다.

물론 학교체육이 병력 동원만을 염두에 둔 것은 아니었다. 병력으로 동원되기 전 연령에 해당되는 시기, 즉 아직 초중등학교 재학 중인 학생을 대상으로 노동력 동원을 하기도 했고, 그때의 노동력 감당을 위해 건강한 체력을 위한 학교체육을 강조하기도 했다.[5] 그러나 이 글에서는

---

2) 정안기, 「1930년대 육군특별지원병제의 성립사 연구」, 『한일관계사연구』 61, 한일관계사학회, 2018, 377쪽.
3) 표영수, 「해군특별지원병제도와 조선인 강제 동원」, 『한국민족운동사연구』 59, 한국민족운동사학회, 2009, 284쪽.
4) 이상의, 「태평양전쟁기 조선인 전문학생·대학생의 학도지원병 동원 거부와 '학도징용'」, 『역사교육』 141, 역사교육연구회, 2017, 121~122쪽.

그 부분은 제외하고, 병력 동원에만 초점을 맞추어 고찰하고자 한다.

이 시기 학교 체육을 주제로 한 연구 결과는 다음과 같다. 일제 전 시기를 대상으로 한 것으로는 김수균의 연구[6]와 유근직·김재우의 연구[7]가 있다. 그중 황민화교육기의 내용은 간략하고 초등교육에 한정돼 있다. 황의룡의 연구[8]는 여성체육정책에 한정되어 있고, 박귀순의 연구[9]는 그 중 한 여학교의 체육을 대상으로 한 것이다. 또 김영학·김영훈의 연구[10]는 '검도'의 한 종목만을 주목한 것이다. 이들 연구를 통해 전 시기에 걸친 흐름, 또 초등교육이나 여성교육, 그리고 검도 교육 내용 등은 알 수 있으나, 분절적이고 단편적이라는 한계를 갖고 있다. 이 글에서는 시간 배경으로는 전시체제기에 중점을 두고, 초중등교육에서의 체육을 대상으로 하여 그 한계를 극복하고자 한다. 병력 동원 정책을 배경으로 하여 교육령과 학교규정, 체육 교육 방침과 내용의 변화를 추적하여 그 구체적 모습을 드러내고자 한다.

그리고 최규진의 연구[11]를 통해 황국신민체조, 치도, 총검도 등의 구

<hr>

5) 이에 대해서는 다음 논문 참조. 전성현, 「전시체제기 학교 隊조직의 변화와 집단 노동력 동원-조선총독부의 학생동원정책을 중심으로」, 『석당논총』 62, 동아대학교 석당학술원, 2015.

6) 김수균, 「朝鮮敎育令의 變遷과 普通學校 體育」, 『公州敎大論叢』 34-2, 公州敎育大學 敎育硏究所, 1997.

7) 유근직·김재우, 「초등학교 체육수업과정의 변천과정에 관한 역사적 고찰」, 『한국체육학회지』 38-4, 한국체육학회, 1999.

8) 황의룡, 「조선교육령'을 통해 본 여성체육정책에 관한 연구: 제3~4차 개정령을 중심으로」, 『한국체육학회지』 58-6, 한국체육학회, 2019.

9) 박귀순, 「일제강점기 부산 일신(日新)여학교의 체육활동에 관한 연구」, 『체육사학회지』 19-2, 한국체육사학회, 2014. 일신여학교 체육에 대한 내용도 1925~35년간에 한정되어 있다.

10) 김영학·김영훈, 「일제시대의 한국 학교 검도의 특성에 관한 고찰」, 『대한검도학회지』 21-2, 대한검도학회, 2005.

11) 최규진, 「전시체제기 '멸사봉공'의 신체, 일본정신과 무도(武道)」, 『역사연구』 44, 역사학연구소, 2022.

체적 내용을 파악할 수 있다. 그러나 무도과목의 필수화 시점과 총검도 강조 시점이 평면적으로 나열돼 있다. 교육령과 각 학교규정, 그리고 체조과 교수요목 내용의 변화를 자세히 반영하고 있지 못하다. 이에 이 글에서는 배경과 전후 맥락을 추적하면서 각 종목의 내용과 강조점의 변화를 입체적으로 추구해보고자 한다. 그렇게 하여 당시의 체육교육의 실제 모습과 그 변화상을 파악하는 데 기여하고자 한다.

II. 지원병제 실시와 무도(검도·유도)의 필수 과목화

1. 조선교육령 개정과 육군특별지원병제 시행

1937년 중일전쟁이 발발한 이듬해 1938년 3월 4일 칙령 제103호로 조선교육령이 공포되었다. 그리고 4월 1일부터 시행되었다.[12) 이 영의 시행으로 조선인과 일본인 학교를 구분하던 학교 명칭은 소학교, 중학교, 고등여학교로 통일되었다.[13)

조선교육령 공포와 같은 날 조선총독은 유고를 발하여 조선교육령 개정의 취지를 설명했다. 조선통치의 목표는 진짜 황국신민 되는 본질에 철저하게 하는 데 있고, 교육에서는 국민 되는 연성을 기간으로 한다고 천명한 것이다.[14) 이어 3월 16일 학무국장은 각도 내무부장회의에서 연설을 통해 조선교육령 개정 취지를 부연 설명했다. 조선인 학생으로 하

---

12) 『조선총독부관보』 호외, 1938.03.04.
13) 鹽原, 「朝鮮教育令の改正に就て」, 『朝鮮』 275(1938년 4월호), 1938.4, 12쪽.
14) 『조선총독부관보』 호외, 1938.03.04.

여 황국신민이 되는 교육을 위해 조선교육령을 개정했다는 설명이다.[15]

　총독의 유고와 학무국장의 설명에서 핵심어는 국체와 '황국신민'이다. 총독의 유고에 나오는 '국체 명징'은 총독의 '5대 시정 강령'과 '3대 교육 방침'에 공통으로 해당되는 항목이었다. 황국신민 되는 교육 내용은 다음 절에서 확인할 수 있다.

　3·1운동이 한창이던 1919년 일본 내각 수상은 조선총독부 정무총감에게 그 대처 방안 중 하나로 '교육에 피아 동일한 방침을 취할 것'이란 지시를 내렸다.[16] 그리하여 조선총독부는 학제 개편으로 조선인과 일본인 학생의 학교 수업연한을 장기적으로 일치시키는 조치를 시행했다. 그럼에도 학교 명칭에서는 여전히 민족별 '구분'을 유지했다. 그런데, 거의 20년 만에 그 방침을 꺾고 동일한 명칭을 사용하는 것으로 개정한 것이다. 그 방침을 꺾은 이유는 무엇일까. 바로 다음에서 그 해답을 찾을 수 있다.

　위의 조선교육령 개정 공포보다 열흘 앞선 1938년 2월 22일 칙령 제95호로 육군특별지원병령이 공포되어 4월 3일부터 시행되었다.[17] 같은 날 총독은 다음 요지의 훈시를 했다.[18]

　통치의 목표는 **반도의 일본화** 즉, **내선일체의 구현** (중략) 통치의 임무는 하루라도 빨리 **혼융일체의 역(域)에 달하는 것을 이상 목적**으로 (중략) 위의 이상과 목적을 달성하기 위한 **2개의 중요 시설,** (중략) 그 하나는 **조선인 지원병제 실시,** 그 둘은 **교학쇄신 및 확충** (중략) 본 제도(**지원병제**-인용자)**의 효과를 촉진 확충**하기 위해 **이것과 표리·형영의 관계**에서 조선교육령의 일대 개정을 행하여 내선일체의 심화를 기도 (후략)(강조는 인용자, 이하 같음)

15) 『施政三十年史』, 조선총독부, 1940, 781~784쪽.
16) 임경석, 「3·1운동과 일제의 조선지배정책의 변화 – 만세시위운동에 대한 일제의 대응방식을 중심으로」, 『일제식민통치연구1』, 백산서당, 1999, 236쪽.
17) 『조선총독부관보』 제3332호, 1938.02.26.
18) 『施政三十年史』, 803쪽.

총독의 훈시 내용을 통해 1938년 2월 하순과 3월 상순에 공포되고, 4월 1일과 3일부터 시행된 두 가지 법령의 밀접한 관계를 알 수 있다. 육군특별지원병제 시행과 조선교육령 개정은 안과 밖의 관계이자, 형상과 그림자 관계였다. 1938년의 조선교육령 개정은 결국 지원병제의 효과를 극대화하기 위한 수단이었던 것이다.

2. 체조 과목의 요지와 검도·유도의 필수 과목화

1) 체조 과목의 요지와 목적

조선교육령 개정에 따라 1938년 3월 16일 총독부관보 호외로 각 학교규정이 공포되었다.[19] 그 가운데 체조 과목의 규정을 보자. 먼저 과목의 요지가 그 이전에 비해 변경되었다. 1922년 개정 교육령에 따라 제정된 각 학교규정과 비교해보자.

구분	1922년	1938년
보통학교규정 /소학교규정	체조는 신체의 각부를 생리적으로 발육시켜서 사지의 동작을 기민히 함으로써 전신의 건강을 보호 증진하고 정신을 쾌활하게 하며 겸하여 규율을 지키며 협동을 숭상하는 습관을 기름으로써 요지로 함(제18조)[20]	체조는 신체의 각부를 균제히 발육시켜서 동작을 기민히 하며 자세를 단정케 하여 전신의 건강을 보호 증진함과 함께 **쾌활 강의 확고불발의 정신과 인고지구의 체력을 양성**하고 규율을 지키며 협동을 숭상하는 습관을 기름으로써 요지로 함(제27조)

---

19) 「개정교육령에 의한 학교규정」, 『조선일보』 호외, 1938.03.16.

고등보통학교 규정/ 중학교 규정	체조는 신체의 각부를 생리적으로 발육시키고 신체를 강건히 하며 동작을 기민케 하여 쾌활 강의 견인 지구의 정신과 규율을 지켜 협동을 숭상하는 습관을 기름으로써 요지로 함(제22조)[21]	체조는 신체의 각부를 균제히 발육시키고 자세를 단정히 하여 신체를 강건히 하고 또 동작을 기민케 하여 **쾌활 강의 확고불발의 정신과 인고지구의 체력을 양성**하고 규율을 지켜 협동을 숭상하는 습관을 기름으로써 요지로 함(제23조)
여자고등보통학교규정/ 고등여학교 규정	체조는 신체의 각부를 생리적으로 발육케 하여 이를 강건케 하고 사지의 동작을 기민케 하며 용의를 단정케 하여 정신을 쾌활하게 하며 겸하여 규율을 지키고 협동을 숭상하는 습관을 기름으로써 요지로 함(제21조)[22]	체조는 신체의 각부를 균제히 발육케 하며 자세를 단정케 하며 신체를 강건케 하고 또 그 동작을 기민케 하며 용의를 단정케 하여 **쾌활 명랑한 기풍이 인고지구의 체력을 양성**하고 **특히 여성의 건강의 중요한 소이를 획득케**하며 규율을 지키고 협동을 숭상하는 습관을 기름으로써 요지로 함(제27조)

　위 표에서 양자를 비교해보면, 1938년부터 쾌활 강의 확고불발의 정신과 인고지구의 체력을 강조한 것이 그 이전과 크게 달라진 점이다. 3대 교육방침(국체명징, 내선일체, 인고단련)의 하나로 인고단련을 표방한 데 따른 변화이다.

　또 새로운 소학교규정 제27조에서는 "체조를 교수함에는 그 일부에 치우치거나 또는 기교의 말절에 사로잡히게 됨이 없이 항상 **신체의 연성, 정신의 통일**을 취지로 하여 **아국 전통의 무도정신을 체득**시키기에

20) 조선총독부령 제8호, 『조선총독부관보』 제2850호, 1922.02.15.
21) 조선총독부령 제16호, 『조선총독부관보』 제2854호, 1922.02.20.
22) 조선총독부령 제14호, 『조선총독부관보』 제2852호, 1922.02.17.

유의하여 **황국신민인 기백의 함양**에 이바지하게 함을 힘쓰기를 요함"[23] 이라는 내용을, 고등여학교규정 제27조에서는 "체조를 교수함에는 그 일부에 치우치거나 또는 기교의 말절에 사로잡히게 됨이 없이 항상 **신체의 연성, 정신의 통일**을 취지로 하여 **황국 여성으로서의 기백의 함양**에 이바지함에 노력하며 자세 동작을 단정 전아케 함에 노력함을 요함"을 각각 첨가하였는데, 이를 통해 체조 교육의 새로운 방침을 알 수 있다.

새로 추가된 내용을 제외한 나머지 내용은 그 이전부터 강조해 온 체조과의 목적과 대동소이하다. 신체 각부 발육, 자세 단정, 동작 기민 등은 1938년 이전이나 이후나 달라진 것이 없는 체육의 기본 목적이다.[24] 그리고 이 목적은 대한제국의 학부에서 내세웠던 다음과 같은 체조과의 목적과도 크게 달라진 것이 없다. 제1 신체의 동정을 불문하고 항상 자연의 우미한 자세를 보전케 할 것, 제2 신체의 각부를 균제히 발육케 할 것, 제3 전신의 건강을 보호 증진케 할 것, 제4 사지를 사용함에 당하여 강장, 내구, 기민을 기할 것, 제5 정신의 쾌활, 종순, 과단, 침착, 용기, 인내를 증진케 할 것, 제6 규율을 지키며 협동을 숭상하는 관습을 기를 것.[25] 그리고 이는 이후에도 크게 변하지 않았고,[26] 바꿀 이유도 없었다.

2) 체조 과목에서 검도 · 유도의 필수화

1938년 3월 30일 조선총독부훈령 제8호로써 1937년 조선총독부훈령 제36호의 학교체조교수요목 제1항을 다음과 같이 개정하고 1938년 4월

---

23) 「개정교육령에 의한 학교규정」, 『조선일보』 호외, 1938.03.16.
24) 조선초등교육연구회, 『소학교보통학교 개정학교체조교수세목』, 대학사, 1937, 42, 68, 94, 120, 168, 216, 264, 312쪽.
25) 학부 편찬, 『학교체조교수서』, 학부, 1910, 1쪽.
26) 조선총독부 편찬, 『소학교보통학교 체조교수서』, 조선총독부, 1917, 1~3쪽; 조선총독부 편찬, 『소학교보통학교 체조교수서』, 조선서적인쇄주식회사, 1924, 3~4쪽.

1일부터 시행했다.[27] 이를 1년 전인 1937년의 학교체조교수요목 제1항 (조선총독부훈령 제36호, 1937년 5월 29일[28])과 비교하여 나열하면 다음 표와 같다.

1937년	1938년
체조과의 교재는 **체조, 교련, 유희 및 경기**로 함. 단 남자의 사범학교, 중학교, 고등보통학교 및 남자의 실업학교에서는 **검도 및 유도, 궁도**를, 여자의 사범학교, 고등여학교, 여자고등보통학교 및 여자의 실업학교에서는 **궁도, 치도(薙道)**를 더할 수 있음. 위 교재 외 토지의 정황에 따라 적당한 시설 및 지도자 있는 경우에 한해 **수영, 스키, 스케이트**를 더할 수 있음.	1. 남자의 사범학교, 중학교 및 남자의 실업학교에서는 **체조, 교련, 유희 및 경기, 검도 및 유도**로 하고 **궁도, 스모**를 더할 수 있음. 2. 여자의 사범학교에서는 체조, 교련, 유희 및 경기, 검도 및 유도의 기본동작으로 하고 **궁도, 치도**를 더할 수 있음. 3. 고등여학교 및 여자의 실업학교에서는 체조, 교련, 유희 및 경기로 하고 **검도 또는 유도의 기본동작, 궁도, 치도**를 더할 수 있음. 위 교재 외 토지의 정황에 따라 적당한 시설 및 지도자 있는 경우에 한해 **수영, 설활(雪滑), 빙활(氷滑)**을 더할 수 있음.

위 표를 통해 1937년과 1938년의 필수과목과 선택과목을 확인할 수 있다. 1937년에는 체조, 교련, 유희 및 경기까지 필수과목이었다. 그러던 것이 1938년에는 변화가 생겼다. 그리하여 남자 학교에서는 체조, 교련, 유희 및 경기, 검도 및 유도가 필수과목이고, 궁도, 스모[相撲]가 선택과

---

27) 『조선총독부관보』 제3358호, 1938.03.30.
28) 『조선총독부관보』 호외, 1937.05.29; 조선초등교육연구회, 앞의 책, 8쪽.

목이다. 여자는 학교별로 필수와 선택이 다르다. 여자의 사범학교에서는 체조, 교련, 유희 및 경기 외에 '검도 및 유도의 기본동작'까지 필수 범위에 포함시켰다. 남자 학교에서는 검도 및 유도가, 여자 사범학교에서는 검도 및 유도의 기본동작이 새로 필수과목이 된 것이다. '아국 전통의 무도정신을 체득'하기 위한 과목 필수화였다.

또 1938년의 학교체조교수요목 제1항에는 소학교의 체조 교재에 대한 언급이 없으나 소학교규정에는 "심상소학교에는 체조, 교련, 유희 및 경기에 대하여 간이한 동작으로부터 비롯하여 전진하여는 그 정도를 나아가 교수함. 검도의 기본동작도 교수할 것 또 남아 및 여아의 별에 의하여 그 교수할 사항을 짐작할 것"[29]이라고 하여 소학교에서도 '검도의 기본동작'이 필수가 되었음을 알 수 있다. 아울러 영어 스키·스케이트 표기가 설활, 빙활로 변경된 것을 알 수 있는데, 미국·영국과의 관계 악화에 따른 영어 회피 현상의 결과를 엿볼 수 있다.

또 1938년 각 학교규정에서는 체조의 주당 수업 시간을 제시했다. 이를 보면, 소학교 제1과 제2학년에서는 창가와 합하여 4시간씩을 교수하도록 했다. 이는 소학교 체조와 창가시간 1주 3시간이던 것을 4시간으로 증가한 것이다.[30] 체조 중시 분위기를 보여주는 사례이다. 제3학년과 제4학년은 1주 3시간이었고, 제5학년과 제6학년은 남학생 3시간, 여학생 2시간씩이었다.

중학교에서는 제1학년부터 제5학년까지 모두 1주 5시간씩이었다. '국민 체위' 향상을 위하여 체조, 교련, 검도를 전 학년에 걸쳐 5시간 이상(4학년에게는 6시간)을 교수하게 했고, 특히 검도는 사립학교에서도 정과로 한 것이었다.[31]

---

29) 「개정교육령에 의한 학교규정」, 『조선일보』 호외, 1938.03.16.
30) 「수신·체조·창가 교수시간을 증가」, 『동아일보』 1938.04.02.

고등여학교에서는 제1학년부터 제5학년까지 모두 1주 3시간씩이었다. 체조에서는 종전과 같이 경기, 댄스, 교련을 교수하는 외에 특히 1938년부터 목검을 체조과목에 넣어놓고 '희망자에게 치도를 가르쳐 비상시하의 튼튼한 여성을 만드는 데 힘쓰게 된 것'이었다.[32]

'국민체위 향상'이란 조선총독부가 1937년부터 내세운 명분이었다. 1937년 5월 29일 조선총독부훈령 제36호로 학교체조교수요목이 개정되었는데, 학무국장이 그 개정 취지를 설명하면서 "광의로서 국방상 인적 자원 구성의 최대 요소로서 국민 체위의 향상이 끽긴한 문제"라고 개정 배경을 언급했다.[33]

학교체조교수요목의 개정은 그에 앞서 1937년 5월 21일 조선총독부령 제64호와 조선총독부령 제65호를 통해 각각 소학교규정과 보통학교규정이 개정되어 1937년 6월 1일부터 시행된 데 따른 것이었다. 이 학교규정 개정에서 "체조의 교수 시간의 일부 혹은 교수시간 외에 적의의 호외운동을 하게 하고, 또 수영, 스키, 스케이트를 교수"하도록 했다.[34] 이 조치는 "특히 국민의 체위 향상을 위하여 체육을 학과와 동등 이상으로 치중"하게 한 것이었다.[35] 그 이전 시기에 비해 체조 과목을 강화했고, 그 배경은 국민 체위 향상이라는 것이다.

개정된 학교체조교수요목은 조선총독으로부터 도지사·관립학교장에게 하달되고, 1937년 6월 1일부터 시행되도록 했다. 학교 체조교육에

---

31) 「유도,검도는 정과로, 수신,공민도 보충, 남자중학교 전학년에」, 『동아일보』 1938.04.02.
32) 「조선어의 시간을 실업·가사로 충당, 고녀 목검·치도도 체조에」, 『동아일보』, 1938.04.02.
33) 富永, 「改正學校體操敎授要目發令について」, 『朝鮮』 265(1937년 6월호), 1937.6, 185쪽.
34) 『조선총독부관보』 제3102호, 1937.05.21.
35) 「국민체위향상 위한 체조과목을 확충, 초중등학교체조에 더욱 주력, 학무국의 발표 내용」, 『每日申報』 1937.05.22.

서 이 개정 교수요목에 기하고 또 학교교련교수요목과의 연계를 지키며 지방의 정황에 적절한 교수세목을 정하여 실시하라는 내용이었다.[36]

다시 학무국장의 교수요목 개정 취지 설명으로 돌아가 보자. 조선총독부에 앞서 문부성에서 1936년 6월 3일 훈령 제18호로써 학교체조교수요목을 개정하여 먼저 학생 아동의 체위 향상을 기도했다고 개정 배경을 밝히고, "문부성의 이번 개정 요목은 순일본적인 체육운동체계를 확립하고, 이에 의해 일단 체육의 중요성에 대한 인식을 높이며, 신체의 수련과 상응하여 운동정신을 앙양하고, 아동 생도의 인격을 도야하는 것을 그 근본정신으로 한다"고 설명했다. 1937년 조선총독부의 요목 개정은 1년 전 일본에서의 그것을 그대로 따른 조치였던 것이다.

이어 또 조선에서도 이 취지에 비춰 문부성의 개정학교체조교수요목에 준거하여 이 훈령을 발령한 것이라고 하고, "또 검도 및 유도에 대해서는 본디부터 이를 장려할 취지이지만, 현재 조선 실정에 비춰 필수과목으로서 이를 획일적으로 실시케 하는 것은 잠시 보류하고 당분간 현행 규정을 두는 것으로 한 것"이라는 사정을 말했다. 그리고 이것의 시행은 국민체위 향상에 지대한 좋은 영향을 초래할 것으로 주목된다고 부연했다.

학무국장의 설명을 통해 검도와 유도의 무도 필수 과목화는 1937년에 일단 보류되었다가 1938년 교육령과 각 학교규정 개정과 함께 시행되었다는 것을 알 수 있다. 또 체조과 교육에서 무도는 이전에도 1910년대부터 선택과목으로서 교육되었다. 다음에서 그것을 확인할 수 있다.

---

36) 『조선총독부관보』 호외, 1937.05.29; 조선초등교육연구회, 앞의 책, 8쪽.

1914년 6월 10일[37]	1927년 4월 1일[38]
체조과의 교재는 **체조, 교련 및 유희**로 함. 단 고등소학교의 남아 및 중학교 생도에서는 **격검 및 유술(柔術)**을 더할 수 있음.	체조과의 교재를 **체조, 교련, 유희 및 경기**로 함. 단 남자의 사범학교, 중학교, 고등보통학교 및 남자의 실업학교에서는 **검도 및 유도**를 더할 수 있음.

1910년대에는 고등소학교의 남학생과 중학교 생도에게 격검과 유술을 선택과목으로 교육되었고, 1920년대에는 중학교, 고등보통학교 학생, 그리고 사범학교와 실업학교의 남학생에게는 검도와 유도 교육이 행해졌다는 것을 알 수 있다. 아울러 1910년대 격검과 유술 과목이 1920년대에 각각 검도와 유도 과목으로 이름이 달라졌다는 것도 볼 수 있다.

3. 학교에서의 실제 체조 교육

1) 교과서 내용 중 체조 관련 단원

1938년 조선교육령과 각 학교규정의 개정에 따라 교과서에도 새로운 내용이 반영되었다. 새로운 교과서 발행 경위를 보면,[39] 1937년 중일전쟁 후 "아동 생도의 물심 양 방면에 대한 도야 단련에 일단의 박차를 가함으로써 참된 제국신민 육성의 긴급한 것임을 인정"한 총독부는, "3강령을 체(體)하여 한편으로는 조선의 특수사정에 심대한 고려를 하고, 한편으로는 내선 2요소의 일원화를 꾀하는 취지에 칙(則)하여" 소학교

---

37) 『조선총독부관보』 호외, 1914.06.10.
38) 『조선총독부관보』 호외, 1927.04.01.
39) 『施政三十年史』, 821쪽.

조·일 아동에게 사용시킬 교과서를 편찬했다. 그리고 공용 수신, 국어 (제4학년 이상) 등 교과서는 1939년 이후 순서대로 고학년부터 실시했다.

그 일환으로 1940년에 발행된 중등학교 수신서 두 권에 체조과목 내용이 반영되었다. 먼저 제1권 제13과 '신체를 건강하게' 단원 내용은 다음과 같다.

한 나라의 무력은 말할 것도 없이 그 경제·문화의 소장까지가 **국민의 체위와 건강도**의 영향을 받는 것이 의외로 크다는 것을 안다. 건강을 위해서는 한편으로 **절제**가 필요하고, 다른 면으로는 **단련**이 필요하다. (중략) 우리의 **학생 생활**에서는 단련의 기회가 많다. 그 주된 것으로는 **체조·교련·무도 (武道)·경기** 등이 있다. (중략) 건전한 마음을 단련하고, 그 마음으로써 건전하고 쓸모 있는 **황국신민될 것**을 기해야 한다. 이것이 1939년 5월 22일 **청소년 학도에게 내린 칙어**의 취지에도 대하여 받드는 까닭이다.[40]

국민 체위, 단련, 황국신민, 청소년 학도에게 내린 칙어에서 시대 배경을 읽을 수 있다. 다음 제2권 제12과 '질실강건' 단원 내용은 다음과 같다.

청년은 모름지기 **질실강건·견인지구의 정신**에서 생기고, 우리나라 만대의 흥륭에 공헌하고자 하는 의기(意氣)에 불타야 한다. (중략) 질실강건이라는 것은 오로지 **질소 검약을 뜻으로 하여 곤고 결핍을 참고 외부의 유혹을 이겨 바른 것을 관통하는 것**이다. (중략) 바꿔 말하면 **인고단련하여 새롭게 목적 이상을 실현하는 것이 가능**한 것이다.[41]

역시 견인지구, 인고단련, 무도에 힘쓰라는 대목에서 시대 배경을 알 수 있다. 제1권에서 '청소년 학도에게 내린 칙어'라는 직접 언급이 있었지만, 제2권 내용 중 질실 강건이라는 대목이 들어간 배경으로는 '청소

---

40) 조선총독부, 『중등교육 수신서 권1』, 조선서적인쇄주식회사, 1940년 번각발행, 76 ~82쪽.
41) 조선총독부, 『중등교육 수신서 권2』, 조선서적인쇄주식회사, 1940년 번각발행, 90 ~97쪽.

년 학도에게 준 칙어'가 있다.

'청소년 학도에게 준 칙어'라는 것은 1939년 5월 22일, 학교 교련을 실시하는 학교 대표 학생·생도의 친열 행사 후 '하사'되었다.[42] 문무를 수련하고, 질실 강건의 기풍을 진작하는 데 힘쓰라는 내용이다.[43] 무예를 수련하라는 주문은 1938년 조선교육령 개정 취지에 부합하는 내용이다. 또 질실 강건이란 말의 뜻은 앞의 교과서에 설명되어 있다.

천황의 칙어가 있은 지 1주일 뒤인 5월 29일 총독은 총독부훈령으로 '성지 봉대에 관한 훈유'를 발했다.[44] 그리고 다음날인 30일에는 총독 담화를 발표했다.[45] 두 내용 모두 핵심어는 '황국신민'이다. 이어 이틀 후인 6월 1일 애국일에 전 조선 학교에서 일제히 봉독식을 거행했다.[46]

2) 기존의 체조와 교련

앞에서 본 바와 같이 체조과의 교재는 체조, 교련은 유희·경기와 함께 일찍부터 기본교육 대상이었다. 이에 당시 학교에서의 체조와 교련 교육 내용이 실제 어떠했는지를 살펴보자. 1937년 5월 학교체조교수요목이 조선총독으로부터 도지사와 관립학교장에게 하달되었다. 지방의 정황에 적절한 교수세목을 정하여 실시하라는 내용도 포함되었다. 이에 조선초등교육연구회는 학교체조교수세목을 발행하여 보급에 나섰다. 이 교수세목에 실린 내용을 통해 당시 학교에서 실제 실시되었던 체조

---

42) 『施政三十年史』, 786쪽.
43) 「우악하온 칙어, 청소년 학도에 하사」, 『조선일보』 1939.5.23; 「청소년 학도에 칙어 하사」, 『매일신보』 1939.05.23.
44) 「성지 봉대에 관하여 남총독 훈유 공포」, 『매일신보』 1939.05.30.
45) 「우악하옵신 칙어하사, 공구감격에 불감, 30일 남총독 근화」, 『매일신보』 1939.05.31.
46) 「우악하신 칙어, 금일 일제히 봉대식, 전선 각학교에서 거행」, 『매일신보』 1939. 06.02; 『施政三十年史』, 787쪽.

와 교련의 내용을 보고자 한다. 각 학년별 내용이 방대하므로 지면 문제로 심상과 제6학년과 고등과 제1학년의 것만 발췌하면 다음과 같다.[47]

먼저 심상과 전체 6년간 체조 종목은 다리, 목, 팔, 가슴, 매달리기(懸垂), 평균, 몸옆(體側), 배, 등, 걷기와 달리기, 도약, 거꾸로 서기 및 회전, 호흡 등 13종으로 구분되어 있다. 그러나 6학년은 목, 평균, 걷기와 달리기, 거꾸로 서기 및 회전, 호흡 등 5종이 빠진 8종만 시행하는 것으로 되어 있다. 또 월별로 보면, 4월부터 11월까지인데, 7월, 8월은 없다. 야외에서 활동하기 무덥고, 여름방학이 있기 때문으로 보인다.

고등과의 체조 종목도 역시 13종으로 구분되어 있다. 그러나 1학년은 목 체조와 걷기와 달리기 2종은 전혀 실시하지 않았다. 월별은 4월부터 11월까지이다. 8월은 없다. 4~6월은 각 6종씩 하고, 7월에는 3종으로 줄었다가 9월에 7종으로 가장 많은 종목의 체조를 하게 되었다. 10월과 11월은 4회로 줄었다.

당시 체조 모습은 사진을 통해 볼 수 있는데, 1937년 10월 1일 '체육데이'를 맞아 경성운동장에서 경성초등학교연합 제14회 행사가 열렸다. 그날 경성부내 각 초등학교에서 10,300여 명이 참가했다. 사진은 그 자리에서 참가 학생들이 식전에 체조를 하는 장면이다.[48]

다음으로 교련 과목 내용은 다음과 같다.[49] 심상과에서는 2학년을 제외하고, 1학년부터 6학년까지 5년 동안 실시되었다. 그 가운데 5학년 때가 4~6, 10월에 걸쳐 가장 많이 실시되었다. 심상과 1학년은 입학한 4월 집합 정렬을 했고, 5월 개열 행진을 했다. 4학년 때는 주로 속보, 5학년 때는 구보가 많았다. 고등과 1학년은 5월에 사(斜)행진을 하고, 10월 맨

---

47) 조선초등교육연구회, 앞의 책, 32~36쪽.
48) 「스포-츠, 만 삼백여 명 동원된 체육데-이 제1일」, 『동아일보』 1937.10.02.
49) 조선초등교육연구회, 앞의 책, 16~39쪽.

손 분대교련, 11월 맨손 소대교련을 했으며, 2학년은 없다.

이후 1939년에 이르면 체조 교육을 교련에 흡수시켜 교육시킨 사례가 생겼다. 경상북도는 각 중등교의 배속 장교 및 체조 교사를 소집, 협의하고 10월 1일부터 체조교육을 교련과목에 흡수시켜 교련을 한 개의 독립된 교육과목으로 하고, 그 횟수도 더욱 늘릴 것을 결정했다. 전투력의 증강을 목적으로 한 이 조치에서 체조와 교련의 관계를 보면, 체조는 교련의 기본조작에 그치는 것이다.[50]

〈사진 1〉 체조 모습(『동아일보』 1937년 10월 2일)

3) 새로운 체조 교육

1937년 이후 새로 도입된 체조로는 건국체조와 황국신민체조가 있다. 건국체조[51]는 1937년 5월 학교체조교수요목의 개정 이후 7월 총독부 학무국 촉탁(梅澤慶三郎)이 조선 전체 각도로부터 참가한 초등학교 체조

---

50) 「경북도내 전중등교에 군사교련을 시행」, 『동아일보』 1939.09.30.
51) 건국체조에 대한 자세한 내용은 최규진, 앞의 논문, 214~215쪽 참조.

담임자 520여 명에게 실지 지도를 했다.[52]

또 황국신민체조가 있다.[53] 1937년 10월 8일 취의서를 발표했다. 이 체조의 근본방침은 황국신민의 조성을 목적으로 하는 것으로 "신체의 연성, 정신의 통일을 본(뜻)으로 하여 일본 전통 무도 정신의 체득에 의해 황국신민될 기혼(氣魂)의 함양에 힘씀과 함께, 자세 단정, 신체 강건을 도모하여 쾌활·강의·확고불발의 정신과 인고 지구의 체력을 양성"하고자 한 것이다.[54]

다음으로는 나체 체조이다. 조선총독부는 1939년 체력증강과 체위 향상의 구체적 방침을 결정하고, "전시하의 학생생활은 모름지기 이렇게 하라!"는 것을 6월 22일 각 도지사와 각 사범학교장에게 통첩했다.[55] 이 통첩은 크게 '1. 영양과 식료에 관한 것, 2. 단련적 시설에 관한 것' 이렇게 두 가지로 이뤄져 있고, 후자는 또 네 가지로 구성되어 있다. 후자 내용은 살결 단련을 위해 반나체 체조와 작업을 할 것, 체조와 운동을 할 때 맨발을 장려할 것, 도보통학을 장려할 것, 냉수마찰과 마른 헝겊 마찰을 할 것 등이다.

이 통첩 이후 마산상업학교와 마산·성호(전 보통학교) 소학교에서는 "건전한 흥아혼은 건전한 육체로부터"라는 표어를 내걸고 남녀 아래 속옷(사루마타, 드로즈) 하나로 오후 1시부터 일광의 직사를 받으며 맨발 체조를 실시했다.[56] 또 춘천본정소학교에서는 "단련하라! 몸을, 기르라!

---

52) 「純國産の建國體操, 學校體操講習會で實地指導, 全鮮初等校から參加」, 『朝鮮新聞』 1937.07.28.
53) 황국신민체조에 대한 자세한 내용은 최규진, 앞의 논문, 207~213쪽 참조.
54) 『施政三十年史』, 792~793쪽.
55) 「전시학생생활의 규범결정, 맨발과 도보를 장려, 전차통학도 제한, 운동은 반나체·식료는 배아미」, 『매일신보』 1939.06.24; 「胚芽米を喰べ, 裸體操を奬勵, 學校體操の根本方針」, 『釜山日報』 1939.06.24; 「배아미식, 반나체조, 전거통학은 대체금지, 생도아동 체력증강책 결정」, 『조선일보』 1939.06.24.
56) 「裸跣足體操」, 『朝鮮新聞』 1939.06.29.

힘을" 표어 아래 반나체로 체조를 실행시키며 맨발에 게타를 신겨 학교 통학에도 질소와 단련의 기풍이 드러나도록 '장려'했다.[57]

〈사진 2〉 나체체조(경복중학)(『동아일보』 1939년 7월 15일)

　　그런데 이 나체체조는 여학생에게도 강제하여 사회문제가 되기도 했다. 경상북도 학무과에서 각 초등학교에 나체체조를 실시하였는데, 농촌지방 소학교에서 상당히 큰 여학생에게도 그러한 체조를 시키는 데가 있어 풍기상 말썽이 있었던 것이다.[58]

　　1938년 고등여학교의 체조에 선택과목으로 명기된 치도를 전체 학생에게 가르친 사례도 있다. "흥아의 여성을 양성하여 일본부인 육성"에 전력을

---

57) 「단련하라 신체를, 춘천본정소학교에서, 체조보국운동 강조」, 『매일신보』 1940. 05.18.
58) 「과년한 여생도엔, 나체체조를 면제」, 『동아일보』 1939.07.08.

기울였던 여수고등여학교에서는 1940년 '기원2600년 기원절 봉축행사'로 2월 12일 무도대회에 전 생도가 치도술의 기본체조를 실연하기도 했다.[59]

　이상을 요약하면, 중일전쟁 발발 이후 1938년 3월 4일 칙령 제103호로 조선교육령이 개정되고, 각 학교규정도 개정 실시되었다. 이 개정은 조선인 학생으로 하여 황국신민이 되는 교육을 위한 것이었다. 바로 직전 육군특별지원병령이 공포되었는데, 1938년의 조선교육령 개정은 결국 지원병제의 효과를 극대화하기 위한 수단이었다. 이때 개정된 각 학교규정 중 체조 과목의 요지가 그 이전에 비해 변경되었다. 1938년부터 쾌활 강의 확고불발의 정신과 인고지구의 체력을 강조한 것이 그 이전과 크게 달라진 점이다. 3대 교육방침의 하나로 인고단련을 표방한 데 따른 변화이다.

　또 학교체조교수요목 개정도 수반되었는데, 개정의 골자는 남자 학교에서는 검도 및 유도가, 여자 사범학교에서는 검도 및 유도의 기본동작이 새로 필수과목이 된 것이다. 그런데 검도와 유도의 무도 필수 과목화는 1937년에 일단 보류되었다가 1938년 교육령과 각 학교규정 개정과 함께 시행되었다.

　학교에서의 실제 체조 교육 내용을 보면, 먼저 수신 교과서에서는 정신 교육에 중점을 두었다. 또 기존의 체조와 교련의 학년별 월별 교육내용은 1937년의 학교체조교수세목에 상세하다. 체조 종목은 다리, 목, 팔, 가슴, 매달리기(懸垂), 평균, 몸옆(體側), 배, 등, 걷기와 달리기, 도약, 거꾸로 서기 및 회전, 호흡 등 13종이었다. 또 교련은 정렬, 행진, 속보, 구보, 분대교련, 소대교련 등이다.

　새로운 체조 교육도 있었다. 건국체조, 황국신민체조, 나체체조 등이 그것이다. 나체체조는 여학생에게도 강제하여 사회문제가 되기도 했다.

---

59) 「昭和の"巴御前", 麗水高女の薙刀體操, 猛練習の上發表會」, 『釜山日報』 1940.03.21.

Ⅲ. 징병제 실시와 '체련과'로의 개편

1. 병역의무 이행을 위한 국민교육체계 수립 목표

1) 국민학교규정

1941년 3월 31일 조선총독부령 제90호로 국민학교규정이 공포되어 4월 1일부터 시행되었다. 이는 1941년 2월 28일 칙령 제148호로 일본에서 국민학교령이 공포되고, 1941년 3월 25일 칙령 제254호로 조선교육령이 개정된 후속조치였다.[60] 그에 앞서 1938년 7월 29일 일본에서는 교육심의회정리위원회가 열려 국민학교의 교과목과 내용을 결정한 바가 있었으나,[61] 그 실행은 이렇게 3년이 지난 뒤에 이뤄졌다.

그리하여 1940년에는 미리 이듬해부터 국민학교제도 시행이 예고되었다.[62] 이 시행에 대한 설명을 보면,[63] "재작년 교학쇄신에서 국민학교제도의 내용을 다소 채택, 그 위에 한 걸음 더 나아간 개선"이라 평가하면서 "그중에서도 종래보다 더욱 힘을 쓰는 것은 체련 예능과로서 종래의 체조, 음악, 습자 등 과목의 시간을 늘리고 그 방면의 관심을 돋우게 한다. 그리고 체육 운동을 비롯하여 각종 의식 행사 작업 위생 양호 등을 정과와 같이 취급한다. 수업시간도 45분에 15분 휴게이던 것을 40분에 휴게 10분으로 단축. 그래서 학과는 될 수 있는 대로 오전에 끝을 내

---

60) 『조선총독부관보』 제4254호, 1941.03.31.
61) 「황도정신중심으로 국민교 교과목결정」, 『조선일보』 1938.07.31.
62) 「놀때는 마음끝 놀고, 공부할땐 힘써하게 마련」, 『동아일보』 1940.03.05; 「8년제 초등학교, 조선도 내지에 추수, 명춘 4월부터 실시」, 『조선일보』 1940.07.27.
63) 「놀때는 마음끝 놀고, 공부할땐 힘써하게 마련」, 『동아일보』 1940.03.05.

고 오후에는 체련 예능 관계를 훈련, 실천"하는 것이었다. 체련 예능과의 강화, 체육 운동과 정규 과목 이외 각종 행사 등을 정규 과목처럼 취급하는 것이 주요 골자이다.

국민학교제도 도입에 대한 총독부 관리의 설명[64]은 다음과 같다. 1941년 일본에서는 교육심의회의 답신에 기하여 국민학교제도를 실시했는데, "국민학교제도는 (중략) 황국의 부하에 맡길 국민의 기초적 연성을 완성하는 교육제도를 확립하고 장래 '학제의 근저'가 될 것"이다. "조선에서는 1938년 소학교령에 의한 것으로서의 근거법령인 소학교령이 개정되어 국민학교령이 되었다. 반면 조선이 우리나라 사명 완수상 점할 중대한 위치 및 초등교육의 실정에 비춰 일본과 동시에 국민 학교제도를 실시한 것"이고, "일본 조선 함께 일관한 황민연성의 '근저'를 확립한 것, 즉 황국의 도를 본받은 황민연성이라는 국민교육의 기초가 확립된 것"이라고 평가했다.

국민학교규정 제1조에는 국민학교의 교과가 규정되어 있는데, 교과는 국민과, 이수과, 체련과 및 예능과 및 직업과로 한다는 내용이다. 교과 체제가 이전에 비해 크게 변경된 것이다. 이것도 일본 국민학교령의 제4조를 그대로 옮겨놓은 것이다. '국민과'의 명칭은 1938년에는 '황민과'였는데,[65] 이것도 변경 시행되었다. 또 체련과는 체조 및 무도의 과목으로 구성되었다.

---

64) 白木宏二, 「朝鮮敎育令改正の趣旨と其の使命」, 『朝鮮』 336(1943년 5월호), 1943.05, 43쪽. 白木宏二는 1939년 2월 총독부 사무관(고등관 7등)으로 승진하여(『조선총독부관보』 제3635호, 1939.03.04), 1941년 7월 1일 학무과 사무관이었다(『조선총독부급소속관서직원록(1941년 7월 1일 현재)』, 조선총독부, 14쪽).
65) 「황도정신중심으로 국민교 교과목결정」, 『조선일보』 1938.07.31.

2) 각 학교규정

　1943년 3월 8일 칙령 제113호로 조선교육령이 개정되었다.[66] 이 개정은 1911년 8월 조선교육령이 제정 공포된 이래 8회째의 개정이었는데, 이 개정의 의의에 대해 조선총독부는 "현하의 결전체제에 즉응하고, 황민 연성의 일관적 체제의 확립을 목표로 한 개정"이라고 평가했다.[67] '황민 연성의 일관적 체제의 확립'이 핵심인데, 그 구체적 내용은 총독부 관리의 설명[68]을 통해 자세히 알 수 있다.

　그는 먼저 '조선에서 국민교육체계의 진전'이라고 전제하고, "중등학교 및 사범학교를 주로 하는 학교 교육의 분야를 국민 학교 교육을 기초로 하여 발전적으로 정비한 것"이라고 했다. 그리고 '이번 학제개혁이 사명으로 하는 바'는 "실로 조선에서 국민교육의 체계를 완비하여 일관적인 황민연성을 완수한 점에 있는 것"이고, '앞으로 남은 문제'는 "국민학교 고등과 수료 후 단계 이하(3단계)에 남아 있는 자제에 대해 어떤 황민연성의 기회를 주어 이를 국민교육체계의 정점을 형성하는 병역의무에로 편입되게 행할 것인가 하는 것"이라고 했다. 국민교육의 체계는 다음 〈그림 1〉과 같다.

---

66) 『조선총독부관보』 제4836호, 1943.03.18.
67) 「彙報-朝鮮教育令改正內容發表さる」, 『朝鮮』 335(1943년 4월호), 1943.04, 78쪽.
68) 白木宏二, 앞의 글, 42~47쪽.

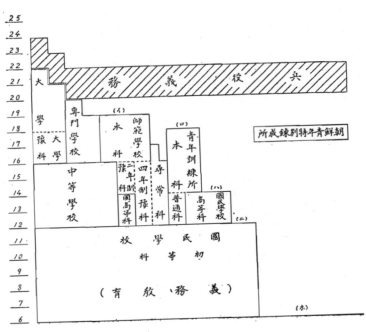

〈그림 1〉 국민교육의 체계

〈그림 1〉에 따르면, 국민교육의 체계라는 것은 결국 병역의무 이행을
궁극의 목표로 하는 일관된 체계이다. 병역의무를 정점으로 하고, 의무
교육으로서 국민학교교육을 바탕으로 한 교육체제가 국민교육 체제인
것이다.

이와 같은 교육령 개정 취지에 따라 3월 27일 조선총독부관보 호외를
통해 각 학교규정이 일제히 제정, 공포되었다.[69] 조선총독부령 제58호 중
학교규정 제정, 조선총독부령 제59호 고등여학교규정 제정, 조선총독부
령 제60호 실업학교규정 제정, 조선총독부령 제61호 실업보습학교규정
제정, 조선총독부령 제62호 사범학교규정 제정이 그것이다. 이 또한 일본

---

69) 『조선총독부관보』 호외, 1943.03.27.

에서 있었던 1943년 1월 20일 칙령 제36호 중등학교령 제정(부칙 제17조 중학교령·고등여학교령·실업학교령 폐지), 칙령 제38호 고등학교령 개정, 칙령 제39호 전문학교령 개정, 칙령 제40호 대학령 개정, 1943년 3월 6일 칙령 제109호 사범학교령 개정에 뒤따른 조치였다.

새로 제정된 각 학교 규정에서도 교육 내용이 명시되었는데, 이를 일목요연하게 비교할 수 있도록 표로 나타내면 다음과 같다.

구분	규정 내용
중학교규정 제2조	중학교에서는 교과 및 수련을 과할 것 교과는 국민과, 이수과, 체련과, 예능과, 실업과 및 외국어과로 함
고등여학교규정 제2조	고등여학교에서는 교과 및 수련을 과할 것 교과는 이를 나누어 기본교과 및 증과 교과로 함 기본교과는 국민과, 이수과, 가정과, 체련과, 예능과 및 실업과로 하고, 증과교과는 가정과, 실업과 및 외국어과로 함
실업학교규정 제4조	실업학교에서는 교과 및 수련을 과할 것 교과는 국민과, 실업과, 이수과, 체련과 및 예능과로 하고, 여자에 대해서는 가정과를 더함
실업보습학교규정 제5조	실업보습학교에서는 교과 및 수련을 과할 것 교과는 국민과 및 직업과로 하고, 여자에 대해서는 가정과를 더함
사범학교규정 제정 제2조	본과의 교과는 남자부에서는 교과는 국민과, 교육과, 이수과, 직업과, 체련과, 예능과 및 외국어과로 하고, 여자부에서는 국민과, 교육과, 이수과, 직업과, 가정과, 체련과, 예능과 및 외국어과로 함

사범학교규정을 제외하고 모두 가장 먼저 교과와 수련으로 구분되었다. 수련의 내용을 파악하기 위해 중학교규정(제9조)을 보면, "수련은 행적 수련을 중심으로 하여 교육을 실천적 종합적으로 발전케 하고 교과

와 아울러 일체로 하여 진충보국의 정신을 발양하고 헌신봉공의 실천력을 함양함으로써 요지로 함. 수련은 일상 행하는 수련, 매주 정시에 행하는 수련 및 학년 중 수시로 행하는 수련으로 함"으로 되어 있다. 내용은 행적 수련 중심이라는 것, 교육 과정 중 위치는 "교과와 아울러 일체"라는 것, 그리고 요지는 "진충보국의 정신을 발양하고 헌신봉공의 실천력을 함양"하는 것이다. 또 종류에는 일상, 정시, 수시 3종이 있었다. 제 26조에는 조직이 규정되었는데, "학급별 조직 외 전교 조직 또는 학년별 혹은 반별 조직에 의해 이를 행할 것"으로 하여 학급별 조직 외에 여러 단위의 조직을 구성하도록 했다.

이 수련이라는 것은 곧 "학교 생활은 곧 병영생활의 첫 계단이라는 것을 학도들로 하여금 철저히 인식케 하고자 기침(起寢)에서부터 조례, 교수, 체조, 자습, 휴게, 취침에 이르기까지 자세히 규정하여 엄격한 규율"을 강요하는 것이었다.[70]

각 학교 규정 개정 요지에 대하여 총독부 학무과장은 다음과 같이 말하였다.[71] '개정 규정의 요지'는 "각 학교에다 교과와 수련의 두 과목을 두어서 국민학교와의 관련성을 갖게 하는 것이 개정의 중점이다. 즉 중학교에서는 교과에 국민과 이수과 체련과 예능과 외국어과 이외에 수련으로서 수시로 행하는 것과 일정한 때에 하는 것으로 나누어 있다"이고, 일본과 다른 점은 "내선일체의 본의를 나타낼 수 있게 함을 목표로 한 것과 산업교육에 중점을 둔 것의 두 가지"이며, "이 산업교육의 취지를 구체적으로 발휘하고 실천함에는 전 학도를 적극적으로 식량증산에 기여케 하고 협력케 하는 것"이라고 했다.

---

70) 「학교는 즉 병영이다, 조선서도 근근 수련교수요목 제정」, 『매일신보』 1943.04.10.
71) 「내선일체 본의 현양과 산업적 교육에 중점, 조선중등교규정개정의 골자, 본다 학무과장 담」, 『매일신보』 1943.03.27.

"결국 중등학교는 국민학교의 연장으로 황국신민을 길러내는 데 있으며 교육의 방침도 24시간의 연성을 기초로 한다. 이를 수행함에는 중등, 전문, 대학과 요(寮)와 기숙사제도도 필요하게 될 것"이라는 대목이 결론이다. '중등학교는 국민학교의 연장'이라는 한 마디에 1943년의 교육령과 각 학교규정 개정의 이유가 설명되어 있다.

3) 징병제 실시

앞에서 1943년의 교육령과 각 학교규정 개정은 궁극적으로 병역의무 이행이라는 목표에 맞춰져 있다고 설명한 바 있다. 총독부 관리의 설명을 통해 그 관계를 자세히 살펴보자.[72)

> 1941년의 조선교육령 개정에 의한 국민학교제도의 실시, 징병제 시행의 결정과 그 실시 준비, 국민 기초교육 의무제의 실시 결정과 그 준비 및 이번의 개혁과 그에 수반한 제 시책(1943년 조선교육령 개정과 각 학교규정 제정 – 인용자), 이들 일련의 제 시책의 근저에는 일관적인 이념과 방책이 흐르고 있다. 제 시책의 근저를 뚫는 일관적 이념은 반도 동포 황민화의 한 마디.

징병제는 1942년 5월 9일 발표되었다.[73] 총독부 경무국 경무과장이 정보국 발표와 총독 담화를 읽으면서 발표한 것인데, 내용은 "징병제를 실시하고, 1944년도부터 이를 징병할 수 있도록 준비"한다는 것이었다. 이어 5월 11일부 총독부훈령 제24호로써 조선총독부징병제시행준비위원회규정이 발포되었다.[74] 또 의무교육제는 같은 해 12월 5일 결정되었

---

72) 白木宏二, 앞의 글, 41~43쪽.
73) 「역사적 발표, 본부 기자실의 감격」, 『매일신보』 1942.05.10.
74) 「징병제시행준비위원회 설치 금일규정발표 – 조선총독부징병제도시행준비위원회규정」, 『매일신보』 1942.05.12.

다. 12월 5일 제1회 교육심의위원회가 개최되어 학무국이 제출한 의안을 심의, 결정했는데, 1946년부터 시행한다는 내용이었다.[75]

1941년의 조선교육령 개정과 국민학교제도의 실시, 1942년 징병제 시행 결정, 국민 기초교육 의무제의 실시 결정, 1943년 조선교육령 개정과 각 학교규정 제정이 모두 하나의 고리로 연결된 것임을 알 수 있다.

2. 체련과

1941년 국민학교규정에서 새로 도입된 체련과는 예전 체조와 비교하여 공통점도 있고, 차이점도 있다.[76] 먼저 체련은 이전 체조에다가 당대 화두였던 '연성'을 합한 합성어로 보인다. 연성을 강조한 명명이라 생각한다.[77]

체련과의 요지와 지도 요령은 제11조에 규정되었는데, 다음과 같다. "체련과는 신체를 단련하고 정신을 연마하여 활달 강건 인고 지구의 심신을 육성하고 **헌신 봉공의 실천력**을 길러 **전력의 증강**에 이바지함으로써 요지로 함". 헌신 봉공의 실천력과 전력의 증강이라는 부분이 새로 추가된 내용이다. 특히 '전력 증강'이라는 직설적 표현이 주목되는데, 전시체제기라는 사정이 반영된 변화라 할 수 있다.

헌신봉공의 실천력에 대한 당대의 설명을 보면, 체련과목의 지도서 또는 설명서라 할 수 있는 '(황민연성 체련과) 수업실제론'[78]에서는 이것을

---

75) 「의무교육제 대강결정, 반도 시정에 일신기원 소화입일년도실시, 금일 제일회 교육 심의위원회 개최」, 『매일신보』 1942.12.06.

76) 『조선총독부관보』 제4254호, 1941.03.31.

77) 정재철은, 이를 '학교의 연성교육체제화'로 칭하면서, 학교의 군대 하청기관 전락으로 학생의 체위 향상, 수련, 교련 등 전체주의적, 군사주의적, 국가주의적 교육 강제로 평가했다(정재철, 『일제의 대한국식민지교육정책사』, 일지사, 1985, 464쪽).

최고목표로 삼고, 전쟁에 쓸모 있는 힘과 생산에 쓸모 있는 힘을 기르는 것, 두 가지로 나눴다. 또 '전쟁에 쓸모 있는 힘'을 기르기 위해 "1. 대화혼을 연(鍊)하고 국방의 각오를 연(鍊)한다. 2. 단결력의 철저를 꾀한다. 3. 전투력을 연(鍊)한다." 등 세 가지 방안을 제시했다.

또 헌신봉공의 실천력을 강조한 것은 1943년 다음과 같이 각 학교규정에서도 반복되었다.[79] 해당 규정 중 관련 조항을 발췌하여 나열하면 다음과 같다.

구분	내용
중학교규정	제5조 체련과는 신체를 단련하고 정신을 연마하여 강건불요의 심신을 육성하고 국방능력의 향상에 힘써 헌신봉공의 실천력을 증진함으로써 요지로 함. 체련과는 이를 나누어 교련, 체조 및 무도의 과목으로 함
고등여학교규정	제6조 체련과는 신체를 단련하고 정신을 연마하여 강건한 심신을 육성하고 단체훈련에 힘써 황국 여자될 실천력을 증진함으로써 요지로 함. 체련과는 이를 나누어 체조, 무도 및 교련의 과목으로 함
실업학교규정	제9조 체련과는 신체를 단련하고 정신을 연마하여 강건불요의 심신을 육성하고 국방능력의 향상에 힘써 헌신봉공의 실천력을 증진함으로써 요지로 함. 체련과는 이를 나누어 교련, 체조 및 무도의 과목으로 함
사범학교규정	제9조 체련과는 신체를 단련하고 정신을 연마하여 강건불요의 심신을 육성하고 국방능력의 향상에 힘써 헌신봉공의 실천력을 충실히 하고 교육자 될 자질을 연성함으로써 요지로 함. 체련과는 이를 나누어 교련, 체조 및 무도의 과목으로 함

78) 宇佐見守, 『皇民錬成體錬科授業實際論』, 鞱本博晃社, 1942, 19~20쪽.
79) 『조선총독부관보』 호외, 1943.03.27.

위에서 본 것처럼 고등여학교규정을 제외하고는 모두 '헌신봉공의 실천력' 증진을 요지로 했다. 국민학교규정과 같은 점이다. 다만 고등여학교규정에서만 그 대신 '황국 여자될 실천력'이라 했는데, 여학교규정이기에 '여자'를 넣긴 했으나, 헌신봉공의 실천력과 황국 여자될 실천력 사이에는 성별에 따른 표현의 차이일 뿐 큰 차별성이 있다고 보기 어렵다. 또 국민학교규정에서는 '전력 증강'이라 했던 것을 '국방 능력 향상'으로 바꾼 것도 차이점이다.

다음으로 국민학교규정 제11조에 지도 요령이라 할 수 있는 부분이 이어 나열되었다. "미(躾), 자세, 기타 훈련의 효과를 일상생활에 구현케 함에 힘쓸 것, 특히 아동 심신의 발달, 남녀의 특성을 고려하여 적절한 지도를 할 것, 위생 양호에 유의하고 심체검사의 결과를 참작하여 지도의 적정을 기할 것, 강인한 체력과 왕성한 정신력이 국력 발전의 근기로서 특히 국방에 필요한 소이를 자각케 할 것". 먼저 '미(躾)'라는 생소한 단어가 등장하는데, 뜻은 '규약을 엄수할 것'이다.[80] 또 국방에 필요한 소이를 자각케 하라는 대목도 역시 이 시기 병력 동원을 대비한 체련 강조라 생각한다.

국민학교의 체련과는 체조와 무도로 구성되었다. 그중 체조의 목적과 방법은 제12조에 나열되었다. "체련과 체조는 심신의 건전한 발달을 꾀함과 함께 단체훈련을 행하여 규율을 지키고 협동을 숭상하는 습관을 기르는 것으로 함." 이는 기존 체조의 목적과 같다. 또 체련과 체조에서는 "체조, 교련, 유희 경기 및 **위생**을 과할 것, 초등과에서는 처음은 유희 및 간이한 전신 운동에 무게를 두고 점차 복잡한 운동으로 나아감과 함께 단체운동을 규율적으로 할 것, 체조에서는 특히 신체의 각부를 균제히 발육시키고 자세를 단정히 하며 동작을 기민하게 하고 쾌활 강의한

80) 「쇄신된 국민교 체련, 교수요목의 실시안 발표」, 『매일신보』 1942.10.12.

정신을 기름에 힘쓸 것"이라고 하였는데, 새로 위생이 부과된 점 말고는 이전과 달라진 것이 없다.

이전과 달라진 점은 "고등과에서는 그 정도를 나아가 남아에게는 특히 교련을 중하게 할 것"이라 하여 교련에 중점을 둔 것이다. 또 "교련에서는 특히 단체훈련을 중히 하고 규율적 협동을 숭상하여 복종의 정신을 함양함에 힘쓸 것"이라 하여 단체 훈련과 협동을 강조하여 '개인' 대신에 '집단'에 중점을 두었다. 이어 "위생에서는 위생상의 기초적 훈련을 중히 하고 점차 그 정도를 나아가 구급 간호 등도 더할 것"이라고 하여 위생과 구급 간호를 강조했다.

다음으로 체조와 더불어 체련과의 양대 축인 체련과 무도에 대한 규정은 제13조에 열거되었다. 그 요지는 "무도의 간이한 기초 동작을 습득케 하고 심신을 연마하여 무도의 정신을 함양함에 이바지하게 하는 것으로 함"이고, "초등과에서는 남아에 대하여 검도 및 유도를 과할 것, 고등과에서는 그 정도를 나아가 이를 과할 것, 여아에 대해서는 치도를 과할 수 있음"이라 하여 초등과와 고등과의 남자에게는 그 이전 시기와 마찬가지로 검도와 유도를 필수과목으로 하고, 여학생에게는 치도를 선택과목으로 교육하게 했다. 또 무도의 목적으로는 "심신을 일체로 하여 훈련하고 예절을 숭상하며 염치를 중하게 하는 기풍을 함양함에 힘쓸 것"이었다.

체조와 무도를 양대 축으로 했던 국민학교규정의 초등과를 제외하고, 나머지는 모두 체조와 무도 외에 교련을 필수로 하고, 그 순서도 셋 중 가장 앞에 배치한 것에서 교련 강조를 읽을 수 있다.

다음으로 체련과 교육시간을 보자. 국민학교규정 제28조에 "초등과의 과정은 제1호표에, 수업연한 6년의 국민학교 과정은 제3호표에 의할 것"이라고 되어 있는데, 제1호표에 따르면, 제1학년에서는 체조와 음악을 합해 1주일에 5시간, 제2학년은 6시간이었는데, 체조시간의 교육 내용은 유희·체조·위생이었다. 제3~4학년은 무도는 없이 체조만 5시간에 교육내용은 체조·교련·유희·경기·위생이었다. 제5~6학년은 무도와 체조 합하여 5시간이고, 체조의 교육내용은 체조·교련·유희·경기·위생이며, 무도의 교육내용은 무도의 간이 기초동작이었다.[81]

학교규정에 명시된 체련과목을 학교 현장에서 실제 실시할 때는 체련과의 교수요목이 시용되었다. 일본에서는 1942년 9월 29일 초등학교 체련과의 교수요목 발표되고, 구체적인 실시세목을 10월 10일 문부성 차관이 각 지방장관에게 발송했다.[82]

이 요목과 세목의 내용은 위 신문 기사에 소개되었는데, "도수체조부터 현수, 각력(角力), 구기, 수영, 진중 근무, 총검도에 이르기까지 초등학교 각 학년의 전 체련과목이 목적, 방법, 용구, 미(躾), 진전, 지도상의 주의 등 6항목으로 구분"되어 있다. 그리하여 "예를 들면, 초등과 제3학년 남자 '도보' 중의 '군함 잡기'는 그 목적을 주력을 연마하고, 기민한 동작과 협력 감투의 정신을 양성함이라고 명기하고, 방법으로는 '2조가 전투함, 잠수함 등을 만들고 서로 쟁투함'이라 하고 미는 '규약을 엄수할 것'이라 정하고, 지도상의 주의는 '군항간의 거리는 약 40미터로 정하고 군함 종류는 모자로 명백히 하고 전투함은 구축함에 이기고, 구축함은 잠수함에 이긴다는 등의 규약을 작성할 것, 비행기 기타를 더하여도 가함'이라고 상세히 설명"되어 있다고 한다. 그리고 "총검도, 위생교련 등의 각 과목의 교수요목도 개신"되었다.

일본의 교수요목 개정은 이듬해인 1943년 3월 조선에서의 교수요목 개정에 영향을 미쳤다. 그 개정은 "전시체제하의 일본적인 교수요목으

---

81) 『조선총독부관보』 제4254호, 1941.03.31.
82) 「쇄신된 국민교 체련, 교수요목의 실시안 발표」, 『매일신보』 1942.10.12.

로 일대 전환"이었는데, "개정의 중점은 종래의 개인 건강의 보호 증진을 위주하였던 체육을 일척하고 어디까지든지 체육연성을 통하여 황국신민으로서의 필요한 기초적 능력을 연마육성하고 전체주의이고 국가주의인 체육으로 귀일시켜 종합전력증강에 이바지"하는 것이었다[83] 개인주의 배척, 전체주의·국가주의적 체육으로의 전환을 골자로 한 것이다.

이러한 전환은 1939년부터 '전력증진체조', '국방체육' 등을 내걸면서 예고되어 있었다. 1939년 8월 총독부 학무국은 "오랫동안 실시해 내려오던 학생생도의 체조도 급박한 현 전시 시국하에서는 종래와 같은 정말(덴마크 - 인용자)식 체조에 편중해서는 안 된다는 것이 총독부 학무국의 새로운 견해"라며 "구미식 체조를 근본적으로 대개정하여 군사교련과 가장 거리가 가까운 체조를 필요로 해마지 않는다"고 강조했다.[84]

또 1940년에는 5월 16일 학무과장회의를 앞두고 총독부는 "체육운동과 학교 위생의 일체화를 도모하여 생도들로 하여금 체육을 항상 합리적으로 또는 단련적으로 실시하고 체육생활훈련의 강화와 단체훈련을 장려하며 다시 무도의 보급을 꾀하여 인고 지구의 체력과 확호불발한 정신을 연성시키기로 한다"는 방침을 세우기도 했다.[85]

국민학교규정 시행 이후 조선총독부는 각 도와 학교에 통첩을 발했다. 1942년 여름부터 전 국민학교에 대하여 적극적으로 목검 및 치도 체조의 지도 장려를 행하도록 하는 통첩이었다.[86] "국민의 체위 향상을 꾀하여 일본에서는 종래의 승부나 기록만을 목표로 했던 체조나 올림픽 모방의 경기를 전폐함과 함께 국민학교 아동부터 국방 단련 경기와 일

---

83) 「체련-학교체육의 변천⑤, 개인주의적 체육을 일척, 전력 증강을 목표로 교재 일신」, 『매일신보』 1943.12.01.
84) 「학교체조도 전시형」, 『동아일보』 1939.08.19.
85) 「교육방침의 근본적 개혁!, 국방체육을 강화」, 『동아일보』 1940.04.25.
86) 「木劍薙刀體操, 全鮮國民學校へ普及」, 『釜山日報』 1942.05.30.

본 고래의 유검도를 정과"로 하였는데, 조선총독부도 "무도정신의 보급과 예의작법, 체위향상 등의 견지에서도 목검체조와 치도체조는 가장 유효한 것"으로 인식하였기 때문이라는 이유에서였다.

3. 체련과 이외의 체육

앞의 체련과가 정규교과로서의 학교 체육이라면, 정규교과 이외의 체육도 강조되었다. 그것은 다음 요강에 상세히 나와 있다. 1943년 4월에 조선총독부는 증강 전력을 최고 목표로 하는 '1943년도 전시학도체육훈련실시요강'을 발표했다. 특히 조선으로서는 징병제도 실시를 앞두고 학도의 체육훈련을 종전보다도 한층 강화하기 위한 것이었다. 기본방침으로는 다음과 같은 다섯 가지를 들었다. (1) 전력증강과 성전 목적 완수를 목표. 굳센 체력과 굽히지 않는 정신력을 기를 것, (2) 남자학도는 졸업한 후 곧 장병으로서 전장에 나가 분투할만한 자질을 기를 것, (3) 훈련 실시의 중점은 평소의 훈련을 보급 강화하는 데 두고 여러 가지 체육대회와 시합 등은 평소의 훈련과 관계 깊은 필요한 것만을 엄중히 가려서 실시한 것, (4) 전 학도로 하여금 정과까지 포함하여 매일 1회 이상의 적절한 체육 훈련을 실시할 것, (5) 학도의 체력과 건강상태 등으로 고려, 유효 적절한 훈련을 실시할 것 등이었다.[87] 남학생은 학교를 졸업하면 '징병제'를 통해 곧 장병으로 전장에 설 수 있을 만큼 체력과 정신력을 육성하자는 것이 핵심이었다.

또 훈련 종목은 정과와 과외로 분류하고, 과외의 체육 훈련으로서 행군, 전장운동 등의 전기 훈련과 체조, 무도 등의 기초훈련, 해양, 항공,

---

87) 「전력의 증강이 목표, 금년도 학도들 체육훈련방침」, 『매일신보』 1943.04.27.

마사 등의 특공 훈련으로 구분했다.[88] 그 구분을 자세히 소개하면 다음과 같다.

정과의 체육훈련
정과의 체육훈련에 관하여는 체련과교수요목 또는 요항 및 수련지도 요항에 준거하여 더욱 그 충실 철저에 힘쓸 것
학교교련, 집단근로작업, 방공훈련 및 구호훈련에 대하여는 따로 정한 바에 따라 실시할 것

과외의 체육훈련
남자부
전기(戰技)훈련 행군, 전장운동, 총검도, 사격
기초훈련 체조, 육상운동, 검도, 유도, 상박, 수영, 설활
특공훈련 해양훈련(撓櫓漕 등 포함), 항공훈련, 기갑훈련, 마사훈련
여자부
체조, 육상운동, 행군, 무도(치도, 궁도, 기타 적절한 것), 수영, 설활, 구기(여자에게 적절한 것), 해양훈련[89]

이 총독부의 요강은 그에 앞선 일본 문부성의 요강(1943.03.29, 문부성 발표)을 거의 그대로 전재한 것과 마찬가지 내용이다. 유일한 차이점이라면, 남자부 기초훈련에 구기 종목의 유무이다. 일본에는 있고, 조선에는 없다.

위 과외의 체육 훈련 중 몇 가지 구체적 설명을 참조하면 다음과 같다. 먼저 "전기훈련은 보편으로 실시하도록 힘쓰고 특히 대학, 전문학교 및 중등학교의 고학년에서는 필승(必勝)적으로 실시케 하여 철저히 하도록 할 것". 전투 기술의 약자라고 할 수 있는 전기를 훈련하는 것을

---

88) 「전학도에 전시연성, 건병을 목표로, 체육훈련방침결정」, 『매일신보』 1943.04.27.
89) 「전시학도체육훈련실시요강」, 『매일신보』 1943.04.27.

보편으로 실시하도록 한 것이다. 그에 속한 네 가지는 모두 군대 병사들이 실시하는 훈련과 동일한 것이다.

행군은 "도수행군으로 훈련한 다음 무장 하중 등에 의한 행군을 실시하여 힘써 단체적으로 실시할 것. 단 여자는 무장치 않음. 행군에 의한 등산 및 막영 등을 적의 실시하는 동시에 내한, 내서 등의 행군도 병행 실시할 것. 행군 실시에 당하여는 특히 휴게, 식사, 급수 위생 등에 유의할 것"이라 하여 도수 행군과 무장 행군의 순서로 하도록 했다.

전장운동은 "무장으로써 전장(戰場) 상정의 각종 장애 통과, 중량 운반, 수류탄 투척 등의 전기 훈련을 실시할 것, 훈련실시에 당하여는 기초 훈련으로서 육상운동을 충분히 행케 할 것"이라고 하여 학교를 전투 현장으로 상정하여 훈련하라고 했다.

총검도는 이 시기 새로 등장한 용어이다. 이 총검도와 '기초훈련'에 포함시킨 검도, 유도에 대해서는 "항상 실전적 기백의 양성에 힘써 기본 훈련을 충분히 쌓게 한 다음 힘써 방구를 장비하고 실용훈련을 실시할 것. 훈련은 힘써 호외에서 실시하고 또 평탄지뿐 아니라 부정지(不整地)에서도 실시할 것. 복장 등은 형식에 치우치지 말고 간소히 하여 실용적인 것으로 할 것. 유도는 적의 '공수'를 병행 실시할 수 있도록 할 것"이라고 하여 '실전적 기백의 양성'을 강조했다.

사격은 "기본훈련의 철저에 중점을 두고 가능한 한 실탄사격도 실시할 것, 실시에 당하여는 특히 행군, 총검도 등을 병행 실시하도록 계획할 것"을 주문했다. 사격, 행군, 총검도 등을 병행 실시하면 그것이 곧 전장운동이자 전기 훈련이 되는 것이다.

위의 전기 훈련 가운데 총검도는 생소하여 특히 주목되는 바이다.[90] 총검을 사용하는 방법을 가리키는 총검도는 전투 중 탄알이 소진되어

---

90) 총검도에 대한 자세한 내용은 최규진, 앞의 논문, 223~227쪽 참조.

적과 백병전을 벌일 때 주요 무기가 되는 총검 사용을 훈련토록 한 것으로 보인다. 그런데 이 총검도는 그에 앞서 1942년 9월에 선을 보인 적이 있다. "금년부터 새로 등장한 남자 중등■■■ 대학의 억센 학도들의 총검도 공개 연기는 대동아전 하 총후학생 경기로서 일대 장관을 이룰 것이요"라는 기사에서 확인할 수 있다.[91]

1943년 3월 30일에는 경성운동장에서 총검도 연성대회가 열렸다. 대회명칭은 대일본총검도진흥회 경성지방연성대회였고, 대일본총검도진흥회 경성연합지부와 경성일보사 공동 주최였다. 목적은 "체력과 전기(戰技)를 증강하여 결전 태세하에 완승 필멸의 사기를 앙양"하는 것이었다.[92]

〈사진 3〉 총검도 연성대회(『매일신보』 1943년 3월 31일)

이상을 요약하면 다음과 같다. 1941년 3월 31일 조선총독부령 제90호

91) 「연보전축구결승, 총검도, 체조경기도 장관, 금일」, 『매일신보』 1942.09.26.
92) 「총검도연성대회, 금일, 경성운동장에서 성황」, 『매일신보』 1943.03.31. 사진은 그날 대회에 경기·강원·충북 3도에서 선발된 '총도 선사'들이 벌인 총검도 시연이다.

로 국민학교규정이 공포되어 4월 1일부터 시행되었다. 이 개정의 주요 골자는 체련 예능과의 강화, 체육 운동과 정규 과목 이외 각종 행사 등을 정규 과목처럼 취급하는 것이다. 또 1943년 3월 27일 중학교규정, 고등여학교규정, 실업학교규정, 사범학교규정이 일제히 제정, 공포되었다. 이에 대해 총독부 관리는 조선에서 국민교육의 체계를 완비하여 일관적인 황민연성을 완수하게 되었다고 밝혔다. 국민교육의 체계라는 것은 결국 병역의무 이행을 궁극의 목표로 하는 일관된 체계임을 보여주는 것이다. 병역의무를 정점으로 하고, 의무교육으로서 국민학교교육을 바탕으로 한 교육체제가 국민교육 체제인 것이다. 1941년의 조선교육령 개정과 국민학교제도의 실시, 1942년 징병제 시행 결정, 국민 기초교육 의무제의 실시 결정, 1943년 조선교육령 개정과 각 학교규정 제정이 모두 하나의 고리로 연결된 것으로 징병을 위한 학교교육 재편이었다.

1941년 국민학교규정과 1943년의 각 학교규정에서는 기존의 체조는 체련과로 개편되었다. 체조와 무도(검도, 유도)를 양대 축으로 했던 국민학교규정의 초등과의 체련과를 제외하고, 고등과 이상에서는 모두 체조와 무도, 그리고 교련을 필수로 하고, 교련의 순서를 셋 중 가장 앞에 배치했다. 조선총독부는 1942년 여름부터 전 국민학교에서 적극적으로 목검 및 치도 체조의 지도 장려를 행하도록 하는 통첩을 발했다.

1943년 4월에 조선총독부는 증강 전력을 최고 목표로 하는 '1943년도 전시학도체육훈련실시요강'을 발표했다. 특히 조선으로서는 징병제도 실시를 앞두고 학도의 체육훈련을 종전보다도 한층 강화하기 위한 것이었다. 이 요강에서는 정과의 체육훈련과 과외의 체육훈련으로 구분하고, 전자는 기존의 체련과교수요목 등에 준거하여 더욱 그 충실 철저에 힘쓸 것을 주문했다. 또 후자는 남자부에 전기(戰技)훈련, 기초훈련, 특공훈련으로 구분했는데, 전기훈련은 다시 행군, 전장운동, 총검도, 사격 등을 내용으로 했다. 전투 기술의 약자라고 할 수 있는 전기를 훈련하는 것을 보편으로 실시하도록 한 것인데, 그에 속한 네 가지는 모두 군대 병사들이 실시하는 훈련과 동일한 내용이다. 그중 총검도는 총검을 사용하는 방법을 가리키는 것으로 전투 중 탄알이 소진되어 적과 백병전을 벌일 때 주요 무기가 되는 총검 사용을 훈련토록 한 것으로 총검도 연성대회까지 개최되었다.

IV. 맺음말

이 글에서는 중일전쟁과 태평양전쟁 시기 전선의 확대와 함께 조선 내 병력 동원 정책으로서 지원병제와 징병제가 실시되고, 그에 조응하여 조선교육령과 각 학교규정이 개정된 사실을 배경으로 하여 학교 체육의 변화를 고찰했다. 그 결과 다음과 같은 결과를 얻었다.

먼저 중일전쟁 발발 이후 부분이다. 1938년 3월 4일 칙령 제103호로 조선교육령이 개정되고, 각 학교규정도 개정 실시되었다. 이 개정은 조선인 학생으로 하여 황국신민이 되는 교육을 위한 것이었다. 바로 직전 육군특별지원병령이 공포되었는데, 1938년의 조선교육령 개정은 결국 지원병제의 효과를 극대화하기 위한 수단이었다. 이때 개정된 각 학교규정 중 체조 과목의 요지가 그 이전에 비해 변경되었다. 1938년부터 쾌활 강의 확고불발의 정신과 인고지구의 체력을 강조한 것이 그 이전과 크게 달라진 점이다. 3대 교육방침의 하나로 인고단련을 표방한 데 따른 변화이다.

또 학교체조교수요목 개정도 수반되었는데, 개정의 골자는 남자 학교에서는 검도 및 유도가, 여자 사범학교에서는 검도 및 유도의 기본동작이 새로 필수과목이 된 것이다. 그런데 검도와 유도의 무도 필수 종목화는 1937년에 일단 보류되었다가 1938년 교육령과 각 학교규정 개정과 함께 시행되었다.

학교에서의 실제 체조 교육 내용을 보면, 먼저 수신 교과서에서는 정신 교육에 중점을 두었다. 또 기존의 체조와 교련의 학년별 월별 교육내용은 1937년의 학교체조교수세목에 상세하다. 체조 종목은다리, 목, 팔, 가슴, 매달리기(懸垂), 평균, 몸옆(體側), 배, 등, 걷기와 달리기, 도약, 거꾸로 서기 및 회전, 호흡 등 13종이었다. 또 교련은 정렬, 행진, 속보, 구보, 분대교련, 소대교련 등이다. 새로운 체조 교육도 있었다. 건국체조, 황국신민체조, 나체체조 등이 그것이다. 나체체조는 여학생에게도 강제하여 사회문제가 되기도 했다.

1941년 3월 31일 조선총독부령 제90호로 국민학교규정이 공포되어 4월 1일부터 시행되었다. 이 개정의 주요 골자는 체련 예능과의 강화, 체육운동과 정규 과목 이외 각종 행사 등을 정규 과목처럼 취급하는 것이다. 또 1943년 3월 27일 중학교규정, 고등여학교규정, 실업학교규정, 사범학교규정이 일제히 제정, 공포되었다. 이는 조선에서 '국민교육의 체계'를 완비하여 '일관적인 황민연성'을 완수하기 위한 조치였다. 국민교육의 체계라는 것은 결국 병역의무 이행을 궁극의 목표로 하는 일관된 체계임을 보여주는 것이다. 병역의무를 정점으로 하고, 의무교육으로서 국민학교 교육을 바탕으로 한 교육체제가 국민교육 체제인 것이다. 1941년의 조선교육령 개정과 국민학교제도의 실시, 1942년 징병제 시행 결정, 국민 기초교육 의무제의 실시 결정, 1943년 조선교육령 개정과 각 학교규정 제정이 모두 하나의 고리로 연결된 것으로 징병을 위한 학교교육 재편이었다.

1941년 국민학교규정과 1943년의 각 학교규정에서는 기존의 체조는 체련과로 개편되었다. 체조와 무도(검도, 유도)를 양대 축으로 했던 국민학교규정의 초등과 체련과를 제외하고, 고등과 이상에서는 모두 체조와 무도, 그리고 교련을 필수로 하고, 교련의 순서를 셋 중 가장 앞에 배치했다. 또 조선총독부는 1942년 여름부터 전 국민학교에서 적극적으로 목검 및 치도 체조의 지도 장려를 행하도록 하는 통첩을 발했다.

1943년 4월에 조선총독부는 증강 전력을 최고 목표로 하는 '1943년도 전시학도체육훈련실시요강'을 발표했다. 특히 조선으로서는 징병제도 실시를 앞두고 학도의 체육훈련을 종전보다도 한층 강화하기 위한 것이었다. 이 요강에서는 정과의 체육훈련과 과외의 체육훈련으로 구분하고, 전자는 기존의 체련과교수요목 등에 준거하여 더욱 그 충실 철저에 힘쓸 것을 주문했다. 또 후자는 남자부에 전기(戰技)훈련, 기초훈련, 특공훈련으로 구분했는데, 전기훈련은 다시 행군, 전장운동, 총검도, 사격 등을 내용으로 했다. 전투 기술의 약자라고 할 수 있는 전기를 훈련하는 것을 보편으로 실시하도록 한 것인데, 그에 속한 네 가지는 모두 군대 병사들이 실시하는 훈련과 동일한 내용이다. 그중 총검도는 총검을 사용하는 방법을 가리키는 것으로 전투 중 탄알이 소진되어 적과 백병전을 벌일 때 주요 무기가 되는 총검 사용을 훈련토록 한 것으로 보인다. "체력과 전기를 증강하여 결전 태세 하에 완승 필멸의 사기를 앙양"하기 위해 총검도 연성대회까지 개최되었다.

중일전쟁 직후에는 지원병제 실시와 함께 각 학교 체육에서 검도와 유도를 필수과목으로 했다. 태평양전쟁이후에는 징병제를 시행하고 그 전후로 학교규정을 개정하여 체조과목을 '연성'을 강조한 체련과로 개편했다. 이후 전투 기술 훈련에 치중하면서 '총검도'를 강조했다. 학교는 병영이 되고, 학교 운동장은 군대 연병장이 되었다. 일제의 침략전쟁을 지원하는 병력 동원의 수단으로 학교교육을 이용한 것이다.

참고문헌

1. 자료

『조선총독부관보』

『동아일보』

『조선일보』

『매일신보』

『朝鮮新聞』

『釜山日報』

『조선총독부급소속관서직원록(1941년 7월 1일 현재)』, 조선총독부.

鹽原, 「朝鮮敎育令の改正に就て」, 『朝鮮』 275(1938년 4월호), 1938.04.

富永, 「改正學校體操敎授要目發令について」, 『朝鮮』 265(1937년 6월호), 1937.06.

「彙報-朝鮮敎育令改正內容發表さる」, 『朝鮮』 335(1943년 4월호), 1943.04.

白木宏二, 「朝鮮敎育令改正の趣旨と其の使命」, 『朝鮮』 336(1943년 5월호), 1943.05.

『施政三十年史』, 조선총독부, 1940.

宇佐見守, 『皇民鍊成體鍊科授業實際論』, 鞱本博晃社, 1942.

학부 편찬, 『학교체조교수서』, 학부, 1910.

조선총독부 편찬, 『소학교보통학교 체조교수서』, 조선총독부, 1917.

_____, 『소학교보통학교 체조교수서』, 조선서적인쇄주식회사, 1924.

조선초등교육연구회, 『소학교보통학교 개정학교체조교수세목』, 대학사, 1937.

조선총독부, 『중등교육 수신서 권1』, 조선서적인쇄주식회사, 1940년 번각발행.

_____, 『중등교육 수신서 권2』, 조선서적인쇄주식회사, 1940년 번각발행.

2. 연구서

국사편찬위원회, 『한국사 50: 전시체제와 민족운동』, 국사편찬위원회, 2001.

정재철, 『일제의 대한국식민지교육정책사』, 일지사, 1985.

遠山茂樹·藤原彰·今井淸一, 박영주 옮김, 『일본현대사』, 도서출판 한울, 1988.

3. 논문

김수균, 「朝鮮敎育令의 變遷과 普通學校 體育」, 『公州敎大論叢』 34-2, 公州敎育大
　　學 敎育硏究所, 1997.

김영학·김영훈, 「일제시대의 한국 학교 검도의 특성에 관한 고찰」, 『대한검도학
　　회지』 21-2, 대한검도학회, 2005.

박귀순, 「일제강점기 부산 일신(日新)여학교의 체육활동에 관한 연구」, 『체육사학
　　회지』 19-2, 한국체육사학회, 2014.

박은영, 「15년전쟁 하 일본 기독교의 전쟁 협력 – 전후 '전쟁책임' 문제와 관련하여」,
　　『일본사상』 39, 한국일본사상사학회, 2020.

유근직·김재우, 「초등학교 체육수업과정의 변천과정에 관한 역사적 고찰」, 『한국
　　체육학회지』 38-4, 한국체육학회, 1999.

이광호·전명기, 「식민지교육과 민족교육」, 『한국사 14: 식민지시기의 사회경제-2』,
　　한길사, 1994.

이상의, 「태평양전쟁기 조선인 전문학생·대학생의 학도지원병 동원 거부와 '학도
　　징용'」, 『역사교육』 141, 역사교육연구회, 2017.03.

임경석, 「3·1운동과 일제의 조선지배정책의 변화 – 만세시위운동에 대한 일제의
　　대응방식을 중심으로」, 『일제식민통치연구1』, 백산서당, 1999.

정안기, 「1930년대 육군특별지원병제의 성립사 연구」, 『한일관계사연구』 61, 한일
　　관계사학회, 2018.08.

최규진, 「전시체제기 '멸사봉공'의 신체, 일본정신과 무도(武道)」, 『역사연구』 44,
　　역사학연구소, 2022.

표영수, 「해군특별지원병제도와 조선인 강제동원」, 『한국민족운동사연구』 59, 한
　　국민족운동사학회, 2009.06.

황의룡, 「'조선교육령'을 통해 본 여성체육정책에 관한 연구: 제3~4차 개정령을 중
　　심으로」, 『한국체육학회지』 58-6, 한국체육학회, 2019.

전시체제기 동원체제와 종교계의 대응

천도교의 교의 변용과 신체 동원

성 주 현

Ⅰ. 머리말

일제는 1931년 8월 18일 이른바 류죠우꼬사건(柳條溝事件)을 계기로 만주사변을 일으켰고, 이후 1937년 중일전쟁, 1941년 태평양전쟁으로 이어지는 전시체제기가 형성되었다. 특히 중일전쟁 이후 국가총동원법 제정으로 전시 동원체제가 성립되었다. 전시체제기 국가총력전 사상에 근거한 총력전 체제는 군사 분야뿐 아니라 정치, 경제, 사회, 사상 등 전 분야로 확산되었고 침략전쟁 승패의 결정 요인으로 인식하였다. 이에 따라 전방과 후방은 구분 없이 통합되었고, 후방의 전 분야는 '총후봉공'이라는 이름으로 전쟁 승리를 위해 재편되었다.

이 전시동원체제는 일본뿐만 아니라 식민지 조선에도 확대 적용되었다. 전시체제기 식민지 조선인은 이른바 '황국신민'으로 불렸으며, 진정한 일본인이 되기를 강요받았다. 내선일체와 황민화정책의 강화로 사상적 통제 외에도 강제동원, 징용과 징병 등 신체까지 동원하였다.

조선총독부는 중일전쟁 이후 이른바 애국운동의 일환으로 종교단체와 사회교화 단체를 포함한 조선 민중 전체를 하나로 묶는 단체를 조직하기 위해 1938년 6월 발기인 총회를 갖고, 이어 중일전쟁 발발 1주년을 맞는 7월 7일 국민정신총동원 조선연맹(이하 조선연맹)을 결성하였다. 조선연맹에는 59개 단체가 참가하였는데 경성불교각종연합회, 구세군조선본영, 성공회, 조선감리교총리원, 조선기독교연합회, 조선불교중앙교무원, 조선장로회총회, 천도교중앙교회, 천도교중앙종리원, 천주교경성교구 등 종교단체도 참가하였다. 이를 기점으로 종교계도 전시동원체제에 편입되었다.[1]

---

1) 전시체제기 종교계의 동향에 대한 연구는 이장우, 「식민지시기 말기 조선천주교회와 총독부의 종교통제 – 노기남 대주교의 대응을 중심으로」, 『교회사연구』 35, 한국교회사연구소, 2010; 임숙정, 「조선유도연합회 순천군지부 회원의 현황과 특징」, 『한국근현대사연구』 73, 한국근현대사학회, 2015; 송현강, 「중일전쟁 발발 이후 충청도 지역교회의 전시협력활동」, 『한국기독교와 역사』 27, 한국기독교역사연구소, 2007; 김정인, 「일제강점 후반기(1931~1945) 천도교 세력의 친일문제」, 『동학연구』 9 · 10, 2001; 윤선자, 「일제전시하 총동원체제와 조선천주교회」, 『역사학보』 157, 역사학회, 1998; 한길로, 「전시체제기 유림 잡지 소재 한시의 성격과 그 실상 – 조선유도연합회의 『유도』를 중심으로」, 『인문학연구』 28, 조선대학교 인문학연구원, 2017; 윤선자, 「전시체제기 광주교구와 와키다 신부」, 『한국인물사연구』 11, 한국인물사연구원. 2009; 류미나, 「전시체제기 조선총독의 유림정책」, 『역사와 현실』 63, 한국역사연구회, 2007; 문지현, 「전시체제기 조선총독부의 신종교에 대한 정책과 신종교단체」, 『한국근현대사연구』 67, 한국근현대사학회, 2013; 한길로, 「전시체제기 조선유림의 일본 체험과 시회 풍경 – 『조선유림성지순배기(朝鮮儒林聖地巡拜記)』를 중심으로」, 『국제어문』 62, 국제어문학회, 2014; 원영상, 「전시체제의 종교탄압과 불교계의 저항」, 『선학』 16, 한국선학회, 2007; 김승태, 「'전시체제'하 조선총독부의 종교정책과 기독교계의 부일 협력 활동, 1937~1945」, 『한국기독교역사연구소 소식』 54, 한국기독교역사연구소, 2002; 윤선자, 「1940년대 전시체제와 제주도 천주교회」, 『한국독립운동사연구』 25, 독립기념관 한국독립운동사연구소, 2005; 한길로, 「일제 말 지방 유림의 동향과 친일시의 국면 – 강릉 유림을 중심으로」, 『인문과학』 28, 성균관대학교 인문학연구원, 2016; 김승태 · 이명화, 「일제 말기 한국기독교계의 변질 · 개편과 부일협력」, 『한국기독교와 역사』 24, 한국기독교역사연구소, 2006; 김정화, 「일제강점기 '조선적; 기독교의 모색과 최태용」, 『역사연구』 43, 역사학연구소, 2022 등이 있다.

천도교는 중일전쟁이 발발하자 시국대처부를 설치하고 중앙집권적 교단운영을 통해 부일협력에 동참하였다.[2] 1940년 이후에는 국민정신총 동원 천도교연맹과 국민총력 천도교연맹을 조직하였으며 인적, 물적 동원 을 동원 당하였다. 본고에서는 전시체제기 형성과 종교계의 동향을 먼저 살펴보고, 천도교의 교의 변용과 신체 동원 사례를 추적해보고자 한다.

Ⅱ. 전시체제기 형성과 종교계 동향

이른바 전시체제기는 일제가 1931년 9월 만주사변을 일으키면서 시작 되었다. 만주사변은 1931년 6월에 발생한 나카무라(中村) 대위 살해사 건[3]과 만보산사건,[4] 청도사건[5] 등으로 중일 양국의 갈등이 악화되고 일제의 대륙침략 야욕과 군부의 호전성이 복합적으로 맞물려 발생하였 다. 만주사변이 발생하자 조선총독부는 식민지 조선에 대한 통치도 새 로운 변화를 꾀하였다. 이는 조선의 안정적 통제와 조선인과 일본인의 혼연일체를 강조하는 내선융화의 강조였다. 여기에 더하여 식민조선은 1930년대 들어 세계대공황의 여파로 쌀값의 폭락으로 조선의 농촌경제 는 파탄에 이르렀다.

이러한 상황에서 식민지 조선의 농민층 몰락과 저항은 심화되었고, 혁명

---

2) 일제 말기 종교계의 일제 협력은 양면성을 가지고 있다. 일제의 종교정책에 의해 타율적으로 활동할 수밖에 없는 종교계 현실에서 본고에서는 강제성에 초점을 두 고 살펴보고자 한다.
3) 『동아일보』 1931.08.19, 08.20, 08.21, 09.12.
4) 『동아일보』 1931.08.16.
5) 『동아일보』 1931.08.22.

적 농민조합운동을 통해 사회주의는 농촌사회에 점점 확장되어갔다. 총독부는 이러한 불안정한 사회를 타개하기 위해 전시상황을 비상시국으로 인식하고 내선융화를 더욱 촉진하였다. 무엇보다도 사상을 통제하는 데 중점을 두었다. 이를 위해 '민심작흥운동'을 전개하였다. 1932년 10월 10일 대조환발기일에 우가키(宇垣) 총독이 '민심작흥에 관한 성명서'를 발표하였는데, 핵심적 시설요강은 "忠君愛國의 本旨에 基하고 共存共榮의 精神에 則하여 日鮮人 一致協同, 公民으로의 訓練을 쌓아서 社會에 進步改善을 圖하는 것"[6]이었다. 즉 일선융화를 최우선으로 하였다.[7]

이를 위해 총독부는 관공서를 포함하여 학교, 각종 단체, 회사, 은행, 대상점, 신사 및 사원 등에서 詔書의 봉독식을 갖도록 강요하였으며, 이를 확산하기 위해 강연회, 영화회, 좌담회를 개최하고 일본 국기를 달도록 강요하였다. 이에 따라 중앙과 지방에서는 민심작흥 강연회 등이 개최되었다.

우가키(宇垣一成) 총독의 민심작흥운동은 종교계에서는 심전개발운동으로 전개되었다. 우카키 총독은 1935년 1월 훈시와 각도 참여관 회의에서 심전개발을 언급하였다. 우가키는 "산업을 장려하고 근로를 고취시킴으로써 반도 인민의 물질적 안정과 충실을 가져옴과 동시에 종교의 부흥에 따른 정신작흥에 힘을 다하여 민중의 건전한 신앙을 환기하는 일은 현재의 급무"라고 하고, 농산어촌의 진흥과 함께 종교계를 중심으로 하는 심전개발운동을 계획하였다.[8]

---

6) 『동아일보』 1932.10.27.
7) 우가키 총독의 민심작흥운동은 총독으로 부임하기 전 도쿄에서 발표한 시정방침이기도 하였다. 우가키는 식민지 조선의 시정방침으로 6개 항목을 언급하였는데, 이를 종합하면 비상시국에 처하여 기강을 바로 잡고 민심의 작흥, 민의의 창달 및 다시금 과거의 훌륭한 내선융화의 촉진을 도모하여 반도 일대의 공기를 더욱 명랑, 쾌활하게 하고, 더 나아가 일본의 강복 증진을 기하는 것이었다(박찬승 외 역주, 『국역 조선총독부30년사』(중), 민속원, 2018, 638~639쪽).

우가키 총독은 1935년 1월 16일 심전개발을 의제로 각도 참여관 회의를 가진 바 있으며[9] 이어 불교, 신도, 고유신앙, 기독교, 사원, 유교 등 종교지도자와 간담회를 개최하고 이들에게 심전개발의 각오를 촉구하였다.[10] 이에 따라 조선불교중앙종무원은 3월 4일 31본산 주지와 평의원 등이 참석하는 총회를 개최하였는데, 6일 우가키 총독은 이들을 왜성대에 초청하여 종교부흥과 심전개발에 대해 의견을 청취하고 심전개발운동에 매진해 줄 것을 당부하였다.[11] 이를 계기로 경상북도에서는 승려들을 동원하여 의례준칙 보급이라는 미명 아래 미신타파를 계획하고[12] 이를 심전개발에 호응케 하였다.[13]

심전개발운동을 종교계를 매개로 한 것으로 조선인에 대한 교화정책이기도 하였다. 즉 신앙을 통한 정신적 교화가 사회의 불평과 불만을 완화시키고, 이를 통해 식민통치에 보다 효율적으로 활용하고자 하는 목적이 깔려있었다. 이러한 인식은 1936년 1월 15일 경성부민관에서 개최한 심전개발위원회에서 협의 결정한 심전개발의 3대 목표 즉 첫째 국체관념(國體觀念)을 명징(明徵)할 것, 둘째 경신숭조(敬神崇祖)의 사상 및 신앙심을 함양할 것, 셋째 보은(報恩), 감사(感謝), 자립(自立)의 정신을 양성할 것에서 그대로 드러나고 있다.[14] 그 실행방법으로 종교 각파 및 교화단체의 상호연락 제휴를 첫 번째 실행방법으로 제시하였다. 우가키 역시 신앙문제를 심전개발의 첫 과제로 언급하였다.[15]

---

8) 박찬승 외 역주, 『국역 조선총독부30년사』(중), 민속원, 2018, 869~870쪽.
9) 『조선신문』 1935.01.17.
10) 『조선신문』 1935.01.31, 02.02; 『매일신보』 02.08; 박찬승 외 역주, 『국역 조선총독부 30년사』(중), 민속원, 2018, 870쪽.
11) 『조선신문』 1935.03.06.
12) 『조선신문』 1935.03.08.
13) 『조선신문』 1935.03.29.
14) 『매일신보』 1936.01.18; 『조선신문』 1936.01.18; 『조선시보』 1936.01.22.

이처럼 총독부가 종교계를 발판으로 심전개발운동을 적극 추진하면 서 그 대상을 불교와 유교를 활용하고자 하였다. 불교와 유교를 심전개 발운동의 발판으로 택한 것은 두 종교가 오랫동안 조선에 영향을 미쳤 기 때문이었다. 그뿐만 아니라 일상생활에서도 두 종교가 미치는 영향 역시 컸기 때문이었다. 특히 불교의 경우 첫째 부녀자 층을 중심으로 여 전히 많은 신도를 보유한 불교의 잠재력, 둘째 심전개발운동의 목적을 달성하는데 무난한 종교, 셋째 국가 신도의 조상숭배 정신과 거리감 없 이 수용될 수 있는 종교, 넷째 동양의 견지에서 불교는 누구에게도 거부 감이 없는 종교 등이 그 이유이기도 하였다.[16)]

먼저 불교계의 동향을 살펴보자. 일본에 조동종대학에 유학한 바 있 는 김태흡은 심전개발운동의 기관지 또는 선진지와 다름이 없는『불교 시보』를 창간하였으며, 총독부의 심전개발운동에 대한 방침과 강연회 등의 일정, 그리고 이 운동을 독려하는 각계 유명 인사와 독자의 글까지 게재하였다.[17)] 잡지를 통한 심전개발운동 참여 외에도 지역별 불교계에 서도 심전개발운동에 참여하였다. 강원도는 불교를 중심으로 심전재발 운동을 이끌어가기 위해 월정사 승려 방한암을 예방하였으며,[18)] 전남도 관내 각 사찰을 심전개발운동에 총동원하기로 하였다.[19)] 경남의 통도사 를 비롯하여 범어사, 해인사와 일본 불교 사찰 등의 연합으로 지은사에 서 내선각사연합심전개발교화대강회(內鮮各寺聯合心田開發敎化大講演

---

15)『조선신문』1936.01.17.
16) 大西良慶,「心田開發と佛敎」,『心田開發に關する講演集』, 朝鮮總督府 中樞院, 1936, 98~113쪽; 윤기엽,「일제강점기 조선총독부의 정신계몽운동을 통한 식민통치」,『원 불교사상과 종교문화』86, 원공대학교 원불교사상연구소, 2019, 423쪽, 각주 46.
17) 윤기엽,「일제강점기 조선총독부의 정신계몽운동을 통한 식민통치」,『원불교사상 과 종교문화』86, 원공대학교 원불교사상연구소, 2019, 426쪽.
18)『매일신보』1936.01.23.
19)『매일신보』1936.01.24.

會)를 개최한 바 있다.[20] 경북도 심전개발운동의 박차를 위해 도내 승려를 제일선에 내세우기로 하고 불교협회를 결성하였다. 그리고 교화사업의 확충과 불교의 홍륭 발전을 위한 공동사업을 추진하기로 하였다.[21]

한편 조선불교중앙종무원에서는 1936년 3월 3일과 4일 양일간 각본사 주지회의를 개최하였는데, 4일 오후 우가키 총독은 다과회를 주선하고 일본불교 각 종파 승려까지 초빙하여 "심전개발의 의의는 상당히 다변 광범하여서 관민 각층에 사람이 국가의 시무를 알고 이를 위하여 궐기하여 협력하기를 기망하는 바는 결코 적지 않습니다. 이것을 환언하면 금일의 기운이 제하여 종교계의 각위가 진두에서 그 평소의 온축을 기울여 인심의 계도에 노력하심은 홀로 국가사회에 대한 공헌뿐만 아니라 종교에 대한 민중의 흔구를 부활시키고 동시에 또 종교가 자신의 신념 인격을 연마하는 소이입니다. (중략) 본부 당국으로서는 심전개발의 운동 수행상 깊이 종교가 각위의 기대하는 바가 있고, 특히 불교가 각위에 대하여는 그 자성과 공부로 세상냉평을 반발하고 크게 민중에 진출하여 건전한 신앙심의 부식과 확호한 인생관의 파악에 향하여 열렬한 계도의 임을 당하기를 기대하는 나머지 소사의 일단을 피력한 바입니다"[22]라고 하였다. 이 말은 우가키 총독을 대리하여 이마이(今井田) 정무총감이 한 것이지만, 불교계에서 심전개발운동에 적극적으로 나서줄 것을 당부한 것이다. 이후 불교계는 본말사를 총동원하여 심전개발운동 전면에 나섰다.[23]

---

20) 『조선시보』 1936.02.04; 『조선신문』 1936.02.05.
21) 『매일신보』 1936.02.14.
22) 『매일신보』 1936.03.05.
23) 『조선신문』 1936.04.01, 04.28, 08.30; 『매일신보』 1936.04.02, 05.01, 05.05, 05.12, 05.17, 05.27, 06.23, 07.09, 07.10, 07.13, 07.16.
불교계 심전개발운동은 조성운, 「『佛敎時報』를 통해 본 心田開發運動」, 『한국민족운동사연구』 67, 한국민족운동사학회, 2011; 김순석, 「1930년대 후반 조선총독부의 心田開發運動 전개와 조선불교계」, 『한국민족운동사연구』 25, 한국민족운동사학회, 2000을 참조.

불교와 유교 외에도 기독교도 심전개발운동에 동원하고자 하였다. 총독부 학무국은 1936년 1월 29일 부민관에서 기독교 관계 조선인 유력자를 초대하여 격의 없는 의견을 교환하고 참여를 요구하였다.[24] 그러나 실제 기독교의 심전개발운동의 참여 사례는 보이지 않고 있다. 이에 비해 이른바 유사종교는 심전개발운동을 방해한다고 경고한 바 있다.[25] 그렇지만 보천교와 무극대도교는 일부에서 전향갱생으로 심전개발운동에 동참하기도 하였다.[26]

유교계도 심전개발운동에 강요당하였다. 앞서 언급한 바와 같이 우가키 총독은 1935년 6월 유교를 심전개발에 동원하기로 하였으며,[27] 이후 충북은 도내 유생을 청주 명륜회를 통해 심전개발을 확산시키기로 하고[28] 150명을 소집하여 청주에서 유림간담회를 개최하였다.[29] 1935년 7월 25일에는 명륜회연합회를 개최하고 '유교의 정신과 유림의 각성'이라는 대강연회에서 심전개발운동에 유림부터 분기케 하는 것은 큰 의의가 있다고 강조하고 농촌진흥 촉진에 관한 건, 농촌인의 심전개발에 관한 건, 의례개선에 관한 건 등을 협의하였다.[30] 그 연장선에서 충북도는 통첩을 통해 유림의 정신운동에 대한 환기를 촉구하였다.[31] 이처럼 충

---

24) 『매일신보』 1936.02.05; 『조선시보』 1936.02.05.
25) 『매일신보』 1936.06.05.
26) 『매일신보』 1936.07.07.
27) 『부산일보』 1935.06.20.
28) 『매일신보』 1935.07.08, 07.14.
29) 『부산일보』 1935.07.14.
30) 『매일신보』 1935.07.29; 『조선신문』 1935.07.29.
31) 『매일신보』 1935.10.09. 통첩의 내용은 다음과 같다. 첫째 군청 소재지에 在한 문묘를 중심으로 하여 약 1里 以來의 유림의 문묘 참배의 定例日을 設할 것. 둘째 정례일에는 간담회 좌담회 등을 개최하고 좌기 사항의 실행을 강조하여 유도의 진흥을 圖할 것. 가. 국체관념의 함양에 노력할 것, 나. 유학의 시대화를 圖 하여 儒風의 개선에 노력할 것, 다. 勤勞好愛의 정신을 양성하여 興業生産에 노력할 것, 라. 문묘를 정화하고 존엄을 保持하여 일반민중의 慕聖觀念을 함양할 것, 마. 강연회 강

북도의 경우 통첩이 내려지자 지역에서는 이를 적극 수용하고 유림을 총동원하였다. 옥천군은 구체안을 만들어 이를 실행하기에 이르렀다.[32) 이러한 사례는 충주군,[33) 청주군[34) 등에서도 보이고 있다. 강원도는 원주, 춘천, 철원, 강릉 등 지역별로 유림간담회를 개최하면서, 유림을 심전개발운동의 전면에 내세웠다.[35) 김화군은 지역에 영향을 미치는 유림을 명덕회원으로 가입시킨 후 심전개발과 자력갱생운동의 제일선에서 교화사업과 생활개선을 촉진케 하였다.[36) 이외에도 평북은 강계와 정주, 용천 등에서 각지 문묘 직원을 총동원하여 심전개발운동을 촉진시켜 나갔다.[37) 이를 계기로 정주군은 유림회를 조직하고 심전개발운동의 전면에 내세웠다.[38) 평양부에서는 심전개발을 도모하기 하기 위해 대동유림회 명륜강습소를 개교하였다.[39)

이처럼 종교계를 기반으로 추진된 우가키 총독의 심전개발운동은 태

습회 등을 개최하여 유학의 講明에 노력할 것, 바. 因襲的 徒黨과 階級의 관념을 타파할 것.

32) 『매일신보』 1935.10.14. 옥천군의 유림에 대한 구체안은 다음과 같다. 1. 군내 유림은 일정한 명부가 없기 때문에 각종의 불편이 많았던 고로 금후로 명부를 작성하여 단체적 지도에 便케 하기로 함, 2. 군청 소재지 문묘에는 참배일을 매월 음 15일로 하고 10리 이내의 유림은 반드시 이에 참석할 것, 3. 현재 문묘에는 국기 게양대가 없음으로 유지 기부에 의하여 설치하고 국기 게양일에는 반드시 게양케 함은 물론 유림회합 시에도 이를 게양할 것, 4. 군 명륜회는 유림진흥상 또는 斯道獎勵上 가장 好適한 단체이므로 이 사업수행 및 경비징수 경리 등에 대하여 援助를 하고 粗漏가 없도록 할 일, 5. 문묘 참배 정례일에는 本道 明倫會 본부의 지시사항을 명확히 각 유림에게 인식케 하고 심전개발운동에 공헌함이 많도록 할 일.

33) 『매일신보』 1935.10.31, 12.09.

34) 『매일신보』 1935.11.30, 12.08, 1936.06.05; 『조선시보』 1935.12.13.

35) 『매일신보』 1935.09.20, 09.30.

36) 『매일신보』 1936.01.23.

37) 『매일신보』 1936.05.05, 05.07.

38) 『매일신보』 1936.05.24.

39) 『매일신보』 1936.06.02. 유교의 심전개발운동에 대해서는 류미나, 「조선의 '황도유학' 전개 과정과 일본제국주의의 확장」, 『한일관계사연구』 63, 한일관계사학회, 2019을 참조.

평양전쟁 시기인 1942년까지 지속되었다. 일제는 전시체제기가 시작되면서 종교는 신앙과 교화가 아니라 통제의 문제로 인식하였고, 그 과정에서 교화라는 미명 아래 통제, 강요하였다. 태평양전쟁이 한창 진행 중인 1942년 8월 "불교를 일원적으로 통제하여 불교의 내선제휴를 강화한 다음 국체본의 투철을 중심으로 하는 황민화의 힘찬 심전개발운동을 일으킬 터이며, 기독교 신도 등의 포교법에 의한 종교를 철저히 통제하고 여기서 전 종교계를 총망라하는 황국신민화운동을 전면적으로 전개하기로 하였다"고 밝히면서, "불교를 철저하게 통제한 다음 기독교 등에도 미치게 하고 여기서 종교단체의 황국신민화운동을 힘차게 전개될 것"[40]이라고 하였다. 총독부는 종교를 철저하게 황국신민화운동을 위한 하나의 수단으로 활용하고자 하였다.

이러한 인식은 앞에서 언급하였듯이 전시체제기가 형성되기 시작한 1935년부터라고 할 수 있지만, 1937년 중일전쟁이 발발하면서 보다 구체화되었다. 중일전쟁이 일어나고 본격적으로 전시체제기가 형성됨에 따라 총독부는 종교계에 대한 통제가 강화되었다.

중일전쟁이 발발 직후인 1937년 9월 11일 일제는 국민정신총동원운동으로 도쿄 히비야공원에서 대연설회를 개최하고 이를 확산시켜 나갔다.[41] 10월 13일 무신조서환발기념일을 기해 식민지조선에도 국민정신총동원운동을 확대 적용하였다.[42] 이에 따라 총독부는 10월 13일부터 19일까지 1주일간을 '국민정신총동원강조주간'[43]으로 설정하고 각도에 통첩하였다.[44] 이후 국민정신총동원은 국민정신작흥주간 등과 연계되어 전

---

40) 『매일신보』 1942.08.06. 심전개발운동과 관련된 기사는 『매일신보』 1943.07.13에서 마지막으로 확인된다.
41) 『조선신문』 1937.09.12.
42) 『매일신보』 1937.10.12; 『조선시보』 1937.10.13.
43) 제2회 국민정신총동원강조주간은 1938년 2월 11일부터 17일까지 설정하였다.

승기원, 무운장구, 일본정신 앙양 등 내선일체를 강화해나갔다. 이러한 가운데 1938년 2월 국민정신총동원중앙연맹에서는 가정보국 강령을 제정하였다.[45]

종교계도 이러한 국민정신총동원운동에 동원되었다. 1938년 4월 26일부터 7일간 국민정신총동원 총후보국주간 중인 4월 28일 경성부 각 종교단체 연합으로 종로중앙기독청년회관에서 총후보국강연회를 가졌으며,[46] 5월 1일 평양의 감리교와 장로교, 여기에 일본기독교 등 11개 기독교회는 보국정신을 크게 고취하기 위해 전 교회 연합으로 기념집회를 가졌다.[47] 춘천군에서는 시국인식을 강조하기 위해 감리교, 성결교, 성공회, 천주교, 구세군 등 각 종교단체의 교역자를 소집하여 시국간담회를 개최하기도 하였다.[48] 청주의 기독교는 정신보국 주일예배를 하기로 하고 국방헌금과 황군위문금을 갹출하였다.[49] 평남 기독교도 국방헌금, 시국간담회, 전승기원제 등 국민정신 발양 행사를 전개한 바 있다.[50]

중일전쟁 1주년을 기해 총독부는 1938년 6월 21일 국민정신총동원조선연맹 발기인회를 갖고 7월 7일 결성식을 갖고 공식적으로 출범시켰다.[51] 이어 전국에 하부조직으로 각도부군도읍면(各道府郡島邑面)에 각 연맹 및 지회를 설치하고 내선일체 정신으로 통합하기로 하였다.[52] 국

---

44) 『매일신보』1937.10.14.
45) 『매일신보』1938.02.18. 가정보국 강령은 "첫째 건전한 가풍을 작흥시키자, 둘째 적정한 생활을 실행하자, 셋째 국민으로서의 자녀를 교육하자"이다.
46) 『매일신보』1938.04.28. 강사와 연제는 다음과 같다. 이종린(천도교중앙교회), 「관념에서 실천으로」; 안인식(유교), 「시국 재인식의 필요」; 이돈화(천도교중앙종리원), 「장기 비상시국과 장기 비상결심」; 박윤진(불교); 박연서(기독교).
47) 『매일신보』1938.04.27.
48) 『매일신보』1938.04.28.
49) 『매일신보』1938.05.14.
50) 『매일신보』1938.05.23.
51) 『매일신보』1938.06.18, 06.23; 『조선신문』1938.06.24.
52) 『매일신보』1938.06.24.

민정신총동원조선연맹 결성에는 1백여 개 단체가 참여하였는데 종교계는 조선불교중앙교무원, 조선기독교연합회, 천주공교경성교구, 구세군 조선본부, 성공회, 조선장로회총회, 조선감리교총리원, 천도교중앙교회, 천도교중앙종리원 등의 단체가 참여하였으며, 개인적으로는 윤치호, 최린, 이각종, 안인식, 김활란, 김사연 등 종교계 거물급들도 참여하였다.[53]

구세군은 국민정신총동원조선연맹 결성 직후인 7월 20일부터 1주일 간 특별기도회를 개최하였으며,[54] 천도교중앙종리원은 황거요배 등 진충보국 행사를 갖기로 하였고[55] 천도교중앙교회도 황군무운장구 기도 등을 개최하면서 국민정신총동원운동에 참여하였다.[56] 안성천주교는 보국의 적성을 피력하고 매일 국가안위 기도를 하기로 하였으며,[57] 당진군 천주교는 1938년 8월 15일 성모승천일을 기해 당진군천주교연맹을 결성하였다.[58] 조선기독교총회는 평양에서 신사참배를 하고 일본 국민정신에 귀일하기로 결의하였고,[59] 충북지역 불교계는 일본불교와 내선불교연합회를 조직하고 충북도연맹에 가입하였다.[60] 연천군 유림들은 국민정신총동원연천문묘유림보국회를 조직하고 황도유학으로 국민정신을 강화하기로 하였다.[61]

이처럼 교회별, 지역 단위별로 활동하던 종교계는 독자적으로 연맹을 결성하기에 이르렀다. 천주교는 1939년 5월 14일 국민정신총동원경성교

---

53) 『매일신보』 1938.06.23.
54) 『매일신보』 1938.07.21.
55) 『매일신보』 1938.07.21.
56) 『조선신문』 1938.07.28.
57) 『매일신보』 1938.08.17.
58) 『매일신보』 1938.08.23.
59) 『조선신문』 1938.09.20.
60) 『조선신문』 1939.02.16.
61) 『매일신보』 1939.10.03.

회연맹을 결성하였으며,[62) 천도교본부는 6월 11일 국민정신총동원천도교연맹을,[63) 기독교 장로회는 1939년 9월 11일 국민정신총동원조선야소교장로회연맹을,[64) 동양선교회성결교회는 1939년 10월 8일 국민정신총동원성결교회연맹을,[65) 조선유도연합회는 1939년 10월 30일 국민정신총동원조선연맹 가입,[66) 경남기독교장로파는 1939년 12월 6일 국민정신총동원경남노회연맹을,[67) 경북기독교장로파는 1939년 12월 13일 국민정신총동원조선야소교경북노회연맹을[68) 각각 결성 또는 가입하였다. 이로써 종교계는 총독부의 식민정책에 동원의 차원을 넘어서 국민정신총동원운동에 보다 조직적, 적극적으로 참여하게 되었다.

이는 '동원정치'라고 할 수 있다. 동원의 사전적 의미는 '어떤 목적을 달성하기 위하여 사람이나 물건, 수단, 방법 따위를 한꺼번에 집중시킴'이라고 한다. 이는 하나 또는 여러 가지 목적을 달성하기 위해 자율이 아닌 타율 즉 강제성이 내포되어 있다. 이런 동원의 의미는 총독부의 식민정책에 그대로 드러나고 있다. 특히 전시체제기가 시작되면서 동원의 강도는 심화되었고, 식민지 조선은 '동원의 장(場)'이 되었다. 그런 점에서 전시체제기 식민통치는 이른바 '동원정치'라고 할 수 있다.

---

62) 『매일신보』 1939.05.16; 『조선신문』 1939.05.16.
63) 『매일신보』 1939.06.12; 『조선신문』 1939.06.12.
64) 『매일신보』 1939.09.13.
65) 『매일신보』 1939.10.10.
66) 『조선신문』 1939.10.31.
67) 『조선신문』 1929.12.08.
68) 『매일신보』 1939.12.15.

Ⅲ. 교의의 변용과 신체 동원 사례
- 천도교를 중심으로

총독부의 동원정치는 물적 인적뿐만 아니라 정신적 동원도 적극 추진하였다. 이 과정에서 종교계는 교의를 변용하기도 하였으며, 이를 교인들에게 강요하였다. 천도교도 예외 없이 물적, 인적 그리고 정신적으로 동원되었다. 본절에서는 전기체제기 총독부의 식민정책에 동원된 천도교를 중심으로 살펴보고자 한다.

1. 교의 변용

이른바 천도교는 민족종교를 대표하고 있지만 일제침략기에는 동학농민혁명으로, 일제강점기에는 3 · 1운동으로 늘 통제와 탄압의 대상이었다. 이는 전시체제기가 시작되면서 더욱 강화되었다. 3 · 1운동을 기획하고 준비하는 데 가장 큰 역할을 한 최린은 일제의 강압과 회유에 의해 전시체제기인 1934년 4월 총독의 자문기관 중추원 칙임관 대우 참의가 되었으며, 이해 8월에는 일제 협력단체 시중회를 결성하는 데 중심적 역할을 맡았다. 이처럼 전향한 최린은 친일대역에 적극 참여하였다. 교단도 중일전쟁 직후인 1937년 7월 말경 '일대 전향 방침의 성명과 취의서'를 교인에게 발송하였다.[69]

일제는 최린 등 천도교의 주요 지도자에 대한 회유뿐만 아니라 교단에도 그 영향을 미쳤다. 그 영향은 무엇보다도 교의의 변용이었다. 교의

---

69) 『조선신문』 1937.07.25, 07.29.

의 변용은 중일전쟁 막바지인 1940년 들어 강요되었다. 총독부는 중일전쟁 전선이 확대되면서 시국인식과 총후봉공을 강요하였다. 즉 시국인식과 총후봉공이 '국가지상 국가 제일의 정신'이라고 강조하였다. 이와 같은 상황에서 교단도 점차 천도교의 근본인 교의에 대한 왜곡이 시작되었다. 천도교는 이른바 일제의 '대동아 질서 건설'을 다음과 같이 설명하면서 '시운과 천의'로 교의를 변용하였다.

> 大東亞秩序 建設이란 즉 舊秩序의 破壞를 意味하는 바, 東亞의 舊秩序가 紊亂케 된 그 原因은 두말할 것 없이 西洋人의 罪過입니다. 일찍 大神師[70])께서는 "西洋戰勝攻取 無事不成而天下盡滅 亦不無脣亡之歎"이라 하여, 먼저 西洋 勢力 때문에 東洋이 消滅되리라고 걱정하셨고, "西洋之人 攻鬪干戈 無人在前 中國燒滅 豈可無脣亡之患耶"[71]) 하여 또다시 西洋 勢力 때문에 東洋의 老大國인 中國이 消滅하게 되면 그 隣接國이 또한 脣亡齒寒의 禍를 當하게 되리라고 豫言하셨습니다. 우리는 스승의 이러한 法訓과 今日 我帝國이 實現하고 있는 新東亞秩序建設의 理想이 符節을 合함과 如함을 볼 때에 참으로 天意의 所在와 天命의 所示를 明確이 徵悟할 수 있습니다. 우리는 이 點에서 時局認識이 더욱 明瞭해지고 銃後奉公의 眞誠이 涌出할줄 믿습니다.[72]

위의 내용은 수운 최제우가 지은 「포덕문」과 「논학문」에 나오는 것으로, 서양에 대한 비판적 인식이었다. 즉 서양 제국의 침략주의에 대한 인식으로 보국안민에 대한 우려이다. 여기서 보국안민의 대상은 조선이었지만, 통문은 조선이 아닌 '아제국' 즉 일본제국인 것이다. 이처럼 교단은 수운 최제우의 가르침인 교의를 왜곡하고 있다. 이를 통해 시국인식의 철저, 총후봉공의 진성, 신앙생활의 확립을 강조하고자 하였다.

---

70) 수운 최제우의 존칭어이다.
71) 이 글은 『동경대전』 「논학문」에 있는 것으로 원문은 "西洋之人 道成立德 及其造化 無事不成 攻鬪干戈 無人在前 中國燒滅 豈可無脣亡之患耶"이다.
72) 「道發 제9호」, 『신인간』 143, 1940.02, 앞표지 2~3쪽.

이러한 교의 변용은 수운 최제우 가르침의 핵심인 '吾心卽汝心'까지 왜곡하고 있다. 즉 "때는 正히 總和大和의 時代이라. '吾心卽汝心'이란 吾人의 本來 道心으로 이때를 順應하여 總親和 總協力으로 一路邁進하자. 이것이 今日 國民으로서 또는 敎人으로서의 至上의 道意요 任務이다"[73]라고 하였다. 즉 '오심즉여심'을 일제의 전시체제기 식민통치 이념으로 제시하고 있는 총친화 총협력에 일로매진하는 것이 교인의 임무라고 하였다.

뿐만 아니라 교의 변용은 일제의 식민통치에 적극 협력할 것을 강요하고 있다. 松本朋幸[74]은 1941년 새해를 맞아 다음과 같이 밝힌 바 있다.

> 大業의 成功은 반드시 不斷히 時勢를 創作하는 데 있으며, 大道의 運用은 반드시 適宜히 時勢를 活用하는 데 있다. 大神師는 "成功其時 又作時"[75]라고 하셨고, 海月神師[76]는 "道在用時用活"이라고 하시었다. 그러므로 大業의 完城을 期하는 者는 결코 한때의 成功에 滿足하지 아니하고 다시 한 걸음 더 나아가서 앞날 成功의 時勢를 지어야 할 것이며, 또 한때의 利用에 固定되지 말고 다시 오는 時機를 機敏하게 活用하여야 할 것이다.
> 우리는 大東亞의 樂園, 新秩序 建設 工作의 한 役軍이며, 銃後의 國民이다. 또는 後天開闢 第一線의 前衛隊이며 開拓者이다. 三世 神聖의 遺訓에 其하여 前萬古 後萬古의 比할 수 없는 無極大道의 暢達과 布德天下 廣濟蒼生의 重且大한 責任을 負하였다.[77]

위의 글 역시 수운 최제우의 "공 이룬 얼마 만에 또 때를 만드나니(成功幾時 又作時)"와 해월 최시형의 "용시용활" 즉 성공할 때를 만드는 것

---

73) 玄菴, 「용시용활」, 『신인간』 151, 1940.12, 9쪽.
74) 松本朋幸은 李團의 창씨명이다.
75) 원문은 『동경대전』의 '訣'에 있는 것으로 '成功幾時又作時'이다.
76) 해월 최시형의 존칭어이다.
77) 松本朋幸, 「급무 중 급무」, 『신인간』 152, 1941.01, 4쪽.

과 때를 잘 활용해야 한다는 교의를 일제의 침략 논리인 '대동아 신질서'를 위한 것으로 왜곡하고 있다. 나아가 세 분 스승[78]의 유훈을 일제의 대륙침략의 논리에 적용하고 있다. 일제가 대륙침략 전쟁에서 승리하는 것이 '無極大道의 暢達과 布德天下 廣濟蒼生의 重且大한 責任'이라고 호도하고 있다.

또한 교단은 1940년 12월 24일 인일기념[79]을 기해 임시교인대회를 개최하고 천도교 신체제[80]에 대한 선서식을 갖고 선서문을 발표하였는데, 그 내용의 일부를 살펴보면 다음과 같다.

> 今年은 我神國 日本의 黃紀 2600年인 同時에 朝鮮에 있어서는 施政 30週年의 歷史的 紀念의 年이다. (중략) 吾道는 原來 東洋精神의 結晶으로서 靈肉雙全의 主義하에 輔國安民을 信條로 한다. 此 敎義는 八紘一宇思想의 顯現인 東亞 新秩序의 理想 大政翊贊 精神의 發揚인 新體制의 出現 모두 渾然 氣脈相通하는 점은 天下同德과 共히 感激 堪不堪하는 바이다.[81]

그동안 천도교는 두 차례 신구 양파로 분열되었다가 1940년 4월 합동하여 신체제를 구성하였는데, 이를 일제의 황기 2600년과 시정 30주년의 역사적인 기념의 해로 전제하고, '吾道' 즉 천도교의 교의인 '영육쌍전의 주의하에 보국안민'하는 신조를 일제의 '팔굉일우 사상인 동아 신질서의 이상, 대정익찬 정신의 신체제'로 변용하고 있다. 그리고 4개 조를 선서하였는데, 그중 하나가 "我等은 八紘一宇의 皇道精神에 基하여 世界 新

---

78) 천도교의 세 스승으로 수운 최제우, 해월 최시형, 의암 손병희를 뜻한다.
79) 인일기념은 해월 최시형이 의암 손병희에게 도통을 전수한 날을 기념하는 천도교의 기념일 중의 하나이다.
80) 당시 천도교의 신체제는 신구 양파가 합동으로 새로운 체제가 만들어진 것을 의미한다.
81) 「총부휘보」, 『신인간』 154, 1941.03, 43쪽.

秩序 建設로써 布德天下 同歸一體 理想 到達을 確信함"이라고 하였는 바, 이는 대륙침략으로 신질서를 건설하는 것을 천도교의 목적인 포덕 천하로 왜곡하였다.

이처럼 천도교는 중일전쟁으로 전시체제기가 본격화되자 교의에 대한 왜곡을 강요당하였고, 교단을 이를 변용하여 교인들을 호도하였다.

2. 신체 동원

다음으로 신체동원 즉 인적 동원에 대하여 살펴보자. 신체동원[82]은 중일전쟁 이후 본격적으로 시작되었다. 중일전쟁 직후 1937년 7월 26일 비상시국에 국민으로 하여금 인식을 더욱 깊게 하기 위하여 경성부 각 종교단체 연합으로 시국강연회를 개최하였다. 이때 천도교는 이돈화의 '동양평화의 근본책', 이종린의 '금일 아등의 임무'라는 주제로 각각 강연하였다.[83] 이 강연회는 종교단체가 연합으로 한 최초의 동원된 시국강연이었는데, 강연회에 대해 기사는 "회장은 정각시간 전부터 입추의 여지가 없이 대만원을 이루었고, 처음부터 끝까지 감격된 청중들은 박수 갈채가 그칠 줄 몰랐다"라고 마무리하고 있다.

이렇게 시작된 강연회 동원은 교단의 전위단체인 천도교청년당(이하 청년당)이 전면에 나서게 되었다. 청년당 역시 7월 19일 비상중앙집행위원회를 열고 거교일치로 총동원하에 전위적 임무를 한다는 전향을 결의

---

82) 본고에서 신체동원은 몸과 직접적으로 관련된 동원으로 순회강연, 근로 및 노동, 징용, 징병 등을 의미한다.

83) 『매일신보』 1937.07.28. 이날 강사와 강연은 다음과 같다. 권상로(불교) '시대 각성의 필요성', 양주삼(감리교) '오인의 취할 태도', 안인식(유교) '동서 대국과 오인의 각오', 전필순(장로교) '태양은 창공에 높이 떴다'

하였다.[84] 이에 따라 청년당은 창당기념일인 9월 2일부터 전국을 순회하면서 강연회를 하였다.[85] 청년당이 1939년 해체된 이후에는 교단에서 순회강연을 실시하였다. 이른바 황기 2600년인 1940년 6월 1일부터 순회선전대를 조직하여 전국을 순회하면서 저금, 지원병, 씨창정, 식량절약과 물자절약 등 총동원운동을 강화하는 주제를 강연하였다.[86] 강연회는 1939년 5월에는 '수도보국(修道報國)과 시국인식'을 철저히 알리기 위해 순회교사를 각 지역에 파견하였다.[87] 이듬해 1940년 11월에는 새로운 집행부를 구성하면서 일본 이세신궁을 참배하기에 이르렀다.[88] 시국인식 강연과 신궁참배 등의 동원은 일제가 패망하는 전시체제기가 끝나는 1945년 8월까지 지속되었다.[89]

이와 같은 강연회를 통한 신체 동원은 1941년 태평양전쟁 이후 근로동원으로 이어졌다. 즉 노동을 통한 동원으로 확대되었다. 이해 6월 3일 당시 교령이었던 이종린을 비롯하여 이돈화, 이군오, 이근섭 등 21명이 부여신궁 조영 근로봉사에 동원되었다.[90] 이들 일행은 오전 7시경 근로봉사단 숙소인 반월요 광장에 도착하였다. 근로봉사는 군대식으로 진행되었는데, 지도자의 지시에 절대복종을 강요하였다. 우선 국민정신총력조

---

84) 『매일신보』 1937.07.22.

85) 『매일신보』 1937.08.29. 당시 강사는 백중빈, 임문호, 김병제였다.

86) 『매일신보』 1940.05.30. 당시 순회강연 강사와 강연주제는 다음과 같다. 강연주제 : 국민종신총동원연맹운동 강화, 황기 2600년 기념 저금, 지원병 및 씨창정, 식량 및 물자절약, 신앙통일과 규모일치, 영육쌍전의 생활확립, 내수회 및 청년 소년 교화, 합동기념 포덕/강사 : 이종린, 최준모, 이돈화, 박완, 이근섭, 박석홍, 조기간, 나인협.

87) 『매일신보』 1939.05.17. 당시 순회교사는 양원섭, 백중빈, 김명희, 문철모, 오응선, 최재붕 등이었다.

88) 『매일신보』 1940.11.01, 11.27. 당시 참배한 곳은 이세신궁(伊勢神宮), 가시하라신궁(橿原神宮), 메이지신궁(明治神宮), 야스쿠니신사(靖國神社) 등이었다.

89) 『매일신보』 1941.12.25, 1942.01.27.

90) 『매일신보』 1941.06.03.

선연맹 본부에서 파견된 인사로부터 훈화를 듣고 봉사원의 誓詞를 낭독하였다. 이어 부여신궁을 참배한 후 작업사무소에서 주의를 듣고 삽 등 작업 도구를 받아 노동현장에 투입되었다. 주의사항은 작업 중에는 喧譁하지 말 일, 가래침 뱉지 말 일, 대소변 함부로 보지 말 일, 피를 내어서는 절대로 안 될 일 등이었다. 당일 근로봉사에 동원된 곳은 광주사범학교 학생봉사단, 전매국 봉사단, 개성삼업조합 봉사단, 경성북부정총대 봉사단 등으로 2백여 명 정도였다.[91] 부여신궁 조영 근로봉사는 1박2일의 일정이었지만, 근본적인 것은 '내선일체로 일본인화'를 강요하는 것이었다.

이처럼 강요된 근로봉사는 일반교인에게도 강요되었다. 즉 근로보국대에 적극적인 참여를 권유한 것이다. 조기간은 「분기하자! 분기하자! 국민개로의 대진군으로」라는 글을 통해 "국민된 자는 반드시 국가를 위하여 일을 해야 한다"는 관념을 가지고 국민보국대 참가하는 것은 권유하였다. 그는 수운 최제우와 해월 최시형의 사례를 들어가면서 근로보국의 의미를 강조하였다.[92] 이에 따라 중앙에서는 1941년 7월 천도교 근로보국대를 편성하여 교령 이하 전 직원 등 20여 명은 경기도 광주군 언주면 내곡리 김정은의 밭과 양주군 양주면 금오리에서 벼베기를 하였다.[93] 그뿐만 아니라 국민총력천도교연맹 대표 이종린 등은 6개월 동안 근로하고 받은 5,287원 45전을 조선군사령부를 방문하고 헌금하였다.[94]

한편 박완은 1941년 8월 국민정신총력조선연맹에 주최하는 국민종신 총력운동 지도자 실수소에 동원되었다. 외금강에서 실시된 실수소 참가는 전국 각지 도청 총력과원, 부청 직원, 초등학교 교사, 일반 연맹 지도

---

91) 김병제, 「부여신궁어조영 근로봉사의 1일」, 『신인간』 157, 1941.07, 34~37쪽.
92) 조기간, 「분기하자! 분기하자! 국민개로의 대진군에로!」, 『신인간』 160, 1941.10, 8~10쪽.
93) 「총부 직원의 근로작업」, 『신인간』 160, 10쪽.
94) 『매일신보』 1941.07.12.

자 등으로 선발되었다. 이곳에서 1주일간 야영하면서 군대식 교육을 받았다.[95]

이외에도 교단의 주요 인물들과 교인들은 각종 행사에 동원되었다. 1941년 12월 24일 인일기념 행사를 마친 후 교단의 주요 지도자 등 1천여 명이 조선신궁을 참배하였다.[96]

위에서 살펴보았듯이, 일제는 중일전쟁 이후 천도교에 대한 동원의 강화하였는데, 교단은 교의 변용과 신체 동원으로 이를 수용하는 방식으로 대응하였다. 그렇지만 만주사변 이후 천도교는 비밀결사 오심당운동,[97] 멸왜기도운동,[98] 재만한인조국광복회[99]에 참여하는 등 민족운동도 꾸준히 전개해 나갔다.

Ⅳ. 맺음말

이상으로 일제강점기 전시체제기가 형성되면서 동원체제가 강화되었고, 이에 대한 종교계의 대응과 천도교의 교의 변용 및 신체 동원을 살

---

95) 단정, 「외금강 야영체험」, 『신인간』 161, 1941.07, 14~15쪽.
96) 『매일신보』 1941.12.24.
97) 유준기, 「항일비밀결사 독립운동단체 오심당에 대한 연구」, 『한국민족운동사연구』 11, 한국민족운동사연구회, 1995를 참조.
98) 정을경, 『천도교의 민족운동-일제강점기 충남지역』, 역사공간, 2021; 성주현, 「춘암 박인호와 무인멸왜기도운동」, 『일제하 민족운동 시선의 확대-3.1운동과 항일독립운동가의 삶』, 도서출판 아라, 2014; 정을경, 「일제강점기 박인호의 천도교 활동과 민족운동」, 『한국독립운동사연구』 33, 한국독립운동사연구소, 2009 등을 참조.
99) 성주현, 「문암 박인진의 천도교 활동과 민족운동」, 『한국민족운동사연구』 75, 한국민족운동사학회, 2013; 성주현, 「1930년대 천도교의 반일민족통일전선운동에 관한 연구-갑산·삼수·풍산·장백현 지역의 조국광복회를 중심으로」, 『한국민족운동사연구』 25, 한국민족운동사학회, 2000을 참조.

펴보았다. 이를 정리하면서 맺음말을 대신하고자 한다.

일제는 1931년 8월 류타오후사건을 계기로 만주를 침략하였고, 1937년 중일전쟁, 1941년 태평양전쟁으로 이어지면서 이른바 전시체제기가 형성되었다. 중일전쟁 이후 국가총동원법을 제정하면서 전시동원 체제가 성립되었다. 전시체제기 국가총력전 사상에 근거한 총력전 체제는 군사 분야뿐 아니라 정치, 경제, 사회, 사상 등 전 분야로 확산되었고 침략전쟁 승부의 결정 요인으로 인식하였다. 이에 따라 전방과 후방은 구분 없이 통합되었고, 후방의 전 분야는 '총후봉공'이라는 이름으로 전쟁 승리를 위해 재편되었다.

만주사변으로 전시체제기가 시작되자 일제는 사상을 통제하기 위해 민심작흥운동을 전개하였다. 독부는 관공서를 포함하여 학교, 각종 단체, 회사, 은행, 대상점, 신사 및 사원 등 詔書의 봉독식을 갖도록 강요하였으며, 이를 확산하기 위해 강연회, 영화회, 좌담회를 개최하고 일본기를 달도록 하였다. 이에 따라 중앙과 지방에서는 민심작흥 강연회 등이 개최되었다.

이 시기 총독인 우가키는 민심작흥운동을 강화하기 위해 종교계를 중심으로 심전개발운동을 추진하였다. 심전개발운동을 종교계를 매개로 한 것으로 조선인에 대한 교화정책이기도 하였다. 즉 신앙을 통한 정신적 교화가 사회의 불평과 불만을 완화시키고, 이를 통해 식민통치에 보다 효율적으로 활용하고자 하는 목적이 깔려있었다.

이러한 심전개발운동에는 주로 불교와 유교가 동원되었다. 이는 두 종교가 오랫동안 조선에 영향을 미쳤기 때문이었다. 그뿐만 아니라 일상생활에서도 두 종교가 미치는 영향 역시 컸기 때문이었다. 불교는 조선불교중앙종무원을, 유교는 각지의 유림을 중심으로 각종 강연회 개최하면서 내선융화를 강조하고 황민화운동을 적극 추진하였다.

중일전쟁 직후 일제는 국민정신총동원운동을 확산시키면서 모든 사회에 동원체제를 강화해 나갔다. 종교계 역시 국민정신총동원운동에 동원되었으며 총동원체제에 편입되었다.

이러한 일제의 동원체제에 천도교는 교의 변용과 인적, 물적으로 동원되었다. 특히 민족종교임에도 불구하고 천도교는 중일전쟁 이후 강제적 동원이 강화되었다. 전시체제기가 형성되기 시작한 만주사변 이후에는 일제협력 단체인 시중회를 조직하는 데 중요한 역할을 하였으며, 중일전쟁 이후에는 이른바 '전향 성명'을 통해 일제의 식민통치에 협력하였다. 일제 협력은 교의 변용을 통한 시국인식을 강조하였으며 황도정신을 이식시키고자 하였다. 이를 위해 전국 순화 시국인식 강연회를 가졌다. 그 뿐만 아니라 교단의 핵심적인 교의를 식민체제에 협력하는 것으로 변용하고 왜곡하였다. 보국안민의 대상을 조선이 아닌 일본제국으로 변용하였으며, 오심즉여심도 일제 전시체제기 식민통치 이념으로 제시하였다. 나아가 일제가 대륙침략 전쟁에서 승리하는 것이 '무극대도의 창달과 포덕천하 광제창생의 중차대한 책임'이라고 호도하기까지 하였다.

일제의 천도교 동원은 교의 변용뿐만 아니라 신체동원으로 이어졌다. 이로 인해 천도교는 전국 순회 시국인식 강연회를 개최하였으며, 이를 통해 이른바 '신앙보국', '수도보국'이라는 논리를 내세웠다. 이러한 시국 강연 역시 중일전쟁 이후 강화되었으며, 태평양전쟁기에는 신궁참배와 근로동원으로 확대되었다. 교단의 주요 지도자들은 부여신궁 조성 근로봉사에 동원되었으며, 일반 교인들 역시 근로보국대에 동원되었다.

일제 전시체제기 동원체제는 종교계라고 예외는 아니었다. 심전개발운동을 통한 사상을 통제하려고 하였으며, 특히 중일전쟁 이후 총동원체제기에는 종교 단위로 이른바 총동원 연맹을 조직하는 등 일제의 동원체제에 편입되었고, 내선융화와 황민화운동에 동원되었다.

참고문헌

1. 자료
『동아일보』
『조선신문』
『매일신보』
『부산일보』
『신인간』

2. 저서
『心田開發に關する講演集』, 朝鮮總督府 中樞院, 1936.
박찬승 외 역주, 『국역 조선총독부30년사』(중), 민속원, 2018.

3. 논문
김순석, 「1930년대 후반 조선총독부의 '心田開發運動' 전개와 조선불교계」, 『한국
　　　민족운동사연구』 25, 한국민족운동사학회, 2000.
김승태, 「전시체제'하 조선총독부의 종교정책과 기독교계의 부일 협력 활동,
　　　1937~1945」, 『한국기독교연사연구소 소식』 54, 한국기독교역사연구소,
　　　2002.
김승태·이명화, 「일제 말기 한국기독교계의 변질·개편과 부일협력」, 『한국기독
　　　교와 역사』 24, 한국기독교역사연구소, 2006.
김정인, 「일제강점 후반기(1931~1945) 천도교 세력의 친일문제」, 『동학연구』
　　　9·10, 2001.
김정화, 「일제강점기 '조선적' 기독교의 모색과 최태용」, 『역사연구』 43, 역사학연
　　　구소, 2022.
류미나, 「전시체제기 조선총독의 유림정책」, 『역사와 현실』 63, 한국역사연구회,
　　　2007.
＿＿＿, 「조선의 '황도유학' 전개 과정과 일본제국주의의 확장」, 『한일관계사연구』

  63, 한일관계사학회, 2019.

문지현, 「전시체제기 조선총독부의 신종교에 대한 정책과 신종교단체」, 『한국근현대사연구』 67, 한국근현대사학회, 2013.

송현강, 「중일전쟁 발발 이후 충청도 지역교회의 전시협력활동」, 『한국기독교와 역사』 27, 한국기독교역사연구소, 2007.

원영상, 「전시체제의 종교탄압과 불교계의 저항」, 『선학』 16, 한국선학회, 2007.

윤기엽, 「일제강점기 조선총독부의 정신계몽운동을 통한 식민통치」, 『원불교사상과 종교문화』 86, 원광대학교 원불교사상연구소, 2019.

윤선자, 「일제전시하 총동원체제와 조선천주교회」, 『역사학보』 157, 역사학회, 1998.

_____, 「1940년대 전시체제와 제주도 천주교회」, 『한국독립운동사연구』 25, 독립기념관 한국독립운동사연구소, 2005.

_____, 「전시체제기 광주교구와 와키다 신부」, 『한국인물사연구』 11, 한국인물사연구원. 2009.

이장우, 「식민지시기 말기 조선천주교회와 총독부의 종교통제 – 노기남 대주교의 대응을 중심으로」, 『교회사연구』 35, 한국교회사연구소, 2010.

임숙정, 「조선유도연합회 순천군지부 회원의 현황과 특징」, 『한국근현대사연구』 73, 한국근현대사학회, 2015.

조성운, 「『佛敎時報』를 통해 본 心田開發運動」, 『한국민족운동사연구』 67, 한국민족운동사학회, 2011.

한길로, 「일제 말 지방 유림의 동향과 친일시의 국면 – 강릉 유림을 중심으로」, 『인문과학』 28, 성균관대학교 인문학연구원, 2016.

_____, 「전시체제기 유림 잡지 소재 한시의 성격과 그 실상 – 조선유도연합회의 『유도』를 중심으로」, 『인문학연구』 28, 조선대학교 인문학연구원, 2017.

_____, 「전시체제기 조선 유림의 일본 체험과 시회 풍경 – 『조선유림성지순배기(朝鮮儒林聖地巡拜記)』를 중심으로」, 『국제어문』 62, 국제어문학회, 2014.

일제강점기 구술자료를 통해 보는 노무동원 노동자의 몸 건강

전시체제기 강제동원과 의료체제의 제한성을 전제로

김 인 덕

I. 머리말

과학의 발전은 전쟁을 통해 인간을 말살하는데 기여한 부분이 적지 않다. 과연 "전쟁은 허용될 수 있는가"라는 질문은 말이 필요 없다.[1] 이런 논리는 사람을 중심에 두고 역사를 서술한다면 제국주의시대 식민지배에 대해 논의할 때 다시는 허용해서는 안 된다. 그리고 제국주의 국가는 과거에 대한 반성에서 시작해야 한다. 이런 차원에서 강제동원과 건강의 문제를 생각해 보는 것은 일상에 대한 또 다른 역사 연구의 관점을 제공한다고 생각된다.

강제동원[2]은 역사적 개념이 아니라 1960년대경에 정착된 역사적 용

---

1) 황사익, 「전쟁과 의학, 그 패러독스」, 서울대학교병원 의학역사문화원 편저, 『전쟁과 의학』, 허원미디어, 2013, 284쪽.
2) 본 연구에서는 강제연행과 혼용하는데, 1939년에서 1945년 사이 일제에 의해 강제로 인적 자원의 수탈이 진행된 사건을 통칭하여 '강제동원'이라고 한다. 주요한 연

어이다. 처음에는 전시에 일본에 끌려가 강제노동에 종사했던 중국인 포로, 노무자에 대해 사용되었던 것으로 그 후 박경식에 의해 본격적으로 채용되었다. 박경식은 그의 책『조선인 강제연행의 기록(朝鮮人強制連行の記錄)』에서 조선인 노무자가 자유 의지에 기초한 노동력 이동, 외국 이주를 하지 못했고, 일본인의 전시동원과 달리 피지배 민족인 조선인이 일본의 침략전쟁 때문에 동원된 것이며, 중국인 포로, 노무자와 마찬가지로 일본의 다른 지역으로 연행되어 발생한 가족 이산, 생사불명, 유골방치 등의 인권 무시가 공공연히 행해진 것 등을 갖고 강제연행되었다고 했다.

'강제연행에 대한 조사연구'는 일본에서 1960년대부터 시작되어, 1990년 전후부터 급속히 고양되었으며, 자료집, 저서의 간행과 연구 논문의 발표가 있었다. 여기에 조선인 강제연행진상조사단, 연구회 등의 조사 활동이 각지에서 계속되었다. 또한 일본에서 조선인, 중국인 강제연행, 강제노동을 생각하는 전국교류집회 등이 매년 개최되고 있다.[3] 그리고 한국 정부에 의해 강제동원의 진상규명이 진행되었던 사실은 중요하다.

구사를 보면 다음과 같다. 山田昭次, 「朝鮮人強制連行研究をめぐる若干の問題」, 『日本植民地研究』6, 1994.06; 山田昭次, 「朝鮮人強制連行研究史覚書」, 梁泰昊 編, 『朝鮮人強制連行論文集成』, 1993; 김민영, 「일제하 조선인 '강제연행' 문제의 연구 쟁점과 전망(1) – 전후처리 · 보상문제를 중심으로」, 『춘계박광순박사화갑기념논문집』, 1993; 김인덕, 「일본에서의 강제연행에 대한 시기별 연구 동향」, 『해외 희생자 유해현황 조사사업 보고서』, 한국정신문화연구원, 1996; 朴慶植, 「朝鮮人強制連行についての調査研究」, 『アジア問題研究所報』(6), 1991.08; 朴慶植, 「朝鮮人強制連行」, 梁泰昊 編, 『朝鮮人強制連行論文集成』, 1993; 정진성 · 강창일 · 김경일, 「일본군 위안부의 생활실태와 연구에 대한 검토 – 일본군위안부 연행을 중심으로」, 『성곡논총』 27-3, 1996; 정인섭, 「전시동원체제하의 한인희생」, 『해외 희생자 유해 현황 조사사업 보고서 – 일제시기 해외 한인 희생자 연구』, 한국정신문화연구원, 1995; 김인덕, 『강제연행사연구』, 경인문화사, 2003; 한일민족문제학회 강제연행연구분과, 『강제연행, 강제동원 연구 길라잡이』, 선인, 2005; 정혜경, 『일본제국과 조선인 노무자 공출-조선인강제연행 강제노동연구Ⅱ』, 선인, 2011; 도노무라 마사루, 김철 옮김, 『조선인 강제연행』, 뿌리와 이파리, 2018.
 3) 朴慶植, 「朝鮮人強制連行」, 梁泰昊 編, 『朝鮮人強制連行論文集成』, 明石書店, 1993.

전시체제기 조선인의 강제동원 역사에서 수치와 각종 관련 제도를 보면 절대적인 비중을 차지하는 동원방식이 노동자를 대상으로 한 노무동원이다. 강제동원의 연구 가운데 노무동원에 대한 조사, 연구는 최근 상당한 성과를 냈다. 선행연구를 보면 일제의 책임 정도에 따라 노무자 동원을 할당모집, 국민징용, 관알선의 세 종류로 구분한다. 공권력으로 집행[4]된 이 역사적 사실은 첫째, 국민징용이란 〈국민징용령〉 및 〈국민직업능력신고령〉에 따라 등록한 자 중에 선정하여 징용영장을 발령하고 교부하는 방법으로 전개되었다. 동원에 응하지 않으면 국민징용령 위반으로 검거해 실형을 언도하도록 했다. 둘째, 모집은 지역을 할당하는 방식으로 동원했으므로 할당모집이라 했다. 셋째, '관알선'은 조선총독부가 결정한 〈조선인 내지이입 알선요강〉을 근거로 시행했다. 동원과 수송 과정에 조선노무협회, 직업소개소 등을 활용했다.[5] 아울러 조선인

[4] 정혜경, 「국민징용령과 조선인 인력동원의 성격 – 노무자와 군속의 틀을 넘어서」; 「조선총독부의 노무동원 송출 관련 행정조직 및 기능 분석」; 「노무원호제도와 조선인노무동원」, 『일본제국과 조선인 노무자 공출 – 조선인강제연행 강제노동연구Ⅱ』, 선인, 2011.

[5] 노무동원 관련 서술을 정리하면 다음과 같다. 정혜경, 「조선총독부의 노무동원 송출 관련 행정조직 및 기능 분석」, 『일본제국과 조선인 노무자 공출 – 조선인강제연행 강제노동연구Ⅱ』, 선인, 2011 참조. 세 가지 동원 경로에 공통 사항은 '조선인을 고용하고자 하는 고용주(일본기업)가 신청한 인원수를 일본 정부가 조정해 배당하고, 조선총독부와 조정하여 확정'하는 것이다. 모두 공권력에 의해 이루어졌으므로 강제성에서 차이는 없었다. 차이는 사고나 사망에 대한 국가 책임 여부였다. 국민징용은 정부가 사고나 사망에 대한 책임을 지는 제도였으므로 작업 시 식량이나 수송 과정에 필요한 비용도 정부가 지불했다. 이에 비해 할당모집은 사고나 사망에 대한 책임을 기업이 전담했고, 관알선은 중간 단계였다. 국민징용은 1939년 10월부터 1945년 4월 국민근로동원령이 발효까지 조선인에게 적용되었다. 다만 초기에는 일본인이든 조선인이든 기술직이 해당되었으므로 1944년 이전에는 소규모였다. 세 가지 동원 경로를 운영하고 주관하는 담당 기관은 일본 정부 부처, 조선총독부, 남양청 등 통치기관이다. 조선총독부도 법령과 예규, 사무분장 등 각종 규정을 마련하고 업무를 담당하는 행정부서를 설치해 운영했다. 조선총독부 노무동원 관련 행정조직은 내무국 사회과 노무계(1939)에서 시작해 패전까지 변천되었다(내무국 노무과(1941) → 후생국 노무과(1941) → 사정국 노무과(1942) → 광공국 노무과(1943) → 광공국 근로조정과, 광공국 근로동원과, 광공국 근로지도과, 근로동원본부(1944)

노무동원의 역사를 정리할 때, 전제의 하나로 〈국민징용령〉에 따른 징용부터 조선인이 아닌 일본인에 대해 이루어졌으며 그 적용을 받은 인원수 또한 일본인이 조선인을 웃돈다는 사실과 조선인 노무동원은 일본노동문제의 일환으로 존재하기 때문에 그에 관한 논의는 일본인 노동현장의 노동조건이나 대우의 실태를 고찰할 재료도 제공한다면서, 일본인이 조선인을 어떤 존재로 바라보고 있었는지를 이해하는 것이 중요하다고 했다.[6]

본고는 강제동원 속 건강의 문제를 제도와 구술자료를 통한 노무동원 노동자의 실상을 통해 고찰한다. 특히 일본지역 내 노무동원 노동자의 구술자료[7]를 통해 연구를 진행하여 노동자 건강의 본질에 접근해 본다. 이를 위해 전시체제기 의료체제에 대해 개략적으로 살펴보고, 시스템으로 강제동원의 본질적 한계 고찰하고, 구술자료 속에서 강제동원 노무동원 노동자의 건강 상태의 실상을 파악하고자 한다. 이를 통해 본 연구는 강제동원의 본질을 재확인한다.[8]

→ 광공국 근로부 조정과, 광공국 근로부 동원과, 광공국 근로부 지도과(1945) → 광공국 동원과, 광공국 근로부 근로제1과, 광공국 근로부 근로제2과(1945)). 지방에서는 도와 부, 군, 도(島), 읍과 면에 이르기까지 내무부(도), 내무과(부), 내무계(군과 도), 노무계(또는 권업계)가 관련 부서인 소방서와 해항보호사무소, 경찰서, 철도국 영업과의 협조를 얻어서 관련 업무를 수행했다. 이 과정에서 관련 기업은 물론이고 관련 단체인 직업소개소와 조선노무협회, 동아여행사 등이 업무를 보조하거나 지원했으나 모든 과정은 조선총독부가 담당했다.

6) 도노무라 마사루, 김철 옮김, 『조선인 강제연행』, 뿌리와 이파리, 2018, 20~29쪽.
7) 본 연구에서는 공신력이 있다고 판단되는 일제강점하강제동원피해진상규명위원회의 구술자료에 기초하고 필요에 따라 부분적으로 관련 구술 기록도 근거 확보를 위해 선택적으로 활용한다.
8) 본 연구는 강제동원 노동자의 건강 상태를 제한적인 당사자 구술을 통해서만 파악한다. 따라서 노무동원의 일반적인 형태와 다소 차이가 존재한다. 대비적인 관점에서 구술자료의 한계를 전제한 이후 노무동원자의 몸의 건강을 개별화하여 평가해 본다. 동시에 사업장에 따라 다소 차이는 있으나 명부상으로 보면 기본적인 기초조사만 단행한 것으로 판단된다. 자세한 내용은 정혜경, 김인덕 등의 연구를 참조한다(정혜경, 『일본제국과 조선인 노무자 공출-조선인강제연행 강제노동연구Ⅱ』, 선

II. 일제의 강제동원과 전시 의료체제

1. 일제의 강제동원 시스템

1930년대 후반 일제는 전쟁이 확전되는 가운데 군인을 비롯한 인력 동원에 곤란을 겪고 있었다. 1938년 '국가총동원법'을 선포한 이유도 전쟁에 동원할 인적, 물적 자원을 확보하는데 있었다. 1938년 4월 1일 공포되고 5월 5일부터 시행된 〈국가총동원법〉에 따라 전시 또는 전쟁에 준하는 사변이 발생할 경우, 국가가 인적·물적 자원을 통제하고 운용하기 위해 필요한 조치를 할 수 있게 되었다.[9] 〈국가총동원법〉은 관련 절차 등 세부규정에 관해서는 의회를 거칠 필요가 없는 칙령으로 정하도록 규정했기 때문에 이후 총동원에 관한 각종 칙령이 공포되었다. 〈국가총동원법〉은 전문 50개 조와 부칙 4개 항으로 구성되어 있다. 그 제1조에서는 국가총동원의 개념을 '전시(전쟁에 준하는 사변의 경우도 포함)에 국방 목적 달성을 위해 국가의 전력을 가장 유효하게 발휘할 수 있도록 인적·물적 자원을 통제 운용'하는 것이라고 규정했다. 이러한 입법 목적을 위해 모든 인적·물적 자원을 총동원 물자와 총동원 업무로 양분하여 강력한 통제 아래에 두었다.

〈국가총동원법〉은 노동문제 일반, 물자, 금융 및 자본, 카르텔, 가격 일반, 언론·출판을 관해 강력한 국가통제 아래에 두고자 했다. 이 법을 통해 일제는 모든 물자, 산업, 인원, 단체, 근로 조건, 생산, 유통 구조,

---

인, 2011; 김인덕 외, 『노무동원 경로 연구: 국민징용, 할당모집, 관알선』, (재)일제 강제동원피해자지원재단, 2020).

9) 김인덕 외, 『노무동원 경로 연구: 국민징용, 할당모집, 관알선』, (재)일제강제동원피 해자지원재단, 2020, 11쪽.

출판, 문화, 교육에 이르기까지 통제 운용할 수 있는 근거를 갖추게 된다. 하지만, 이 법은 구체적인 통제방법은 명시하지 않아 내용을 확정하기 어렵게 되어 있었다. 그래서 1938년 5월부터 이 법을 모법으로 하는 각종 통제법령이 칙령과 각령, 성령, 고시 등의 형식을 통해 공포되면서 강력한 통제 체제가 구축되기에 이른다. 또한 〈국가총동원법〉을 위반할 시에는 강력한 벌칙이 따랐다. 명령에 불복하거나 기피할 경우 3년 이하의 징역 혹은 5천엔 이하의 벌금 처벌이 따랐다(제13조).

이렇게 일제는 1938년 제정된 〈국가총동원법〉에 의거하여 1939년부터 노무동원 계획을 수립했는데, 그 가운데 조선인의 인력 동원이 포함되어 있었다. 일제는 이미 노무동원 계획의 수립 단계부터 조선인의 인력 동원을 계획했고, 이를 실행했다.

실제로 일제는 1939년 7월 국민징용령을 제정하고도 징용을 실시하지 못했다. 징용제도를 실시하기 위해서는 거주지를 파악하는 것이 우선이었기 때문이다.[10] 기류제도의 불비는 전면적 징용에는 시간이 필요했다.

일본은 1914년 기류법을 공포하고 기류제도를 통해 일본 본토에서 일본인의 거주지를 파악했다. 기류제도는 거주자의 이주 상황을 파악할 수 있는 주민등록제도이다. 본적을 떠나 90일 이상 특정 지역에 거주하는 자, 또는 본적이 없거나 불분명한 자의 거주, 신분관계를 공부에 기재하도록 하는 제도이다. 병역, 납세, 선거 기타 여러 행정 목적을 위해 일정한 행정구역 내에서 인구동태를 밝히는 것이다. 그러나 일본에 살고 있던 조선인이나 한반도의 조선인에게는 기류제도를 적용하지 못했다. 조선인들에게 기류법을 적용한 것은 1942년 9월 26일 조선기류령을 공포하고, 1943년 3월 1일에 만 20세 이상 남성을 대상으로 전국 일제조사를 실시하면서부터이다.

---

10) 정혜경 외, 『반대를 논하다』, 선인, 2019, 38쪽.

또 하나 비용 문제로 징용은 피징용자가 집을 나서는 순간부터 돌아올 때까지 모든 비용을 정부가 부담하도록 되어 있었는데, 문제는 일본 정부가 비용을 부담하기에는 국가 예산이 부족했다는 것이다.[11] 즉, "작업 현장에서 사고가 일어나 부상을 당하거나 목숨을 잃으면 치료비와 사망 부조금도 모두 정부가 지급해야 했다. 가장이 징용을 당해 필요한 가족들의 생활비도 정부가 주도록 규정했다. '원호제도'라는 것을 통해 하도록 했다. 그런데 이 모든 비용을 감당하기에는 일본의 국가 예산이 부족했다. 처음에는 기업에 일임하는 방식을 택했다. 기업이 필요한 노무자를 충원해서 수송하고 그 과정에서 발생하는 비용은 기업이 먼저 부담하도록 하는 것이다".

일제는 조선인을 징용하기 위해 우선 징용 대상자를 조사했다. 징용 대상자의 조사는 기류제도의 시행과 관련이 깊다. 조선총독부는 기류제도를 징병제도,[12] 그리고 여타의 인적 자원을 기초로 한 각종 중요 제도의 기획 및 실시에 이바지하기 위한 것으로 이해하고, 기류제도의 시행을 적극 독려했다.[13] 특히 국민징용은 기류제도에 기초하여, 일본 후생성과 조선총독부 그리고 지방장관, 부윤과 군수의 구조적 징용 기구의 경로 속에서 〈징용령서〉를 받은 조선인이 조선을 떠나면서 강제로 연행되었다.

일제의 통치 조직인 조선총독부는 징용될 조선인의 구체적인 파악을 통한 제도 정비와 이게 기초한 왜곡된 강제동원의 시스템을 마련했다. 단지 조선인은 대상자였고 이들의 개인적 의지와 개별적인 상태를 부차

---

11) 정혜경 외, 위의 책, 41쪽.
12) 이명종은 기류제도를 조선인의 징병을 위한 사전작업으로서 이해하였다(이명종, 「일제말기 조선인 징병을 위한 기류제도의 시행 및 호적조사」, 한국사회사학회, 『사회와역사』 74, 2007).
13) 노영종, 「일제말기 충남지역 노동력 강제동원과 거부투쟁」, 충남대학교 박사학위논문, 2019, 89쪽.

적이었다. 이들의 모습은 존재만 의미가 있었고 삶의 내용은 전적으로 조선총독부에 의해 강제되었다.

2. 일제의 전시 의료체제

일제는 인력 부족을 극복하기 위해 조선인을 전쟁에 동원하려는 일련의 정책을 실행했다. 의료인을 전쟁에 동원하기 위한 법률로 1938년 '의료 관계자 직업 능력 신고령'이 반포되었다.[14] 내용은 의사, 치과의사, 약제사와 '간호부'의 정기적인 신고를 통해 각 의료인들의 지역적 분포 상황, 국민의료와의 관계, 각 개인의 사정 등을 상세하게 조사해 두는 것이었다.[15]

일제는 동원의 구조 속 이들 의료인을 관리 통제하는 것이 목적이었다. 여기에서 우선적 통제 대상은 의사, 치과의사, 약사 그리고 '간호부'라고 판단된다. 문제는 당시 의료 구조 속에서 현장을 담당하는 사람은 '간호부'라고 보인다.[16]

일제강점기 의료 체계 속 조선인을 상대하는 전선의 사람은 '간호부'였다. 이들 '간호부'는 1938년 10월 1일부터 15일 사이에 성명, 출생연월일, 본적, 주소, 학력과 경력, 취업 장소, 취업 상태, 봉급 등의 액수, 건강 상황, 배우자의 유무와 부양자수 등을 취업지를 관할하는 지방장관에게 신고해야 했다. 그리고 변동사항을 신고하고 이후 4년마다 재신고하도

---

14) 『滿鮮之醫界』 201호, 1938.09.15, 61~62쪽.
15) 여인석 외, 『한국의학사』, KMA 의료정책연구소, 2012, 296쪽.
16) 본고는 전시체제 속 '간호부'의 상태에만 주목한다. '간호부'는 최전선의 존재로 이와 관련된 일반 연구는 이꽃메의 다음의 글을 참조한다(이꽃메, 『한국근대간호사』, 한울아카데미, 2002).

록 했다.17)

1938년부터 간호부 등 의료인을 동원하기 위한 일련의 법률이 제정되었다. 그 내용은 다음과 같이 정리할 수 있다.

<표 1> 조선인 간호부 양성 관련 법과 기관18)

연도	관련법령	내용	비고
1938	「의료관계자직업능력신고령」	· 국가총동원법 제21조 규정에 기초 · 신고항목(간호부의 경우) ①성명 ②출생 연원일 ③본적 ④주소 ⑤학력과 직력(職歷) ⑥취업장소 ⑦취업상태 ⑧봉급액수 ⑨건강상황 특히 총동원업무 종사에 관하여 지장의 유무 ⑩배우자의 유무와 부양자의 수 등	
1941.12	「의료관계자징용령」	· 의사, 치과의사, 약제사, 간호부의 징용 기준과 징용되었을 때의 사용 또는 급료, 기타의 종업조건	『朝鮮總督府官報』 1942.10.15
1942.10.15	「의료관계자징용령시행규칙」과 「조선간호부 규칙」	· 조선총독이 발행하는 '징용령장'을 받은 간호부는 "국가에서 실시하는 군사상 또는 군인 원호상 필요한 위생에 관계된 총동원 업무를 비롯하여 방공관계 지방 공공단체, 정부가 관리하는 공장사업장, 조선총독이 지정하는 공장사업장과 그 외의 시설 중에 위생에 관계되는 총동원 업무"를 해야 함 · 면허의 발급연령 18세에서 17세로 낮춤	『朝鮮總督府官報』 1942.11.16

---

17) 이꽃메 외, 「일제강점기 '간호부규칙'에 관한 연구」, 『지역사회간호학회지』 9-2, 1998, 299쪽.
18) 김문실 외, 『간호의 역사』, 대한간호협회 출판부, 1998; 이꽃메, 『한국근대간호사』,

1944.08.21	「조선의료령」과 시행규칙 제정, 공포	· 국민의료기의 적정을 기하여 국민체력의 향상을 도모함 · 의료관계자를 의사, 치과의사, 의생, 보건부, 조산부, 간호부로 하였고 보건부, 조산부, 간호부에 관하여는 따로 규정한 조항 없이 필요한 사항은 조선총독이 정하도록 함	『朝鮮總督府官報』 1944.08.21 (제령31호)
1944.12.1	「조선의료령」 개정	· 일반 여학교에서도 면허간호부 배출 · 연령 13세 이상으로 고등여학교 2학년 수업자 또는 초등학교 고등과 수료자 정도를 입학시킨 일반 중등학교에서 조선총독부의 지정을 받으며 졸업 후 무시험으로 간호부 면허를 받을 수 있도록 함 · 면허의 발급연령 16세로 낮춤	『朝鮮總督府官報』 1944.12.1
1944.12.13~ 1945.06.19		· 기존의 양성소와 일반 학교로 이원화 · 51개 공립고등여학교, 1개 공립고등상업학교, 1개 여자사범학교, 2개 공립여자상업학교, 9개 고등여학교, 1개 여자기예학교, 2개 가정여학교, 1개 실천여학교 등 총 68개 중등학교	『朝鮮總督府官報』 1944.12.13 1944.12.15 1945.01.08 1945.02.05 1945.03.12 1945.04.21 1945.06.19

1942년경부터는 남방지역으로 종군간호부가 동원되고 있었다. 남방으로 간 종군간호부가 동료에게 보낸 소식, 1943년 남방지역으로 가는

한울아카데미, 2002; 신영숙, 「아시아태평양전쟁기 조선인 종군간호부의 동원실태와 정체성」, 『여성과 역사』 14, 한국여성사학회, 2011; 김미정, 『강제동원을 말한다 잊혀진 여성들, 기억에서 역사로 일제말기 여성노무동원』, 선인, 2021 참조.

종군간호부의 전송식에 대한 내용이 매일 신문 등에 게재되어 홍보되었다.[19] 군인을 보낸 어머니처럼 따를 종군간호부로 보낸 어머니 또한 '군국의 어머니'로 불렸다. 박인덕은 여성들에게 종군간호부로 나갈 것을 종용했다. "우리 여성들은 한 사람도 빠짐없이 총동원하여" 남성들 뒤를 지원해야 한다고 강조하고 있다. 지원에서 더 나아가 제일선에서 "백의천사"로 나아가야 한다고 주장했다. 싸우는 주체가 되라는 종용이었다고 할 수 있다. 1943년 후반 여성 노무동원 정책의 변화와 맞물려 여성을 내세운 이 같은 선전이 신문과 잡지 등의 매체 등에 자주 등장했다.[20]

또한 『매일신보』 1944년 9월 21일자 「가정문화, 나서라 백의천사로, 어째서 미혼자라야 되나」는 1944년 당시 구호간호부 모집의 실정과 자격조건 등을 자세히 소개하고 있다. 일본적십자조선본부 구호주임은 간호부의 희망자가 37명밖에 안되고 있는 것에 불만을 이야기를 했다. 지원자의 수가 만족스럽지 못했다고 한다. 조선 사회에서 여성들은 결혼하기 전까지 자기가 살던 마을에서 되도록 벗어나지 않고 생활했다. 특히 딸을 가진 부모들은 결혼하지 않은 딸을 타 지역이나 타국으로 보내는 것을 주저했다. 당시 부모들은 결혼시키는 것을 동원을 피하기 위한 하나의 방법으로 여기고 있었다고 할 수 있다.

동시에 종군간호부 모집을 빙자한 모집에 의해 일본군 위안부로 간 경우도 확인된다. 위안소에서 조선여성은 위안부가 되었다. "특수간호부라고도 불린 종군위안부 부대가 왔었다. 그리고 4일간 주류 예정인 부대에 위안소가 개설되었다. '삐야'라고 했다. 장병의 성욕 처리에 봉사하는 여자들은 조선 농촌에서 모집했거나 강제적으로 연행해 왔다고 한

---

19) 김미정, 『강제동원을 말한다 잊혀진 여성들, 기억에서 역사로 일제말기 여성노무동원』, 선인, 2021, 184쪽.
20) 김미정, 위의 책, 184쪽.

다. 모두 미혼의 처녀를 골랐다고 한다 (중략) 그녀들은 각각 조선삐, 중국삐라고 불렸다."[21]

도망을 못 가게 하고 위안소의 희생자가 되었다. "속이는 것은 간호사로 만든다는 것과 식당 여급을 시킨다는 것, 즉 육체 공여를 조건으로 하지 않고 데려가서 현장에 도착하자 체념토록 만들었다. 도망가는 방법은 없다."[22]

간단히 말해 종군간호부 관련 일제의 본질은 극명하다. 겉과 속이 다른 광고는 사기 그 자체였다. "이들 조선 여성들은 '종군간호부 모집'이란 밖으로 보기에는 좋은 광고에 끌려 모집되었기 때문에, 시설에서 '영업'한다는 것은 생각지도 못했다고 한다. 그것이 만주 각지에 보내져서 이른바 병사들의 배설처리를 위한 하나의 도구로 타락한 운명이 돼버렸다. 나는 감상가였을지도 모르지만 전쟁에 도전하는 인간이라는 동물의 배설처리에는 진정으로 환멸감을 느꼈다.[23]

1942년에는 '의료 관계자 징용령'도 반포되었다.[24] 이 법률은 전시라는 특수성을 강조하며 의료인을 강제로 전쟁에 동원하기 위해 반포한 것이었다. '국가총동원법'에 근거를 둔 이 법률은 의사, 치과의사, 약제사, '간호부'의 징용기준과 근무조건을 제시했다.[25] 특히 간호부는 국가에서 실시하는 조사상 또는 군인 원호상 필요한 위생에 관계되는 총동원 업무에 종사하도록 규정되었다. 이로써 일제는 의료인력으로 간호부의 상황을 완전히 파악하여 필요에 따랄 동원할 수 있게 되었다.[26]

21) 梶川勝, 『陸軍二等兵の戰爭體驗』, 梶川勝, 1991, 53~54쪽.
22) 伊藤桂一, 『戰旅の手帳』, 光人社, 1986, 150쪽.
23) 長尾和郎, 『關東軍軍隊日記』, 經濟往來社, 1968, 154쪽.
24) 「의료관계자징용령」(칙령 제1131호), 『조선총독부관보』 4715호, 1942.10.15; 「의료관계자징용령시행규칙」(조선총독부령 제260호), 『조선총독부관보』 4715호, 1942.10.15.
25) 여인석 외, 『한국의학사』, KMA 의료정책연구소, 2012, 296쪽
26) 이꽃메 외, 「일제강점기 '간호부규칙'에 관한 연구」, 『지역사회간호학회지』 9-2, 1998,

1944년 일제는 '조선의료령'을 반포했다. '조선의료령'은 기존의 '의사규칙', '치과의사규칙', '위생규칙' 그리고 기타 관계 법규를 통폐합했다. 이 '조선의료령'의 목적은 국민의료의 적정을 기하고 국민체력의 향상을 도모하는 것이라고 했다. 특히 경무국장은 이 법규가 질병치료뿐만 아니라 '보건국책'에 기여, 협력할 것을 명백히 정한 것은 가장 중요한 요점이라고 했다.27) 그러나 진짜 이유는 일제의 전쟁을 위해 인적, 물적 자원이 총동원되어 악화된 조선의 민심을 회유하고자 함에 있었다. 본질은 의료 관계자를 직접 통제하기 위한 왜곡된 정책이었다.28)

이와 함께 전쟁이 확전되는 가운데 일본 육군은 징집할 병사의 체력검사를 실시했고, 그 과정에서 갑종 합격자가 감소하는 현상에 불안을 느꼈다. 이를 불식시키기 위해 국민의 건강증진과 체력향상을 목적으로 기관 설립을 추진했다. 그 결과가 후생성이었다. 후생성은 위생국 사무, 사무국 사무, 체육운동, 광산의 노동위생, 생명보험회사의 감독, 간이생명보험과 우편연금 사무 등을 담당했다.29)

1941년 11월 조선총독부 내에도 후생국이 설치되었다. 초대 후생국장 이시다 센타로(石田千太郎)는 후생국 설립 목적을 고도 국방국가체제를 확립하고 성전의 완수를 기하며 대륙병참기지인 반도의 사명을 다하기 위한 것이라고 했다. 이것은 후생성과 후생국의 목적이 동일함을 보여준다고 할 수 있다.30)

299쪽.

27) 여인석 외, 『한국의학사』, KMA 의료정책연구소, 2012, 296쪽(6년 뒤에 개정되었다. 여인석 외, 『한국의학사』, 역사공간, 2018).
28) 이꽃메 외, 「일제강점기 '간호부규칙'에 관한 연구」, 300쪽.
29) 여인석 외, 『한국의학사』, KMA 의료정책연구소, 2012, 298쪽(2018년 개정판과 본 내용은 거의 동일하다). 후생성의 첫 작품이 1938년 일본 내에서 실시된 국민건강보험법이었다.
30) 여인석 외, 앞의 책, 299쪽.

후생국은 일본의 후생성의 모방이었다.[31] 조직은 보건과, 위생과, 사회과, 노무과로 구성했다. 후생국의 특징은 위생을 포함하여 보건, 사회, 노동 분야를 함께 담당했다. 이전까지 위생 관련 사업은 경무국에서 담당했는데 이제 후생국이 그 역할을 맡았다. 후생국은 국민체력 향상을 위한 시설, 국민체육 운동단체 일원화, 결핵, 한센병 및 화류병 대책, 의료기관의 일원적 활동 촉진, 의약품 대책의 강화 철저, 군사원호사업 강화, 사회사업체제 정비, 인적 자원 증강, 주택영단의 증자 및 주택 건설, 노무자의 징용 및 공출과 조선 내 노무자의 수급 조정 등 다양한 분야를 담당할 예정이었다.

이전까지 위생이 질병으로부터 개인의 신체를 보호는 의미라면, 후생은 보건을 통한 건강 향상이라는 적극적인 의미를 지니고 있었다. 문제는 후생국은 1년 만에 폐지되고,[32] 그 업무가 경무국으로 이관되었던 사실이다. 일제가 강조한 건강은 전쟁에 참여할 군인이나 노동자에게 요구된 건강이었다. 즉 강제된 건강이었다.

일제는 후생국을 통해 강제된 신체에 대한 정치를 도모했다. 후생국을 통해 제도적으로 단지 후생이 위생만이 아닌 보건, 노동 등의 분야를 포괄하게 만들었다. 결국 전시체제기 건강은 억지로 만들어야 할 몸의 상태였다고 할 수 있다. 이를 위해 보통 조선인, 국민은 제도화된 시스템 속에서 존재의 가치를 부여받고 동시에 제도적으로 만들어진 건강을 갖게 되었다. 그리고 이들 조선인은 노동현장과 전쟁에 강제동원되었다.

이상과 같이 일제는 1938년 '의료 관계자 직업 능력 신고령'이 반포하여 의사, 치과의사, 약제사와 '간호부'의 정기적인 신고를 통해 의료인들

---

31) 여인석 외, 위의 책, 299쪽.
32) 1942년 11월 후생국과 기획부가 폐지되었다(朝鮮總督府 編, 『施政30年史』, 朝鮮總督府, 1940, 참조).

의 지역적 분포상황, 국민의료와의 관계, 각 개인의 사정 등을 상세하게 조사했다. 이에 기초하여 이후 일련의 제한되고 왜곡된 정책으로 의료 관계자들을 통제했다. 1942년에는 '의료 관계자 징용령'을 반포하고, 1944년에는 '조선의료령'을 반포했다. 이 '조선의료령'은 기존의 '의사규칙', '치과의사규칙', '위생규칙' 그리고 기타 관계 법규를 통폐합한 시스템이었다. 전쟁을 위한 철저히 왜곡된 의료제도 속 조선인 의료 관계자는 동원되었고, 의료의 최전선에서 그 역할을 했던 사람은 '간호부'였다. 이들의 역할은 전시체제기 의료의 실제적인 중심이었다. 아울러 일제는 후생국을 통해 신체에 대한 정치를 자행했다. 그리고 후생국을 통해 제도적으로 압제했고 후생이 위생만이 아닌 보건, 노동 등의 분야를 포괄하도록 했다.

III. 구술자료로 본 강제동원 노무동원 노동자의 건강

1. 구술자료 속 노무동원 노동자의 식사, 주거의 문제

전시체제기 조선인의 강제동원 역사에서 절대적인 비중은 노무동원에 있다. 이들 노무동원된 노동자의 건강 상태를 통해 필자는 일제강점기 조선인의 피해의 상황을 파악할 수 있다고 생각한다. 이들 강제동원된 노무자의 건강은 근거 주의에 기초해 구술자료에 토대하면서, 이들의 상태를 현장 중심주의적 관점을 견지하면서 정리하겠다.[33]

---

33) 전술했듯이 본 연구 내용은 일제강점하강제동원피해진상규명위원회의 구술자료에 기초해 연구를 진행한다. 나이, 성별, 지역 등의 기초적인 내용은 일제강점하강제

첫째, 주목되는 것이 식사 문제였다. 대부분의 노동현장은 배불리 식사가 제공되는 경우는 거의 없었다. 강제로 동원되어 가는 가능 과정에는 거의 굶주림을 경험하지 않는 경우가 없었던 것으로 보인다.

1941년 9월 고노마이(鴻之舞)광산[34]으로의 조선인 노동자 수송에는 함경도의 나진과 청진에서 만주의 대두를 싣고 원산항과 부산항에 기착한 화물선이 활용되었다. 이 두 곳에서 승선한 인원이 무려 3,000명 정도나 되었다.[35] 화물선으로 수송할 경우 식수는 필요한 만큼 공급되었지만 제대로 된 식사를 제공받지 못했다. 약간의 쌀이 섞이고 콩이 대부분인 잡곡밥이 제공되었고 때로는 말린 밥이나 죽 등이 주어져 금방 허기가 돌았다고 한다.[36]

강제동원 노동자의 경우 절대적으로 배고픔을 경험해야 하는 상황이

동원피해진상규명위원회의 정리에 기초한다.

[34] 스미토모(住友)(주) 고노마이 광산의 경우를 보면 고노마이(鴻之舞)는 북해도 오호츠크 연안의 몸베츠시(紋別市) 내륙 산간에 위치한 금광산지이다. 고노마이 광산은 본사인 스미토모 북일본광업소에 노동력 부족을 보고하였다. 이에 북일본광업소는 1939년부터 후생성에 조선인 노무자의 공급을 요청한 후 조선총독부의 허가를 받아 조선에서 노무자를 모집 동원하였다. 고노마이 광산의 본사인 북일본광업소는 1939년 여름 300여 명의 조선인 노무자 모집을 북해도청에 의뢰하였고 1940년에는 네 차례에 걸쳐 600여 명, 1941년에는 네 차례에 걸쳐 1,100여 명, 1942년에는 약 10차례에 걸쳐 1,500여 명의 모집을 신청하였다(朝鮮人强制連行実態調査報告書, 『北海道と朝鮮人勞働者』, 北海道 保健福祉部保護課, 1999, 53쪽). 조선총독부로부터 허가를 받은 스미토모 북일본광업소는 모집 할당지역의 도지사에게 노무자 모집을 위한 「조선 노무자 모집허가 신청서」를 제출하였다. 「조선 노무자 모집허가 신청서」에는 〈法人의 주된 사업장의 장소, 소재지〉, 〈응모자 취업장의 소재지 및 명칭〉, 〈응모자가 취업할 사업의 종류〉, 〈모집 예정인원〉, 〈모집할 노동자의 연령 범위〉, 〈모집구역〉, 〈모집기간〉, 〈응모자의 수송방법〉, 〈모집 종사자의 본적·주소·성명·연령·직업 및 이력〉, 〈각 모집 종사자의 해당 모집구역 및 모집 예정인원〉, 〈모집 종사자에 지급되는 報酬〉이 기재되었다. 허가 신청을 받은 조선의 각 도지사는 도부군도(道府郡島)를 거쳐 읍면(邑面)으로 모집 인원을 할당하였다.

[35] 强制動員眞相究明ネットワーク, 『朝鮮人强制勞務動員實態調査報告書』, 强制動員 眞相究明ネットワーク, 2012. 孫冠植의 증언.

[36] 强制動員眞相究明ネットワーク, 위의 책, 孫冠植의 증언.

었던 것으로 보인다. 다소 현장의 상황이 달라서 일괄적으로 표현하기는 어렵지만 대부분의 조선인 노동자는 굶주림에 시달렸다.[37]

배가 고픔을 참지 못하고 점심 식사를 미리 먹어 버리는 경우도 있었다. "도시락을 줘. 도시락. 도시락을 식당에서 줘요. 도시락. 나무 벤또에다 줘요. 그러면 하루에 아침밥 먹고 낮에 일을 하러 들어가면 도시락을 타갖고 나와요. 타갖고 나와서 사무실 직원들 보기 전에 숨겨서 거기서 묵어. ─ 정각 12시 밥 먹는 사람은 없어요. 없어. 우선 당장 목구멍이 배가 고프다고 달구질을 치는데 12시까지 기다릴 수가 없어요. 식사 때 생선을 줄 때도 있어, 육고기는 전혀 없고. 생산도 말하자믄 거 먹음직한 생선이 없어. 말하자믄 글쎄 생선도 그냥 물만 담갔다가 주는 거이지, 없어(원문 그대로 : 필자, 이하 동일하다)."[38]

식당이 강제동원 현장에 있어도 배고픔은 여전했다. 그 사실은 강제동원의 본질을 보여준다. "식권을 가지고 밥을 타먹고 그랬어요. 사발로 먹는데, 밥은 그렇게 배부르게는 못 먹었지요. 그때 한창 젊었을 땐데, 그거 먹어가지고 배가 차겠어요? 근데 보니까, 거기는 고구마 말린 거 그걸 썰어서 밥에다 섞어요. 반찬이 뭐, 한두 가지밖에 없지."[39]

그리고 식사를 공동으로 식당이 아닌 곳에서 하기도 했다. "식당에 가서 ─ 박에 따로 가. 그렇지 않으면 일하는 대로. 열 명이면 열 명. 스무 명이면 스무 명. 바께스로 타다가 먹어. 밥도 얼마 못 먹어. 그때 배고파서. 국물에 국수 한 덩이 같은 거 풀어 넣고. 국수 같은 거. 밥은 쌀밥이

37) 『채인돌』, 강제연행생존자증언집편집위원회, 2000 참조. 박희윤의 증언, 박주목의 증언.
38) 조용섭, 「로라에 걸려서 째겨진 다리는 지금도 시리고 아파요!」, 『당꼬라고요?(강제동원 구술자료집1)』, 일제강점하강제동원피해진상규명위원회, 2005, 57~58쪽.
39) 김광모, 「그날은 날이 뭐, 아주 창창했어요. 거기 그냥 불났다고 할까 번쩍하더라고요」, 『당꼬라고요?(강제동원 구술자료집1)』, 일제강점하강제동원피해진상규명위원회, 2005, 142쪽.

야. 쌀밥인데. 밥 두어 숟가락 뜨면 없어. 적어요. 그거 먹고. 배고프거든. 일은 고돼서 죽겠어도. 배가 부르면 일 안 한다고 그렇게 주는 거야. 배고프니까 일은 얼마나 하는지 몰라. 그러고 살았다니까."[40]

식사가 제대로 나오지 않는 것은 물론이고 배고픔을 해결하는 방식도 다양했다. "제대로 안 나오죠. 콩 반 섞이죠. 반, 반이죠. 반찬이 다꽝.— 된장국 없어요. 반찬이 별거 없어요. 그러니까 밥이 적으니가요. 이젠 남의 집 거름도 하고 일 막 세차게 하는 사람들이잖아요. 한참 때 사람들이 갔으니까 밥이 부족한 게. 이제 일 갔다 오다가 막 쑥을 뜯어요. 쑥을 뜯어 씻어서 넣었다가 밥 주면 막 그것하고 섞어서 먹어요. 양이 많아지니까."[41]

사할린의 강제동원 장소의 경우 반찬의 경우 생선이 제공되기도 했다. "반찬이 뭐 있습니까? 그저 만날 된장, 콩 가지고 된장이나 만들고, 산에 가서, 여기는 나물이 많다니끼리, 나물, 무슨 나물, 나물, 전체 나물이죠. 전체 다 풀. 고기라면 구경을 못 했지. — 생선. 청어 — 청어만 있었습니다. 청어는, 이 손들던 해에 이 정거장에다가 가뜩 와곤으로 실어다가 거기서 인자 배급 주면 갖다가 먹고 그랬습니다. 양식 배급, 청어 — 다 배급 해줬습니다. 청어도 배 불리게 어디 먹습니까, 그저, 말려 가지고, 여름에는 더브니께네, 그저 말리지요. 말려가지고 그냥 동삼월에 그걸 반찬 해벅고. 그저 먹는 게 풀이죠. 여기 미나리 같은 거 여기에 그런 거 뜯어다가 콩하고 같이 섞어가지고 — 이따금 어쩌다가, 청어."[42]

---

40) 김상태, 「무서워서 못 도망가요」, 『똑딱선 타고 오다가 바다 귀신될 뻔 했네(강제동원 구술자료집1)』, 일제강점하강제동원피해진상규명위원회, 2006, 99쪽.

41) 김백환, 「우리는 다 죽을 사람이다 그렇게 생각 했지요」, 『가긴 어딜가? 헌병이 총 들고 지키는데(강제동원 구술자료집1)』, 일제강점하강제동원피해진상규명위원회, 2006, 242~243쪽.

42) 로삼순, 「눈 뜨고 못 본다고, 얼마나 불쌍한지」, 『검은 대륙으로 끌려간 조선인들(강제동원 구술자료집2)』, 일제강점하강제동원피해진상명위원회, 2006, 99쪽.

아침 식사 시간이 교육의 장이 되어 황국신민의 서사를 잘 외워야 밥을 빨리 먹을 수 있었다고 한다. "저기 이 요만한 통에 밥을 떠가지고 갖다 놓고 고거하고 갖다 놓고. 아즉 아래 고꼬쿠신민(皇國臣民) 잘 하는 사람은 이끼나레 밥 다 먹소. 요장이 밥 먹으라 카이. 이게 고꼬구신민 모 한 거는. 자꾸 "야리나오시! 야리나오시!" 한다고. 먹는 사람이 다 맛 좋은 거 먼저 먹어버리지."[43]

건강과 관련해서 먹거리의 중요성은 재론의 여지가 없다. 구술자료에서 보이듯 강제동원된 노동자에게 건강의 문제는 논외였다고 밖에 말할 수 없다. 절대 빈곤을 이들 노무동원된 조선인은 경험해야 했다. 여기에는 임금과 같은 문제가 전혀 고려되지 않은 것은 물론이다.

둘째, 건강과 관련해서 주거환경이 문제였다. 1930년 후반부터 조선인들을 동원한 죠반(常磐)탄광[44]은 한때 4,700여 명의 조선인 노무자를 사용할 정도로 많은 조선인들을 동원했다.[45] 기야마 시게히코(木山茂彦)는 1937년 이리야마채탄에 입사, 노무담당 중 모집계 업무을 맡으면서 죠반 탄광 주변에서 탄광부 모집을 하면서 조선으로 건너가 조선인을 모집했다. 그는 본인의 회고를 정리했는데, 숙소의 경우 근처 아오바(青葉)구에 조선인 전용 주택과 기숙사를 만들어 50명을 한 단위로 하여 커다란 방에서 머무르게 했고, 노무계원이 그 방을 밤낮 교대로 2명씩 근무하며 작업에 갈 때 인솔하고 돌아와서 생활하는 모습을 창문을 통해 감시했다고 한다. 감옥과 같은 엄격한 노동 관리를 했기 때문에 당시 조선인 숙소는

---

43) 이문택, 「황국신민서사 못하는 사람은 "다시, 다시!" 한다고」, 『검은 대륙으로 끌려간 조선인들(강제동원 구술자료집2)』, 일제강점하강제동원피해진상규명위원회, 2006, 30쪽.
44) 이바라키(茨城)현 북부에서 후쿠시마(福島)현 하마도리(浜通り)남부에 걸쳐져 있는 죠반탄광은 1870년대부터 대규모 탄광 개발이 있었다.
45) 長澤秀, 「戰時下常磐炭田における朝鮮人鑛夫の勞働と鬪い」 2, 『史苑』 48, 立教大学 史学会, 1988,

험악한 분위기였다. 이러한 강압적인 노무관리를 통해 조선인 노무자들의 도망률이 10%에 머물렀다. 몸 상태가 안 좋은 조선인에 대해서는 병원 치료는 고사하고 폭력을 휘둘러 억지로 작업장까지 끌고 갔다고 증언했다. "하나의 기숙사에 2~300명을 넣고 노무 관리 책임자를 하나의 기숙사에 4~5명을 배치하였다. 이들은 조선인들의 몸 상태가 나빠도 일을 쉬게 하지 않았다. 기숙사의 주위에는 담을 만들고 출입구를 하나만 만들어 대기소에 사람을 두었다. 사감은 감독 시 폭력을 사용하여 몽둥이로 가차 없이 때려서 몸에 생채가 끊이지 않았다. 조선인들은 일본 각지의 지명을 붙여 一郎에서 十郎로 불렸고, 큰 갱도에서는 이 10명이 함께 일했다."[46]

사키토(崎戸)탄광은 일본 나가사키현(長崎縣) 니시소노기군(西彼杵郡)에 속한 가키노오라시마(蠣浦島), 사키토지마(崎戸島), 히라시마(平島), 에노시마(江島) 등 여러 개의 섬으로 구성된 사키토정(崎戸町) 일대에 있는 탄광이다. 여기에 동원된 조선인들은 제1~5 친화료 및 제2갱 아마미(天見)의 게이텐료(啓天寮)에 수용되었다. 강제동원된 조선인들은 폭력적이고 억압적으로 관리되었다. 이들은 작업 중 쉬거나 도망치거나 하면 곤봉으로 구타당했다. 갱 내부의 경우 하루 10시간 이상의 노동에 시달렸다.[47]

홋카이도현 에오로시(江卸)수력발전소는 1939년경 국가정책으로 건설이 계획되었으며 1942년 완공하고자 했다. 그러나 난공사로 인해 1945년 8월 패전 당시까지 공사가 계속되었다. 이 과정에서 약 1,200명의 조선인 노무자들이 동원되었다. 에오로시수력발전소에 조선인 노무자들이 처음

---

46) いわき市史編さん委員会, 『いわき市史別巻常磐炭田史』, いわき市教育文化事業団, 1989, 520쪽.
47) 林えいだい, 『死者への手紙:海底炭鑛の朝鮮人坑夫たち』, 明石書店, 1992, 116~124쪽.

으로 동원된 것은 1940년이었다. 1939년부터 1943년까지 인부를 관리하였던 오카무라(岡村義淸)는 아라이구미(荒井組)에 6개의 방이 있는데, 각 방에는 200명 정도의 조선인이 있었다.[48]

고베의 가와사키(川崎)조선소로 간 경우는 공습 전과 후의 상황이 달랐다. 이수철의 회고에 따르면 다음과 같이 생활했다. "다다미를 깔았는데, 다다미 하나씩에 모포 둘, 그렇게 석장 씩을 주대요. 두 장 깔고 자고 그랬어요. --- 전쟁이 심하게 나니까는 폭격 맞아가지고 힘들었어요. 처음에는 다다미 하나씩 주니까 널찍하고 좋아요. 근데 한 6-700명씩 드러누워 자는 집이 폭격 맞아 가지고 못 자니가는 뭐 사정하겠습니까? 자던 데 같이 자고 그러는 거지요. 이렇게 하니까 같은 조선 사람끼리라도 독도 생기고, 쌈도 하고 칼로 찌르고, 남의 거 훔쳐 먹기도 하고 그렇죠. 다들 궁하니까."[49]

강제동원된 노동자의 경우 공장이나 탄광이 위치하는 곳에 따라 다르기는 했지만 바라크식의 숙소에서 거주하면서 집단 생활하는 것이 일반적인 모습이었던 것으로 보인다.[50]

강제동원 노동자의 경우 공장이나 탄광의 경우, 조선인만 별도로 함바에서 생활하는 것이 일반적이었다. "숙소? 숙소는 아주 그 한인들 관사가 있어요. 전부 우리나라 사람만 모집해다가 놓고. 뭐머. 울타리까지 쳐서 도망도 못 가게 하고 이런 생활을 했어요. 구속생활을 했어요. --- 숙소는 그러니까 함바를 지어놓고, 숙소를 이렇게 관사로 지어놨어요.

48) 김인덕 외, 『노무동원 경로 연구: 국민징용, 할당모집, 관알선』, (재)일제강제동원피해자지원재단, 2020, 94쪽.
49) 이수철, 「사상가 집안이라 하여 형님은 맞아서 골타 죽고, 나는 징용으로 끌려가고, 동생은 군인으로 가고」, 『당꼬라고요?(강제동원 구술자료집1)』, 일제강점하강제동원피해진상규명위원회, 2005, 157쪽.
50) 『채인돌』, 강제연행생존자증언집편집위원회, 2000, 참조. 김쾌헌의 증언, 성재동의 증언, 김수점의 증언, 김종권의 증언.

한 방에 15명씩인가."[51]

　15~20명 가량 한 방에서 거주하는 모습이 많이 확인된다. "한 방에 열 댓이 되고 여기 인자 이 쪽에 뭐가 있어? 미닫이에서 문을 닫았다 열었다 그렇게 해 놔가지고, 저기 일 나갈 적에 전부 개서 거기 문을 열고 다 집어넣고. 집어넣고 청소하고, 이제 그러고 가서 — 거기 열고, 아침에는 또 갖다 놓고, 저녁에는 깔고 자고. 숙소는 거기 이제 식당이 있죠."[52]

　동시에 각각 이름이 쓰여진 방에서 생활하기도 했다. 침대식 구조의 방에서 생활했다고 한다. "응. 그래가지고 거기서 인원 파악하고 방을 정해주는 거야. 1호실 누구 누구 누구, 2호실 누구 누구. 여기 호수에다가 전부 이름써 붙이고 번호 매기고. 거기서 이제 한방에일곱명씩 들어가더라고. — 방에 들어가니가 방도 이렇게 다락식으로 해서 밑에서 둘이 자고 위에서 둘이 자고. 방은 좁은데 인원은 많으니까. 중간에 이렇게 난간 해가지고 밑에서 둘이 자고 위에서 둘이 자고. 침대 식으로 이렇게 해서 여기 자고."[53]

　일상의 인간의 삶에 있어 먹거리와 함께 주거는 기초적인 삶의 요소이다. 안정적인 먹거리가 전혀 제공되지 않은 상태에서 주거를 논의하는 것이 전혀 불가능함을 구술자료는 말하고 있다. 강제동원은 노무동원된 노동자에게 일방적으로 일상의 최하층민으로서의 삶을 강제했다.

---

51) 김봉래, 「막 불뎅이가 떨어져」, 『가긴 어딜가? 헌병이 총 들고 지키는데(강제동원 구술자료집1)』, 일제강점하강제동원피해진상규명위원회, 2006, 258쪽.
52) 유제철, 「나를 잡아오라고 우리 아버지를 구타를 하네」, 『똑딱선 타고 오다가 바다 귀신 될 뻔 했네(강제동원 구술자료집3)』, 일제강점하강제동원피해진상규명위원회, 2006, 35쪽.
53) 이천구, 「가긴 얼딜 가? 밤이고 이고 일본 헌병들이 총 들고 감시 하는 뭐.」, 『똑딱선 타고 오다가 바다 귀신 될 뻔 했네(강제동원 구술자료집3)』, 일제강점하강제동원피해진상규명위원회, 2006, 201쪽.

2. 구술자료 속 노무동원 노동자의 몸 건강

일제강점기 강제동원된 노무동원 노동자도 사람이다. 그럼에도 불구하고 이들에 대한 기본적인 인권은 존재하지 않았다. 그 사실은 식사와 주거 문제뿐만 아니라 현장에서의 부상에 치료에서 말할 수 있다.

첫째, 건강과 관련해서 부상 치료의 문제가 발생했다. 한연우라는 사람은 1919년 충남 서산군 지곡면에서 태어나 1937년 여름 일본 나가사키현(長崎縣)에 소재한 불상의 탄광에 강제동원되었다. '모집가가리' 즉 노무 업무 담당이 '거짓말로 이제 고무공장이라고 삐끼우고(속이고)' 동원했으나, 막상 가보니 탄광이었다. 18세의 어린 나이에 탄광으로 동원된 한연우는 1개월 후 낙반사고로 허리를 다쳐 줄곧 병원 신세를 져야만 했다. 해방되던 해 2월에 3여 년간의 투병생활을 마치고 고향으로 돌아올 수 있었다.[54]

일정하게는 강제동원된 노동자는 병원에서 치료도 받았다고 한다. 특히 일본병원에서 치료를 받는데 탄광의 경우는 밖에서 치료를 받기도 했다. "병원도 여러 번 나녔지. 그 일본 병원. 탄광 안에가 아니라 밖에 있지. 간부가 거기서 다친 사람 데리고 나오지. 그럼 그 사람이 데리고 병원에 입원하고 그랬지. --- 치료는 우리들이 주지 누가 줘. 자기 돈으로 줘야지 어떻게 해. 그리고 그거 죽은 목숨이여."[55]

강제동원 현장에 병원이 있는 곳도 있었다. "탄광 병원이 따로 있잖아요. 따로 있다. 사고나 죽은 사람들은 칭하 안 체리고 일본 사람이나 조선 사람이나 거기서는 죽어서 화장하고 이 사후에는 칭하가 절대 없다

---

54) 김인덕 외, 『노무동원 경로 연구: 국민징용, 할당모집, 관알선』, (재)일제강제동원피해자지원재단, 2020, 88쪽.
55) 김동업, 「산 사람들은 천명으로 살아 온 겨」, 『가긴 어딜가? 헌병이 총 들고 지키는데(강제동원 구술자료집1)』, 일제강점하강제동원피해진상규명위원회, 2006, 51쪽.

요. --- 학교도 있지. 없는 거 없이 다 있었어. --- 술집? 있지 않고요."56)

강제동원된 노동자의 근로 조건 가운데 중요한 것은 그 어떤 조건 보다 일하다가 부상되었을 때의 관련 현장의 대처라고 생각된다. 노동에 있어 치료는 기본이었다. 전문적인 치료는 대부분의 현장에서 기대하기는 어려웠다고 하면 일상적인 가벼운 부상은 적극적으로 응급처치를 해주어야 했다. 대부분의 노동현장, 특히 탄광같은 경우는 노르마가 일상이었기 때문에 부상자가 작업장을 떠나는 것은 절대 쉽지 않았다.

둘째, 사망자에 대한 처리 문제도 발생했다. 이 문제는 강제동원된 노동자 인권의 본질이다. 그런데 일제는 탄광 내에서 폭발 사고가 나면 노동자는 그대로 죽어야 한다고 생각했다. "금방 다 물바다가 되면 그렇게 다 죽어. 어! 그렇게 다 죽어. 저렇게 해서 죽고. 밖에서 폭발 터져서 죽고, 지진으로 탄에 불이 붙어서 죽고, 오장이 내려서도 죽고, 거기 들어가는 사람은 성한 사람이 없어. 그거 내가 얼마까지 산다, 며칠날까지 내가 일하고 산다, 이런 게 없어.57)" 실제한 죽음에 대해 강제동원된 노동자는 현상을 그대로 직면했다.

이름은 모르지만 죽어 나가는 사람이 있었다고만 한다. "몰라요. 그 사람들은 밤일꾼이고 우리는 낮일꾼인데. 아니 우리는 밤일꾼이고 그 사름들은 낮일꾼인데 그렇게 1주일씩 교대하거든요? 들러가보니께 사고가 났다고 그러더라고 하니께. 한꺼번에 사람이 네 사람이 죽었더라고. 이 문에서. 근데 그 와중에 시남 사람, 저 송악면 대교 사람 하나 죽고. 우방 사람도 죽고. 그렇게 됐어요."58) 마치 죽는 일이 남의 일로 보아야

---

56) 유유원, 「끝에 가가 보니 한국사람만 쏴 빼놨단 말이야」, 『검은 대륙으로 끌려간 조선인들(강제동원 구술자료집2)』, 일제강점하강제동원피해진상명위원회, 2006, 22쪽.

57) 박용식, 「폭탄 터져서 죽고, 지진으로 탄에 불붙어서 죽고, 오장이 내려서 죽고」, 『당꼬라고요?(강제동원 구술자료집1)』, 일제강점하강제동원피해진상규명위원회, 2005, 41쪽.

58) 원천상, 「좀 물어볼 게 있다고 가자고 하더라고요」, 『똑딱선 타고 오다가 바다 귀신

하는 현실을 강제동원된 노동자는 수용했다. 여기에서 그들은 자신이 현장의 도구로 전락한 사실을 인지했을 것이다.

사망자의 시신을 화장해서 쌓아 두기도 했다. "--- 승강기 천이백 (1,200), 타고 올라오다가 한국 사람만 그렇게 죽어요. 열두(12) 명, 열다섯(15) 명하고 나오다가 그게 승강기가 고장 나서 그냥 떨어지면, 그냥. --- 천이백(1,200) 짜리, 거기서 그냥 뼈들은 그걸 또 내려가서 추려다 갖다가 화장해서 갖다가 쌓아놓은 데가 있어요. 그걸 어떻게 봤느냐 하면은 탄광에 가면 목욕을 꼭 해야 되요, 그래도. 그러니까 목욕탕은 좋아요, 거기가. 그래서 아침에 새벽에 나와서 목욕을 하러 나갔는데, 그냥 또 곰이 쫓아서는 거예요, 곰이. 새벽녘에 달빛에, 내가 그때는 젊었으니까 잘 뛰었지 뭐에요. 뛰어서 들어간 데가 어디냐 하면은 한국 사람들 죽어서 이렇게 갖다 놓은 그 창고를 들어간 거예요."[59]

적극적으로 회사가 사망자를 처리하기도 했다. "죽으면 깨끗이 씻겨서. 관이 커요. 여기 관 같지 않고. 그러면 알몸으로 깨끗이 씻겨서 톱밥, 대패 밥이라고 하지. 그것이 제일 깨끗하거든요. 깨끗하게 안에 넣고, 그리고 이제 중들이 와서 염불을 굉장히 많이 해요. 일본은 저 전부 한국교회, 예수 교회나 똑같아요. 거기는 중, 말하자면 불교야. 다 불교야. 죽으면 거기에 다 내버려. --- 그냥 비석만 하나씩 세워 놓는 거지. 비석만 한국 이름, 한국 사람 이름 거기 다 써 붙여가지고, 비석에."[60]

시신은 화장이 아니라 불태워지기도 했다. "아기고 태워요. 강에다 놓

될 뻔 했네(강제동원 구술자료집3)』, 일제강점하강제동원피해진상규명위원회, 2006, 181쪽.

59) 「01. 홋카이도 탄광으로 끌려간 박명환」, 『일제강점기 강제동원 구술자료집1』, 화성시, 2017, 35쪽.

60) 박용원, 「영세민인데, 배급을 끊는다고 하니까 할 수 없이 간 거야」, 『가긴 어딜가? 헌병이 총 들고 지키는데(강제동원 구술자료집1)』, 일제강점하강제동원피해진상규명위원회, 2006, 334쪽.

고, 양철때기 놓고서는 기름 붓고서 태운단 말이야. 태워서 이제, 처음 여기 떼고, 여기 머리 떼고 해서, 하코에다 동그란 하코에다 이렇게 해서 담아서 아무 날 찾으러 가 보면, 여기 배 검사하잖여?"[61]

시신에 대한 처리는 사망자 우선으로 생각하지 않았다. 사망자에 대한 대우는 차선이었다. "죽어서 우리들이 나가서 화장한다니까. 꺼내주면서 마지못해. 그놈들이 꺼내주면 들고서 노무자들을 화장해. 화장하는 데 갖다 놓으면 어떻게 하는지는 몰라. 태우는지 어떻게 하는지 화장하더만 .— 보내주긴 뭘 보내줘? 말 들어 보니가 바다에다 뿌렸다고 하더만. 보내주기 뭘 보내줘요."[62]

강제동원의 역사 속 인권은 존재하지 않았다고 한다. 그 가운데 죽은 자, 시신에 대한 처우는 별도의 문제라고 할 수 있다. 그럼에도 불구하고 일제는 죽은 강제동원 노동자에 대해서 도구 이상의 이미지를 갖고 있지 않았던 것으로 보인다.

셋째, 강제동원 자체의 트라우마성과 동원 대상자의 정신질환에 주목해야 했다. 제노사이드로서의 강제동원은 개인에게는 크나큰 정신적 장애를 일으켰던 사실은 많은 사람, 특히 가족들 사이에서도 존재했던 것은 부정할 수 없다.

홋카이도현 아사노(淺野)탄광에 강제동원된 김달선은 1941년 추석 때 종형의 집에 가다가 강제로 연행되었는데, 당시의 상황을 보면 다음과 같다. "추석을 맞이하여 8km 떨어진 종형의 집에 가는데 트럭이 내 앞을 지나다가 급정지하였다. 트럭에는 7, 8명의 조선인이 불안한 얼굴을 하

---

61) 이수철, 「사상가 집안이라 하여 형님은 맞아서 골타 죽고, 나는 징용으로 끌려가고, 동생은 군인으로 가고」, 『당꼬라고요?(강제동원 구술자료집1)』, 일제강점하강제동원피해진상규명위원회, 2005, 173쪽.
62) 김동업, 「산 사람들은 천명으로 살아 온 겨」, 『가긴 어딜가? 헌병이 총 들고 지키는데(강제동원 구술자료집1)』, 일제강점하강제동원피해진상규명위원회, 2006, 51쪽.

며 앉아 있었고 일본인도 몇 명인가 보였다. 트럭에서 2, 3명의 일본인이
뛰어내려 나에게 와서는 "어디 가느냐"하길래 "종형집에 간다"라고 말하
였다. 일본인이 "트럭으로 태워준다"고 하여 나는 "가까워서 걸어간다"라
고 하였으나 "좋으니까 타라"며 억지로 태웠다. ― 다음날 원산행의 열차
에 태워졌고 원산에서 배로 북해도에 연행되었다."[63]

　　강제동원은 본질적으로 대상자에게는 그 자체가 트라우마였다. 강제
로 동원되는 상황에서 도망갈 수 없는 상황은 인간으로 취급받지 못한
현실을 그대로 보여준다고 할 수 있다.[64]

Ⅳ. 맺음말

　　구술자료에 기초한 본 강제동원 노무동원 노동자의 건강에 대한 상태
를 정리하면 다음과 같다. 먼저 확인할 내용은 일제강점기 강제동원은
신체에 가해진 일제의 압제를 보여주는 증거라는 사실이다. 그 가운데
조선인은 존재했고, 일반 조선인의 신체에 건강의 문제가 생겼다. 이들
은 물적, 인적 압제 속에서 다수가 사망했다. 일제는 식민지 지배의 정

---

63) 金賛汀 編著, 『證言 朝鮮人强制連行』, 新人物往来社, 1975, 15~16쪽.
64) 한편 다양한 건강에 유해한 조건이 산재했다. 강제동원된 남성 노동자의 집단 생활
　　속에서 성적 욕구의 강제 통제를 위한 주사 투여도 있었다. "글쎄요. 매일 주사를
　　놔요. 그래서 내가 참 솔직히 말을 잘 했습니다. 그래서 간호원을 보고 ― "그 주사
　　가 뭐냐?" 내가 물었어. 4,000명 28호실에 있으면은 그 짓을 당할 수 있습니다. 그니
　　까 '성욕 죽이는 주사랍니다. 그래서 분대장님은 가급적이면 피하세요.' ― '누구한테
　　절대 이런 얘기 하면 저는 죽습니다.' 죽는다고 그러더라고요. 그래서 '그럴 리가 없
　　다. 나만 알 테고 나만 알고 싶어서 한 거뿐이니까 뭐 그런 거는 염려 말아라.' 그러
　　고."(최병연, 「인솔을 고등계 형사가 했어」, 『가긴 어딜가? 헌병이 총 들고 지키는데
　　(강제동원 구술자료집1)』, 일제강점하강제동원피해진상규명위원회, 2006, 116쪽) 아
　　울러 단체 생활로 인한 전염병의 발생과 전파 가능성에 대한 고찰도 요청된다.

책과 제도를 통해 그리고 일제의 전쟁 체제 속 조선인을 희생시켰다.

전시체제기 건강은 억지로 만들어진 몸의 상태였다고 할 수 있다. 이를 위해 보통 조선인, 국민은 제도화된 시스템 속에서 존재의 가치를 부여받고 동시에 제도적으로 만들어진 건강을 갖게 되었다. 그리고 이들 조선인은 노동현장과 전쟁에 강제동원되었다.

구술자료로 본 강제동원된 조선인 노무동원 노동자는 최악의 조건에서 최악의 생존만을 가능한 몸 상태를 유지했다. 구술자료는 강제동원된 조선인의 경우 먹을 것, 자는 곳에서 압제적 탄압을 받았다는 사실을 보여주고 있다. 강제동원은 노무동원 노동자에게 일방적으로 일상의 최하층민으로서의 삶을 강제했다. 그리고 구술자료는 노동현장, 부상자와 사망자에 대한 대처방식, 개별 노무동원자의 정신 건강 상태 등을 확인하게 만들고 주었다. 현장에서 동원된 대상자에게 강제동원은 그 자체가 트라우마였다. 강제로 동원되는 상황에서 도망갈 수 없는 상황은 인간으로 취급받지 못한 현실을 그대로 보여준다. 사실의 파악이 아닌 학살에 가까운 인권의 왜곡이 자행되었던 역사가 강제동원의 역사이다.

그런가 하면 전시체제 속 일제는 1938년 '의료 관계자 직업 능력 신고령'을 반포하여 의료인들의 지역적 분포상황, 국민의료와의 관계, 각 개인의 사정 등을 상세하게 조사했다. 이에 기초하여 이후 일련의 제한되고 왜곡된 정책으로 의료 관계자를 통제했다. 1942년에는 '의료 관계자 징용령'을 반포하고, 1944년에는 '조선의료령'을 반포했다. 이 '조선의료령'은 관계 법규를 통폐합한 시스템이었다. 일제는 후생국을 통해 강제된 신체 정치를 일상 속에서 실현했다. 그것은 대상인 조선인의 죽음과 희생으로 귀결되었다.

일제강점기 강제동원 속 노동자의 몸 건강은 의료체계 왜곡의 본질과 깊이 관련되어 있다. 전시체제 가운데 조선인 의료 관계자는 동원되었고 의료의 전선에서 그 역할이 강제되었다. 특히 전선의 '간호부'는 전시 체제기 의료 최전선의 치료 담당자였다.

일제강점기 강제동원과 통치를 위해 만들어진 의료체제 속 노무동원 노동자의 몸 건강은 식민지 통치의 구체적인 실상이다.

참고문헌

1. 자료

「의료관계자징용령」(칙령 제1131호), 『조선총독부관보』 4715호, 1942.10.15.

「의료관계자징용령시행규칙」(조선총독부령 제260호), 『조선총독부관보』 4715호, 1942.10.15.

『滿鮮之醫界』 201호, 1938.09.15.

永河仁德, 『放送之友』(6), 朝鮮放送協會, 1943.12.

2. 저서

김문실 외, 『간호의 역사』, 대한간호협회 출판부, 1998.

『채인돌』, 강제연행생존자증언집편집위원회, 2000.

김미정, 『강제동원을 말한다 잊혀진 여성들, 기억에서 역사로 일제말기 여성노무동원』, 선인, 2021,

김인덕 외, 『노무동원 경로 연구: 국민징용, 할당모집, 관알선』, (재)일제강제동원피해자지원재단, 2020.

도노무라 마사루, 김철 옮김, 『조선인 강제연행』, 뿌리와 이파리, 2018.

朴慶植, 「朝鮮人强制連行」, 梁泰昊 編, 『朝鮮人强制連行論文集成』, 明石書店, 1993.

신영숙, 「아시아태평양전쟁기 조선인 종군간호부의 동원실태와 정체성」, 『여성과 역사』14, 한국여성사학회, 2011.

여인석 외, 『한국의학사』, KMA 의료정책연구소, 2012.

여인석 외, 『한국의학사』, 역사공간, 2018.

이꽃메, 『한국근대간호사』, 한울아카데미, 2002.

_____, 『일제강점기 강제동원 구술자료집1』, 화성시, 2017.

정혜경, 『일본제국과 조선인 노무자 공출-조선인강제연행 강제노동연구Ⅱ』, 선인, 2011.

정혜경 외, 『반대를 논하다』, 선인, 2019.

존 어리, 강형수 외 옮김, 『모빌리티』, 아카넷, 2016.

伊藤桂一,『戰旅の手帳』, 光人社, 1986.

いわき市史編さん委員会,『いわき市史別卷常磐炭田史』, いわき市教育文化事業団,
　　　1989.

梶川勝,『陸軍二等兵の戰爭體驗』, 1991.

金贊汀 編著,『證言 朝鮮人强制連行』, 新人物往来社, 1975.

强制動員眞相究明ネットワーク,『朝鮮人强制勞務動員實態調查報告書』, 2012.

長尾和郎,『關東軍軍隊日記』, 經濟往來社, 1968.

朝鮮人强制連行実態調查報告書,『北海道と朝鮮人勞働者』, 北海道保健福祉部保護
　　　課, 1999.

林えいだい,『死者への手紙:海底炭鑛の朝鮮人坑夫たち』, 明石書店, 1992.

Karin C. VanMeter 외, 정연준·김미향 외 옮김,『간호 미생물학과 감염관리』, 엘스
　　　비어코리아(유), 2017.

3. 논문

노영종,「일제말기 충남지역 노동력 강제동원과 거부투쟁」, 충남대학교대학원 박
　　　사논문, 2019.

이꽃메 외,「일제강점기 '간호부규칙'에 관한 연구」,『지역사회간호학회지』9-2,
　　　1998.

이명종,「일제말기 조선인 징병을 위한 기류제도의 시행 및 호적조사」, 한국사회
　　　사학회,『사회와역사』74, 2007.

정혜경,「국민징용령과 조선인 인력동원의 성격 – 노무자와 군속의 틀을 넘어서」,
　　　『일본제국과 조선인 노무자 공출-조선인강제연행 강제노동연구Ⅱ』, 선인,
　　　2011.

──────,「조선총독부의 노무동원 송출관련 행정조직 및 기능 분석」,『일본제국과
　　　조선인 노무자 공출-조선인강제연행 강제노동연구Ⅱ』, 선인, 2011.

황사익,「전쟁과 의학, 그 패러독스」, 서울대학교병원 의학역사문화원 편저,『전
　　　쟁과 의학』, 허원미디어, 2013.

長澤秀,「戰時下常磐炭田における朝鮮人鑛夫の労働と闘い」2,『史苑』48, 立教大
　　　学史学会, 1988.

전후 일본의 『주간소국민(週刊小国民)』

발신하는 담론과 연속하는 프로파간다

황 익 구

I. 머리말

1937년 7월에 중일전쟁이 발발하자 고노에 후미마로(近衛文麿) 내각은 같은 해 9월부터 '국가를 위해 자신을 희생하는 국민정신(滅私奉公)'을 함양한다는 명분하에 '국민정신총동원운동'을 개시하였다. 그리고 다음 해 1938년 4월 1일에는 '국가총동원법'을 공포하여 국가의 모든 인적 물적 자원을 정부가 통제하고 운용할 수 있도록 하는 국민총동원체제를 구축해 갔다. 국가총동원법은 주로 노동, 경제활동, 물자 등 국방을 위한 국력의 모든 것을 통제·운용할 수 있도록 규정하였으며, 이에 따라 모든 국민의 생활도 국가의 관리와 통제의 대상이 되었다. 국민은 1939년 7월에 제정된 '국민징용령'으로 군수물자 생산을 위한 노동자로 동원되었으며, 같은 해 10월에 제정된 '가격등통제령', 그리고 후속으로 진행된 각종 소비물자에 대한 배급제, 1941년 3월에 제정된 '생활필수물자통제령' 등으로 인해 물자부족과 고물가로 인한 고충을 감내해야 했다.

그밖에도 국민총동원법은 국민의 사상과 언론·출판에 대해서도 통제와 제한을 시행하였다. 1940년 12월에 정식 발족한 정보국은, 국민총동원체제의 정비와 '거국일치(挙国一致)'의 여론 형성을 목적으로 기존의 내각정보국에 외무성정보부, 육군성정보부, 해군성군사보급부, 내무성경보국도서과를 통합하고 확충 정비해서 만들어진 국가적 정보선전기구이다. 정보국은 국책 수행을 위한 정보수집, 보도 및 계발선전, 신문지와 출판물 등에 관한 게제 제한 및 금지 처분, 방송사항에 관한 지도단속, 영화, 레코드, 연극 등의 계발선전 상 필요한 지도 및 단속 등을 직무로 규정하고 있다. 즉 국민의 사상과 언론의 자유에 대한 감시와 통제를 통해 국민총동원체제의 강화를 도모한 것이다.

그런데 이와 같은 국민총동원체제의 구축은 비단 성인뿐만이 아니라 아동(児童)도 예외가 아니었다. 국가총동원법의 공포와 함께 내무성경보국도서과는 1938년 10월에 아동문학가, 편집자, 교육학자, 교육자 등 분야를 대표하는 전문가들[1]의 협력하에 '아동독서물개선에관한지시요강(児童読物改善ニ関スル指示要綱)'을 통달하였다. 이 통달은 아동잡지를 기준으로 입안되었지만, 단행본, 만화전문잡지 등에도 적용되었으며, 내용상 '폐지해야 할 사항'과 '편집상의 주의사항'을 상세하게 규정함으로써 아동을 대상으로 한 언론·출판 및 문화의 통제를 강화하였다. 그리고 1941년 1월에는 기존의 대일본소년단연맹, 대일본청년단, 대일본여자청년단 등의 단체를 대일본청소년단으로 통합, 일원화하여 식량증산, 군인원호, 국방훈련 등 전쟁협력에 동원하였다. 또한 1941년 3월에는 국민학교령을 공포하고 심상소학교를 국민학교로 개칭하였으며, '황국의 정신에 따라 초등보통교육을 실시하고, 국민의 기초적 연성을 행함을

---

1) 山本有三, 城戸幡太郎, 小川未明, 坪田譲治, 百田宗治, 波多野完治, 佐々木秀一, 西原慶一, 霜田静志 등 9명.

목적으로 한다'고 규정하였다.[2] 이로써 국민학교는 '황국'의 다음을 담당할 세대의 육성의 장으로 자리매김 되어 '총후의 수호', '전의의 고양', '체력증진과 심신단련', '식량증산', '자원회수' 등을 실천하는 역할을 하였다.

이러한 과정에 '아동'이라는 용어가 '소국민'이라는 용어로 변경되는 양상이 나타났다. 1941년 6월에 문학, 연극, 가미시바이(紙芝居), 출판, 영화 등 아동문화의 각 분야 관계자들이 민관합동의 지도기관의 설립을 요망함에 따라 '일본아동문화협회요강(日本児童文化協会要綱)'이 결정되고 협회 설립이 추진되었다. 이때 협회 창립준비위원회 석상에서 실행위원 야마모토 유조(山本有三)로부터 '아동이라는 용어가 일반사회의 통용어가 되어 있지 않다', '협회의 성격을 규정함에 있어서도 아동이라는 용어로는 부적당하다'는 지적이 있었으며, 결국 협회는 1941년 12월 23일에 '일본소국민문화협회(日本少国民文化協会)'로 명칭을 변경하여 설립하였으며, 1942년 2월 11일 건국기념일에 당시 수상 도조 히데키(東条英機)의 참석하에 아동문화 관계자 300명 이상이 모여 발회식을 열었다.[3] 일본소국민문화협회는 먼저 '소국민의 모든 행동의 원리인 사상'의 확립과 황국신민의 연성에 기여하기 위한 '소국민문화'의 형성을 위해 1942년 6월에 기관지 『소국민문화(少国民文化)』를 발간하였다. 그러나 『소국민문화』는 전국(戦局)의 악화와 활동의 정체 등으로 1944년 12월에 종간되었다.

한편 1941년부터 실시된 출판물 유통통제 정책으로 인하여 잡지의 통폐합이나 잡지명의 변경이 빈번해지고, 아울러 새로운 잡지의 발간도 금지되는 상황이 전개되었다.[4] 그러한 가운데 1942년 4월 29일자 『아사

---

2) 원문은 다음과 같다. "皇国ノ道ニ則リテ初等普通教育ヲ施シ国民ノ基礎的錬成ヲ為スク以テ目的トス."
3) 佐伯郁郎, 『少国民文化をめぐつて』, 日本出版, 1943, 266~295쪽.
4) 잡지의 통폐합은 1941년 7월에 경시청의 요청으로 가정부인잡지를 시작으로 같은

히신문(朝日新聞)』은 '대동아전쟁의 의의를 관철하고, 굳건한 대동아공
영권 건설을 달성해 갈 차세대 국민교육의 일부를 분담하겠다'는 취지와
함께 『주간소국민(週刊少国民)』을 창간한다는 기사를 발표하였다. 그리
고 1942년 5월 17일에 『주간소국민』을 창간하였다. 당시 아사히신문사
는 1923년부터 발간한 자유주의적 유소년잡지 『고도모아사히(コドモア
サヒ)』를 출판하고 있었지만, 『주간소국민』의 창간과 함께 『고도모아사
히』는 폐간하였고, 독자층 역시 국민총동원체제하에 '총후의 수호'를 담
당할 '소국민'으로 재설정하였다.

　주목할 부분은 전쟁수행을 위한 소국민교육이라는 전시프로파간다를
내세워 창간된 『주간소국민』은 일본이 패전한 이후인 1946년 9월까지도
잡지명의 변경이나 휴간(休刊)없이 계속해서 간행되고 있었다는 점이
다. 즉 『주간소국민』은 전시 중부터 전후에 이르기까지 '소국민'이라는
독자층을 대상으로 시국의 요구에 보조를 맞추면서 시대의 변화를 발신
하고자 한 잡지였다고 할 수 있다.

　본 논문은 이러한 관점에서 전시프로파간다 잡지였던 『주간소국민』
이 전후의 '소국민' 독자에게 발신하고자 했던 시대의 변화와 요구, 즉
전후상(戰後像)을 고찰하고자 한다. 이점은 『주간소국민』을 둘러싼 연
속과 단절의 문제에 대한 연구의 공극을 충전(充塡)함과 동시에 전후 인
식을 둘러싼 일본사회의 연속과 단절의 단면도 함께 고찰할 수 있다는
점을 미리 밝혀둔다.5)

종류나 비슷한 경향의 잡지를 대상으로 자발적·강제적으로 이루어졌으며(『日本少
年』, 『少女の友』, 『婦人公論』 등), 잡지명 변경의 대표적인 예로는 잡지 『キング』
가 『富士』로, 『エコノミスト』가 『経済毎日』로, 『婦人画報』가 『戦時女性』으로 변경
된 사례를 들 수 있다.
5) 『주간소국민』에 대한 주요 선행연구를 제시하자면, 야마모토 아키라(山本明)는 동시
대 독자로서의 자신의 경험과 『주간소국민』의 전시 중의 프로파간다성에 중점을 두
어 고찰한 바 있으며(山本明, 「一五年戦争末期の雑誌(一)-朝日新聞社刊 『週刊少国

Ⅱ. 『주간소국민』의 창간과 성격

1941년 3월 1일에 '국민학교령'이 공포되고, 이어서 3월 14일에는 '국민학교령시행규칙'이 공포되면서 기존의 소학교제도는 국민학교제도로 바뀌게 되었다. 3월 29일에 하시다 구니히코(橋田邦彦) 문부대신은 '국민학교령'과 '국민학교령시행규칙'의 요지에 대해 다음과 같이 발표하였다.

> 동아 및 세계에서 황국의 역사적 사명에 비추어 일본 독자의 교육체제를 확립한 것을 기해 여기에 국민 전체에 대한 기초교육을 확충 정비해서 명실공이 국민교육의 면목을 일신하고 황국의 임무를 잘 담당할 국민의 기초적 연성을 완수함으로써 앞으로의 학제의 바탕으로 삼고자 한다.[6]

인용에서도 알 수 있듯이, 하시다 문부대신은 국민학교제도가 대동아공영권 건설이라는 '황국의 역사적 사명'을 완수하기 위한 일본의 독자적인 제도임을 자부하면서 '황국의 임무'를 달성하기 위한 국민의 기초

民」」, 『評論・社会科学』 第23号, 同志社大学人文学会, 1984, 152~180쪽), 다음으로 아이카와 미에코(相川美恵子)는 『주간소국민』에 기술된 원폭 관련 기사를 통해 전쟁피해자 의식의 형성 문제를 지적하였다(相川美恵子, 「「原爆」記述をめぐる一考察－被占領期の少年雑誌『週刊少国民』及びその改題誌を中心に」, 日本児童文学協会編, 『児童文学研究』 第38号, 2005, 1~14쪽). 또 쓰보이 히데토(坪井秀人)는 『주간소국민』에 등장하는 시문학과 사진기사의 조합을 분석함으로써 전시프로파간다와 미디어로서의 리얼리즘 추구 양상을 고찰하였다(坪井秀人, 「『週刊少国民』における詩と写真の欲望」, 飯田裕子外編, 『少女少年のポリテックス』, 青弓社, 2009. 167~188쪽). 그밖에도 이토 치히코(伊藤智比古)는 표지와 지면을 통해 전시 중의 『주간소국민』이 발신하는 소국민상을 고찰하였다(伊藤智比古, 「『週刊少国民』の研究──表紙・誌面の分析を中心に」, 『社会文化史学』 61, 社会文化史学会, 2018, 17~34쪽).
6) 文部科学省, 「国民学校令の公布」.
   (https://www.mext.go.jp/index.htm: 검색일 2022.05.20)

적 연성의 바탕이 되는 제도라고 설명하고 있다. 여기에서 '국민의 기초적 연성을 완수'해야 하는 대상은 다름 아닌 '소국민'을 말한다. 즉 '소국민'은 충량한 황국신민이 되기 위한 연성을 행하는 국민의 일원이며, 동시에 국민개병을 위한 예비 전투원으로서 수련해야 하는 대상인 것이다.

이와 같은 발상은 1941년 12월에 설립된 일본소국민문화협회의 설립목적에서도 확인된다. 일본소국민문화협회는 당초 설립목적을 '황국의 정신에 따라 국민문화의 기초인 일본소국민을 확립함으로써 황국민의 연성에 기여한다'고 규정하였다. 그리고 이 설립목적은 전황의 악화와 함께 1943년 9월 8일에 오노 준이치(小野俊一) 이사장에 의해 '성전완수에 몸을 바치는 것을 목적으로 삼는다'라는 내용이 추가되면서 '소국민'의 역할은 충량한 황국신민이 되기 위한 연성과 함께 직접 전쟁수행에 전념하는 것으로 재규정되었다.[7]

여기에서 '소국민'이라는 용어의 사전적인 의미를 살펴보자. 『신교육학대사전(新教育学大事典)』에는 '소국민'이라는 용어에 대해 다음과 같이 설명하고 있다.

> 아동은 부모의 자녀이기 이전에 「나라의 자녀」이자 「천황의 적자」이며, 미래의 이상적인 황국민이 될 교육=연성을 받아야 할 존재, 아동을 귀엽고 보호해야 할 대상으로 여기지 않고, 또 차세대의 사회구성요원으로서의 고유의 권리를 인정하지도 않으면서 오히려 미숙하지만 국가의 대사(大事)에 적극적으로 참여하는 '국민'=황국민의 일원으로서 자리매김 된다.[8]

---

7) 오노 준이치(小野俊一) 이사장은 1943년 9월 8일에 협회명을 '일본소국민문화협회'에서 '싸우는 소국민문화협회(戦う少国民文化協会)'로 변경하고 설립목적도 추가하였다. 원문은 다음과 같다. "皇国ノ道ニ則リ国民文化ノ基礎タル日本少国民ヲ確立シ以テ皇国民ノ錬成ニ資シ聖戦完遂ニ挺身スルヲ目的トス."
8) 인용은 青木章二,「戦中・戦後期における少年雑誌の変遷」,『山形県立博物館研究報告』 27, 2009, 19쪽 참조.

즉 '소국민'은 '천황의 적자'로서 황국민이 될 교육과 연성을 받아야 할 미숙한 존재이지만, 황국민의 일원으로서 국가의 대사에 적극 참여하는 존재로 규정하고 있다. 다시 말해서 '소국민'이라는 용어는 국민총동원 체제하에서 전개된 전시프로파간다의 산물이라고 할 수 있다.[9]

이처럼 국민총동원체제하에서 '소국민'의 교육과 역할의 중요성이 강조되던 시기에 『주간소국민』은 창간되었다. 그만큼 『주간소국민』도 '소국민'의 교육과 연성을 잡지의 발행 목표로 설정하고 있었다. 다음은 『주간소국민』의 창간사에 해당하는 내용이다.

> 『주간소국민』은 대동아전쟁을 완수하고, 세계에 점점 웅비하는 일본제국을, 앞으로 짊어지고 가는 것은 여러분이라는 생각을 책으로 만들어 가겠습니다. 『주간소국민』은 여러분이 알아야 할 뉴스를 엄선하고, 일본은 어떻게 나아가고 있는가, 세계에는 어떤 일이 일어나고 있는가를 확실히 알 수 있도록 하겠습니다. 물론 『주간소국민』은 대동아의 전쟁 뉴스에 힘을 쏟겠습니다. 대전쟁의 매일의 뉴스는 역사의 새로운 한 장입니다. 이것을 정확히 아는 것은 살아있는 역사를 읽는 것과 같습니다. 『주간소국민』은 여러분의 과학지식의 양성에 힘쓰겠습니다. 앞으로 국내외의 동향을 잘 이해하고 모든 일에 과학적 지식을 습득하는 것이 진정 위대한 국민이 되는 조건이라고 생각합니다. 『주간소국민』은 학교에 있는 여러분, 공장, 농지, 가정에서 늠름하게 일하고 있는 여러분의 삼촌이 되고, 즐거운 친구가 되고, 때로는 선생님이 되겠습니다.[10]

인용에서도 알 수 있듯이, 『주간소국민』은 '대동아전쟁'의 완수와 일본제국의 미래를 위해 '소국민' 독자에게 전황에 관한 뉴스를 적절히 선

---

9) 물론, 1889년 7월에 창간된 아동잡지 『소국민(少国民)』의 존재를 고려하면 '소국민'이라는 용어 자체는 이전부터 사용되고 있었다는 것을 알 수 있다. 그러나 '소국민'이라는 용어에 천황제이데올로기와 전시프로파간다를 투영하여 사용한 것은 중일전쟁 이후 국가총동원체제로의 전환기부터라고 할 수 있다.

10) 山本明, 「一五年戦争末期の雑誌(一) – 朝日新聞社刊『週刊少国民』」, 『評論・社会科学』第23号, 同志社大学人文学会, 1984, 152~180쪽.

택하여 전달하고, 아울러 과학적 지식을 양성하는데 중점을 두겠다는 편집 방침을 세우고 있다. 이와 같은 『주간소국민』의 편집 방침은 잡지의 표지와 기사 제목을 살펴보면 더욱 명확히 알 수 있다.

〈자료 1〉 働く少年戰士(東京飛行機制作所にて)

먼저, 〈자료1〉은 『주간소국민』 창간호의 표지이다. 표지 제목은 '일하는 소년전사(도쿄비행기제작소에서)'라고 되어 있다. 사진에는 비행기 프로펠러 부분에서 작업을 하는 두 명의 소년의 모습을 담고 있다. 그리고 표지 사진의 왼쪽에는 '쑥쑥 자라서 총후의 소국민(のびのびと育て銃後の少国民)'이라는 캡션도 확인된다. 즉 표지 사진은 당시로서는 과학기술의 총체라고 할 수 있는 비행기를 제작하는 군수공장에 동원된 총후의 소국민상(像)을 소국민 독자에게 발신함으로써 '과학지식의 양성'이라는 편집 방침을 단적으로 제시하고 있는 것이다.

다음으로 창간호의 기사 제목을 살펴보자. 기사 제목에서 '대동아의 전쟁 뉴스'와 '과학지식의 양성'을 다룬 기사를 구분하여 제시하면, 먼저 '대동아의 전쟁 뉴스'를 다룬 기사에는 「주간의 움직임 산호해해전(週刊の動き 珊瑚海海戰)」, 「꼼짝 못하는 미국과 영국(手も足も出ぬ米英)」, 「침몰하는 적의 항공모함(沈み行く敵航空母艦)」, 「전진하는 버마의 황군(進

むビルマに皇軍)」, 「적함격멸일지(敵艦撃滅日誌)」, 「격침 파손된 주요 적함(撃沈破した主な敵艦)」 등을 들 수 있다.

다음으로 '과학지식의 양성'을 다룬 기사에는 「도쿄·베를린 국제전화(東京·ベルリン国際電話)」, 「비행기공장에서 일하는 소년전사(飛行機工場ではたらく少年戦士)」, 「비행기의 심장·발동기 이야기(飛行機の心臓·発動機の話)」, 「망미경을 만드는 법(望微鏡の作り方)」, 「조명탄(照明弾)」 등을 들 수 있다.

즉 『주간소국민』은 대부분 전황에 관한 뉴스와 과학적 지식에 관한 기사로 지면을 구성하고 있으며, 이러한 기사를 통해 발신된 '소국민'의 역할은 다음의 내용으로 수렴되고 있다.

> 야마토 민족이 대발전을 할 때에 맞춰 태어난 소국민 제군은 행복하겠지만, 대동아를 건설하는 이 대업은 제군의 손에 달린 것이기 때문에 앞으로 심신을 단련해서 국가에 도움이 되도록 준비하는 것이 중요하다.[11]

이 기사는 해군대장 다카하시 산키치(高橋三吉)가 『주간소국민』 창간에 즈음하여 발표한 「소국민 제군의 사명(少国民諸君の使命)」이라는 담화문으로 당시 소국민에 대한 기대와 역할을 함축적으로 제시하고 있다.

이와 같은 『주간소국민』의 편집 방침은 패전 직전까지 지속되었다. 1945년 7월 29일에 발행된 166호의 표지에는 '적기발견을 위해 용감히 싸우는 소년감시초원(敵機発見に敢闘の少年監視哨員)'이라는 캡션과 함께 제복을 입은 소년이 쌍안경을 들고 초소에서 감시하고 있는 사진을 싣고 있다(〈자료2〉 참조). 그밖에도 전황에 관한 뉴스 기사로는 「싸우는 우리, 스스로의 재능을 찾아낼 각오(戦ふ僕ら 自分で自分を引き出す覚

---

11) 高橋三吉大将, 「談話 少国民諸君の使命」, 『週刊少国民』 創刊号, 1942.05.17, 7쪽.

悟)」,「재빨리 대피하고 폭격에 기죽지마라(すばやく待避して爆撃にたじろぐな)」,「왜 주식이 줄었는가(何故主食が減らされたか)」 등의 기사를 수록하고 있으며, 과학지식의 양성에 관한 기사로는 「메이지100년 승운선(明治百年の乘雲船)」,「도해과학 항공발동기 이야기(圖解科學 航空發動機の話)」 등을 싣고 있다.

출판물자의 유통이 악화되면서 B5판형에 페이지 수도 20페이지로 축소 발행된 지면은 운노 쥬자(海野十三)와 이시카와 다쓰조(石川達三)의 문예작품을 제외

〈자료 2〉 敵機発見に敢闘の少年監視哨員

하면 대부분이 전황에 관한 뉴스와 전쟁 관련 과학 기사로 구성되어 있으며, 마치 '소국민'이 성인 병사를 대신하여 전쟁을 수행하고 있는 듯한 양상을 연출하는 '시국잡지'의 성격을 유지하고 있었다.[12]

---

12) 『주간소국민』은 1944년 10월 8일호부터 「싸우는 우리(戦ふ僕ら)」라는 기사란을 별도로 구성하여 패전 직전까지 수록하였다. 또 1945년 3월 25일호부터는 「일하는 소국민(はたらく少国民)」의 모습을 소개하는 기사란도 구성하고 있다. 1945년 6월 17일호에는 「어른 대신이다. 증산에 감투하는 소국민(大人の代わりだ. 増産に敢闘する少国民)」이라는 기사를 통해 성인 세대의 대체 노동력으로서의 '소국민'의 존재를 기술하기도 하였다.

Ⅲ. '종전' 이미지와 피해자상(像)

　　패전 이후 『주간소국민』은 격주 발
행으로 변경되었으며, 패전 이후 최초
의 발행은 1945년 9월 2일(171호)과 9월
9일(172호)의 합병호로 시작하였다. 이
합병호의 표지에는 '식량증산에 흘리는
땀(食糧増産に流す汗)'이라는 캡션과 함
께 야채를 수확한 소년이 활짝 웃고 있
는 사진이 사용되었다(〈자료3〉참조). 전
시색이 강했던 전시 중의 표지와는 다
른 분위기를 연출하고는 있지만, '식량
증산'이라는 슬로건을 실천하고 있는
소년의 모습은 여전히 '소국민'에게 부

〈자료 3〉 食糧増産に流す汗

여된 역할과 사명이 연속하고 있다는 것을 짐작하게 한다. 물론 이 이후
의 대부분의 표지에는 당초 '소국민'에게 발신되었던 전시프로파간다는
일소되었다고 할 수 있다. 그러나 '소국민'이라는 독자층을 대상으로 시
국의 요구에 보조를 맞추면서 시대의 변화를 발신하고자 하는 '시국잡지'
로서의 역할은 계속되고 있었다고 할 수 있다.

　　먼저 이 장에서는 '소국민' 독자에게 발신된 '종전' 이미지와 전쟁 피해
자상에 대해 살펴보자. 1945년 9월 2일(171호)과 9월 9일(172호)의 합병호
는 1페이지에 황거 사진과 함께 사이토 모키치(斎藤茂吉)의 시(詩) 「국체
호지(国体護持)」를, 2페이지에는 「조서(詔書, 포츠담선언 수락에 관한 문
서)」를 수록하고 있다. 사이토 모키치는 이 시에서 천황의 '종전' 선언은

'성단(聖斷)'에 의한 것이며, 앞으로 일본 국민의 사명은 오로지 '국체호지'에 전념해야 한다는 것을 노래하고 있다. 그리고 이러한 논조는 뒤이어 3페이지에 등장하는 문부대신 마에다 다몬(前田多門)의 기고문「괴로운 것도 참고, 자 힘내서 공부하자(辛いことも辛抱し さあ元気に勉強だ)」에는 더욱 강한 어조로 기술되어 있다.

> 우선 가장 먼저 앞으로도 더욱 천황폐하의 은혜를 깨달아 그 말씀을 따르고 생각하시는 대로 행동하는 것입니다. 이번과 같이 전쟁을 중단하신 방법은 다른 나라에서는 전혀 흉내 낼 수 없는 것으로 아무리 어제까지 모두가 일심분란하게 적과 싸웠더라도 천황폐하의 말씀이 있어서 전쟁을 중단하라고 하시면 잠자코 그만두고 오로지 폐하의 조서에 복종한다. 이것이 일본의 특성입니다. (중략) 앞으로의 일본을 다시 재건하기 위해서는 여러분과 같은 소국민의 힘에 기대할 수밖에 없습니다.[13]

마에다 문부대신은 '전쟁 중단'은 천황의 은혜로운 결정에 의한 것이며, 일본국민은 이 뜻에 절대적으로 복종해야 한다고 기술하고 있다. 그리고 일본의 재건이라는 국가적 과제를 위해 또다시 '소국민'의 역할을 기대한다고 기술하고 있다.

이와 같은 논조는, 천황의 '종전' 선언을 국민을 위한 '성단'에 의한 은혜로운 일로 규정함으로써, 천황의 전쟁책임 추궁을 방해하거나 의식적인 은폐를 조장하는 담론을 구축하는 데 기여하였다고 할 수 있다. 아울러 '소국민'으로 지칭되는 아동 세대들에게는 침략전쟁이라는 전쟁의 성격조차 불확실하고 애매하게 만들고 있다는 점에서 전후 역사인식의 문제를 배태하는 담론이 아닐 수 없다.

그리고 또 하나의 문제는 이와 같은 담론의 연장선에서 전쟁 피해자

---

13) 前田多門, 「辛いことも辛抱しさあ元気に勉強だ」, 『週刊少国民』, 1945.09.02~09, 4~5쪽.

상이 일찍부터 등장하고 있었다는 점이다. 이미 아이카와 미에코(相川美惠子)가 선행연구에서 밝힌 바와 같이, 패전 이후에 발행한 『주간소국민』에는 원폭에 관한 기술이 자주 등장한다. 아이카와는 "『주간소국민』에 게재된 원폭 기사는 그야말로 피해자로서의 일본국민의 전쟁체험을 집약적으로 나타내는 상징으로서의 의미를 안고 있다"고 지적하였다.

원폭과 관련한 기사에 대한 GHQ의 검열은 1945년 9월 10일부터 일본 정부에 대한 연합군최고사령관지령 '신문보도단속방침(新聞報道取締り方針)'의 형태로 시작되었으며, 이 지령에는 '세계평화 애호국으로서 재출발하려고 하는 일본의 노력에 악영향을 주는 논의의 단속', '연합국 비판의 금지', '최고사령관이 일본의 신문, 출판, 방송에 대해 업무정지를 명할 수 있다' 등의 내용을 포함하고 있다. 원폭과 관련한 기사는 통상적으로 '연합국 비판의 금지' 조항에 저촉되어 '최고사령관이 일본의 신문, 출판, 방송에 대해 업무정지를 명령'하는 형태로 전개되었을 것으로 추정된다.14)

GHQ의 사전검열 방침이 1945년 9월 10일부터 실시된 점을 고려하면, 패전 이후 처음으로 1945년 9월 2일호와 9월 9일호가 합병으로 발행된 『주간소국민』의 경우, 원폭과 관련한 기사는 GHQ의 사전검열이 실시되기 전에 수록되었을 가능성이 높다. 그 때문에 패전 직후의 『주간소국민』에 등장하는 원폭과 관련한 기사에는 전쟁 피해자로서의 일본인의 이미지뿐만 아니라 원폭을 투하한 미국의 '비인도성'과 '잔인성'을 국제사회에 호소하려는 움직임 또한 확인할 수 있다.

---

14) GHQ는 1945년 9월 18일에 정치인 하토야마 이치로(鳩山一郎)가 미국의 원폭투하는 국제법 위반의 전쟁범죄라는 내용의 담화를 『아사히신문』에 발표하자 『아사히신문』에 대해 발행정지처분을 내렸다.

8월 6일에는 히로시마시, 8일(원문 그대로)에는 나가사키시를 유사 이 래 지금까지 일찍이 없었던 학살병기의 희생으로 삼았던 것이다. 그것 이 얼마나 강렬한 위력을 가지고, 독가스 이상의 비인도적인 신병기였 는가는 계속해서 전해지는 두 도시의 피해 보고에 의해 명확해지고 있 고, 미국 국민들조차도 공포의 도가니에 빠지고 있다. 히로시마시에서 는 폭렬지점에서 반경 50킬로미터 이내의 생물은 인간도 동물도 식물 도 모두 괴멸하든가 사상(死傷)하고 모기조차 한 마리도 보이지 않는다 고 하며, 나가사키시에서는 땅속의 지렁이나 두더지까지 사멸했다고 전해지고 있다. (중략) 두 도시가 도시로서 재기할 수 없다고 한다면 그 것 또한 좋다. 참해(慘害)의 현상을 보존하고, 원자폭탄의 잔인성을 전 세계에 공개하는 것도 결코 헛된 일은 아닐 것이다.[15]

패전 이후 처음으로 발행된 『주간소국민』에 수록된 원폭과 관련한 기 사의 일부이다. 히로시마와 나가사키의 일본인이 원자폭탄이라는 '학살 병기'에 희생되었고, 그 위력은 미국 국민들조차 공포를 느낄 만큼 강렬 하며, 독가스 이상의 '비인도적인 신병기'라는 점을 강조하고 있다. 또한 두 도시의 피해 참상을 부각시키고 보존함으로써 국제사회에 대해 원자 폭탄의 잔인성을 호소할 필요가 있다고도 기술하고 있다. 그야말로 패 전한 일본인에게 있어서는 국내외적으로 원자폭탄의 '잔인성'과 '비인도 성'에 비례하여 전쟁 피해자 이미지의 극대화를 도출할 수 있다는 발상 이 작동하고 있다는 것을 짐작하게 한다.

이뿐만이 아니다. 전쟁 피해자 이미지 구축과 관련해서는 본토 공습 으로 인한 피해에 대해서도 상세하게 다루고 있다.

본토 공습의 피해
내무성의 조사에 따르면, 개전 이래 적기의 본토 공습에 의한 피해 총 계는 사망자 약 26만 명, 부상자 42만 명, 그중 원자폭탄에 의한 사망자

---

15) 「モグラさへも死ぬ恐ろしい原子爆弾」, 『週刊少国民』, 1945.09.02~09, 11쪽.

는 9만 명, 부상자는 18만 명이다. 또 가옥의 전소 파괴는 약 221만 호, 반소반파가 9백만 호로 이재민은 약 920만 명(사상자는 별도)으로 추정된다.[16]

B29라고 하는 큰 비행기에서 소이탄을 계속해서 떨어뜨리고 많은 집이 불타고 마을은 폐허가 되었습니다. 마을의 어느 자산가도 집도 창고도 불타고, 가족 중에도 불행한 사람이 생겼습니다. 나이 많은 주인은 돈도 가재도구도 모두 사라지고 하던 일도 없어져 갑자기 가난뱅이가 되었습니다. 전쟁은 끝났지만 점점 생활이 어렵게 되고, 이제는 쓰러질 수밖에 없을 정도로 힘든 지경입니다.[17]

위의 두 인용문은 모두 본토 공습에 의한 일본인의 피해상을 상세하고 구체적으로 기술하고 있다. 물론『주간소국민』이 전후의 '소국민' 독자에게 전쟁의 참상과 피해를 상세하고 구체적으로 전달한 점은 '시국잡지'라는 미디어로서의 역할에 충실한 것으로 평가할 수 있다. 그러나 일본인의 피해상에 대해서는 이처럼 상세하고 구체적으로 기술하고 있는 반면에 침략전쟁으로 인한 아시아 주변국의 피해상에 대해서는 기술은 물론 인식조차 전무하다는 점은『주간소국민』이 자국중심주의적 전황만을 선택하여 전달하던 전시프로파간다의 단면을 여전히 답습한 결과라고 할 수 있다.

---

16) 「モグラさへも死ぬ恐ろしい原子爆弾」, 『週刊少国民』, 1945.09.02~09, 11쪽.
17) 八木秀次, 「二人八尺」, 『週刊少国民』, 1945.12.02, 16쪽.

IV. 점령군 이미지와 전쟁관의 변화

패전 직후, 전시체제하에서 교육·세뇌되었던 일본인들에게 있어서 점령군은 무엇보다 불안과 공포를 느끼게 하는 대상이었다.

> 무조건 항복이라는 말의 속뜻을 모른 채 어제까지 군부가 선전했던 '귀축미영(鬼畜米英)'의 점령군이 일본에 상륙해 온다, 그 불안감과 공포심으로 도쿄, 가나가와현 방면에서는 특히 패닉상태가 심각했다. '남자는 거세되어 강제노동, 여자는 위안부가 된다'는 소문이 돌았다.[18]

인용에서도 알 수 있듯이 패전 직후의 일본인에게 있어서 점령군의 이미지는 파괴자 혹은 억압자로 인식되는 경향이 강했다. 그런데 어느 정도 시간이 지나자 점령군은 일본인에게 안도와 해방감을 느끼게 하는 일본변혁의 주역이라는 인식으로 변하게 된다.

『주간소국민』은 전후 일본의 점령군에 대한 인식의 변화를 잘 보여주는 사례라고 할 수 있다. 패전 직후에 발행된 『주간소국민』에는 점령에 대해 다음과 같이 설명하고 있다.

> 연합국의 군대는 하늘과 바다에서 우리 본토의 중요 지점으로 진주해 왔지만, 이것은 포츠담선언에 있는 보장점령(保障占領)의 조항을 실시하고 있는 것이다. 독일의 경우는 군사점령(軍事占領)이고, 점령된 나라의 주권은 일시 정지되지만, 보장점령의 경우는 합의의 결과로 진주하는 것이기 때문에 점령된 나라의 주권은 분명히 인정하고 있다.[19]

---

18) いのうえせつこ, 『占領慰安所―国家による売春施設敗戦秘史』, 新評論, 1995, 12쪽.
19) 「切抜き帖 保障占領の前例」, 『週刊少国民』, 1945.09.02~09, 10쪽.

기사에는 연합국의 점령의 형태를 보장점령과 군사점령으로 구분한 후, 일본의 경우는 나라의 주권이 인정되는 보장점령의 형태라고 기술하고 있다. 그러나 정치·군사학적으로 보장점령과 군사점령의 구분은 명확하지 않다. 동시대의 연구에 따르면 연합국의 일본점령은 '각종 특이성을 갖고 있으며, 특히 국내사항에 대해서까지 간섭하는 점령이라는 점에서 종래의 점령과는 성격을 달리하고 있다'고 하여 그 경계를 명확하게 규정하지 않고 있다.[20]

그럼에도 불구하고 『주간소국민』은 연합국의 일본점령을 보장점령이라고 규정하고 주권의 인정을 중요한 기준으로 설정하고 있다. 이것은 '소국민' 독자에 대해 군사점령이 내포하는 종속국 혹은 식민지의 이미지를 불식시키면서 점령에 대한 부정적 인식을 완화하기 위한 일종의 수사학이라고 할 수 있다. 그리고 『주간소국민』은 이러한 수사학을 뒷받침하기 위해 점령군에 대한 이미지 전환도 모색하였다.

먼저 점령군에 대한 이미지 전환은 표지에서도 확인할 수 있다. 『주간소국민』의 표지에 점령군이 등장한 경우는 총 3회이며, ①1945년 9월 30일·10월 7일호에 실린 '지프차 앞부분에 앉아서 이야기를 나누고 있는 두 명의 점령군', ②1945년 10월 14일·21일호에 실린 '두 사람의 점령군 해병과 함께 웃고 있는 일본 소년(캡션에는 '점령군과 일본의 소국민(進駐軍と日本の少国民)'이라고 표기되어 있다)', ③1945년 11월 11일·18일호에 실린 '점령군 병사의 어깨에 올라 웃고 있는 일본 소년'이 그 표지이다. 이 중에서 ②와 ③은 점령군 병사와 일본 소년 사이의 친근감을 연출함으로써 전후의 '소국민' 독자에게 점령군에 대한 부정적 이미지나 거부감을 소거하는 역할을 하고 있다(〈자료4, 5〉 참조).

---

20) 宮崎繁樹,「占領に関する一考察」,『法律論叢』24(1-2), 1950, 116~132쪽.

〈자료 4〉②1945년 10월 14 〈자료 5〉③ 1945년 11월 11 〈자료 6〉『The Leather-
일·21일호의 표지   일·18일호의 표지   neck』1945년 9월호 표지

　특히 ③1945년 11월 11일·18일호에 실린 표지(〈자료5〉)는 표지의 구성 인물이나 인물의 자세 등에서 미국 해병대가 발간하는 잡지 『The Leatherneck』의 1945년 9월호 표지(〈자료6〉)와 흡사하다. 다만, 『The Leatherneck』의 1945년 9월호 표지에는 미국 해병대 병사가 군복을 입은 원숭이를 어깨에 태우고 활짝 웃고 있으며, 원숭이는 다소 분노와 체념이 교차하는 표정으로 등장하지만, 『주간소국민』의 표지에는 점령군 병사가 일본 소년(명찰에는 오히라 미쓰오(大平光男)라고 되어 있다)을 어깨에 태우고 있으며, 물론 두 사람의 얼굴 표정은 연출된 것이겠지만, 미소를 띤 밝은 표정을 연출하고 있다.

　미국의 역사학자 존 다워(John.W. Dower)는 『The Leatherneck』의 1945년 9월호 표지에 등장하는 군복 입은 원숭이에 대해 전시 중의 전형적인 일본군 스테레오타입이면서 원시적이고, 유치하며, 광기에 찬 일본인의 부정적인 이미지를 재현한 것이라고 지적한 바 있다.[21] 즉 『The Leatherneck』의 1945년 9월호 표지는 원시적이고 유치하며, 광기에 찬 일본인을 문명적이고

---

21) ジョン・ダワー, 『人種偏見』, 斉藤元一訳, ティビーエス・ブリタニカ, 1987, 351~365쪽.

성숙하며 온정적인 미국(군)인이 교화·지도해 간다는 것을 상징적으로 표현한 것이라고 할 수 있다. 물론『주간소국민』1945년 11월 11일·18일호의 표지는『The Leatherneck』의 1945년 9월호 표지가 창출하는 이미지와는 달리 점령군에 대한 친근감과 함께 '신일본건설'을 위한 점령군의 조력과 비호(庇護)를 전파하려는 의도가 강했을 것으로 생각된다.

그리고 이러한 의도는『주간소국민』에 수록된 기사에서도 쉽게 확인할 수 있다. 예를 들면, 1945년 9월 16일·23일호의「미국 병사의 기질을 이해합시다. 어제의 적은 오늘의 친구(アメリカ兵気質を理解しませう。きのうの敵はけふの友)」, 1945년 10월 14일·21일호의「미국육군의 부대 마크(アメリカ陸軍の部隊マーク)」, 같은 호의「맥아더 원수 놀라울 정도로 많은 박사호(マックアーサー元帥 驚くほど多くの博士号)」, 1945년 10월 28일·11월 4일호의「세상에 따뜻한 손길-점령군 중위에게 구원받은 전재 학동(世の中のあたたかい手-進駐軍の中尉さんに救はれた戦災学童)」, 1945년 11월 11일·18일호의「점령군이 본 일본 미국군대는 제군의 친구다(進駐軍から見た日本　アメリカ兵隊は諸君のお友だちだ)」등을 들 수 있다. 특히『주간소국민』의 점령군에 대한 인식의 변화 양상은 다음의 기사에서 더욱 명확하게 알 수 있다.

> 미국의 점령군을 맞이한 일본의 아동들은 이제 완전히 미군 병사들과 사이좋게 지내게 되었고, 간단한 일본어를 가르쳐 주거나 지프차를 함께 타는 등 흐뭇한 풍경을 자주 보게 된다. 미군이 상륙하기 전에는 전쟁으로 흥분한 병사가 일본 국민에 대해 어떤 난폭한 짓을 할지 모른다고 많이 걱정했었지만, 지금 와서 생각해 보면 터무니없는 걱정이었던 것이다.[22]

---

22)「進駐軍と大政官のお達し」,『週刊少国民』, 1945. 10. 28~11. 04, 10쪽.

인용에서도 알 수 있듯이 전후 일본인들의 점령군에 대한 부정적인 인식은 거의 사라졌으며, 오히려 친근한 점령군의 이미지가 확산되고 있다는 점을 강조하고 있다. 즉 『주간소국민』이 전후 일본의 '소국민' 독자를 대상으로 한 점령군에 대한 이미지 전환이 결실을 본 것이라고 할 수 있다. 이것은 한편으로는 전후의 '소국민'이 '신일본건설'이라는 국가적 과제를 수행하기에 앞서 선행해야 할 자세를 '시국잡지'『주간소국민』이 발신한 결과라고도 할 수 있다.

『주간소국민』이 '시국잡지'로서 전후 일본의 '소국민' 독자에게 발신한 내용 중에 또 하나 주목할 부분은 전쟁관의 변화라고 할 수 있다. 앞서 살펴본 바와 같이 『주간소국민』은 '대동아전쟁'의 완수를 선전하는 전시 프로파간다로서 전황에 관한 뉴스의 전달과 '소국민'의 역할을 강조해 온 잡지이다. 그런데 패전 이후, 『주간소국민』은 그동안의 전쟁관과는 다른 관점을 발신하기 시작한 것이다. 그 계기는 GHQ가 신문에 연재한 「태평양전쟁사(太平洋戦争史)」라고 할 수 있다.

GHQ는 일본인에게 있어서는 태평양전쟁의 개전기념일에 해당하는 1945년 12월 8일부터 전국의 주요 신문을 통해 「태평양전쟁사」라는 기사를 12월 17일까지 총 10회에 걸쳐 연재하였다. 「태평양전쟁사」는 일본의 침략전쟁의 기점을 만주사변으로 설정하고, 만주사변에서 중일전쟁, 태평양전쟁에 이르는 일련의 과정을 침략전쟁의 흐름으로 규정하였다. 그리고 도조 히데키(東条英機)를 비롯한 군부와 당시의 정권, 군국주의자 등의 전쟁책임을 역설하는 한편, 국민에게는 전쟁의 진실을 은폐한 채 국민을 속여왔다는 내용이 강조되었다. 물론 「태평양전쟁사」가 GHQ의 점령통치의 편의를 위해 쓰여진 것이지만, 일본인의 입장에서는 전쟁관에 변화를 줄 만큼 충격적인 내용이었다고 할 수 있다.

이러한 분위기 속에서 『주간소국민』에도 전쟁관의 변화를 짐작하게 하는 기사들이 등장하였다. 1945년 12월 16일호에는 '사실은 마음으로부터 평화를 사랑하는 국민이지만, 잘못된 지도자를 만났기 때문에 이렇게나 슬픈 처지로 패배한 일본이다. 무엇이 나빴는가, 무엇이 잘못되었는가-그 답은 여러분들이 이미 잘 알고 있는 대로이다.'라고 하면서 전쟁 책임의 추궁 대상으로 '잘못된 지도자'를 제시하고 있다. 그리고 그러한 '잘못된 지도자' 때문에 '마음으로부터 평화를 사랑하는 국민'이 심각한 고통을 받고 있다는 논조이다. 이러한 논조는 GHQ가 「태평양전쟁사」에서 전쟁지도자와 군국주의자에 대한 전쟁책임을 강조하고 국민은 그들에게 속았다고 기술한 내용과 일맥상통한다.

그리고 실제로 『주간소국민』은 1946년 3월 17일호에 「태평양전쟁사」를 직접 소개하는 기사를 기도 하였다.

> 연합국 최고사령부가 편찬한 태평양전사(太平洋戰史)는 5만 부 인쇄해서 4월경 국민학교, 중등학교, 청년학교에 보조교재로서 한 부씩 배포하게 된다. 태평양전사라고 하면 이미 알고 있는 사람도 있을지 모른다. 작년 12월 8일, 각 신문지에 크게 보도되었다.
> 일본군은 이번 전쟁의 초기에는 상당히 좋은 기세였기 때문에 비교적 정직한 보도도 했지만, 전국(戰局)이 불리하게 되자 당국의 공표(公表)는 언젠가부터 전혀 진실에서 멀어진 것으로 바뀌어 갔다. 그러나 사실에서 벗어난 선전은 시간이 지남에 따라 점차 부정할 수 없는 정확한 자료에 의해 계속해서 뒤바뀌게 되었다. (중략) 이제야말로 우리는 이번 전쟁의 완전한 역사를 반드시 알아두지 않으면 안 된다.[23]

인용 내용에서도 알 수 있듯이, 전쟁의 진실은 은폐되고 잘못된 사실이 전달되었으며, 국민은 그 선전에 속아왔기 때문에 진실된 전쟁의 역사를 알아야 한다는 것을 강조하고 있다. 즉 『주간소국민』은 전후 일본

---

23) 「太平洋戰史」, 『週刊少国民』, 1946.03.17, 4~5쪽.

의 '소국민' 독자에게 전쟁의 역사에 대한 재인식, 전쟁관의 변화를 발신하고 있었다고 할 수 있다. 그러나 주목할 부분은 이렇게 발신된 전쟁관이 전후 일본의 전쟁을 둘러싼 역사인식의 한 축을 이루었다는 사실과 아이러니하게도 전시프로파간다에 앞장섰던 '시국잡지' 『주간소국민』이 그러한 전쟁관의 변화를 발신하고 있었다는 점이다.

V. 맺음말 – '소국민'의 종언과 연속

『주간소국민』은 국민총동원체제하에서 '소국민'의 교육과 연성, 전시프로파간다를 목적으로 창간되었다. 전시 중에는 주로 '대동아전쟁'에 관한 전황 뉴스와 과학지식의 양성을 위한 기사를 중심으로 발행되었으며, 패전 직전에는 '싸우는 소국민(戰ふ少国民)', '일하는 소국민(はたらく少国民)'의 모습을 발신함으로써 '소국민'이 성인 병사를 대신하여 전쟁을 수행하고, 식량과 물자증산에 직접 가담하도록 선전하는 시국잡지로서 기능하였다.

그런데 주목할 부분은, 『주간소국민』은 패전 이후, 1946년 9월까지 잡지명의 변경이나 휴간 없이 계속해서 발행되었으며, 전후 일본의 '소국민' 독자에게 시국의 요구와 기대를 발신하고 있었다는 점이다. 패전 이후, 『주간소국민』은 천황의 '종전' 선언을 국민을 위한 '성단'이었다고 규정함으로써 전쟁책임 문제와 침략전쟁이라는 전쟁의 성격을 애매하고 불확실하게 만드는 담론을 발신하였다. 반면에 전쟁피해자상은 크게 부각함으로써 전시프로파간다의 단면을 답습하고 있었다. 한편 『주간소국민』은 '신일본건설'이라는 국가적 과제를 수행하기 위하여 점령군에 대한 이미

지 전환과 전쟁관의 변화를 모색하였으며, 전후 일본의 '소국민' 독자에게 '신일본건설'이라는 시국의 요구를 적극적으로 발신하였다. 〈자료7〉은 이러한 사실을 단적으로 보여준다. 〈자료7〉은 1945년 11월 11일·18일호의 뒤표지에 실린 광고면이다. 말 그대로 상단 광고에는 '일하라 소국민(はたらけ少国民)'을, 하단 광고에는 '신일본의 건설로(新日本の建設へ)'를 내걸고 있다. 즉 『주간소국민』은 전시 중의 '대동아전쟁' 완수라는 시국의 요구를 전후의 '신일본건설'이라는 슬로건으로 바꾸었을 뿐 여전히 '소국민' 독자에게 국책이라는 프로파간다를 발신하고 있었다.

〈자료 7〉 1945년 11월 11일·18일호, 뒤표지 광고

　하지만, 역시 아사히신문사도 '소국민'이라는 시대착오적인 용어를 의식하고 있었다. 아사히신문사는 『주간소국민』 1946년 9월 15일·22일호에 다음과 같은 「사고(社告)」를 발표한다.

비참한 전쟁에 패배하고 지나간 일여 년, 새로운 시대의 빛 속으로 겨우 한걸음을 내딛고 있는 일본의 역사와 함께 『주간소국민』도 다음 호부터 『고도모아사히(コドモ朝日)』로 지명을 바꾸고, 찬란한 출범을 하게 되었습니다. 전란 중에는 '소국민'이라는 호칭으로 무작정 전쟁으로 몰아넣었던 일본의 소년소녀가 아직까지 그 시대의 '소국민'이어서는 안 될 것입니다. 새로 태어난 일본을 앞으로 짊어지고 일어설 명랑하고 쾌활한 아동, 세계인들이 진정으로 사랑하고 신뢰하는 평화일본의 어린이 … 『고도모아사히(コドモ朝日)』는 그러한 소년소녀를 위해 최선의 노력을 다하려고 여러 가지 고심을 거듭하고 있습니다.[24]

아사히신문사는 전시 중에 '소국민'이라는 용어에 부여한 의미를 의식하면서 결국 잡지명을 『주간소국민』에서 『고도모아사히』로 개명을 결정한다. 마치 '소국민'과의 결별이자 종언을 선언한 장면이 아닐 수 없다. 그리고 1946년 10월 15일에 『고도모아사히』로 개명된 잡지가 발행되었다.

그러나 이렇게 새롭게 탄생한 『고도모아사히』이지만, 전시 중에 『주간소국민』이 황국민의 일원으로서 국가의 대사에 적극 참여하는 존재로 규정하였던 '소국민'의 의무와 역할은 부분적이나마 재현되고 연속되는 양상이었다. 그것은 무엇보다 『주간소국민』이 패전 이후 천황가(천황과 황태자)에 대한 동향과 기사를 사진과 함께 지속적이고 빈번하게 보도한 것처럼 『고도모아사히』도 천황가, 특히 신시대의 상징처럼 황태자에 관한 기사와 사진을 지속적이고 반복적으로 보도하고 있었다는 점에서 짐작할 수 있다.25) 『주간소국민』과 『고도모아사히』에 관한 보다 상세한 계승과 연속의 문제는 향후의 연구과제로 삼고자 한다.

---

24) 青木章二, 「戦中・戦後期における少年雑誌の変遷」, 『山形県立博物館研究報告』 27, 2009, 17쪽.

25) 각각의 대표적인 기사를 예를 들면, 『주간소국민』에는 1945년 12월 2일호의 「천황폐하 간사이에 행행(天皇陛下関西へ行幸)」, 1946년 2월 3일호의 「황태자님께서 보신 혈액 실험(皇太子さまがごらんになった血液の実験)」, 다카무라 고타로(高村光太朗)의 시(詩) 「황태자님(皇太子さま)」을 들 수 있으며, 『고도모아사히』에는 1946년 10월 1일호의 「나스 들판의 세분 내친왕(那須野の三内親王さま)」, 1947년 4월 1일호의 「우리 황태자님(私たちの皇太子さま)」, 「어느날의 황태자님(ある日の皇太子さま)」, 1947년 6월 15일호의 「황태자님을 맞이해서(皇太子さまをお迎えして)」 등을 들 수 있다.

참고문헌

1. 자료

『週刊少国民』

『朝日新聞』

2. 저서

いのうえせつこ, 『占領慰安所―国家による売春施設敗戦秘史』, 新評論, 1995.

佐伯郁郎, 『少国民文化をめぐつて』, 日本出版, 1943.

ジョン・ダワー, 『人種偏見』, 斉藤元一訳, ティビーエス・ブリタニカ, 1987.

3. 논문

相川美恵子, 「「原爆」記述をめぐる一考察-被占領期の少年雑誌『週刊少国民』及びその改題誌を中心に」, 日本児童文学協会 編, 『児童文学研究』 第38号, 2005.

青木章二, 「戦中・戦後期における少年雑誌の変遷」, 『山形県立博物館研究報告』 27, 2009.

伊藤智比古, 「『週刊少国民』の研究―表紙・誌面の分析を中心に」, 『社会文化史学』 61, 社会文化史学会, 2018.

高橋三吉大将, 「談話 少国民諸君の使命」, 『週刊少国民』, 創刊号, 1942.

坪井秀人, 「『週刊少国民』における詩と写真の欲望」, 飯田裕子外 編, 『少女少年のポリテックス』, 青弓社, 2009.

宮崎繁樹, 「占領に関する一考察」, 『法律論叢』 24(1-2), 1950.

山本明, 「一五年戦争末期の雑誌(一)-朝日新聞社刊『週刊少国民』」, 『評論・社会科学』 第23号, 同志社大学人文学会, 1984.

독일제국(1871~1918)의 식민지 경영과 인력동원

여성 역할을 중심으로

나 혜 심

I. 머리말

1884~1918년 사이, 약 30년간 정도로 비교적 짧았던 점령 기간은 물론, 1차대전 전후 처리 과정에서 식민지를 상실했다는 이유로 인해 독일의 식민지 통치 역사는 서구 제국주의 역사서술에서 주변적인 위치에 있었다. 하지만 최근, 포스트콜로니얼 연구 진전과정에서 독일의 식민지 통치와 그 폭력적 운영 상황이 세상에 서서히 드러나기 시작했다. 2021년 6월, 독일 정부는 자신들의 식민지 통치에 저항하던 헤레로(Herero)족과 나마(Nama)족을 폭압적으로 학살(1904~1907)했던 사실을 인종학살로 공식 인정했다. 이 인정행위로 인해 식민지 통치에서 심각한 폭력 행사의 과거가 있었음을 드러낸 셈이지만 통치과정에서 일상적으로 동반되었을 폭력의 문제는 아직도 충분히 밝혀지지 않았다. 역사 연구자들을 통해 그 과거 드러내기가 진행되고는 있으나 여전히 독일의 식민지 경영 역사는 매우 한정적인 결과를 내놓고 있다.

독일의 경우도 물론이지만 서구세계에서 최근 진행되는 식민지 역사 재조명의 분위기 속에서도 식민지 통치를 바라보는 방식에 변화가 감지된다. 전쟁과 마찬가지로 폭력과 무력행위를 동반하게 마련인 식민 통치는 정복과 유지를 위해 다양한 공적이고 형식적인 통제기구와 제도로 운영되었다. 그런 식민 통치와 운영의 역사 속에서 실질적인 무력이 행사되었던 것은 물론이지만 그 폭력 속에는 기구나 제도 차원의 공적인 방식 말고도 비공식적이고 무정형적 형태가 있었다는 사실이 최근의 연구에 의해 밝혀지고 있다. 이는 폭력 유형에 대한 최근 논의의 영향으로 보인다. 형식적인 영역 통치는 다양한 형태의 간접적인 지배, 경제적 통제, 제국주의적 침투 방식 사이를 오가며 진행되었다는 점이 식민지 통치에 대한 최근의 연구 성과 속에서 설명되고 있기 때문이다.[1]

1960년대 말 이후 시작된 평화 연구는 단순히 직접적 폭력 방지만이 아니라 폭력의 간접적 원인 해소, 그리고 비록 눈에 보이지는 않더라도 폭력을 지지하는 구조 제거까지를 최종적 목표로 하는 연구로 진전되면서 폭력의 의미를 확장시키고 있다. 구조적, 문화적 폭력이 없는 "적극적 평화"를 위한 지향은 그동안 폭력과 거의 등치 되어왔던 통치 권력의 직접적인 폭력 말고도 간접적이고, 무형적 폭력에까지 사람들의 관심을 집중시킨다.[2] 특히 국가체제의 다양한 기제 속에 구조적으로 내장되어 있는 부분으로까지 관련 연구가 진행 중이다.[3] 폭력의 종류에 대한 관심 확장의 연장선상에서 식민지 연구 경향 역시 다양한 방식으로 변화가 시도되고 있으며 그 시도 중 독일의 식민지 경영과 관련된 여성의 역

---

1) Sebastian Conrad, *Deutschen Kolonialgeschichte*, München: C.H. Beck, 2012, p.15.
2) 인용된 용어는 요한 갈퉁의 것으로, 이에 대해서는 정천구, 「평화의 두 가지 개념에 관한 논쟁:적극적 평화와 소극적 평화」, 『서석사회과학논총』 4(11), 2011, 41쪽 참조.
3) 예를 들면 이문영, 「폭력개념에 대한 고찰–갈퉁, 벤야민, 아렌트, 지젝을 중심으로」, 『역사비평』 106, 2014, 327쪽 참조.

할은 주목할만한 연구대상이 되고 있다. 관습적으로 여성은 폭력보다는 평화와 연관되는 주제와 관련해서, 그리고 전쟁 상황에서의 폭력 희생자로 주로 테마화 되어왔던 점과 비교하면, 이런 변화는 폭력의 역사뿐만 아니라 여성사적인 측면에서도 상당히 흥미 있는 주제변화의 시작이 될 수 있다.

특히 최근의 군사사 연구주제가 군 지도부나 군인의 활동 이외에 군을 매개로 하는 경제, 사회적 영역을 넘어 문화와 심성적 연관성을 다루는 데까지 확장되면서 폭력의 역사에 관한 역사학 지평 넓히기가 진행되고 있고, 그런 맥락에서 식민경영과 여성과의 관련성에 대한 연구 관심은 군사사의 가장 전형적인 예 중 하나인 식민 통치에 대한 연구 경향 측면에서도 중요한 시도가 될 수 있다.[4]

이런 문제의식을 배경으로 본고에서는 독일제국(1871~1918)의 식민지 경영에서 여성이 담당했던 역할에 대해 살펴보고자 한다. 독일 식민지 역사에서 군인이나 관료의 아내로는 물론이고 여성동맹(Frauenbund der Deutschen Kolonialgesellschaft)을 비롯한 몇몇 단체를 거친 개인적인 여성의 식민지에서 삶은 두드러졌다. 이들의 활동은 식민지 경영의 성패를 좌우할 정도로 중요한 것이었다는 의견도 적지 않다.[5] 이들의 식민지 경영에서의 역할은 무엇이었으며 식민통치의 폭력적 상황에서 그들이 했던 역할의 의미는 무엇이었을까? 그 역할은 식민지 경영이라는 폭력의 상황과 어떤 관련이 있는가? 이에 대한 연구를 위해 식민지로 여성의 이주를 중개했던 독일식민협회여성동맹이 발간했던 잡지 『식민지와 고향(Kolonie und Heimat)』, 그리고 동맹활동 10주년 기념집 등, 당시 여

---

4) 폭력이나 군사사의 연구 지평의 확산 현황과 연관해서는 이동기, 「평화사란 무엇인가」, 『역사비평』 106, 2014, 20~21쪽 참조.
5) 정현백, 「식민지의 독일여성들-젠더정치와 문화제국주의의 결합」, 『페미니즘연구』 20(2), 2020, 4쪽.

성단체의 발간 매체를 기본적인 자료로 활용할 것이다.

Ⅱ. 폭력, 식민지, 그리고 여성

독일 바이에른의 국가자료보존소(Staatshauptarchiv)는 1914~1918 사이 있었던 1차 대전 과정에서 여성이 담당했던 역할에 대한 자료집을 발간했다. 얼핏 전쟁은 주로 남성의 영역으로 인식되지만 실제로 여성의 역할 없이는 불가능한 일이었을 것이라는 서문으로 시작된 이 자료집에서는 여성이 전쟁 상황에서 어떤 역할을 수행했는지에 대해 아주 구체적으로, 발생하는 시간적인 변화 과정에 따라가면서 그들이 행한 역할을 서술하고 있다. 초기에는 간호나 돌봄 등의 영역에 참여하게 되는데, 이런 종류의 일들은 대개 애국적인 열정이 그 동기가 된다. 이어서 남성들이 담당하고 있는 업무영역에 대한 보조적인 일들을 수행하게 되고 시간이 점차 진전되면서 농업생산이나 서비스업, 도로, 운송 등 분야에까지 여성 노동력이 투입된다. 시간이 더 흐르면서 전시 무기 생산 등에까지 여성들은 투입된다. 처음에는 전투나 무력행위와 직접적인 관련이 없는 업무를 수행하다 점차 전쟁 행위의 중심부로 나아가게 되는 것이다.[6]

전쟁과정에서 수행되는 여성 역할 변화과정에 관한 서술을 살펴보면서, 여성의 역할이 시간의 진전 속에서 얼마나 더 전쟁 수행과 유사한 행위에 가까워져 가는지를 깨닫게 되는 것은 이 자료집이 갖다 준 중요한 기여라고 볼 수 있다. 그러나 이보다 더 중요한 발견은, 전쟁터의 싸

---

6) Bayerische Hauptstaatsarchiv, *1914~1918 Der Krieg und die Frauen*, Generaldirektion der Staatlichen Archive Bayern, München, 2017, pp.5~6.

움이나 환자 치료 또는 전쟁 수행과정에 필요한 직접적인 행정적인 일 처리 등만이 아니라 사회 내에 얼마나 많은 일과 역할들이 전쟁과 바로 연관 있어 보이지는 않지만, 결과적으로 전쟁 수행과정을 지탱하는데 이바지하게 되는지를 깨닫게 된다는 점이다.

이런 면과 관련해서 폭력과 평화에 대한 요한 갈퉁(Johan Galtung)의 생각은 상당히 주목할 만하다. 평화학을 정립한 학자로 알려진 요한 갈 퉁은 완전한 형태의 적극적인 평화라는 개념을 사용하여, 그것의 완성 을 방해하는 모든 종류의 폭력을 논의의 대상으로 올려놓았다.[7] 이런 작업의 결과, 폭력의 범주에는 직접적 폭력 말고도, 폭력의 구조에 작용 하는, 다양한 간접적, 문화적 폭력 등이 포함된다는 점을 새삼 깨닫게 된 다.[8] 보통의 경우에, 평화란 '전쟁이 없는 상태'이거나 '폭력이 없는 상 태'이지만, 적극적인 평화라는 개념을 사용하게 됨으로써, 폭력이라는 행위의 종류와 범위는 그렇게 더 확대될 수 있게 된 것이다. 그리고 최 종적으로는 평화 부재(peacelessness)를 야기했던 모든 종류의 역사적 폭 력 행위에 대해 제고 해보는 계기가 제공된다.[9]

독일 바이에른 주 사료보존소의 자료에서 보았던 것 같이, 전쟁이라 는 폭력적 상황에서도 삶의 일상성은 서로 기능을 위해 연계되어있고, 그렇기에 폭력이나 권력의 예외적 주체로 판단해왔던 역사적 대상과 그 들의 행동을 다른 시선에서 살펴보는 것이 시도 가능한 일이 된다. 특히 비참, 고통 등을 만들어내는, 의식이나 인간의 성격 구조에 이르기까지 직접적 폭력을 지지하고 그 구조를 정당화하는 기능을 갖는 문화적 폭 력까지도 폭력연구의 대상으로 확대될만하다.[10]

---

7) 요한 갈퉁, 강종일 옮김, 『평화적 수단에 의한 평화』, 들녘, 2000, 17쪽 이하.
8) 이문영, 「폭력개념에 대한 고찰 - 갈퉁, 벤야민, 아렌트, 지젝을 중심으로」, 330쪽.
9) 역사적으로 진행되어 온 평화추구 담론에 대해서는 이동기, 「평화란 무엇인가」, 16~19쪽 참조.

이런 인식 위에서 본다면, 전쟁, 억압적 통제, 무력진압 등, 폭력의 결정판이라고 할 수 있는 식민지 통치의 역사에는 다시 역사적 대상으로 소환해야 할 대상이 상당히 많이 있다. 특히 그동안 전쟁이나 식민지 팽창과 같은, 직접적 폭력의 역사에서 그 존재감이 드러나지 않거나 때로 희생자적 위치에만 배치되었었던 여성의 역할이 그 대상 중 하나이다. 독일 제국주의 팽창의 역사에서 여성의 역할은 적지 않게 목격된다. 그들의 역할을 추동하는 데에는 다양한 이해단체의 간여가 있었다.[11]

19세기 독일에서 이해관계를 추구하는 민간단체는 사회적, 정치적으로 큰 영향력을 발휘했다. 독일제국 형성과정에 각각의 이해관계를 관철하기 위한 이해단체는 상당히 많이 등장했고 특히 1880년대 후반 이후, 집단적, 계층적, 지역적 이해관계를 대변하는 수많은 이해단체가 활동했다. 니퍼다이(Nipperdey)는 '제2의 사회 권력체제'라고 이들 이해단체를 명명했고 그들은 그만큼 사회적으로 광범위한 기반을 갖추고 있었다. 식민지 확보와 진출에 본격적이지 않았던 비스마르크 수상 재직시기에도 정치와 시민들의 관심을 식민지로 돌리고 결국 무력적인 정치지배로 나아가도록 하는데 이들 단체의 역할은 매우 컸다.[12] 그 단체 안에 여성들의 식민지 참여를 조직하고 추진하는 모임이 있었다.

여성들이 식민지에서 활동하도록 하는데 중요한 매개가 되었던 이해단체 중 가장 대표적인 것은 1907년에 설립된 독일식민지협회의 여성동맹(Frauenbund der deutschen Kolonialgesellschaft)이다. 이들은 독일 여성

---

10) 문화적 폭력을 비롯해 다양한 종류의 폭력에 대해서는 요한 갈퉁, 강종일 옮김, 『평화적 수단에 의한 평화』, 들녘, 2000, 17쪽 이하를 참조.

11) 19세기 독일 역사에서 다양한 사회, 정치적 역할을 했던 Interessenverein을 이 글에서는 '이해단체'로 번역했다. 그 이외에 단체와 유사한 다양한 표현 중, Bund는 동맹, Gesellschaft는 협회, Verein은 단체로 통일적으로 번역했다.

12) 김희영, 「19세기 말의 '참여혁명'과 제국주의적 민족주의 운동」, 『동국연구』 21, 2006, 111쪽.

에게 주어진 의무를 '식민지에 독일의 문화적 가치를 전달하는 것'으로 규정했다. 즉 문화전달자(Kulturträger)로서의 사명이다. 이 사명을 홍보하며 여성들의 식민지 이주를 도왔던 독일식민지협회여성동맹은 1914년에 이르면 참여회원의 숫자가 18,680명에 이르렀다.

여성동맹이 결성되어 활약하기 이전에도 독일 여성들은 다른 경로를 거쳐 아프리카로 향했다. 먼저 식민지 총독과 독일식민협회(Deutsche Kolonialgesellschaft)의 활약이 초기 여성 이주를 가능하게 했다. 그리고 간호나 선교 등의 목적을 가진 이주도 이루어졌다. 이를 가능하게 한 단체는 독일식민지의환자를위한여성단체(Deutsche Frauenverein für Krankenpflgege in den Kolonie(나중에 이 명칭에 vom Roten Kreuz라는 단어가 추가된다))였다. 전통적으로 전쟁터에서 여성이 담당하던 역할이 간호였으므로 이는 아주 새로운 역할영역이라고 볼 수는 없다. 이 단체는 여성들을 1887년에 동부아프리카로 보내기 시작하여 1894년, 전체 아프리카 독일 식민지로, 그리고 1905년에는 사모아와 중국내 독일 조차지였던 칭다오까지로 여성의 이주를 지원했다. 1914년에 이르면 이 단체의 회원수는 20,000명에 이른다.[13]

그러나 본격적으로 독일 여성에게 식민지 이주를 중개한 것은 그 일 자체를 목적으로 설립되었던 독일식민회여성동맹(Frauenbund der Deutschen Kolonialgesellschaft)였다. 물론 식민지 총독이나 지방정부의 정치지도자가 이 단체의 결성과 활동에 간여하기는 했다. 독일 베를린의 식민성에서 식민지에 여성이 필요하다는 판단하에, 여성 관련 협회를 통해 여성 이주를 추진하는 과정에 이 단체가 탄생되었던 것이다. 단체의 모체인 셈인 독일식민협회(Deutsche Kolonialgesellschaft)는 여성동맹에 재정적 지

13) Lora Wildenthal, "Rasse und Kultur Frauenorganisation in der deutschen Kolonialbewegung des Kaiserreichs", Birthe Kundrus (hg.), *Phantasiereiche, Zur Kulturge-schichte des deutschen Kolonialismus*, Frankfurt a.M.:Campus Verlag, 2003, pp.203~204.

원을 해 여성의 이주비용으로 사용하게 했다. 동맹 창립자들은 고위장
성과 정부 관료, 귀족 가문의 여성들이었다.[14)]

여성 동맹은 초기에는 백인 가정에서 일할 하녀계층을, 그리고 시간
이 경과한 후에는 부르주아 계급 여성의 이주과정을 주도했고 이주 대
상자에 대한 교육도 진행했다. 독일의식이 식민지로 전달되게 하려고
도서관을 만들고 독일 전역의 도시에서 책을 수합 후, 식민지로 실어나
르기도 했다.[15)] 이런 사업을 진행하는 과정에서 여성동맹은 상당히 의
미 있는 용어를 활용해서 독일 젊은 여성들의 식민지 이주 동기를 자극
했는데 그것은 '해방(Emanzipation)'이었다. 당시 독일에 제1기 여성운동
이 진행되고 있던 점을 감안하면 여성의 부르주아적, 시민적 권리 향상
을 위한 목소리를 대표하는 단어이기도 하며, 산업화가 초래한 사회적
불평등과 그중 여성의 사회적 진출에 걸림돌이 되었던 사회의식과 구조
속에서 그 이외 사회 계급 여성들에게도 이 단어는 현실로부터의 도피
할 기회가 식민지에 있음을 전달하는 의미가 되었다.[16)] 실제 식민지로
이주한 여성들이 여성동맹의 정치적, 사회적 목적에 동의했는지는 정확
하게 알 수 없다고 하더라도 이런 분위기 속에서 여성들은 식민지에서
의 삶을 선택했다는 점이 중요하다. 그렇게 진행된 독일 여성들의 식민
지에서의 삶은 식민지 경영과 관련해서 어떤 의미를 갖는가?

---

14) 정현백, 「식민지의 독일 여성들」, 『페미니즘연구』 20(2), 2020, 17~18쪽.
15) Ausschuss des Frauenbundes der Deutschen Kolonialgesellschaft(hg.) 10 Jahre Frauen-
    bund der deutschen Kolonialgesellschaft: Festschrift zum 11. Juni 1918, Berlin: Kolonie
    und Heimat, 1918, p.24.
16) 예를 들면, Anette Dietrich, "Weiss-Sein und Geschlecht im Kontext des deutschen
    Kolonialismus" in Hella Hertzfeldt, Katrin Schäfgen, Silke Veth(hg.), Geschlechter Ver-
    hältnisse, Berlin: Karl Dietz Verlag, 2004 등이 있다.

Ⅲ. 독일 제국주의 역사와 경영

1. 독일 제국주의 역사

1701년 1월 18일 오늘날의 독일 동쪽 브란덴부르크 선제후이자 프로이센 공국 지배자인 프리드리히 3세는 제관식을 치르고 프로이센 국왕 프리드리히 1세가 되었다. 부친이 만든 약 45,000여 명의 군대와 신성로마제국이 제공한 군대 8,000명을 기반으로 국제사회에서 그는 정식 왕의 자격(우트레히트조약 1713년)을 획득하게 된다. 그의 아들인 프리드리히 빌헬름 1세 시대가 되었을 때, 유능하고 잘 갖추어진 병사와 강한 군대는 프로이센이 본격적으로 발전하는데 동력이 된다. 이 시기 육군은 전체 주민의 3.8%에 이르렀고, 세금의 80%가 군대운영에 지출되었으며 엄격한 훈련과 규율로 병사 육성, 훈련이 진행되었다. 정치와 사회 전반에 걸쳐서 군국주의는 프로이센의 기반이 되었고 그 기반 위에 서 있던 프로이센이 중심이 되어 독일제국이 1871년 탄생한다. 하지만 독일제국의 식민지 확보는 다른 서구국가에 비해 늦었으며 그만큼 제국의 형성에 독일은 상대적으로 소극적이었다.

17세기부터 개인적으로 식민지로 진출한 상인 등이 있기는 했지만 본격적인 식민지 경영은 19세기 말에 들어와서 시작되었다. 1884년 독일제국 수상 비스마르크가 주재한 베를린 회의에 14개국 대표가 모여 공식적으로 아프리카 분할을 합의했을 때 독일은 오늘날의 카메룬, 탄자니아, 나미비아가 자리한 지역을 얻는다. 이어서 1898년, 마셜군도, 뉴기니 등 남태평양 지역의 일부, 그리고 유럽 내에서는 폴란드 점령이 이루어졌다. 1898년에 남방해역의 사모아나 파푸아, 그리고 중국의 칭다오 지역을 무역식민지로 편입시켰다.

다른 유럽국가들과 비교해 좀 늦은 독일 제국주의 시작은 다른 무엇보다도 국민국가 건설 이후에도 여전히 진전되고 있지 않았던 하나의 민족 만들기 과제가 시급했던 점과 상당한 연관이 있다. 하지만 곧 이 상황은 변화되는데 거기에는 여러 가지 원인이 작용한다. 먼저 식민지 확보를 통해 1873년 이후 시작된 경제위기로부터 벗어나려던 목적이 언급될 수 있다. 경제위기만이 아니라 사회 전반의 정치 사회적 불안정을 극복하려는 정치적 목적이 후에 사회사가들이 독일 식민지 역사와 관련해서 강조하는 소위 '사회적 제국주의론'의 가장 대표적인 배경으로 설명될 수 있다.[17] 거기에 근본적으로 이 시기 전 유럽에 확산되어 있던 민족주의적 배경도 배제할 수 없다.[18]

하지만 이런 직접적인 계기만이 아니라 사회적으로 확산되던 식민지 담론이 또 다른 배경으로 강조될 만하다. 그 담론은 실질적인 식민지 확보 시기보다 이른 19세기 초부터 있어 왔다. 19세기 초, 독일 사회의 급격하게 증가하는 인구는 적절한 삶의 터전이 필요하다는 인식이 사회적으로 확산되는 배경이 되었다. 또한, 비슷한 시기에, 감자 기근 등으로 인해 약 5백만 명 정도의 독일인이 아메리카 대륙으로 이주하면서 독일 땅을 떠나 다른 곳에 안착한 독일인의 정주지에 대한 관심이 증가했고, 그런 가운데 이주는 삶의 대안으로 인식되었다. 독일인들이 사는 곳이 사람의 모임이자, 그들이 머무는 장소인 콜로니(Kolonie)가 된 것이다.

이런 담론에 대해 "환상식민주의"라는 이름이 붙여지고 그 현상 자체가 학문적 논의의 대상이 되기도 했다. 알렉산드라 뤼브케(Alexandra

---

17) 인구적 요인에 대한 설명으로는, Jörg Wassink, *Auf dem Spuren des deutschen Völkermordes in Südwestafrika,* Frankfurt a. M., Peter Lang, 2004, p.43. 사회적 제국주의론에 대해서는 제국주의 연구 서술 부분에서 다시 설명될 것이다.

18) Horst Gründer, *Geschichte der deutschen Kolonien,* Konstanz u. München, UTB, 2018, p.30.

Lübke)는 이 현상을 설명하기 위해 1847년 Der deutsche Auswanderer라는 잡지에 실린 호소문 하나를 소개한다. 독일 전역의 시민에게, 해외에 터전을 만들어나가는 "살아있는 인간공동체(lebendigen Menschenbau)"건설을 도와야 할 필요성이 있다는 이 호소문의 내용을 언급하며 뤼브케는 이를 일종의 국가적 프로젝트(National projekte)였다고 규정한다.19) 19세기 중반, 다른 대륙으로 이주하는 유럽인들이 증가하고 독일인의 해외 정주가 늘어가면서 독일 사회에는 이들의 민족적 일체성을 잃지 않게 해야 한다는 목소리가 높아졌고 그것이 해외의 독일 식민지에 대한 관심으로 그렇게 나타났던 것이다. 물론 거기에 19세기 문화적 민족주의가 연결되지 않을 수 없다.

이런 분위기는 집단 운동으로 이어지기도 했는데, 예를 들면, 19세기 중반에 독일해외이주자통합을위한단체(Verein zur Zentralisation der deutschen Auswanderung)가 만들어졌고, 이를 다루는 신문, 잡지가 발간되었다.20) 이주 상담해주는 조언자들이 늘어났고 시의 주제로 이주가 사용되기도 했다. 1848/49 혁명에서는 이주를 시민권에 속하는 것으로 선언하게 이르렀다.21)

---

19) 이 글에서 '살아있는 인간형성(lebendige Menschenbau)'은 특별히 강조하는 어투로 작성되어 있다. 그 표현은 인간의 집합형태인 콜로니(Kolonie)와 동일한 의미를 갖는 것으로 보인다. 이에 대해서는 Alexandra Lübke, "Als Pioniere gemeinsam die Wildnis lichten", in Claudia Lenz(hg.) Männlichkeiten-Gemeinschaften-Nationen, Opladen: leske+ Budrich, 2003, p.127을 참조.

20) 19세기 초중반 이후, 독일에는 해외에 새로 형성되어가는 독일인의 공간에 관한 관심이 나타나기 시작했고 1833년부터는 이를 향한 강력한 지향을 실천에 옮기는 조직이 등장한다. 예를 들면 1833년 기센해외단체(Giessener Auswanderungsverein)를 시작으로 전국에 걸쳐 해외 이주와 식민을 위한 협회들이 조직되었다. 1833년에서 1850년까지 이런 종류의 단체가 27개가 세워진다. 1848년 10월 16일에는 프랑크푸르트에 '해외이주를위한독일단체'의 전체 총회가 열리기도 했다. 사회적으로 확산된 해외에 독일인을 정주시키고자 하는 열망과 1884년 이후 직접적인 식민지 획득 및 경영 사이는 그렇게 큰 간극이 있어 보이지 않는다.

21) 당시 정기간행물들에서는 "die nationale Leitung und Planung", "deutsche Auswanderung und Kolonisation", "das deutsche Element in allen Ländern der Erde"라는 주제들이 다루

해외에 터를 닦은 수백만의 독일인이 독일이라는 정체성으로부터 벗어나지 않게 하기 위한 이런 열망 속에서 해외의 독일인 모임을 지칭하는 콜로니(Kolonie)는 외교적인 통치력이 미치는 식민지(Kolonie)로 발전하게 되었던 것이다.[22] 다른 제국들보다 늦은 19세기 후반에 식민화 정책을 시작하면서, 앞선 식민제국들, 특히 영국과 비교해서 식민지 획득이 늦어졌던 것에 자존심이 상한 독일인들은 1870년대부터 식민지를 주제로 하는 다양한 연대(Verbände), 위원회(Kommission)를 만들었다. 이들의 희망을 통치구조를 통해 실현시키기 위해 그 다음은 정부에 대해 무력적 개입이 필요하다는 점을 요청하기도 했다. 이런 분위기 속에서 식민지에 대한 인식 확산을 목적으로 발간되는 매체들에 실린 프로파간다와 함께 독일인들의 식민지 획득 열기는 높아갔다.[23] 그리고 19세기 말에 이르러 결국 독일인들은 독일제국의 통치권이 행사되는 식민지(Kolonie)를 실제로 갖게 되는 경험을 하게 되었다.

독일연구자 콘라드(S. Conrad)에 따르면, 비스마르크의 경우에는 영국이 동인도 회사 설립을 통해서 획득하고자 한 바와 같은, 경제적 이익을 가져다주는 일종의 보호령 정도를 선호했을 뿐이지 콜로니처럼, 지역에 대한 영유권 행사나 국가적 개입과 같은 것을 원하지는 않았었다고 이야기한다. 하지만 시간이 지나며 여러 유형의 식민지가 건설되었고 여

어졌다. 이에 대해서는 Alexandra Lübke, "Als Pioniere gemeinsam die Wildnislichten", p.128을 참조.

22) Kolonie는 두 개의 뜻을 가지고 있다. 하나는 같은 민족적 정체성을 소유한 이들의 집합 형태를 의미하는 것으로, 결국 국가를 떠나 다른 나라에 정착해서 살아가는 사람들의 집합적 상태를 지칭한다. 다른 하나는 한 국가가 해외에 통치권을 갖고 있는 지역을 의미한다. 이 두 가지는 19세기 중반 이민지의 독일인을 지칭하는 것에서 그들이 통치지역까지 이중적 의미 속에서 사용되었던 것으로 보인다.

23) Sören Utermarck, "Schwarzer Untertan versus schwarzer Bruder". Bernhard Dernburgs Reformen in den Kolonien Deutsche-Ostafrika, Deutsche-Südwestafrika, Togo und Kamerun, Uni.Kassel, Dissertation, 2011, p.10.

기에는 독일 식민협회 등, 식민 사업을 원하는 다양한 사회의 이해단체
들의 맹렬한 지원이 중요하게 작용했다. 이는 결국 1884년, 식민정책 시
작의 본격화에 배경이 되었다.[24]

독일 제국주의 연구는 1970년대에 활발해지기 시작했는데 그것은 제
국주의 자체에 관한 관심보다는 '독일의 특수한 길(Sonderwg)' 테제 연구
의 연장선상에서였고, 그 시작은 벨러(H.U.Wehler)의 『독일제국(1871 –
1918)』의 발간이었다. 산업화로 인한 독일 사회의 갈등이 해외 제국 건
설의 동기가 되었다는, 소위 사회적 제국주의론은 이후 강대국끼리의
국제적 갈등의 결과로 제국주의를 보는 1980년대 논의로 이어졌다.[25]
한국사회에서는 독일 제국주의의 동아시아 정책에 관한 관심 속에, 주
로 조차지였던 중국 칭다오 경영에 관한 연구가 독일제국주의에 대한
연구의 주를 이루었다. 그리고 최근에 이르러 아프리카 식민 경영의 역
사에 관한 관심이 나타나고 있다.[26]

본격적인 국가권력 개입을 선호하지 않았던 독일 정부였지만 1900년
중국에서 의화단의 난이 일어나자 군대를 파견했고, 제국의회의 맹렬한
반대를 무릅쓰고 1905~1906년에 독일령 동아프리카와 남서아프리카에
서 일어난 헤레로(Herero)와 나마(Nama)족 봉기를 엄청난 전비를 부담하
면서까지 잔혹하게 진압했다. 이렇게 독일의 식민지 경영에도 다른 서

24) Sebastian Conrad, *Deutsche Kolonialgeschichte*, München: C.H. Beck, 2012, p.23.
25) 벨러의 사회적 제국주의론 논의가 진행시킨 연구에 대해서는, 이민호, 『독일, 독일
    민족, 독일사』, 느티나무, 1990, 102~108쪽 참조.
26) 김학이, 「독일 제국주의와 중국침략」, 『역사비평』 35, 1996; 이영관, 「독일제국의 극
    동정책과 조선」, 『서양사론』 56, 1998; 김춘식, 「독일제국의 중국 교주만 식민지 문
    화정책」, 『역사학연구』 32, 2008; 김춘식, 「독일제국과 바다」, 『대구사학』 91, 2008;
    김춘식, 「제국주의 공간과 인종주의」, 『역사와문화』 23, 2012. 독일제국의 아프리카
    식민지 경영에 관한 최근 연구로는 정현백, 「독일제국과 식민지폭력」, 『독일연구』
    26, 2013; 정현백, 「식민지의 독일여성들 – 젠더정치와 문화제국주의의 결합」, 『페미
    니즘연구』 20(2), 2020; 정현백, 「제국에 대한 학문담론과 지식 생산의 양태」, 『사총』
    85, 2015 등이 있다.

구제국의 그것과 마찬가지로 군사적, 무력적 행위가 이루어졌다.

하지만 독일 식민지는 그 지리적, 환경적, 그리고 사회적 부분에서 다양성을 갖고 있었고 경영 정책 역시 대상 지역마다 상이 했기에 독일 식민지 경영 방식을 단일하게 설명하기는 어렵다.[27] 그러나 통상, 식민지가 경제적 이익 확보에 궁극적인 목적을 두고 유지되는 통치지역이었다는 점을 감안 하면, 경제 정책의 유형상 독일 식민지는 대략 세 가지 부류로 나누어진다.

첫 번째는 생산품 수출에 주력하기 위해 플랜테이션을 운영하는 식민지이다. 생산물은 카카오, 커피, 면화, 고무 등이며 이를 생산하고 운송하기 위한 많은 자본이 투자되었다. 원주민을 노동력으로 활용하였으며 노동력 착취를 위한 많은 희생이 발생한다. 플랜테이션을 위해서는 원주민 토지 소유자들로부터 불평등한 계약이나 강압을 통해 토지를 획득한다. 이런 경영 방식은 카메룬과 동부아프리카 지역, 그리고 태평양 지역 식민지에서 진행되었다.

두 번째 유형은 독일인이 직접 농장을 경영하던 곳으로 독일인의 정주를 거쳐서 독일이주 식민지로 만들기 위한 곳이다. 서남아프리카, 즉 오늘날의 나미비아가 주로 속한다. 이곳에는 자국민을 이주시킴으로써 인종적, 민족주의적 성격의 다양한 사회적 체제 변화가 시도되게 된다. 산업화 시작으로 많은 사회적 문제를 가진 당시 독일 사회에는 낭만주의적으로 게르만적 과거를, 자연과 가까운 삶의 양식을 추구하는 일상개혁운동(Lebensreformbewegung)이 있었던 점을 감안하면, 이런 삶에 대한 희망을 아프리카 식민지와 그 자연적 경관을 통해 해소하고자 하는 측면이 있었음을 부인할 수 없다.

다른 하나의 식민지는 자국의 생산물을 판매하기 위한 거래 중심지로

27) Sebastian Conrad, *Deutsche Kolonialgeschichte*, München: C.H. Beck, 2012, p.35.

서 갖는 식민지이다. 동부아프리카와 중부의 토고, 그리고 태평양의 식민지와 중국의 칭다오가 여기에 해당한다.[28]

이 중에서 간접적, 문화적, 비폭력적, 그리고 구조적 폭력 현상과 관련된 여성들의 참여가 두드러진 식민지는 특히 정주지로 선택된 남서아프리카 지역이었고 이곳에서 여성의 참여와 역할의 기능이 가장 본격적으로 발현된다. 그곳은 다른 어떤 곳보다도 더 독일적 삶의 방식이 잘 추구되던 곳이며 사실상 또 다른 독일적 공간으로 인식되는 곳이었다.

콘라드가 지적했고 본고의 연구와 관계해서 주목할만한 독일 식민지 건설 배경의 하나로써 식민지 건설에 대한 지식 분야와 상업 분야 등 사회적으로 나타나고 있던 담론 유행을 언급하지 않을 수 없다. 비록 숫자는 많지 않지만 지리학적인 배경을 두고 진행된 영향력 있는 사회운동이 있었는데, 여기에는 주로 자유주의적인 교양시민층이 중점적으로 참여했고 귀족, 선교사들, 그리고 상인들이 함께 했다. 그 중에는 비스마르크의 정책 조언자이면서 1879년, 『독일은 식민지를 필요로 하는가?(Bedarf Deutschland der Kolonien?)』를 서술해 사회적으로 많은 구독자를 만들었던 파브리(F. Fabri)의 역할을 들 수 있다.[29] 독일인이 정주함으로써 "바다 너머의 새로운 독일"을 이루고자 했던 독일인들의 희망은 실제적인 식민지 확보 이전에 상당히 많은 열성적 지지자들을 형성하고 있었던 것이다. 1870년대에 이미 많은 협회, 위원회, 단체 등이 식민지 획득을 열망하는 매체의 프로파간다와 더불어 독일사회에 만들어지고 활약하고 있었다.[30]

---

28) Sebastian Conrad, *Deutsche Kolonialgeschichte*, München: C.H. Beck, 2012, pp.55~56.
29) Sebastian Conrad, *Deutsche Kolonialgeschichte,* München: C.H. Beck, 2012, pp.23~24.
30) Sören Utermarck, "Schwarzer Untertan versus schwarzer Bruder", Bernhard Dernburgs Reformen in den Kolonien Deutsche-Ostafrika, Deutsche-Südwestafrika, Togo und Kamerun, Uni.Kassel, Dissertation, 2011, p.10.

독일 식민지 중 "바다 너머의 새독일(neudeutschland über Meer)"의 대상지로 여겨졌던 곳은 아프리카의 서남부 지역과 태평양 연안의 사모아였다. 아프리카 서남부 식민지는 농장과 가축사육을 통해 독일인이 살아갈 독일 영역으로 만들고자 했고 그런 이유에서 독일사회의 규범과 윤리, 문화가 그곳으로 이전되고 그 사회 자체를 새로이 지배하는 과정이 있어야 했다. 그곳은 정체성의 기반인 독일인, 무엇보다 백인 독일인이라는 인종이 살아가는 곳이어야 했고 이를 실현하는 데에 여성의 역할을 필수 불가결했다.

2. 독일 식민지 경영과 여성의 참여

제국주의적 팽창과 경영의 역사에서 남성의 역할은 압도적이다. 식민지 확보를 위한 탐사는 물론, 해외 시장과 원료 확보과정에는 주로 남성의 활동이 있었다. 정치적 지배를 위한 무력 동원이나 군사력은 말할 나위도 없고, 식민지 경영을 위해 관료를 파견하거나 원주민의 저항을 억제하는 폭력 구조와 형식의 진행에는 남성들이 주로 그 역할을 발휘하고 있었다. 물론 거기에 여성이 전혀 같이하지 않았던 것은 아니다. 앞에서 언급했듯이 식민 통치에 나선 정치, 군사, 행정 인력으로 남성들이 파견되었고 그들을 따라 나선 배우자들이 여성으로 식민지 사회의 한 부분을 이루고 있었다. 하지만 독일 식민지에는 식민지에 정주한 독일 민간뿐만 아니라 정치적 판단에 의해 여성의 진출이 도모되었고, 이런 경로를 따라 스스로 그곳에서의 삶을 선택한 여성들이 많았던 곳이 있는데 바로 남서아프리카 지역이었다.

이 지역은 브레멘의 상인 뤼더리츠(A. Lüderitz)가 탐사를 통해 지역 해안에 발을 들여놓은 후, 현지 원주민 지도자와 협약을 거쳐 식민지로 개척되기 시작했다. 1884년 4월 24일, 독일 정부가 이곳을 독일제국의 보호구역(Schutzgebiet des Deutschen Reiches)으로 선언하면서 본격적인 식민지가 되었다.

식민지 총독들은 독일 식민협회와 상의하여 이 지역에 미래의 신부를 공급하는 계획을 진행했다.[31] 그 계획에 따른 여성들이 적지 않았으며 이들의 역할은 아직까지 충분히 역사적으로 평가되지는 않았다. 클라이나우(E. Kleinau)에 의하면 식민지에 관한 논의에서 여성은 거의 열외적인 상태였다가 유럽중심적이고, 인종적이며 민족주의적 내용이 담긴 여성들의 여행기와 유럽 외의 직업시장에서 활약해온 여성들에 대한 연구를 통해서 여성과 식민지의 문제가 연구되기 시작되었다.[32] 클라이나우는 직접 식민지에서 활동 후, 베를린에서 강연과 그 이외에 글쓰기를 통해 교사로서 서남 식민지로 독일의 소녀와 여성을 보내는 일에 열의를 보였던 보크만(C. Bockmann)의 텍스트를 분석했다. 새롭게 독일을 만들고자 한 곳에서 혼혈이 탄생함으로 인해 독일의 지적 수준이 저하되지 않을까 하는 염려가 식민지 결혼시장에 본국여성을 보급하는 활동으로 이어졌던 점도 이들의 활동 속에서 파악할 수 있다.[33]

독일 식민지 이주 여성 연구에서 로라 빌덴탈(L. Wildenthal)은 그것이 여성조직들을 통해 여성이 식민지에서 행한 인종주의와 문화적 기여였

31) 정현백, 「식민지의 독일여성들 – 젠더정치와 문화제국주의의 결합」, 『페미니즘연구』 20(2), 2020, 10쪽.

32) Elke Kleinau, "Das Eigene und das Fremde, Frauen und ihre Beteiligung am kolonialen Diskurs", in Ingrid Gogolin(hg.), *Die Kultivierung der Medien*, Wiesbaden: Leske+ Budrich, 2000, p.201.

33) Elke Kleinau, "Das Eigene und das Fremde, Frauen und ihre Beteiligung am kolonialen Diskurs", in Ingrid Gogolin(hg.), *Die Kultivierung der Medien*, Wiesbaden: Leske+ Budrich, 2000, p.203.

다고 이해한다.[34] 특히 민족과 관련된 교육 활동 부분에서 아프리카 식민지에서 교사의 역할은 분명히 다른 어떤 직업보다 더 컸다는 점을 강조하면서 여성교사의 민족주의 전파에서의 역할이 연구될 필요가 있다는 점을 주장하기도 한다.[35] 여성의 역할이 보조적이었다는 의견부터 식민지 경영의 성패를 좌우하는 것이라는 주장도 있다.[36] 처음부터 적극적인 제국주의 경영의 일부였음을 주장하면서 그동안 주로 폭력 실행의 역사에서 대체로 피해자로 간주되어왔던 여성이 가해자로도 존재했음을 보여주는 역사에 주목하는 차원에서 연구가 진행되기도 했다.

여성이 개인적으로 이동하기에는 너무나 먼 거리임은 물론이고 다양한 무력적 대치나 억제 등이 일상적으로 벌어지는 곳, 그리고 더위를 비롯하여 견디기에 적당치 않은 식민지로 이동하는 일은 개인적 역량으로 가능하지 않은 시대였다. 따라서 이들이 식민지로 향하는 데에는 여러 조건의 조합이 필수적이었다.

그 중 우선적으로 이들을 모집하고 이주하게 하는 조직의 활동을 찾아볼 수 있다. 독일제국 내에서 여성들이 식민지와 관련한 활동을 수행하도록 하기 위한 첫 조직은 1888년 만들어진 "식민지에 있는 병자 간호를 위한 여성단체(Frauenvereins für Krankenpflege in den deutschen Kolonien)"였다. 병원 설립과 간호 인력 양성은 물론 치료에 필요한 다양한 시설을 확보하고 지원하는 목적으로 설립된 조직이었으며 여성이 치료할

---

34) Lora Wildenthal, "Rasse und Kultur Frauenorganisationen in der deutschen Kolonialbewegung des Kaiserreichs", Birthe Kundrus (hg.), *Phantasiereiche, Zur Kulturgeschichte des deutschen Kolonialismus*, Frankfurt a.M.:Campus Verlag 2003, p.202.
35) Wolfgang Gippert, "Nation und Geschlecht" in Isabell Diehm & Astrid Messerschmidt(hg.), *Das Geschlecht der Migration-Bildungsprozesse in Ungleichheitsverhältnissen*, Opladen u.a.: Verlalg Barbra Budrich, 2013, p.98.
36) 정현백, 「식민지의 독일여성들 – 젠더정치와 문화제국주의의 결합」, 『페미니즘연구』 20(2), 2020, 4쪽.

병자는 독일 군사이거나 식민지의 독일 정주자들이었다. 이런 활동은 관리나 병사들의 아내로서 이주하는 경우와 비교했을 때, 식민경영에서 보조적 역할이기보다는 오히려 중심적 역할 위치에 있다고 할 수 있다. 이와 같은 다양한 조직을 통한 독일 여성의 식민지 이주는 독일식민협회여성동맹 등장 이전에 상당히 진행되었던 것으로 보인다.

이미 1898년 말의 25명 독신여성의 이주했고 "여성이 부재한 식민지에 조국에서 보내는 성탄절 선물"이라는 표현과 함께 이들은 열렬한 환영받았다. 대개 19~28세 사이였으며 대체로 요리사, 하녀, 농가 도우미로 일했기에 노동에도 익숙한 이들이었다.[37]

하지만 여성들의 식민지 이주를 위한 활동사에서 독일식민협회여성동맹(Frauenbund der Deutsche Kolonialgesellschaft)은 가장 비중 있는 단체였다.[38] 1907년에 베를린에서 만들어졌고 지역별 조직도 갖추어졌다. 동맹 결성의 초기 목적은 "식민지에 자리 잡으려는 여성과 소녀들에게 조언과 실질적 지원을 해주고 여성들의 이주를 추동하려는" 데에 있었다.[39] 이 협회의 중요한 과제는 "독일 아이들 기르기", 그리고 "식민지가 내면적으로 독일화 되도록(der inneren Deutschwerdung unserer Kolonie)하는 것"이었다. 1908년 6월 11일, 독일협회(Deutsche Kolonialgesellschaft)의 장과 협약을 맺고 그 산하에 들어갔다. 이 사건에 대해 릴리엔크론(Adda von Liliencron)은 자신의 책 『전쟁과평화(Krieg und Frieden)』에 다음과 같이 썼다.

"독일식민협회는 수년 동안 그곳에 머물고 있는 독일인에게 여성과 신

---

37) 정현백, 「식민지의 독일여성들 – 젠더정치와 문화제국주의의 결합」, 『페미니즘연구』 20(2), 2020, 11쪽.
38) Ausschuss des Frauenbundes der Deutschen Kolonialgesellschaft(hg.) *10 Jahre Frauenbund der deutschen Kolonialgesellschaft*, p.6.
39) Ausschuss des Frauenbundes der Deutschen Kolonialgesellschaft(hg.) *10 Jahre Frauenbund der deutschen Kolonialgesellschaft*, p.14.

부를 보내왔다. 이제 새로 결성된 여성동맹(Frauenbund)은 이 분야의
일을 확장하고 독일 식민회와 더불어 바다너머의 새로운 독일(Neud-
eutschland übern Meer)을 위해 일해야 한다"

이 동맹의 성장은 주목할만했다. 예를 들면 1912년에는 뷔르템베르크
(Württemberg) 지부가 만들어져 스투트가르트(Stuttgart) 등 주변 지역으
로부터 참여자들이 모여들고 그 해에 회원수는 570명에 이르렀다.[40] 물
론 이 숫자는 식민지로 직접 간 여성을 의미하지는 않는다.

이 동맹을 매개로 해서 독일에서 식민지로 향했던 여성의 숫자 전체
규모를 정확하게 파악하기는 쉽지 않지만 1912년에 발간된 이들의 소식
지『식민지와 고향(Kolonie und Heimat)』에 의하면 각 시기의 인원들은
다음과 같다.

〈표 1〉 식민지로 이주한 여성의 숫자

년도	중개된 여성(명)	년도	중개된 여성(명)	년도	중개된 여성(명)
1902	1	1906	24	1910	74
1903	6	1907	48	1911	96
1904	2	1908	56		
1905	8	1909	72		

출처 : "Mitteilungen des Frauenbundes der Deutschen Kolonigesellschaft", 5. Jh. Nr.36,
Hamburg-Nummer(1912)

독일식민회여성동맹의 잡지『식민지와 고향』에 의하면 1914년 1차 대
전이 발발할 때까지 매일 약 50명 정도가 이주에 관심을 보이며 문의를
했다고 한다.[41] 그리고 1907~1910년 사이에 서아프리카에 있던 158명의

---

40) 이 소식과 수치는 *Kolonie und Heimat* Jg. 1911/1912, No.24: Mitteilungen des Frauen-
bundes der Deutschen Kolonialgesellschaft, p.8; Blog KOLONIAKES Erbe, 09. März, 2021에
서 재인용.

여성 중 54명이 결혼을 했으며 3명은 케이프타운으로 이주했다. 7명이 귀국했으며 6명의 상황은 파악되지 않는다고 한다.[42]

이와 같은 여성들이 식민지로 이주한 동기를 직접 이주여성들을 통해 확인하는 것이 불가능한 상황에서 이런 수치로 나타난 식민지에 대한 관심과 선택은 그들이 독일 사회 내에서 이루지 못한 어떤 것에 대한 갈급함으로 이해될 수 있다. 그리고 그 갈급함은 여성동맹이 제시하는 "해방"의 전망을 통해 일정하게 설명되어진다. 19세기 후반, 다른 누구보다 해방의 욕구를 강하게 느낀 여성들은 부르주아 계층의 여성이었다. 계몽주의와 자유주의, 그리고 여성의 교육적 권리 향상의 요구가 표출되었던 독일 사회에서, 여성은 그들이 열망하는 바와 달리 가부장적 질서에 의해 사회적으로 자신들의 뜻을 펼칠 곳을 찾지 못했다. 이런 이유에서 식민지 이주를 기존 질서의 굴곡을 벗어나는 해방의 기회로 이야기했다는 점은 당시 여성운동의 모토와도 맞물리는 것이었다. 하지만 산업화와 다양한 학문적 발전이 일정하게 축적된 독일 사회와는 달리, 부르주아 계층 여성이 식민지사회에서 실제로, 그들이 원하는 수준을 충족하면서 할 수 있는 일이 많지 않았다. 그들이 해방되었다고 느낄만한 직업, 즉 본국에서 부르주아계층 여성이 하는 일들에 속했던 여의사나 변호사, 사서, 교사 등 일자리가 많지 않았기 때문이다. 실제로 교사들도 식민지로 향했지만, 그들은 주로 가사나 육아 등 소위 재생산 노동 정도나 아니면 농장경영 등의 역할을 수행했다.[43]

---

41) Katharina Walgenbach, *Die weisse Frau als Trägerin deutscher Kultur,* Frankfurt a.M.,: Campus, 2006, p.88.

42) "Mitteilungen des Frauenbundes der Deutschen Kolonigesellschaft", *Kolonie und Heimat,* 5. Jh. Nr.36, Hamburg-Nummer(1912).

43) "Mitteilungen des Frauenbundes der Deutschen Kolonigesellschaft", *Kolonie und Heimat,* 5. Jh. Nr.36, Hamburg-Nummer(1912)에 따르면, 그 직전 2년간 국가시험을 통과한 교사 6인이 식민지로 향했다고 한다.

이런 점을 반영하여 여성 "해방"을 내세운 여성동맹의 모집과 이주 종용 활동에 대해 발겐바흐(K. Walgenbach)는, 그 과정에서 해방이라는 모토를 일종의 식민적인 픽션(kolonial Fiktion)으로 활용되었을 뿐이라는 점을 강조한다.[44]

그럼에도 불구하고, 여성의 젠더적 해방의 모토가 식민지로 진출시키려는 목적과 연결되었다는 점 자체는 여성들에게 있던 해방의 욕구를 자극하는 것이므로 당시 이에 응했던 여성들이 실제로 자신을 사회적으로 해방시키기 위한 목적으로 이주를 선택했을 가능성을 부인할 수는 없다. 게다가 이 협회는 당시 독일여권운동의 전국적 조직인 독일여성단체동맹(Bund deutscher Frauenvereine)에 소속되었거나 적어도 일정한 연관성을 갖고 있었기 때문이다.[45]

그 외 어떤 여성들이 이 대열에 참여했는가 하는 것도 매우 흥미있는 부분인데, 연구자 중 하나인 퓌틀릭(A. Pytlik)에 의하면 젊고 이주의 의지를 가진 여성들로 물질적 어려움이 크고, 노동조건이 열악했던 여성 그리고 자신의 나라에서 권리를 가지지 못한 이들이 거기에 속했다. 특히 하녀, 보육교사들, 그리고 어린이돌봄이(Kindermädchen)들이 거기에 해당한다.[46] 대우를 보면, 자격을 획득하지는 못했으나 보육업에 종사하는 경우에 월급으로 100마르크, 그리고 자격을 갖춘 이들은 100~200마르크였다고 한다.[47]

---

44) 이에 대해서는 Katharina Walgenbach, "Emanzipation als koloniale Fiktion:Zur sozialen Position Weisser Frauen in den deutschen Kolonien", L'Homme Z.F.G 16(2), 2005, p.47 참조.

45) 1911년 스투트가르트에서 열린 여성동맹 전국모임에서 BDF에 속하기로 했다고 보고했다.

46) Pytlik의 연구를 예로 들면서 Elke Kleinau, "Das Eigene und das Fremde, Frauen und ihre Beteiligung am kolonialen Diskurs", in Ingrid Gogolin(hg,), Die Kultivierung der Medien, Wiesbaden: Leske+Budrich, 2000, p.206에서 재인용.

47) 당시 독일 본토에서는 자격증 소지 보육교사의 일년 수입이 600~700마르크가량 되

여성들의 농장 경영도 가능했다. 이 경우를 위해 반드시 결혼할 필요는 없었고 정부의 땅을 일부 분할 받아서 자본금의 크기에 따라서 농장을 경영할 수 있었다.[48)

Ⅳ. 독일제국 여성의 식민지 이주

1. 독일 제국 시대의 여성

19세기 독일은 초중반, 산업화의 시작으로 급격한 사회적 변화를 경험한다. 자유주의 혁명을 거치면서 정치적 자유주의에 일정한 한계가 있기는 해도 사회적으로는 시민권적 가치, 그리고 여성의 권리신장 요구가 있었다. 산업화가 진행되면서 산업의 다양한 분야에 여성 노동력이 필요해졌다. 부르주아 여성운동이나 프롤레타리아트 여성운동 등 소위 제1 여성운동을 통해 교육, 직업 선택의 자유 등 여성 권리 향상을 위한 중요한 변화가 시도되고 있었다.

그러나 독일제국 시기 사회의 전반적인 분위기는 남성 우월주의적, 보수주의적, 군국주의적인 경향을 벗어나지 못하고 있었다. 독일제국 형성에서 중추적 역할을 했던 프로이센에서 소녀(여성) 실업교육은 예술, 공예분야(kunstgewerblich)에 한정되었다. 그 기반 위에서 19세기 후반에 이르기까지 독일 여성의 활동영역은 여전히 가정에 머물러 있었고

었다.

48) 이에 대해서는 Elke Kleinau, "Frauen und ihre Beteiligung am kolonialen Diskurs", in Ingrid Gogolin(hg,), *Die Kultivierung der Medien*, Wiesbaden: Leske+Budrich, 2000, pp.206~207 참조.

교육의 권리 역시 제한적이었다.

이런 상황은 법적인 기반을 가지고 이루어졌는데, 예를 들면 1794년 프로이센의 일반국법(Allgemeine Landrecht, ALR)이 독일의 다양한 제도의 기반을 이루면서 실생활에도 널리 큰 위력을 발휘하고 있었기 때문이다. 이 법에 의하면, "한 남성과 결합, 즉 결혼을 통해서야 비로소 한 여성은 공적 권한, 시민권 등을 얻게" 되었다. 이런 규정은 독일사회에서의 실질적인 여성 지위가 정해지는 데에 영향을 미쳤다. 19세기 후반의 제1 여성운동으로 여성 교육권 확대를 위한 노력이 형식적으로나마 확대되었지만 실제적인 교육은 이 일반국법으로부터 상당한 영향을 받고 있었다.

1800년대 들어 여아의 초등학교 수준 이상 교육 기회는 꾸준히 늘어났다. 학교 수는 증가했고 1860년경부터는 여학교 교육개혁을 요구하는 움직임이 있었다.[49] 1873년 프로이센의 교육부 장관 아달베르트 팔크(Adalbert Falk)가 '소녀학교제도 전문가회의'를 소집했고, 이후 여아들도 처음으로 고등학교(höheren Schulwesen)로 분류된 학교에서 교육받게 되었다.[50] 그러나 이들 고등여학교는 대부분 사립이었고 수도원이나 지방자치단체가 운영했으며 교육 내용은 학문적이기 보다는 결혼과 가사일, 그리고 모성준비에 집중되어 있었다.

산업화의 본격화와 더불어 사회적 분업화와 전문화가 진행되고 있었지만, 취업에 필요한 전문지식을 교육받지 못하는 부르주아계층 여성들은 사회 활동에 나서기 어렵고 대부분 가족에 의존한 삶을 지속했으며,

---

49) 유진영, 「여성실업교육 – 독일제국시기(1871-1914) 프로이센의 교육법을 중심으로」, 『한국교육사학』 33(3), 2011, 84쪽.

50) 파울 루드비히 아달베르트 팔크(Paul Ludwig Adalbert Falk, 1827-1900)는 독일의 정치가로, 1872년부터 교육부 장관이었고 당시 수상이었던 비스마르크의 문화투쟁에 동참해 가톨릭 탄압을 위한 팔크법을 만들었다.

궁극적으로 결혼에 이르는 시간을 기다리는 상황이었다. 간혹 교사나 가정교사 등으로 취업하는 이들이 있었지만, 그 숫자는 적었기 때문에 경제적으로 자립할 수 있는 이들은 매우 적었다.[51]

여성 교육에 대한 요구는 산업화 된 사회에서 여성이 담당해야 할 직능을 갖출 필요성과 결합하면서 직업 부분에서도 여성이 일정하게 활동하게 될 것을 기대하는 사회적 분위기를 반영하면서 진행되었다. 그러나 가정과 어머니 역할에 대한 사회, 문화적 정서는 여전했다. 여성의 노동권 개혁을 위한 19세기 후반의 여러 조치에도 불구하고 부르주아 개혁가들은 '여성노동자들의 문제를 해결하는 것은 가족을 보호하는 일'이며 여성노동자보호법은 '주부와 어머니로서 여성의 역할을 보호하는 것임을 분명히 했다. 심지어 '가족이 아니라 개인이 사회의 기본단위라면 여성노동에 대한 보호는 불필요하며 여성이 주부로서의 역할을 수행할 수 있도록 노동을 조절하는 것이 노동자보호법의 역할이어야 한다'고 주장하는 상황이었다.[52] 이런 이유에서 여성이 교육을 받았다고 하더라도 자신이 받은 교육을 기반으로 사회적으로 원하는 일을 하는 데는 제약이 있었다.

이런 상황에서 여성들이 선택할 수 있는 곳 중 하나는 새로이 독일사회로 건설되고 있던 식민지였다. 아주 먼 거리에 위치해 있고, 환경적으로 두려움을 줄만 한 곳이었지만 식민지 소식을 다루는 매체는 다양한 방식의 정보 제공을 통해 여성들의 주저를 경감시키는데 기여 했던 것으로 보인다. 매체 속에서 읽는 식민지는 당시 구독자들에게 그리 낯선 일상으로 등장하지 않았다. 여성동맹이 발간했던 잡지 『식민지와 고향』

---

51) 전복희, 「독일 1기 여성운동에서 여성쟁점(women's issues)의 특징」, 『한국정치학회보』 38(5), 2004, 347쪽.
52) 문수현, 「독일제국시기 성의 담론과 여성노동」, 『서양사연구』 24, 1999, 134쪽.

에는 식민지에서 사용할 수 있는 다양한 의상, 천막이나 그 이외 각종 생활 도구나 농기구 등에 대한 광고를 게재하고 있었다. 이는 마치 당시 몸매 교정을 위해 물고기의 등뼈 가시처럼 생긴 코르셋이나 여성용 화장품, 그리고 아이들의 유모차를 선전하고 있는 것과 마찬가지의 느낌으로 매체의 여러 부분을 차지하고 있었다. 장거리 이동이 필요한 식민지로의 교통편은 마치 오늘날의 지방으로 가는 기차편을 보여주듯이 역시 이 잡지의 한 켠을 자연스럽게 채우고 있었다. 예를 들면 1912년 31호에는 함부륵-브레멘 아프리카라인(Hamburg-Bremer Afrika-Linie)이라는 제목의 교통편 안내에는 함부륵에서 로테르담(Rotterdam)을 경유하여 아프리카의 세네갈(Senegal)까지 가는 매달 4일 출발 교통편을 안내하고 있다.53) 사회적 제약에 노출된 여성들은 이런 홍보글이나 광고를 보며, 그 먼 곳으로의 여행을, 비록 독일 내의 어떤 지역으로 가는 것 보다는 더 큰 결심을 필요로 했을지라도 결정하기에 주저하지 않았을 수 있다. 더구나 그곳은 바다너머에 있는 새로운 독일땅이었다.

2. 식민지로의 이주와 그 의미

여성동맹에서 식민지로 보낼 여성 교육을 담당했던 기관 중 하나인 비츠하우젠 여성식민학교(Frauenkolonialschule Witzenhausen) 운영책임을 맡았던 폰 체크(Anna Gräfin von Zech)는 "우리는 우리의 오랜 고향에서 가졌어야 했지만 제대로 갖지 못하거나 실현 시킬 수 없었던 그 위치를 여성이 식민지에서는 갖게 되기를 원한다. 식민지에서 여성은 자신의 진실한 동료들로, 남성들과 충분히 의사소통이 되는 보조자로서, 그

---

53) "Afrika Dienst" *Kolonie und Heimat* 31, 1912.

와 어깨를 맞대고 일을 하는 사이가 되어야 한다. 그리고 상황이 요구한다면 거대한 농업경영의 지도 역할로 남성동료를 대신하며 이를 관리할 수 있어야 한다"라고 이야기했다.[54]

부르주아 계급 여성인 폰 체크의 이 언급은 독일 여성이 자신의 사회에서 실현하고 있지 못하는 바를 식민지에서는 경험할 수 있다는 희망을 전달하고 싶어 하는 것처럼 보인다. 식민지에서 여성은 사회적으로 남성과 동료가 될 수 있고 농장 경영의 주체가 될 수 있다는 이 언설은 당시 남성과의 결혼 없이는 제대로 시민적 권리를 갖지 못하고 경제적 자립의 기회를 손에 넣지 못하던 여성들에게 어떻게 들렸을지 쉽게 상상 가능하다. 부르주아 여성들뿐만 아니라 사회적 제약하에 있던 당시 독일의 모든 여성들에게 사회적 차별의 경계를 넘기 위한 방법이 식민지에 있음을 인식하도록 하고 있었다.

그러나 여성이 식민지로 이주하게 된 일련의 역사는 그들의 해방을 위해 기획된 것이 전혀 아니었다. 더 큰 목적을 위해 이 기획은 시작되었는데 목적이란 식민지에 정주하던 남성들에게 배우자를 제공하는 것이었고 최종적인 목적은 혼혈 탄생을 막는 것이었다.

정주를 위한 식민지 건설과정에서 시간이 지나며 독일인을 당황스럽게 하는 최대의 문제 중 하나는 그들의 피가 '더럽혀지고' 있는 상황, 즉 혼혈의 아이들이 탄생하고 있다는 것이었다. 19세기 후반 독일에 인종주의와 우생학이 영향력 있는 세계관이나 과학으로 등장하고 있었음을 전제로 했을 때에서 이는 이해가 되는 '그들이 곤란함'이다. 1903년에 이르기까지 남서아프리카 식민지에서는 42쌍의 독-아프리카 커플의 결혼이 이루어졌다. 그 사이에서 혼혈의 아이들이 태어났다. 하지만 혼혈 아

---

54) 인용문은 Anna Gräfin von Zech, "Die Kolonialschule in Witzenhausen", in *Kolonie und Heimat* III. 25(1910), p.6f.

동의 약 99%는 법적인 관계 외에서 탄생하고 있다는 점은 더 큰 문제였다. 가부장적 전통이 강한 독일 사회의 관습에 따라 식민지에서 출생한 혼혈아는 자동적으로 아버지를 따라 독일 시민권을 받게 되어있었다. 그러므로 그들이 자라서 성인이 되면 장차 제국군대의 장군이나 경찰 간부, 재판관, 심지어는 식민지의 총독이 될 수도 있었다. 이런 상상은 독일의 식민지 로비스트들을 걱정과 공포로 몰아넣었다.

결국 혼혈혼 금지조치가 취해졌다.[55] 혼혈규정(Mischehenverordnungen)이라는 형식의 행정 결정을 통해 1905년에는 독일 남서아프리카 식민지에, 1906년엔 독일의 동아프리카 식민지에, 그리고 1912년 사모아에 혼혈금지법이 제정되었다. 하지만 이는 근본적인 문제 해결이 아니었고 결국 여러 논의 끝에 근본적인 해결책이 세워졌는데 그것은 독일의 백인 여성을 본국으로부터 식민지로 공급하는 것이었다.

> "지금 심각해진 여성부족을 독일 백인여성의 목표의식을 확실히 보완하는 방식으로 해결할지, 아니면 사생아 발생을 합법화시켜서 해결할지에 대해 우선적으로 질문되어야 한다. 어떤 해결이 독일을 위하여 더 유익한 것인지"[56]

독일인의 인종적 순수함에 대한 염려를 담은 위의 글에서 보듯이 독일에 확산되고 있던 사회적 다윈주의나 우생학적 사고들은 독일 여성의 신체를 식민지에 배치해야 할 분명한 목적을 발생시켰고 그 목적을 실천하기 위해서 여성들을 향한 호소가 이루어지게 된다. 인종주의와 우

---

55) 독일 정부는 1905년, 독일 남자와 현지 원주민 여자 사이의 결혼을 금지했다. 이에 대해서는 Sebastian Conrad, *Deutsche Kolonialgeschichte*, München: C.H. Beck, 2012, p.76 참조.

56) 위 두 인용문 모두, "Rassenreinheit!:Eine deutsche Frau über die Menschen in den Kolonien" von Leonore Niessen-Deiters, 5. Jg Nachrichtenbeilage zu *Kolonie und Heimat* Nr.36, 1912 참조.

생학적 인식과 결합한 식민주의적 사고들은 제국확장과 식민지 경영에 이와 같은 정치적 행위로 이어졌던 것이다.[57]

1912년 독일의회에서 혼혈출생의 문제가 논의되고, 이 시기에 즈음하여 독일 사회에는 인종주의적 인식이 급속하게 확산되었다. 식민지에서의 직접적 변화를 가져오기 위해 식민 총독은 독일식민회를 움직였고 다양한 여성단체들을 통해, 재정적 지원과 함께 문제의 근본적이고 최종적인 해결책으로써 여성 이주를 진행시키게 되었다. 이를 위해 여성들은 건강한 몸임을 증명하는 절차를 거쳐야 했다.[58] 이 정책에서 필요했던 것은 아이를 낳을 수 있는 건강한 여성의 몸이었고 결국 여성의 출산이라는 재생산노동의 필요와 공급의 상황이 발생한 셈이다.

여성동맹(Frauenbund Deutschen Kolonialgesellschaft)이 발간한 잡지『식민지와 고향(Kolonie und Heimat)』은 젊은 여성들의 식민지 이주를 추동할 다양한 내용을 싣고 인쇄되었다. 인종의 순수함을 유지하면서 새로운 독일땅 건설을 위해서는 헌신의 필요성이 있다는 내용의 많은 글들로 여성들은 식민지에 있는 독일 남성과 결혼시키기 위한 작전을 수행한 셈이다.[59] 이 주간지는 당시 10만 부 이상 발행되었고, 20세기 전환기 독일 사회 내에서 여성뿐 아니라 일반 대중에게 식민지에 대한 정보 제공이나 선전에 큰 역할을 하였다. 물론 당시 식민지로 떠난 여성들 중에 어느 정도

---

57) 독일의 대표적 우생학자 에른스트 헤켈(Ernst Haeckel)은 실제로 독일식민협회 (Deutsche Kolonialgesellschaft)에 가입해 활발히 활동했다. 이에 대해서는 김춘식, 「제국주의 공간과 인종주의」, 『역사와문화』 23, 2012, 119쪽을 참조.

58) 여성동맹이 만들어지기 전에도 메클렌부르그 주의 통치 책임자 Johann Albrecht는 독일 식민회(deutsche Kolonialgesellschaft)의 장으로서 이 기관의 기금을 활용해 여성가족 구성원을 남서독일식민지에 보냈다. 이에 대해서는 여성동맹 10주년 기념 여성동맹사 21쪽 참조. 동맹결성이후, 정부기구와의 협의 속에서 사업진행 했으며 소녀들을 선발할 때는 정확하게 그 능력을 살펴보고(prüfen)하고 의사의 검진을 통해서 선발한다.

59) Gudrun Eickelberg, "Die deutsche Frau im Kolonialismus". http://www.der-elefant-bremen.de, p.1.

나 당시의 인종주의적 사고의 직접적인 고려에 의해, 그리고 그 목적에 동감해서 이주를 떠났는지는 정확하게 파악할 수는 없다.

그러나 앞에서 언급했듯이 사회에 확산된 의식들은 마치 독일의 한 부분으로 식민지가 잡지 등에서 자연스럽게 언급되듯이 이들의 일상과 행위에 밀접한 영향을 주었던 것은 분명해 보인다. 적어도 위생(Hygiene)라는 단어는 19세기 후반 이후의 독일에서 일종의 집단적 알러지를 유발하는 단어였다는 것은 분명하다. 19세기에만 해도 수차례 반복되었던 극심한 콜레라 유행 이후, 코흐(Robert Koch)에 의해 세균에 의한 질병 유발성이 확증되고 나서 독일 사회는 세균 박멸을 위한 위생에 온 힘을 쏟았다. 그 와중에 인종적 위생이라는 사고가 확산되었다는 점을 주목할 필요가 있다. 우생학이 독일어로 인종위생(Rassen Hygiene)이라는 점은 상당히 의미심장하다. 잡지 『식민지와 고향』에는 유모차의 우수함을 설명하는 광고 문구에 "아이위생을 고려해 제작되었다(Kinderhygiene hergestellt)"라는 말이 등장한다.[60] 위생은 자연스럽게 사회에 활용되고 있었으므로 인종의 위생에 대한 의식은 마치 무의식적으로 숨을 쉬듯 당시 독일인들에게 확산되었을 것은 분명하다. 무의식적인 신조가 다른 인종에게 폭력으로 다가가는 것도 모르는 사이에 그러하다.

또한 당시 독일사회 내에 확산되고 있던 세계관은 지식세계의 지원을 받아 더 확고한 인종주의적 경향을 띠고 있었다는 것은 상기할 필요가 있다. 독일이 식민지 확보에 나서기 전부터, 즉 19세기 중반경부터도 '해외의 새로운 독일'에 대한 사회적 요청들이 증가했고 이론적 – 철학적 서적들도 등장했었다. 계몽의 연관 속에서 일종의 "문화적 문명화 주도자" 내지는 문화적인 "발전 주도자"에 대한 담론들이 그것이다. 계몽의 필요

---

60) "Brennabor Kindrwagen"에 Nach den Vorschriften der modernen "Kinderhygiene" hergestellt라고 되어 있다. 이에 대해서는 *Kolonie und Heimat* Nr.33, 1912을 참조.

를 언급하는 학자들의 글들에, 그리고 아프리카로 여행한 학자나 선교사들의 보고서에는 아프리카의 비인간적인 상태, 검은 피부, 머리털의 특성, 문화적 저급함, 그들의 게으름에 관한 내용이 채워져 있었다.[61] 그러므로 당시 독일 여성들에게는 건강한 백인의 독일공동체를 식민지역에 만든다는 것은 자신들에게는 해방을 가능하게 하는 행위이기도 하지만 독일 전체를 위한, 더 나아가 장차 독일의 한 부분이 될 식민지 원주민들을 위한 행위로 비추어질 만한 사회적 분위기였다는 것이다.

이 자연스러운 사고가 사회적 담론으로써 여성들의 식민지 이주에 영향을 미친 것이라면, 여성들 개인의 목적은 다른 부분에서 찾을 수 있다. 그것은 결혼과 경제적 안정의 추구이다. 19세기 후반, 여성 노동자 수기를 분석한 연구에 의하면 당시 독일의 젊은 여성들은 극심한 가난과 가부장적 가족관계 속에서 경제적 문제와 결혼문제 해결에 많은 관심을 기울이고 있었다.[62] 산업화가 진행되면서 여성 노동자의 취업 기회나 대우는 좋지 않았고 많은 인구로 인해 결혼의 기회는 쉽게 주어지지 않았었기에 하층계급 여성들은 노동환경의 열악함에서 벗어남과 동시에 생활고 해결도 가능하게 할, 식민지 생활을 선택하게 된다.[63]

부르주아 출신 여성 경우에도 상황은 그리 다르지 않았다. 19세기 중반 여성운동의 내용이 주로 교육기회 개선, 고용기회 확대에 집중해있고 개인의 시민권적 권리보다는 모성성에 집중되어 있었던 점을 고려하면 결혼이라는 계기와 모성획득 기회를 교육적 활동 및 고용기회와 함

61) Sören Utermarck, "Schwarzer Untertan versus schwarzer Bruder", Bernhard Dernburgs Reformen in den Kolonien Deutsche-Ostafrika, Deutsche-Südwestafrika, Togo und Kamerun, Uni.Kassel, Dissertation, 2011, p.13.

62) 이에 대해서는 정현백, 「자서전을 통해 본 여성노동자의 삶과 심성세계」, 『여성과 역사』 창간호, 2004, 7~8쪽을 참조.

63) 정현백, 「자서전을 통해 본 여성노동자의 삶과 심성세계」, 『여성과 역사』 창간호, 2004, 12쪽.

께 얻을 수 있는 식민지 생활은 이들에게 하나의 대안이 될 만했다.[64] 더구나 19세기 후반, 자연과 가까이 신체적으로 접촉하는 삶에 대한 환상이나 신생활운동이나 하이마트 운동 등, 독일 교양부르주아 출신 젊은이들에게 유행하던 '자연과 공존하는 삶' 추구는 이 결정에 일정하게 영향을 미쳤다. 독일적인 덕목이나 문화를 식민지에 확장하는 역할과 동시에 독일 본국에 확산되고 있던 낭만주의적 삶의 방식을 재현하며 이들은 식민지 내에 일종의 독일집(deutsches Heim)을 만들기를 꿈꾸며 길을 나섰던 것이다.[65]

결국, 부르주아 출신이나 노동자 출신 모두에게 식민지에서 살아감으로써 얻게 되는 경제적 자립과 결혼 기회는 미래를 위한 대안이 될 수 있었다. 여기서 한 가지 중요한 것은 식민지가 아주 낯설거나 먼 공간이 아니었을 것이라는 점이다. 『식민지와 고향』은 식민지에서의 삶을 소개하기도 하지만 많은 지면을 독일의 도시와 그 도시의 경제, 문화를 소개하는데 할애하고 있다. 브레멘(Bremen), 함부르크(Hamburg) 등 본국의 지역과 문화 등을 식민지에서 필요한 물건, 살아가는 방식에 대한 소개 등과 함께 기술했다. 이런 방식의 정보가 반복적으로 개재되는 과정에서 이를 접하는 이들에게 본국과 식민지는 어디나 그들에게 익숙한, 자신들의 삶의 터전이 되게 하며 그러는 사이 식민지는 독일인들에게 그리 커다란 심리적 거리를 느끼게 하는 장소가 아닐 가능성이 높다. 마치 브레멘을 보듯, 식민지의 어느 한 지역이 그들에게 일상적 조국 땅의 어디로 받아들여질 수 있었다. 그러므로 여성들이 식민지로 향하는 것은 고

---

64) 이런 여성운동의 경향은 1865년 만들어진 독일 최초의 전국단위 여성단체, 독일여성총연맹(Alllgemeiner Deutscher Frauenverein)의 활동 목표를 기준으로 한 것이다. 이 목표에 대해서는 문수현, 「독일 여성운동의 시원, 루이제 오토」, 『서양사연구』 59, 2018, 45~46쪽을 참조.

65) Dörte Lerp, "Zwischen Bevölkerungspolitik und Frauenbildung", in Bechhaus-Gerst, Marianne(hg.), *Frauen in den deutschen Kolonien*, Berlin:Links, 2009, p.36.

용을 위해, 결혼을 위해, 독일의 어느 곳으로 찾아가는 것과 같았을 것으로 보인다.

'바다너머의 독일땅'에 백인 공동체를 완성하고자 하는 사회적 요구는 여성들이 자신의 땅에서 이룰 수 없는 꿈을 이루기 위한 시도와 맞물리며 여성들에게 식민지 이주를 선택하게 했다. 인종주의나 우생학에 기반을 둔 백인 사회를 이루어야 한다는 사명은 일종의 문화적 폭력으로 '미개한' 흑인 원주민을 사회적 하위 집단으로 분리, 유지하기 위한 인종적인 폭력을 뒷받침하는 것이었다. 여성에게 요구되는 사회적 관습과 미덕이라는 것 역시 문화적 폭력으로, 여성들의 사회적 권리를 제약하는데 기반이 되었고, 이것으로부터 벗어나기 위한 시도를 낳았다. 더구나 그 시도는 '해방'의 의미로 이미지화됨으로써 이주 선택은 그들이 겪고 있는 문화적 폭력으로부터 벗어나는 방법인 것처럼 인식할 수 있게 했다.[66] 무엇보다 이 시도 없이는 '바다너머의 독일'을 백인의 세상으로 만들 수 없었기에 독일 식민지 완성을 위해 그들의 역할은 필수적인 것이었다.

식민지 사회에서 독일 여성들은 비로소 사회적 역할을 담당하게 된다. 산업사회 전개 이후로 부르주아적 질서 속에서 주로 가정 내에 한정되었던 여성의 자리, 그리고 그들의 역할로 규정된 재생산노동은 이렇게 식민지를 통해서 사회적 의미를 부여받았다. 백인을 출산하는 것이나 육아나, 식민지 이주 여성의 미덕으로 추앙받던 전문적인 가사 일의 능력이나, 더 나아가 아동들 교육에 이르기까지 재생산노동 영역의 일들은 식민지 사회에서 사회적 역할로 요청받으며 수행을 요청받았다.

---

[66] 이를 위해 부르주아 여성들은 여행의 기회를 향유할 수 있는 "강인하고", "용감한 여성"이라는 모티브와 함께 묘사되었다. 마치 해방된 여성의 이미지라는 레토릭을 활용한 모집이 이루어졌다. 이에 대해서는 Katharina Walgenbach, "Emanzipation als kolonial Fiktion", *L'Homme. Z.F.G* 16(2), 2005, p.58을 참조.

앞서 체크가 이야기했던 것처럼 식민지에서 여성들은 '남성 동료와 어깨를 맞대는 동료'가 비로소 될 수 있었다.

19세기 독일사회에 확산되어 있던 식민지에 대한 환상이나 자연에 가까운 삶을 향한 취향, 인종주의와 우생학적 기반의 식민주의는 그 사회가 여성에게 요구하는 다양한 관습과 여성적 의무와 마찬가지의 의미를 갖는 일종의 문화적 폭력의 기반이 되었다. 여성들에게 부과된 사회적 의무들은 여성들에게 젠더적 불평등이라는 폭력으로 불릴만 하지만 인종주의와 우생학에 기반을 둔 식민주의는 식민지의 원주민들을 대상으로 하는 폭력구조를 형성하는데 영향을 미쳤다. 젠더적 불평등을 피하기 위해 식민지에서의 자유로움을 선택한 여성들은 자신들에게 부과된 재생산노동 수행을 통해 '바다 너머의 독일'을 백인의 사회로 완결하는데 결정적인 기여를 한다. 그것은 문화적 폭력으로 식민지인에 대한 직접적 폭력을 수행하는 구조로 연결된다.

여기서 주목해야할 것은 식민지 사회의 원주민들과의 관계에서 여성들은 우월한 사회적 지위를 맛보게 된다. 결국 제국에서의 젠더적 차별 해소를 위한 노력이 식민지에서 인종적 위계관계에 기반을 둔 우월적 지위에 이들이 서는 결과로 이어진 것이다. 그렇다고 해도 남성적인 정치에 희생된 것도 아니다. 그들 역시 그 사회의 일원이기 때문이다. 재생산노동의 사회적 역할은 그들로 하여금 식민지인에 대한 폭력적 구조를 더 굳히고 강화시키는데 기여했기 때문이다. 그들 역시 구조적 폭력의 가해자였던 것이다. 그 폭력은 이들 독일 여성이 식민지에서 새롭게 생물학적, 문화적 우위를 차지하는 가운데 원주민을 대상으로 해서 실제적으로 행사되었다.

V. 맺음말

1879년 카메룬 출생의 테오필루스 원자 미햐엘(Theophilus Wonja Michael)은 더 나은 삶을 꿈꾸며 독일로 이주했다. 원주민 귀족가문 출신인 그는 고국에서 독일인으로부터 교육을 받았고 독일에서 통용되는 여권도 가지고 있었다. 독일에 간 그는 동향인이거나 같은 아프리카 대륙 출신이 아닌, 독일의 백인 여성과 결혼했다. 그러나 큰 아픔을 경험하게 되는데, 당시 아프리카 출신 가정에서 출생한 아이는 독일관청 청소년 보호기관과의 협의하에 백인가정에 입양시켜야 했기 때문이다. 명분은 부모가 교육에 필요한 재정적 능력이 부족하다는 것이었지만, 실제로는 독일에서 아프리카인은 "야만적인 하위인간(wilde Untermensch)"이었기 때문이다. 그것은 한쪽 부모를 백인으로 둔 이 가족의 경우에도 마찬가지였던 것 같다.

결국 아이들을 빼앗긴 아프리카 출신 아버지는 인종전시에 참여해야 했고 50대 중반이라는 이른 나이로 세상을 등지고 말았다. 이 이야기는 아버지의 경험을 자서전에 서술한 테오도르 원자 미햐엘(Theodor Wonja Michael)의 글을 통해 드러났다.[67] 현대 독일사회에서 여전한 아프리카 출신에 대한 부정적 이미지가 유지되고 있는데 그 근원을 묻는 포스트 식민주의 연구 결과 이런 과거는 세상에 드러나고 있다.

군사사나 전쟁사를 전투나, 싸움, 전술, 무기 등만이 아니라 이를 지탱하는 일상과 문화 영역으로 확장하는 인식에 기초하여 군사력과 무력이 집중되는 식민지 경영에서 여성의 역할은 어떤 것이었는가를 살펴보았

---

67) Cheikh Anta Babou, "Das Schwarzsein in der deutschen Literatur anhand theodor Wonja Michaels *Deutschsein und Schwarz dazu*".

다. 본국 사회에서의 젠더적 해방을 위한 행위는 젠더적 차별의 직접적 폭력과 식민지에 대해 갖고 있는 다양한 의식, 문화, 지식의 문화적 폭력을 거치며 식민지에서 그들의 역할로 이어졌다. 무엇보다 그들의 재생산노동은 식민지에서 사회적 의미를 부여받았고 그것을 통해 식민지 통치 구조의 완결성을 높일 수 있었다. 물론 독일 식민지가 1차 대전의 패전으로 대부분 상실되었기에 완결의 의미를 확인하기는 어려울 수도 있다. 하지만 위의 아프리카 출신 독일인의 경험에서 보듯이 그 역사적 흔적은 결코 완전히 사라지지 않았으며 오늘날 독일 사회의 아프리카 출신 구성원의 삶에서 다시 재현되고 있는 중이다. 그런 의미에서 여성들의 기여는 폭력의 구조화에 기여하는 역할을 했다고 볼 수 있다.

근대 가부장적 사회에서 그들이 감수해야 했던 사회적 차별에 대항하는 차원에서 식민지로 향하는 그들의 행동은 일종의 차별구조로부터 해방을 위한 것이었음은 분명하며 그런 의미에서 이주는 여성에게 사회적 차별을 극복하는 하나의 대안이 될 수 있었다. 하지만 그것으로 인해 달성하게 된 '그들의 평화'는 어디까지나 서구사회 구성원으로서였을 뿐이며 그들이 극복한 것처럼 보이는 사회적 차별은 원주민을 대상으로 한 인종적 위계 속에서 그들이 차지할 수 있었던 우위로 인해 또 폭력의 발생과 강화로 이어졌다. 그들은 백인 공동체를 서구적 관점에서 완결하도록 함으로써 더 견고해진 식민통치를 가능하게 했고 그런 의미에서 실질적 폭력 구조에 여성들은 결국 기여하게 되었다.

참고문헌

1. 자료

Ausschuss des Frauenbundes der Deutschen Kolonialgesellschaft(ed.) 10 Jahre Frau-
enbund der deutschen Kolonialgesellschaft: Festschrift zum 11. Juni 1918,
Berlin:Kolonie und Heimat, 1918.

Bayerische Hauptstaatsarchiv(ed.), *1914-1918 Der Krieg und die Frauen*, General-
direktion der Staatlichen Archive Bayern, München, 2017.

Frauenbund der Deutschen Kolonialgesellschaft(ed.), *Kolonie und Heimat Jg. 1911~1919*,
Berlin: Verlag kolonialpolitischer Zeitschriften 1911-1911.

2. 저서

위르겐 오스터함멜, 박은영 · 이유재 옮김, 『식민주의』, 2006.

요한 갈퉁, 강종일 옮김, 『평화적 수단에 의한 평화』, 들녘, 2000.

이민호, 『독일, 독일민족, 독일사』, 느티나무, 1990.

Sebastian Conrad, *Deutsche Kolonialgeschichte*, München: C.H. Beck, 2012.

Elke Kleinau, "Das Eigene und das Fremde, Frauen und ihre Beteiligung am kolonialen
Diskurs", in Ingrid Gogolin(ed.), *Die Kultivierung der Medien*, Wiesbaden:
Leske+Budrich, 2000.

3. 논문

김희영, 「19세기 말의 '참여혁명'과 제국주의적 민족주의 운동」, 『동국연구』 21,
2006.

문수현, 「독일 제국시기 성의 담론과 여성노동 – 1878~1891년 독일 여성노동자보호
법을 중심으로」, 『서양사연구』 24, 1999.

_____, 「독일 여성운동의 시원, 루이제 오토」, 『서양사연구』 59, 2018.

사순옥, 「독일 제 1기 여성운동의 전개과정과 목표」, 『독일어문학』 33, 2006.

유진영, 「여성실업교육 – 독일제국시기(1871~1914) 프로이센의 교육법을 중심으로」,
『한국교육사학』 33(3), 2011.

이동기, 「평화사란 무엇인가」, 『역사비평』 106, 2014.

이문영, 「폭력개념에 대한 고찰 – 갈퉁, 벤야민, 아렌트, 지젝을 중심으로」, 『역사비평』 통권 106, 2014.

전복희, 「독일 1기 여성운동에서 여성쟁점(women's issues)의 특징」, 『한국정치학회보』 38(5), 2004.

정현백, 「자서전을 통해 본 여성노동자의 삶과 심성세계」, 『여성과 역사』 창간호, 2004.

_____, 「독일제국과 식민지 폭력: 남서아프리카 헤레로봉기(1904-1907)을 중심으로」, 『독일연구』 26, 2013.

_____, 「진보이념과 제국주의의 공존: 식민지문제를 향한 독일 사회민주주의자의 시선과 현실(1884-1918)」, 『사총』 85, 2015.

_____, 「식민지의 독일여성들 – 젠더정치와 문화제국주의의 결합」, 『페미니즘연구』 20(2), 2020.

Alexandra Lübke, "Als Pioniere gemeinsam die Wildnis lichten", in Claudia Lenz(hg.) *Männlichkeiten-Gemeinschaften-Nationen*, Opladen:leske+Budrich, 2003.

Anette Dietrich, "Weiss-Sein und Geschlecht im Kontext des deutschen Kolonialismus" in Hella Hertzfeldt, Katrin Schaefgen, Silke Veth(ed.), *Geschlechter Verhältnisse*, Berlin: Karl Dietz Verlag, 2004.

Babou, Cheikh Anta, "Das Schwarzsein in der deutschen Literatur anhand Theodor Wonja Michaels Deutschsein und Schwarz dazu". https://www.transcript-open.de/doi/10.14361/9783839461624-004

Dörte Lerp, "Zwischen Bevölkerungspolitik und Frauenbildung", in Bechhaus-Gerst, Marianne(hg.), *Frauen in den deutschen Kolonien*, Berlin:Links, 2009.

Gudrun Eickelberg, "Die deutsche Frau im Kolonialismus", http://www.der-elefant-bremen.de.

Horst Gründer, *Geschichte der deutschen Kolonien*, Konstanz u. München: UTB, 2018.

Jörg Wassink, *Auf dem Spuren des deutschen Völkermordes in Südwestafrika*, Frankfurt a. M.: Peter Lang, 2004.

Katharina Walgenbach, "Emanzipation als koloniale Fiktion: Zur sozialen Position Weisser

Frauen in den deutschen Kolonien", *L'Homme. Z.F.G* 16(2), 2005.

—————————, *Die weisse Frau als Trägerin deutscher Kultur*, Frankfurt a.M.,: Campus, 2006.

Lora Wildenthal, "Rasse und Kultur Frauenorganisation in der deutschen Kolonialbe -wegung des Kaiserreichs", Birthe Kundrus (ed.), *Phantasiereiche, Zur Kultur- geschichte des deutschen Kolonialismus*, Frankfrut a.M.:Campus Verlag, 2003.

Sören Utermarck, "Schwarzer Untertan versus schwarzer Bruder". Bernhard Dernburgs Reformen in den Kolonien Deutsche-Ostafrika, Deutsche-Südwestafrika, Togo und Kamerun, Uni.Kassel, Dissertation, 2011.

Wolfgang Gippert, "Nation und Geschlecht" in Isabell Diehm & Astrid Messerschmidt (hg.), *Das Geschlecht der Migration-Bildungsprozesse in Ungleichheitsverhaelt- nissen*, Opladen u.a.: Verlalg Barbra Budrich, 2013.

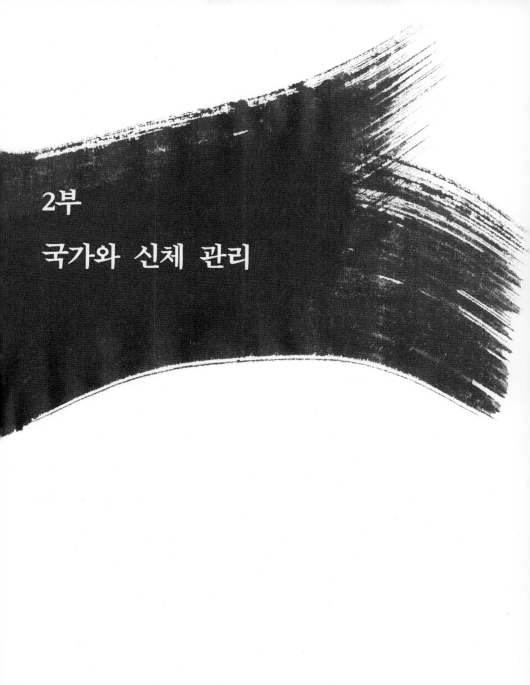

2부

국가와 신체 관리

전시체제기 '멸사봉공'의 신체, 일본정신과 무도(武道)

최 규 진

Ⅰ. 머리말

일제는 1937년 7월 7일에 중일전쟁을 일으키면서 '비상시'에 대응할 여러 정책을 내놓았다. '조선중앙정보위원회'(1937.7.22)와 같은 사상통제를 위한 기구를 설치하거나 전시에 알맞은 여러 법규를 서둘러 만들었다. 이윽고 1938년이 되면 중일전쟁과 관련된 전시 동원정책, 또는 황민화정책의 기본 틀을 확실하게 갖추었다. 이해 2월에 '육군특별지원병령'을, 3월에는 '개정조선교육령'을 공포했다. 지원병제도는 단순히 '인적자원'을 보충한다는 것만이 아니라 황국신민화를 목표로 삼고 있었다.[1] 개정된 조선교육령은 앞으로 군인이 될 학생에게 기초교육 또는 정신교육을 강화하려는 뜻을 담고 있었다. 그렇게 지원병령과 조선교육령은 서로 짝을 이루었다. 또한 중일전쟁 1주년을 맞이한 1938년 7월 7일에는

---

[1] 宮田節子, 이형랑 옮김, 『조선민중과 '황민화' 정책』, 일조각, 1997, 35쪽. 미야다 세츠코(宮田節子)에 따르면 1938년 2월의 지원병제도, 1938년 3월의 제3차 교육령 개정, 그리고 1940년 창씨개명이 황국신민화 정책의 세 기둥이다(宮田節子, 이형랑 옮김, 같은 책, 103쪽).

'국민정신총동원조선연맹'을 결성했다. '국민정신총동원조선연맹'은 말 그대로 '국민정신'을 전쟁에 총동원하려고 만든 조직이었다.[2]

식민지 조선에서는 중일전쟁 뒤에 본격적으로 일본정신을 강제하기 시작했다.[3] 일본정신을 앙양하려면 "신사참배와 궁성요배를 여행(勵行) 하고 각종 애국적 행사에 힘써 참가시킴은 물론 각자의 일상 업무를 통하여 생업보국에 매진"하도록 해야 한다고 했다. 일제는 식민지 조선인이 일본정신으로 무장하여 '사상국방'에 앞장서며 총력전에 나서기를 바랐다. 일본정신을 '체득(體得)'한 인간, 그가 곧 황국신민이었다. 일본정신은 '황민화운동'의 뼈대었다. 조선을 '병참기지'에서 '정신기지'로 전진시키는데 내선일체론은 중요했고, 내선일체론을 실현하려면 조선인에게 반드시 일본정신을 불어넣어야만 했다.[4] 내선일체란 곧 '반도(半島) 의 일본화'였기 때문이다.[5] 그러나 마음과 정신을 통해서만 일본정신을 주입한 것은 아니었다. 일제는 '심신일체의 원리'에 따라 신체적 의례와 체육활동을 통해 일본정신을 '신민'의 몸에 스며들게 하려고 했다.

전시체제기에 일제는 황국신민 모두가 "멸사봉공의 정성을 다하여 국방국가체제를 완성"해야 한다고 했다.[6] 멸사봉공은 일본정신의 핵심이

---

2) 일본에서 '정신동원'이라는 말은 일찍이 1918년에 생겨났다. 정신동원이란 "전국민이 실전(實戰)에 종사하고 있다는 각오를 가지는 것. 전시 민심의 긴장을 요구하는 표어"였다(山室信一, 『モダン語の世界へ──流行語で探る近現代』, 岩波新書, 2021, 246쪽).

3) 일본정신이라는 말은 '시국어(時局語)'였다. 그 사실은 다음 인용 글에서도 알 수 있다. "일본정신이 반도인의 지도적 생활이념으로 제시된 지는 그다지 오래지 아니하다. 또 반도인 자신이 그 정신을 알려고 노력한 시간도 또한 그다지 멀지 아니한 상태에 있다(김한경, 「일본정신의 精華」, 『조광』 6권 12호, 1940.12, 124쪽)." 일본의 경우, 1931년부터 유행어・신어의 추세가 모던어에서 관제어(官製語)와 시국어로 이동한다(山室信一, 『モダン語の世界へ──流行語で探る近現代』, 岩波新書, 2021, 245쪽).

4) 吉武源五, 「兵站基地より精神基地へ前進」, 『朝鮮』 284호, 1939.01, 51쪽.

5) 정재정, 「일제하 조선에서의 국가총력전체제와 조선인의 생활 - '皇國臣民의 鍊成' 을 중심으로」, 『한일역사공동연구보고서』 5, 2005, 413쪽.

6) 「조선국민운동조직신체제요강」, 『通報』 80호, 1940.11, 6쪽.

기도 했다.[7] "일본정신이란 한마디로 정의하기 어렵지만, 천황을 현인신(現人神)으로 받들며 멸사봉공하는 정신이다."[8] 멸사봉공은 전체주의를 상징하는 단어였다. 전체주의란 "전체우선, 공익제일, 희생봉공을 이론적으로 보증하는 것"이었다. 즉 전체주의란 "자기를 죽이는 것이 자기를 살리는 도리이며, '구속'이 실상은 '자유'라는 것을 깨닫게 하는" 이론이었다.[9] 전체주의 생활관에 따르면, "생활은 내 개인을 위한 것이 아니고 생활 전부를 들어 국가에 바친다는 각오"를 가져야 했다. "자녀를 교육할 때 혈족관계를 사유의 것으로 생각하지 말고 국가에 목숨을 즐겨 바치도록 준비시킨다."[10] 이것이 전체주의와 멸사봉공의 중심 내용이었다. 멸사봉공 정신은 "서구의 개인주의 또는 권리주의와 완전히 다른 것으로 권리와 의무의 '교환 조건'이 아닌 오로지 봉사만 있는 것"이었다.[11] "공익우선, 멸사봉공이라고 말하는 것은 서양에서 그것을 이론화하는 데 많은 곤란이 따르지만, 우리 일본인에게는 군국(君國)을 위해 사(私)를 멸(滅)한다는 대의는 국민의 혈액에 녹아있으며 대대로 이어지는 것이다"라고 했다.[12] 징병제를 발표한 뒤부터 "멸사봉공을 향해서 돌진하자"라는 주장이 세상을 뒤덮었다.[13]

일제는 '전시생활체제'를 확립하려면 일본정신과 '체위 향상'[14]이 중요

7) 「일본정신발양주간실시」(사설), 『매일신보』 1939.02.08.
8) 현영섭, 「조선 국민정신총동원운동 전망」, 『동양지광』 1권 2호, 1939.02, 86쪽.
9) 박치우, 「전체주의의 이론적 기초」, 『조광』 7권 1호, 63호, 1941.01, 75~76쪽.
10) 「징병령과 여자교육」(좌담회), 『조광』 8권 11호, 85호, 1942.11, 69쪽.
11) 香山光郎(李光洙), 「사상과 함께 미영을 격멸하자」, 『삼천리』 14권 1호, 1942.01, 46~47쪽.
12) 鈴木武雄, 「我が國民經濟の新體制」, 『通報』 79호, 1940.10, 9쪽.
13) 波田重一, 「皇民たるの本體に突進せよ」, 『조광』 8권 6호, 80호, 1942.06, 27쪽.
14) '체위'란 일본 징병검사에서 '체격등위'라는 용어를 줄여 쓴 것이다. '체위 저하'란 체격 일반이 아닌, 징병검사에서 '근골 박약'이라고 불리는 "가늘고 긴 도회형 체격"을 지닌 청년이 증가하는 경향을 가리키는 말이었다(高岡裕之, 「戰爭と'体力'－戰時厚生行政と靑年男子」, 阿部恒久・大日方純夫・天野正子 編, 『男性史(2)－モダニズム

하다고 거듭 강조하면서 개인의 신체를 전시체제에 맞게 '재편성'하려 했다. "받들어라 히노마루(日の丸), 찬양하라 건강."[15] 이 표어에서 보듯이 체력은 곧 국력이었다. 일제는 모든 국민을 '연성'하여 체위를 향상하고 '인적 자원'[16]의 가치를 높이려고 했다. '연성(鍊成)'이란 연마육성(鍊磨育成)을 줄여 말한 것이다.[17] 거기에는 총동원체제에 알맞은 인간을 육성할 뿐만 아니라 조선인을 황국신민으로 탈바꿈시키려는 뜻도 있었다. "연성이란 한마디로 말하면 국체정신의 명징, 일본정신의 체득이다."[18] 또한 때때로 '연성'이란 강제된 규율에 순종하는 것을 뜻하기도 했다.[19] 연성

　から総力戰へ』, 日本経済評論社, 2006. 180쪽).

15) 『청년』 28호, 조선중앙기독청년회, 1940.12, 15쪽.

16) '인적 자원'이란 중일전쟁기에 일제가 국민의 체위 향상을 크게 강조하면서 나타난 개념이다. '인적 자원'이라는 개념은 일본이 1938년 5월에 시행한 국가총동원법에서 국민의 노동력을 국가가 통제하고 운용해야 할 자원으로 바라보면서 생겼다(鈴木楓太, 「戰時下の体育・スポーツ」, 劉建輝・石川肇 編, 『戰時下の大衆文化──統制・拡張・東アジア』, KADOKAWA, 2022, 245쪽).

17) '연성'이라는 말은 일본에서 1938년에 등장하여 시대의 유행어가 되었다(學校教育研究會 編, 『國民學校に於ける鍊成の本道』, 寶文館, 1942, 3쪽). 연성이라는 말은 문부성에서 종래의 교육을 비판하고 혁신하는 원리를 나타내려는 조어(造語)였다. 연성이란 일본의 총력전이 요구하는 교육과제를 집약하는 말이다. '황국민의 연성'이라고 해야 숙어로서 완전한 표현이 된다. 요컨대 연성이란 "황국신민이 되는 자질을 연마육성한다는 뜻이다"(寺崎昌男・戰時下教育研究會 編, 『總力戰體制と教育－皇國民'鍊成'の理念と實踐』, 東京大出版會, 1987, 2~5쪽).

18) 牧山春植, 「徵兵과 鍊成」, 『조광』 9권 4호, 90호, 1943.04, 54쪽.

19) 연성에 대한 다음과 같은 교육학적 개념 규정은 연성을 이해하는 데 큰 도움이 된다. "일본은 메이지(明治)시대 이래 아동의 훈육에서 훈련(訓練)이라든가 도야(陶冶)라는 말을 많이 사용해왔다. 훈련이나 도야는 아동의 내적 요인을 긍정하고 그것은 습련(習練), 즉 익히도록 하여 심화시켜가는 것이었다. training 또는 discipline이라는 말의 번역어로서 훈련이라는 말을 사용했다고 한다. 그러나 연성(鍊成)이라는 글자는 반드시 단련(鍛鍊)과 연마(鍊磨)라는 글자를 연상시키며 그 의미는 training과는 다르다. 서양의 철학 윤리 또는 교육은 자아의 긍정과 자아 주장이라고 한다면, 동양의 철학은 자아의 억제 자기 공봉(供捧)이라고 할 수 있다. 따라서 자아 긍정의 교육은 자아 training이며 자아 부정은 단련이라는 형태를 띠게 된다. 훈육이나 도야를 중심으로 삼을 것인가, 아니면 연성을 목표로 삼을 것인가 하는 것은 교육의 근저(根底)에서 특별한 차이가 있는 것이다. 따라서 연성을 목표로 하는 실천 교육의 주장은 메이지(明治) 이래의 교육에 일대 전환을 암시하는 것이다(宇

은 신체만이 아니라 정신에도 해당했다. "연성이란 지식·감정·의지· 신체 등 모든 능력을 연마해서 하나의 통일된 국민으로 완성하는 것"20) 이었기 때문이다.

체육연성이란 체력 향상을 위한 '단련주의'를 일컫는다. 남자는 전투 와 생산확충을 담당할 수 있는 체력, 여자는 인구증식과 가사노동, 나아 가서는 생산확충에도 '봉공'할 수 있는 체력이 필요했다. 따라서 체육은 자유주의 시대에 일부 학생이 취미로 선택했던 스포츠를 지향하는 것이 아니라 국민 모두가 특히 청소년 시대에 의무로서 실시해야만 하는 '연 성'이어야 했다.21) 체육연성이란 국방국가 견지에서 어떠한 임무라도 완 수할 수 있는 강력하고 끈질긴 종합체력을 연마하고 질병과 병마를 미 리 극복할 만한 왕성한 저항력을 높이는 것이었다.22) "건강을 증진하고 체위를 향상하고 열성의 유전인자를 근절하며 강건한 국가를 구축하는 것이 봉공의 으뜸이다."23) 이렇게 일본정신과 국가를 위한 신체, 그리고 멸사봉공의 논리가 서로 맞물렸다.

일본정신론 안에 담겨있는 통제와 동원의 논리 모두를 살펴보는 것은 범위가 지나치게 넓어서 심층 분석을 하기가 매우 어렵다. 이 글에서는 일본정신을 강제했던 굵직한 맥락을 짚어본다. 또한 체육연성은 단순히 체위 향상만이 아닌 일본정신 앙양과 관계가 깊었음을 말할 것이다. 체 육연성은 황국신민 연성의 유력한 수단이었다.24) 황국신민체조와 무도 교육을 통해서 그 내용을 자세하게 살펴본다. 이때 일본정신과 무사도

佐見守, 『皇民鍊成體鍊科授業實際論』, 辻本博晃社, 1942, 165~166쪽)."
20) 松田友吉, 『皇民鍊成挺身行の學校訓練』, 啓文社, 1941, 46쪽.
21) 野津謙, 「靑少年鍊成の方向」, 『朝鮮公論』 改卷 2권 4호, 1943.04, 80쪽.
22) 「학교체육쇄신 – 학무국서 지도방침발표」, 『매일신보』 1942.05.13.
23) 조선총독부정보과, 「먼저健康」, 『通報』 115, 1942.05, 1쪽.
24) 小林晃夫, 「體鍊敎育의 중요성」, 『매일신보』 1943.01.11.

(멸사봉공)- 무도의 관계에 주의를 기울일 것이다. "멸사봉공의 정신은 무사도의 중심관념이며"[25] "무사도란 일본정신이 전투적 방면으로 드러나는 것"[26]이었다. 아울러 일본정신, 무사도, 무도를 어떤 이미지로 재현했는지 몇 개의 사례를 들어 설명하겠다.

Ⅱ. '일본정신 발양'과 연성

1. 일본정신의 기획

일본에서 1930년대 초반부터 일본정신에 대한 논의가 매우 활발해졌다.[27] 그것은 만주사변 뒤에 군부가 사회정치적 영향력을 확대하면서 군국의식을 퍼뜨리고 파시즘을 강화하는 것과 관련이 깊었다. 또한 1933년 3월에 국제연맹을 탈퇴하여 외교적 고립 상황에 빠지면서 국가주의 또는 파시즘을 내포한 일본정신론이 횡행하기 시작했다.[28]

일본에서 일어난 '일본정신 앙양'의 움직임이 1930년대 초에 국내에 소개되었다. "일본정신은 불온사상을 예방하기 위한 사상선도 방책이 된다"라는 내용이었다.[29] 이 무렵 식민지 조선에서도 민족의식과 사상

---

25) 高橋亨·喜田新六, 『國體明鑑』, 朝鮮儒道聯合會, 1944, 128쪽.
26) 井上哲次郎, 『武士道の本質』, 八光社, 1942, 97쪽.
27) 그것은 다음과 같은 신문 기사에서도 확인할 수 있다. "만주사변을 계기로 하여 일본주의운동이 패연히 일어나서 정치 경제 문화의 각 방면에 당하여 황도정신이 전면적으로 발휘되었다(「사상의 통일, 총력연맹의 실천 대강」, 『매일신보』 1941.05.18)."
28) 일본에서 일본정신론이 전개되는 과정에 대한 설명은 진필수, 「일제 총동원체제의 기원과 특징에 대한 재검토 : 전쟁인류학의 모색」, 『비교문화연구』 22, 2016, 452~457쪽을 참조.

운동을 배격하는 데 일본정신을 활용하고자 했다.[30] 그러나 아직 '일본정신 앙양'을 위한 사회적 움직임은 없었다.

중일전쟁 뒤부터 일제는 황민화를 위해 조선인에게 '국체명징' 의식을 함양시키고 일본정신을 이식하려는 움직임을 본격화했다. 일본정신은 황국신민을 만드는 핵심 요소가 되었다. 황국신민 교육 방침에 따라 교과서마다 일본정신을 강조했다. 매체에서도 걸핏하면 일본정신을 들먹였다. 보기를 들면, "체육에 일본정신을 조성해야 한다"라는 식의 기사가 실리는 것도 그 무렵이었다.[31]

중일전쟁 뒤에 일제는 조선을 전쟁동원체제로 몰아넣었다. 1937년 7월 22일에 '조선중앙정보위원회'를 설치해서 조선의 보도에 관여하는 모든 기관과 수단을 통제했다. 조선중앙정보위원회는 국가 의지를 민중에게 전파하고 민중을 전쟁에 동원하기 위한 기관이자 사상통제를 위한 조직이었다. 중일전쟁 1주년을 맞이한 1938년 7월 7일에는 국민정신총동원조선연맹을 결성해서 조선 민중을 얽어매기 시작했다.[32] 국민정신총동원조선연맹은 강령에서 "황국 일본정신을 반도의 구석구석까지 넓히고 소아(小我)를 멸(滅)하여 국가유구(國家悠久)의 대아(大我)에 합체하게 한다"라고 했다.[33] 그들이 말하는 '국민정신총동원'이란 곧 '일본정신총동

---

29) 「日本精神を闡明, 一面に於て不穩思想を究明しその是正を圖る」, 『京城日報』 1933.08.17; 「사상선도의 구체안, 일본정신을 宣明」, 『매일신보』 1933.08.18.

30) 김영희, 『일제시대 농촌통제정책 연구』, 경인문화사, 2003, 164쪽.

31) 「체육의 일본정신 조성」, 『매일신보』 1937.10.08.

32) 국민정신총동원조선연맹은 일본보다 1년 늦게 조직되었다. 일본에서는 고노에(近衛) 내각이 1937년 8월 24일 '국민정신총동원실시요강'을 발표했다. 1937년 9월부터 국민정신총동원운동을 시작하면서 '일본정신의 발양'을 강조했다. 일본의 '국민정신총동원 중앙연맹'은 자유주의와 사회주의를 일본정신으로 차단하려고 했다. 또한 일본정신을 밑바탕으로 삼아 운동의 3대 지표인 '거국일치' '진충보국' '견인지구'를 실천해야 한다고 했다.

33) 「국민정신총동원조선연맹강령・실천요목」, 『청년』, 1938.11, 8쪽; 「제1회 국민정신총동원조선연맹회의, 9대강령발표」, 『동아일보』 1938.09.23.

원'이었다.34)

1940년대 들어 독일이 유럽 전선을 확대하는 가운데 일본에서는 국민
정신총동원중앙연맹뿐만 아니라 모든 정당마저 해산하고 대정익찬회
(大政翼贊會)를 새로 만들었다. 대정익찬회는 신체제를 외치며 "고도국
방국가체제, 다시 말하면 일본적인 전체주의 국가체제를 확립하기 위한
국민운동"35)을 했다. "신체제란 일본적인 전체주의 정치제제를 일컫는
다. 1940년 봄부터 초여름까지 나치 독일의 혁혁한 군사적 성공이 그 발
전을 촉진했다."36) 일본은 이 국민운동을 통해서 전시통제 정책과 천황
제를 더욱 강화하려 했다.37) 조선총독부는 일본의 신체제운동을 조선에
적용했다. 1940년 10월 16일에 '국민정신총동원조선연맹'을 '국민총력조
선연맹'으로 개편하고 미나미 지로(南次郎) 총독 스스로 이 기관의 총재
가 되었다. 미나미 총독은 총력운동의 목적을 이루려면 "군국지상주의
에 기초하여 각 개인은 각자 본분을 지켜 멸사봉공하고 지성으로 황국
신민의 도를 실행해야 한다"라고 했다. 이것이 곧 일본 신체제운동에서
말하는 '신민의 도'라고 했다.38)

국민총력조선연맹을 만들면서 조선에서도 신체제운동을 시작했다.39)

---

34) 최유리, 『일제 말기 식민지 지배정책연구』, 국학자료원, 1997, 87쪽. 미나미 총독은
  "국민정신총동원은 즉 일본정신의 총동원입니다. 일본정신은 단순한 마음 자세가
  아니라, 행동과 실천을 통해 구현됩니다"라고 말했다(「국민정신총동원연맹 타합회
  에서의 총독 고사 〈요지〉」, 친일반민족행위진상규명위원회, 『친일반민족행위관계
  사료집』 IX, 선인, 2009, 80쪽).

35) 木下半治, 『新體制事典』, 朝日新聞社, 1941, 123쪽.

36) 木下半治, 『新體制事典』, 朝日新聞社, 1941, 100쪽.

37) 일본의 신체제운동이란 "국체의 본의를 기초로 해서 모든 방면에서 새롭게 출발하
  는 운동"이었다(森田芳夫 編, 『朝鮮に於ける 國民總力運動史』, 國民總力朝鮮聯盟,
  1945, 42쪽).

38) 「昭和15年10月國民總力京畿道聯盟役員總會ニ於ケル朝鮮聯盟總裁訓示」, 朝鮮總督
  府, 『半島ノ國民總力運動』, 1941, 79쪽.

39) 森田芳夫 編, 『朝鮮に於ける 國民總力運動史』, 國民總力朝鮮聯盟, 1945, 43쪽. "내지

'신체제'는 공익우선, 전체주의, 종합계획, 블록주의, 총동원을 원칙으로 삼았다. 여기서 총동원이란 "모든 능력을 일정한 목표로 통일 집중시키는 것"을 말한다.[40] 일제는 식민지 조선의 신체제운동을 '국민총력운동'으로 부르기로 했다. 왜 그 이름인가. 지금까지는 식민본국 일본을 좇아 '국민정신총동원'이라고 했다. 그러나 이제는 "모두가 온 힘을 기울여 봉사하는 실천을 해야 한다는 취지", 또는 "정신의 총동원이 아닌 모든 힘을 다 발휘한다는 표시"[41]로서 국민총력운동이었다. 식민지 조선의 신체제운동은 '국민조직의 신체제'였고 "국민총력운동이란 곧 전시국민생활운동"이었다.[42]

국민총력운동을 벌이면서 미나미 총독은 일본정신과 함께 특별히 멸사봉공을 강조했다. "총력운동이란 각 개인이 국가지상주의(國家至上主義)에 따라 자기의 이익을 제2차 밑으로 두고 멸사봉공으로 귀일하는 것이다. 표어처럼 말한다면 직역봉공이다."[43] 직역봉공이란 "자기의 직무를 다하는 것이 바로 천황의 큰 과업을 삼가 받드는 것이라는 깊은 자각"이다.[44] 직역봉공의 이념에 따르면, "생산이란 국가공익에 봉사하는

에서는 신체제의 이름을 대정익찬회라고 하는 데 대하여 조선에서는 국민총력조선연맹이라고 한다. 대정익찬회 또는 국민총력조선연맹은 기구의 이름이다. (중략) 양자 간의 차이는 내지의 대정익찬회 운동은 정치적 의미를 포함한 데 대하여 조선의 그것은 단순한 봉공적(奉公的) 실천운동이라는 데 있는 것이다(서춘, 「조선과 총력운동」, 『신시대』 1권 2호, 1941.02, 28쪽)."

40) 金正實, 「新體制의 指導原理」, 『春秋』 1941.02, 107~110쪽.
41) 森田芳夫 編, 『朝鮮に於ける 國民總力運動史』, 國民總力朝鮮聯盟, 1945, 44~45쪽.
42) 烏川僑源, 「국민총력운동의 의의와 실천요강」, 『春秋』 1941.02, 145쪽.
43) 「昭和15年10月臨時道知事會議ニ於ケル總督指示」, 朝鮮總督府, 『半島ノ國民總力運動』, 1941, 83쪽.
44) 文部省 編纂, 『國体の本義』, 1937(형진의 · 임경화 편역, 『『국체의 본의』를 읽다』, 어문학사, 2017, 62쪽). "職域奉公 : 국민 각자가 각각 자기의 직역을 통하여 봉사한다는 뜻인데, 이것은 국민으로서 신체제에 협력하는 가장 중요한 근본적 태도이다. 종래 자유주의하에 있어서는 국민은 자기 직업에 충실하다고 할 때 자칫하면 공익보다는 사익, 국가보다도 자기 개인의 이익을 우선적으로 생각하였으나 신체제 하

것이며, 그 봉공에 대해 국가에서는 은총을 내려준다."[45] "직역봉공이 진정한 일본인의 근로정신"이기 때문에 조선인도 그 정신을 본받아야 한다고 했다.[46] 이제 잡지 표지화에 나타난 '직역봉공'의 이미지를 보자.

〈그림 1〉『총동원』제2권 11호, 1940.11.   〈그림 2〉『총동원』제2권 12호, 1940.12.
표지.   표지.

〈그림 1〉은 이미 1939년 12월에 나온 포스터를 1940년 11월호 표지화로 사용했다. 1939년 신문에서는 이 포스터를 싣고 그 내용을 다음과 같

이 소개했다. "내년부터 질적으로도 양적으로도 육군 지원병을 우수하게 모집하게 되었는데 총독부에서는 씩씩한 지원병을 대량으로 모집하기 위해 용감한 모습을 그린 포스터를 제작해서 전 조선에 배포했다."[47] 〈그림 1〉에서 군인 뒤편에서 노를 젓는 노인을 눈여겨보자. 그는 늙었지만 군인을 나르는 일로 '봉공'한다. 포스터는 그 노동이 신성하다고 강조한다. 이렇듯 '봉공'을 모티프로 삼은 도상은 일상적인 노동에 국가적이고 종교적인 색채를 부여한다.[48] 〈그림 2〉 표지화도 국민총력조선연맹에서 만든 '직역봉공' 선전 포스터를 그대로 사용했다.[49] "신도실천!! 직역봉공!!, 드높이자 총력(總力), 다 함께 실천." 그렇게 적었다.

2. 일본정신과 의식 · 의례

여러 매체는 정신통제와 신체동원을 위한 프로파간다로 일본정신과 멸사봉공을 적극적으로 활용했다. 일본정신이란 무엇인가. "일본정신은 경신숭조(敬神崇祖)의 이념을 근간으로 하고 있으며 신사(神社)를 중심으로 배양된다"라고 했다.[50] 일본정신이란 황실을 중심으로 하는 사상이라든가, 충군애국 · 의용봉공의 정신이라고 설명하기도 했다. 또한 일본정신은 대우주의 정신을 나타내는 것으로 팔굉일우(八紘一宇)가 핵심이라고도 했다.[51] 조선총독부 학무국 관리는 전체주의 이데올로기에 따

47) 「志願兵募集ポスター」, 『朝鮮新聞』 1939.12.30.
48) 가와무라 구니미쓰, 송완범 · 신현승 · 전성곤 옮김, 『성전(聖戰)의 아이코노그래피』, 제이앤씨, 2009, 32쪽.
49) 이 포스터에 대한 설명은 「ポスターも出來ました」, 『朝鮮新聞』 1940.10.29.
50) 鈴川元章, 「神社와 日本精神」, 『春秋』 1944.03, 31쪽.
51) 岐村正雄, 「日本精神の再檢討」, 『朝鮮公論』 28권 7호, 1940.07, 32~36쪽.

라서 일본정신을 해명하고 설명하려는 것은 일본정신의 본질을 왜곡하는 것이라고 주장했다. 그는 "일본정신이란 일본인의 역사적·사회적 정신생활의 현실 속에서 생동하고 있는 순수정신이며 절대가치이고 일본국민의 혈관이자 맥박"이라고 했다.[52] 그러면서 일본정신은 이민족을 동화시키고 타민족의 정신과 조화할 수 있는 보편성을 가진 것이라고 했다. 그 핵심 사상이 바로 '팔굉일우'라고 주장했다.[53]

미나미 총독은 "몸을 던져서 천황에게 귀일(歸一)하고 모든 나를 바쳐서 국가에 봉사하는 것이 일본정신의 본질이다"라고 말했다.[54] "전사하는 순간에도 천황폐하 만세를 외치며 죽는 것이 곧 일본정신이다"라는 설명도 있다.[55] 이러한 주장은 천황제가 요구하는 일본정신의 핵심을 짚었다. 그러나 속내를 감춘 채 이렇게 저렇게 일본정신을 해설하는 일이 많았다. 온갖 설이 어지럽게 펼쳐지자 "일본정신이란 형체가 없는 것이며, 이것이 곧 일본정신이라고 지시하는 것이 곤란하다. 다만 행동에서 드러난다"라고 설명하기도 했다.[56] 이들은 "일본정신은 행(行)이 중심이다. 사색 중심의 인텔리 기질을 일소하는 것이 일본정신 체득에서 으뜸이다. 사상보다는 행, 이론보다는 실천. 이것이 세계문화의 대세다"라고 주장했다.[57]

52) 김도경, 「태평양전쟁기 식민지 조선에서의 향토 담론」, 『우리말글』 50, 2010, 12~13쪽; 中島信一, 「全體主義と日本精神」, 국민정신총동원조선연맹, 『총동원』 제2권 1호, 1940.01, 14쪽.

53) 中島信一, 「全體主義と日本精神」, 국민정신총동원조선연맹, 『총동원』 제2권 1호, 1940.01, 18쪽.

54) 「朝鮮の新體制に就いて－臨時道知事會議に於ける總督訓示要旨」, 조선총독부정보과, 『通報』 80호, 1940.11, 2쪽; 「朝鮮の新體制に就いて－臨時道知事會議に於ける總督訓示要旨－昭和15年10月臨時道知事會議」, 朝鮮總督府警務總監部 編, 『警務彙報』 416호, 1940.12, 3쪽.

55) 松本德明, 「ナチス獨逸の指導原理と日本精神」, 朝鮮總督府警務總監部 編, 『警務彙報』 382호, 1938.02, 26쪽.

56) 津久井龍雄, 「日本精神の顯揚」, 『朝鮮公論』 改卷 2권 1호, 1943.01, 33쪽.

일본정신이라는 말을 하나의 유행어처럼 여겨서 곳곳에 활용하곤 했다.[58] 보기를 들자. "일본정신은 국어(일본어)로부터"라고 했다.[59] 일본어 전해운동을 펼치는 까닭은 징병제에 대비한다는 뜻도 있었지만 일본정신을 이식시키기 위한 것이라고 했다.[60] 학생들을 근로동원할 때에도 "근육노동을 통해서 지구력과 근로봉사의 정신을 기르며 일본정신을 발휘하도록 한다"라고 했다.[61] 일제는 일본정신을 앙양하여 전시생활을 극복해야 한다고 했다.[62] 또한 중요 정책을 새롭게 실행할 때면 늘 일본정신을 가다듬어야 한다고 다그쳤다. 보기를 들면, 국민학교제도를 시행할 때에는 "국민교육의 방향은 일본정신으로"해야 한다고 했고[63] 징병제를 발표할 때에는 "징병의 특권을 누리기 전에 먼저 일본정신을 체득하라"[64]라고 했다. 반서구의 정서를 드러낼 때도 '일본정신'을 활용하곤 했다.[65] 그렇게 일본정신은 강렬한 배외주의와 일본 제국의 정체성을 나타내는 역할도 했다.

국민총력조선연맹은 '고도국방체제' 수립에 조선인을 동원하는 것을 목표로 삼았다. 그 목표를 이루려면 첫째, 일본정신 앙양과 내선일체의 완성을 통한 사상통일, 둘째, 직역봉공 철저와 생활신체제 확립을 통한

---

57) 津田剛, 「일본정신의 파악」(상), 『매일신보』 1941.10.14.

58) "만주사변 뒤부터 일본정신이라는 말을 외치기 시작하다가 오늘날에 하나의 유행어가 된 느낌이 있다. 그러나 그 정체가 무엇인가라고 물으면 곧바로 대답할 수 없을 만큼 복잡한 의미를 가지고 있다(大倉邦彦, 「日本精神の本質」, 『春秋』 1944.08, 18쪽)."

59) 「국어생활표어」, 『매일신보』 1942.05.02.

60) 「國語를 常用합시다」, 『조광』 10권 7호, 105호, 1944.07, 13쪽.

61) 大邱師範學校, 『國家總動員時下新敎育令に基く本校敎育要綱』, 1938, 38쪽.

62) 「전시국민생활체제 확립」, 『매일신보』 1940.08.02.

63) 조용만, 「새 학년부터 고쳐지는 초등학교」, 『신시대』 1권 3호, 1941.03, 123쪽.

64) 「병역은 황민의 최고 특권」, 『신시대』 2권 6호, 1942.06, 40쪽.

65) "지금 일본정신 앙양을 외치고 거국일치를 요망하는 때에 서양음악을 라디오에서 방송하는 것은 일본 국민의 서양 기분화, 서양 정신화를 부추긴다(王舟逸士, 「宣傳機關の主義精神」, 『朝鮮公論』 26권 10호, 1938.10, 37쪽)."

국민총훈련, 셋째, 전시경제 추진과 증산을 통한 생산력확충을 이룩해야 해야 한다고 했다. 일제가 조선인에게 요구했던 일본정신이란 내선일체와 짝을 이루면서 사상통일을 강제하기 위한 수단이기도 했음을 알 수 있다. 그들은 국체명징의 관념, 경신숭조와 조국(肇國)일치, 멸사봉공의 정신, 황국신민의 신념 등을 일본정신의 핵심으로 꼽았다.

일본정신을 조선인에게 어떻게 '체득'시킬 것인가. 국민총력조선연맹에서는 다음과 같은 실천사항을 제시했다. ①아침의 궁성요배 ②신사참배 ③정오의 묵도[66] ④국기게양 ⑤황국신민서사 낭송이었다.[67] 또는 "대일본은 신국(神國)이기 때문에 각 가정에 가미다나(神棚)를 모셔놓고 신과 함께 생활하는 것"에서 일본정신을 구현해야 한다고도 했다.[68] 일제는 '일본정신 앙양'을 위해 여러 방식으로 선전했다. 그 가운데 포스터와 전단의 선전을 살펴보자.

〈그림 3〉과 〈그림 4〉에서는 날마다 아침에 '황거요배'를 하면서 천황에 대한 복종을 몸에 익히고 국기게양에서 일본정신을 되새기라는 뜻을 담았다.[69] 황국신민화와 내선일체를 목표로 삼은 식민권력은 어떻게든 조선인에게 일본정신을 이식하고 싶어 했다. 애국일이 그 보기이다. 1937년 9월부터 애국일을 설정했다. 애국일에는 "시국의 올바른 인식, 국체명징, 내선일체의 철저, 시난(時難) 극복의 정신을 더욱 강화 확립시

---

66) "정오의 묵도는 경성부 내(內)라면 '싸이렝' 소리가 나면 방에 있던 사람은 기립하고 거리에서 걷던 사람은 멈추어 서서 묵도를 올려 전몰장병의 영령의 명복에 대하여, 전지에서 활동하는 황군장병의 무운장구를 기원한다. 이것은 국민으로서 자연히 생기는 의무요 감사의 염인 것이다. '싸이렝'이 없는 지방에서는 열두 시쯤, 또는 점심 직전에 묵도를 드리는 것이다(川岸文三郞, 「총력운동은 이것이다」, 『신시대』 1권 2호, 1941.02, 21쪽)."

67) 「궤도에 오른 총력연맹」, 『조광』 7권 2호, 64호, 1941.02, 295~296쪽.

68) 「신국 일본에 태어난 기쁨」, 『매일신보』 1943.02.11.

69) 1939년 일본정신발양주간 때부터 '황거요배'를 '궁성요배'로 바꾸어 불렀다. 「一層 自肅 自戒하라」, 『매일신보』 1939.01.20.

〈그림 3〉 황거요배 포스터. 『매일신보』 1938.11.16.

〈그림 4〉 內閣情報部, 『思想戰展覽會記錄 圖鑑』, 1938, 121쪽.

키고자" 국기게양, 신사참배, 궁성요배, 황국신민의 서사 제창, 근로봉사 등을 하도록 했다.[70]

국민정신총동원조선연맹에서는 1939년 2월 11일 기원절을 중심으로 일주일 동안 일본정신발양주간을 선포했다. "건국정신을 받들어 장기건설에 매진하자. 비상시국의 어려움을 인고단련으로 극복하자"라는 취지였다. "우러러보라 일장기, 높이라 일본정신", "일억일심, 다져라 일본정신"[71] 이러한 표어도 내걸었다. 국민정신총동원조선연맹에서는 "일본정신발양주간에는 국기게양, 궁성요배, 황국신민서사 제창, 천황폐하 만세 봉창, 신사참배 등의 의례뿐만 아니라 무도대회를 비롯한 "각종 경기대회를 열어 인고단련, 강건한 정신의 함양에 힘쓰라"라고 했다.[72] 무도대

---

70) 朝鮮總督府, 『朝鮮にける國民精神總動員』, 1940, 33쪽; 친일반민족행위진상규명위원회, 『친일반민족행위관계사료집』 IX, 선인, 2009, 51쪽.
71) 「일본정신발양주간 제1일」, 『조선일보』 1939.02.09.
72) 「일본정신발양주간」, 『매일신보』 1939.01.24; 「忍苦鍛鍊을 실천, 일본정신발양운동

회는 일본정신을 드높이는 주요한 체육행사였다.[73] 일본정신발양주간 때 다음과 같은 포스터를 만들어 배포했다.

<그림 5> 일본정신발양주간 포스터.
『매일신보』 1939.02.08.

일본과 한반도 지도 가운데에 석검(石劍)이 있고 그 아래에 칼과 화살 그리고 일장기가 있다. 한 마리 새가 날아간다. 황금빛의 솔개, 금치(金鵄)이다.[74] 일본 신화에 따르면 금치가 진무천황(神武天皇)의 전쟁을 도왔다고 한다. 일본에서 1890년 기원절 때 금치훈장조칙을 만들었다. 그 뒤부터 무공이 뛰어난 사람에게 금치훈장을 주었다. 일본정신발양주간 포스터에 금치를 배치한 것은 중일전쟁의 승리를 기원하고 기원절을 기념하려는 뜻이 담겨있다.

패전의 그림자가 짙어질수록 일본정신을 '체득'하게 하는 과정은 종교적 색채를 띠었다. 가미다나(神棚)가 그 보기이다. 일제는 생활 속에서 일본정신을 길러야 한다면서 천황제 이데올로기 상징물을 숭배하라고 강요했다.[75] 국민총력조선연맹에서는 "신을 중심으로 가정생활을 해야 한다"라면서 각 가정에 가미다나를 설치하도록 다그쳤다.[76] 가미다나란

행사 결정」, 『매일신보』 1939.01.22.

73) 「일본정신발양 체육행사요항」, 『조선일보』 1939.01.22.

74) 한민주는 독수리라고 보고 용감함을 상징한다고 해석했다(한민주, 『권력의 도상학 – 식민지 시기 파시즘과 시각문화』, 소명, 2013, 79쪽).

75) 보통학교 규율에서 천황제 이데올로기 우상 숭배에 대해서는 오성철, 『식민지 초등 교육의 형성』, 교육과학사, 2000, 349쪽을 참조.

76) 「신 중심의 필승이념」, 『매일신보』 1944.06.03. 가미다나는 조선인이 대부분을 차지 한 공업실습학교에서 '실습'이라는 명목으로 학생들이 만들어 초등학교 학생에게 졸업기념품으로 나누어주었다. 또한 각 가정에 신표를 강제로 배포했다(樋浦鄕子,

신의 이름을 쓴 종이를 넣어두는 선반 또는 제물상을 말한다. 그 가미다나를 가정의 중심으로 삼아 국가의 중심인 황실을 받드는 것이 내선일체를 이루는 지름길이라고 했다.[77] "가미다나는 신궁이나 신사를 참배하는 그러한 경건한 마음으로 집안에서 예배하는 곳"이라면서 집안의 가장 정결한 곳을 골라서 다나를 만들고 그 다나 위에다 궁(宮)을 안치하고 궁 안에 신부(神符)를 모시라고 했다.[78] 매일 아침 궁성요배는 말할 것도 없거니와 가미다나 예배도 힘써야 한다는 프로파간다가 이어졌다.[79] 가미다나를 설치하지 않으면 경찰서에 끌려가 폭행당하기도 해서 '형식상의 비자발적 실천'을 해야만 했던 경우도 있었다.[80]

이 밖에도 일종의 목욕재계라고 할 수 있는 '미소기(禊ぎ)'가 일본정신의 진수를 체현하는 좋은 방법이라고 주장했다.[81] 매체에서는 미소기가 "일본 민족이 가지고 있는 전통적인 기초적 연성 방법"이라고 소개했다.[82] 식민지 조선에서 미소기는 1941년 1월 16일 미나미 총독의 지시로 시행했다.[83] 국민총력조선연맹에서는 일본에 앞서 미소기를 널리 보급하려고 노력했다.[84] 미나미 총독 스스로 미소기 연성을 하면서 "냉수로 온몸을 정화하고 일본정신으로 복귀"하는 시범을 보였다.[85] 미나미의

「학교의식에 나타난 식민지 교육: 현대일본의 '국가신도' 논쟁과 관련하여」, 『한림일본학』 25, 2014, 65쪽).

77) 「중심있는 생활을, '가미다나' 모시어 조석배례」, 『매일신보』 1943.08.15.

78) 牧野春樹, 「가미다나(神棚)와 가정(家庭)」, 『조광』 9권 2호, 88호, 1943.02, 38~39쪽.

79) 香山光郎(이광수), 「일본문화와 조선」(1), 『매일신보』 1941.04.21.

80) 문혜진, 「1930~1945년 신궁대마(神宮大麻)의 배포와 가정제사」, 『한국문화인류학』 48-2, 2015, 263~265쪽.

81) 아오노 마사아키, 배귀득·심희찬 옮김, 『제국신도의 형성 – 식민지조선과 국가신도의 논리』, 소명, 2017, 174쪽.

82) 「첫째로 정신연성」, 『매일신보』 1942.11.05.

83) 문혜진, 「일제 식민지기 국가신도의 국민도덕화 담론에 관한 소고(小考) – 경성제국대학 윤리·종교 부문 장서를 중심으로」, 『한국학』 38-4, 2015, 200쪽.

84) 「미소기 강습」, 『매일신보』 1941.08.22.

뒤를 이어 새 총독이 된 고이소 구니아키(小磯國昭)는 '황민정신의 연성'을 중요하게 여기고 국민총력조선연맹 사무국을 개편하여 연성부(鍊成部)를 신설하면서 미소기를 더욱 확대했다. 미소기는 본디 신도의 정화의례이지만, 전시체제에서 황민화정책으로 활용했다. "정신을 오염시키는 불필요한 조선의 사고, 감정, 관습을 정화함으로써 깨끗한 동일민족의식을 구축한다"라는 뜻으로 미소기를 시행했다.[86] 관료, 각 직장의 지도자, 지식계급, 문화인 등을 "일본정신의 정수인 미소기로 연성한다"라는 방침이었다.[87] 사상 전향자에게도 미소기를 통한 혹독한 '정신적 수련'을 강요했다.[88] 다음 글은 식민지 조선에서 미소기가 시작된 때를 말하고 있으며 미소기에 대한 일반적인 인식을 엿볼 수 있다.

> 조선에서 미소기가 시작된 지는 어느덧 10년이 넘었다. 그러나 일반은 아직도 이 '미소기'에 대한 인식과 이해가 박약하여 의구지념(疑懼之念)을 가지고 있는 사람이 많다. 왈(曰) '미소기'하는 동안에는 담배도 못 먹게 한다. 여러 시간 꼼짝하지 않고 꿇어앉았어야 한다. 추운 때나 더운 때나 엄동설한에라도 찬 물 속에 장시간 동안 들어가 앉아 있어야 하고 또 찬물을 바가지로 머리에서부터 끼얹어야 한다. 새벽 4시에서부터 밤 9시까지 쉴 틈도 없이 연성하여야 하며 방 소제, 신전(神殿) 소제는 물론이고 변소 소제, 조석 나름까지 하지 않으면 안된다. 그러나 이런 것들은 참을 수 있다고 하지만 배가 고파 기운을 차릴 수가 없는데 연성이 드세어져서 병이 나기 쉽다고 한다. 먹는 것이라고는 매일 조석(朝夕) 두 때에 멀건 흰죽 한 공기씩이라 그것 먹고서는 병이 안 날 수 없다고 한다.[89]

---

85) 「미소기 연성보고서」(1), 『매일신보』 1941.09.02.

86) 문혜진, 「일제 식민지기 국가신도의 국민도덕화 담론에 관한 소고(小考) – 경성제국대학 윤리 · 종교 부문 장서를 중심으로」, 『한국학』 38-4, 2015, 201쪽.

87) 「全鮮에 미소기 보급」, 『매일신보』 1942.05.24.

88) 「대구 대화숙생들 송도서 '미소기'」, 『매일신보』 1941.10.17.

89) 김지효, 「禊(미소기)연성참관기 – 禊道의 意義」, 『조광』 9권 10호, 96호, 1943.10, 74쪽.

3. '사상국방'과 일본정신, '결전'과 특공정신

일본은 1936년 11월에 일독방공협정을 맺었다. 일독방공협정은 단순히 국가 사이의 이해관계로 맺은 것이 아니라 "일본정신과 나치스 정신이 결합한 결과"라고 설명하기도 했다.[90] 일제는 근대전에서 사상전이 중요하다고 인식하여 조선방공협회를 만들었다.[91] 조선총독부 경무국, 특히 보안과가 주도하였다. 조선방공협회는 1938년 8월 15일 중앙부인 조선방공협회를 조직하고 같은 해 9월 2일 각도 고등외사와 경찰 과장을 소집한 협의회에서 하부조직인 도연합 지부 이하의 조직과 활동 방침 등을 마련하였다.[92] 조선방공협회는 "공산주의 사상과 운동의 박멸, 일본정신 앙양"을 목적으로 했다.[93] "불온사상을 가진 사람을 개과천선하게 하여 진정한 황국신민으로 자각하게 하고 일본정신의 앙양을 꾀하여 사상국방의 완벽을 기한다"라는 취지였다.[94]

"조선방공협회에서 배포한 방공방첩 선전물 가운데 다음과 같은 '일본정신앙양' 전단이 있다.

이 전단은 한복을 입고 일장기 앞에 깊게 고개 숙인 부부를 그렸다.

---

90) 松本德明,「ナチス獨逸の指導原理と日本精神」, 朝鮮總督府警務總監部 編,『警務彙報』382호, 1938.02, 22쪽.
91) 다음 연구에서 조선방공협회를 다루었다. 김영희,『일제시대 농촌통제정책 연구』, 경인문화사, 2002; 변은진,『파시즘적 근대체험과 조선민중의 현실인식』, 선인, 2013; 전상숙,「전향, 사회주의자들의 현실적 선택」, 방기중 편,『일제하 지식인의 파시즘체제 인식과 대응』, 혜안, 2005; 이태훈,「일제말 전시체제기 조선방공협회의 활동과 반공선전전략」,『역사와현실』93, 2014.
92) 이정욱 · 가나즈 히데미 · 유재진 공편역,『사상전의 기록 – 조선의 방공운동』, 학고방, 2014, 14쪽.
93) 이정욱 · 가나즈 히데미 · 유재진 공편역,『사상전의 기록 – 조선의 방공운동』, 학고방, 2014, 7쪽; 朝鮮總督府警務局保安課編纂,『朝鮮に於ける防共運動』, 1939, 29쪽;「조선방공협회규약」,『매일신보』1938.08.31.
94)「방공협회 취지서」,『동아일보』1938.08.31.

<그림 6> 朝鮮總督府警務局保安課,
『朝鮮に於ける防共運動』, 1939, 51쪽.

그리고 일본정신앙양이라고 적었다. 일본정신은 조선방공협회가 보급한 '방공가'의 가사에도 적혀있다. 제1절은 이렇다.

천황의 위세 널리 미치는 곳/ 빛나는 반도 / 이곳 방공의 제일선 / 맹세하라 충성을 / 막아라 적마(赤魔)를 / 가자! / 성은의 깃발 아래 / 기필코 일으키라 일본정신.95)

"적(赤)으로 더럽히지 말라 신국(神國) 일본."96), "수호하라 일장기, 방어하라 간첩."97) 조선방공협회는 그러한 방공방첩 표어도 퍼뜨렸다. 〈그림 7〉은 '일본정신의 발현을 통한 방공'의 내용을 담은 조선방공협회 포스터다.

투구를 쓰고 칼을 든 무사는 몸에 일장기, 독일기, 이탈리아기를 둘렀다. 일본·독일·이탈리아가 맺은 방공협정을 뜻한다. 그 무사가 일본도로 '적마(赤魔)'를 내려치고 있다. 붉은색으로 칠했을 것이 분명한 적마의 생김새가 흉측하다. 포스터의 오른쪽에 방공, 왼쪽에 "적마를 없애자!"라고 쓰고 맨 아래에 조선방공협회라고 적었다.

---

95) 이정욱·가나즈 히데미·유재진 공편역, 『사상전의 기록 – 조선의 방공운동』, 학고방, 2014. 54쪽.
96) 「防共標語當選者決る」, 『朝鮮新聞』 1938.10.16.
97) 「수행하라 성전, 굿게하라 방공」, 『매일신보』 1938.12.01.

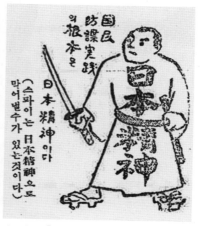

〈그림 7〉 朝鮮總督府警務局保安課, 『朝鮮 〈그림 8〉 『조광』 8권 8호, 1942.08, 52쪽.
に於ける防共運動』, 1939, 51쪽.

조선방공협회는 공산주의와 스파이를 한통속으로 바라보았다. 천황
제와 일본제국주의를 교란하는 외부의 침입자로서의 공산주의와 스파
이였다. 방공에 일본정신이 중요하듯이 방첩에도 일본정신이 필요했
다.[98] 그러한 인식은 〈그림 8〉에서도 드러난다.

일본정신을 몸에 두른 무사가 일본도를 들고 있다. "국민 방첩 실천의
근본은 일본정신이다. 스파이는 일본정신으로 막아낼 수 있는 것이다"
라고 적었다. 〈그림 8〉은 "자유주의, 개인주의, 외국숭배와 모방. 이러한
것이 스파이 비밀전에 온상을 제공한다. 따라서 이러한 사상을 배격하
는 일본정신을 굳건히 지키면 방첩에 문제가 없다"[99]라는 주장과도 통
한다.

일제는 '반도의 사상'이 일본정신으로 통일되기를 바랐다.[100] 파시즘

---

98) 「방첩을 철저히 하려면 먼저 일본정신 앙양」, 『매일신보』 1942.06.20.
99) 「防諜指南」, 『신시대』 2권 8호, 1942.08, 52쪽.
100) 「사상의 통일, 총력연맹의 실천대강」, 『매일신보』 1941.05.18.

의 기본적 특질은 반혁명 또는 예방 반혁명의 급진성이다. 일본에서도 민중의 혁명운동의 영향력을 차단하는 '대항사상'으로서 일본정신, 즉 국체관념을 사회의 각 계층에 철저하게 침투시켰다.[101] 일본에서 사상전 박람회를 열면서 그 취지를 다음과 같이 적었다.

> 국가의 흥륭(興隆)은 국민사상의 건전에 있다. 그리고 사상전은 현대의 국제 각축장에서 외교전·경제전·무력전 등과 함께 평시 또는 전시를 통해서 일어나는 투쟁 형태이다. 우열승패와 국가 성쇠의 갈림길이 사상전에 달려있다. 일본정신의 앙양을 꾀해서 거국일치하여 외래 사상전 공작에 대처하고 시난(時難)을 극복하려고 한다.[102]

이제 대화숙(大和塾)이 1942년에 장충단 공원에서 열었던 일본정신박람회의 선전 포스터를 보자.[103]

대화숙은 그 이름에서 알 수 있듯이 조선의 사상범과 그들의 가족에게 대화(大和), 즉 '야마토'라는 일본정신을 가지게 하려는 사상범 교화기관이었다. 대화숙을 '일본정신 수련도장'이라고 부른 것은 그 때문이었다. 대화숙은 "예전의 사상관계자들에게 참된 일본정신을 주입하여 황국신민으로서 사상국방에 협력시키게 하는" 단체였다.[104] 대화숙이 주최한 일본정신박람회는 "국체관념을 새기고 국민사상을 통일·순화하며 내선일체의 성과를 거두게 하는 동시에 대동아 성전(聖戰) 완수에 돌진"하는 것을 목표로 삼았다.[105] 〈그림 9〉 일본정신박람회 포스터는 일본의 상징인 벚꽃, 일본 무사의 상징인 투구와 일본도를 그렸다. "일본도

---

101) 粟屋憲太浪, 『十五年戰爭期の政治と社會』, 大月書店, 1995, 130쪽.
102) 내각정보부, 『사상전 전람회 기록도감』, 1938, 19쪽.
103) 이 선전 포스터는 2,000부를 인쇄하여 각 관청과 회사·상점 등에 배포하였다(「대망의 일본정신 博」, 『매일신보』 1942.04.14).
104) 「일본정신 수련도장」, 『매일신보』 1940.12.15.
105) 「찬연한 황국의 史實진열」, 『매일신보』 1942.04.03.

는 무용(武勇)·과감·강직을 뜻하며 그것은 곧 일본정신을 상징한다."[106] 이 포스터는 일본정신을 무사에 대한 숭배로 이미지화했다.[107]

〈그림 9〉 일본정신박람회 포스터.
『매일신보』 1942.04.14.

태평양전쟁을 치르면서 일본정신은 극단적인 모습을 띤다. "대동아전쟁이란 영미 제국주의에서 10억 동아 인민을 해방하는 성전"이라고 주장할 때마다 반 서구사상과 함께 일본정신을 강조할 수밖에 없었다. "공습을 두려워하지 않은 국토방위는 일본정신에서 비롯된다"라는 주장이 그 보기이다.[108]

시간이 흐를수록 '정신주의'가 더욱 횡행했다. "전장의 주검을 가장 영광스러운 주검으로 아는 것이 일본정신"이라고 했다.[109] 확실히 전시에는 일본정신 같은 몽매한 정신주의나 야마토다마시(大和魂)라는 공허한 근성론, 또는 신주불멸(神州不滅) 같은 신화적 황국사관이 버젓이 통용되었다. 그것은 야만적인 군국주의이고 미신적인 국수주의였다.[110] 전세가 불리해질수록 일본정신은 섬뜩해졌다. 다음 광고를 보자.

〈그림 10〉은 일억 '신풍혼(神風魂)'으로 성전을 완수하자고 했다. 또 저마다 직장에서 특공대 정신으로 과감하게 투쟁하자고 했다. '특공대'는 '특별공격대'를 줄인 말이고 그것이 곧 가미카제(神風)이다. "신풍(神

---

106) 「일본 재인식」, 『국민신보』 1940.01.28.
107) 한민주, 『권력의 도상학 - 식민지 시기 파시즘과 시각문화』, 소명, 2013, 79쪽.
108) 「방공필승 기초교과서」(1), 『부산일보』 1941.08.26.
109) 「징병령과 반도 어머니의 결의」(좌담회), 『조광』 8권 6호, 80호, 1942.06, 42~43쪽.
110) 야마모토 요시타카, 서의동 옮김, 『일본 과학기술 총력전』, AK, 2019, 294쪽.

<그림 10> 『매일신보』 1945.01.03.

風) 특공대의 정신으로 면 직원이 미곡 공출로 돌격했다"라는 식의 기사
가 실리는 것도 이 무렵이다.[111] <그림 11>은 물동이를 잇달아 전달하는
여인들과 땅에 비친 폭격기 그림자를 공중에서 내려다보듯이 그렸다.
공습이 눈앞에 닥친 그 순간에도 '옥쇄의 의기'를 보이며 여인들이 소이
탄의 폭격에 대비하고 있다. '옥쇄'란 구슬이 수많은 파편으로 아름답게
부서져 흩어지는 모습을 가리키는 것으로 전사(戰死)를 미화하는 말이
다. 일본에서 1943년 5월에 알류산 열도 서쪽 끝에 있는 애투(Attu) 섬에
서 일본 병사가 '옥쇄'한 사실을 알렸다.[112] 그 무렵 조선의 선전 매체에
서는 화랑도의 임전무퇴를 특공정신 또는 옥쇄와 연결하여 조선인의 심
성을 파고들려 했다. 다음 글은 그 보기이다.

> 화랑도는 전사를 명예로 알고 나라를 옹호고 발전시키는데 신명을
> 다하는 무사도 정신을 가지고 있다. 또한 신라인은 거국일치 진충보국
> 이라는 큰 정신을 지니고 있는데 이는 일본정신 또는 대화혼(大和魂: や
> まとだましい)과 완전히 같다.[113]

---

111) 「神風 특공대의 정신으로 면직원들이 미곡 공출에 돌격」, 『매일신보』 1944.11.25.
112) 오오누키 에미코, 이향철 옮김, 『사쿠라가 지다, 젊음도 지다 – 미의식과 군국주의』,
　　 모멘토, 2004, 213쪽.
113) 慶北・大邱・慶北公立高等女學校, 「內鮮一體精神, 新羅武士道」, 『文敎の朝鮮』 174호,

화랑도는 충을 제1로 하고 효를 제2로 하였으며 임전무퇴의 정신을 5계 가운데 하나로 넣었다. 이 화랑도의 정신의 유일한 희망은 기진맥진하여 옥쇄하는 데 있다. 이 화랑도 정신은 고요히 잠들었다가 1,000년의 꿈을 깨뜨리고 이제 다시 불타고 있다.[114]

글만이 아니라 연극 등을 통해서도 화랑도를 상징조작하고 '정신공작'[115]에 활용하려 했다. 다음은 그 보기이다.

〈그림 11〉 화장품 광고. 『국민총력』 1944년 3월호.

〈그림 12〉 연극 광고와 〈그림 13〉 가극 광고에서 재현한 화랑도 이미지는 일본 무사와 완전히 겹친다. 이렇게 '만들어진 전통'으로서의 화랑도는 일본의 무사도 정신을 조선에 중개하는 데 활용되었다.

〈그림 12〉 『매일신보』 1944.10.20.

〈그림 13〉 『매일신보』 1944.07.11.

1940.02, 22~25쪽. 이 글은 白神壽吉이 썼다. 그는 1923년 9월 10일에 '조선총독부 사범학교 교유'로 발령을 받아 한국에 왔다. 여러 매체에 '신라의 무사도'에 관련된 글을 썼다. 1940년에는 대구여자고등보통학교의 교장으로 부임했다. 그는 조선의 고미술품 수집가이기도 했으며 조선사상에 관심이 높아 1944년에는 「李退溪先生傳」을 『儒道』에 발표했다(崔在穆, 「韓國における'武の精神'・'武士道'の誕生－花郞との結び府きへの批判的省察」, 『陽明學』 22, 2009, 349~340쪽).

114) 白神壽吉(대구여고보 교장), 「특공정신과 화랑도, 임전무퇴의 기백으로 승리를 획득」, 『매일신보』 1945.01.12.

115) 崔在穆, 「韓國における'武の精神'・'武士道'の誕生-花郞との結び府きへの批判的省察」, 『陽明學』 22, 2009, 339쪽.

Ⅲ. 황국신민체조와 건국체조, '무도의 체조화'

1. 황국신민의 체조, '검도의 일반화'

시오바라 도키사부로(鹽原時三廊) 학무국장은 미나미 총독의 오른팔이자 '반도의 히틀러'라는 별명을 가졌다.[116] 그는 1937년 여름에 부임한 뒤부터 "조선 교육 문제를 근본적으로 해결하려고" 모든 교육 분야를 점검한 뒤에 '시오바라 시스템'을 구축했다. 그 가운데 하나가 "목도(木刀)로 일정한 형태의 체조를 하게 하는" 것을 연구하도록 했다.[117] 그것은 서양류의 외래식 체조를 일본식 체조로 바꾸는 작업이기도 했다.[118] 마침내 "종래의 체조에다 일본 무도(武道)의 여러 가지 형(型)을 채용하여 새로 일본식 체조를 만들었다."[119] 그 체조가 바로 황국신민체조로서 일본에는 없는 체조였다. 일본체육은 대화혼(大和魂)의 양성, 군주와 국가에 대한 정신태도의 수련이라는 무사도 정신을 이상으로 삼는다. 그와 마찬가지로 황국신민체조는 단순히 근육이나 기교를 키우는 것이 아니라 체육의 정신적 가치를 중요하게 여겼다.[120] 학무국장은 다음과 같이 말했다.

모름지기 조선 교육에서 황국신민의 신념을 함양하는 것이 가장 중요하다. 지금 조선총독부 학무국에서 황국신민서사와 황국신민체조를

---

116) 우치다 준, 한승동 옮김, 『제국의 브로커들』, 길, 2020, 487쪽.
117) 「교학문제 해결과 교육상의 결함 교정」, 『매일신보』 1937.09.25.
118) 「체조양식을 개정」, 『동아일보』 1937.10.01.
119) 「황국신민체조」, 『조선일보』 1937.10.10.
120) 松延信義, 「皇國臣民體操實施について―體操の深化と劍道」, 『文教の朝鮮』 154호, 1938.06, 36쪽.

제정하여 실시하는 목적도 바로 여기에 있다. 황국신민체조야말로 그 연원이 일본 무도에 있으며, 일본 무도란 일본정신의 정수이다. 일본 무도의 형(型)을 체조화한 황국신민체조의 교육적 가치는 매우 크다.[121]

황국신민체조는 "일반 체조에 검도의 기본동작과 공격 정신을 가미하여 만든 것"으로 목검 체조가 아닌 "목검과 긴밀한 관계를 가진 체조"였다.[122] 이 황국신민체조는 1937년 10월 15일 3회 신궁봉찬체육대회 입장식이 끝난 뒤에 경성운동장에서 1,100명의 중등학생이 처음으로 선보였다.[123] 황국신민체조는 1937년 10월에 만든 황국신민서사와 짝을 이루었다. 일제는 "황국신민서사와 황국신민체조를 병행하여 국민정신을 고양시킬 것"이라고 했다.[124] 황국신민체조 전에는 반드시 황국신민서사를 제창하도록 했다.[125] 그들은 황국신민체조란 '황국신민서사의 동적(動的)인 체인(體認)의 실천 부분'이라고 정의했다.[126] 그리고 다음과 같은 황국신민체조 취의서를 발표했다.

예로부터의 무도의 형(型)을 본떠서 체조화하고, 이를 엮어 황국신민 체조를 제정하여 일반에 보급시키기로 했다. 이는 예로부터 지금까지 일본정신의 근본이 무도에 의해 배양된 무사도에 있다고 생각하여, 그 정신을 취하여 검에 친숙한 자와 그렇지 않은 자를 불문하고 일상 무도

---

121) 坂東藤太郎, 『皇國臣民體操精義』, 日韓書房, 1938, 1쪽. 『皇國臣民體操精義』의 발행과 내용에 대해서는 하정희 · 손환, 『일제강점기 황국신민체조의 보급에 관한 연구』, 『한국체육사학회지』 20-2, 2015, 75~77쪽을 참조.
122) 「'체조제' 거행, 황국체조 일제 실행」, 『동아일보』 1937.10.26.
123) 「신궁봉찬체육대회」, 『조선일보』 1937.10.16.
124) 「서사를 작성 배포」, 『동아일보』 1937.10.05.
125) 「皇國臣民體操」, 『부산일보』 1937.11.09.
126) 西尾達雄, 『日本植民地下朝鮮學校体育政策』, 明石書店, 2003, 408쪽; 조선총독부 편, 『시정30년사』, 1940, 박찬승 · 김민석 · 최은진 · 양지혜 역주, 『국역 조선총독부 30년사(下)』, 민속원, 2018, 1,263쪽.

의 형(型)에 친숙해지게 해서 심신을 단련하여 황국신민으로서의 신념
을 체득(體得)하는 데 도움이 되도록 한 것이다.[127]

또한 취의서에서 황국신민체조는 "한낱 기교의 말절(末節)에 얽매이
지 않고, 황국신민의 정신을 함양하는 동시에 인고지구의 체력을 양성"
하는 것이 목적이라고 했다.[128] 바꾸어 말하면, 황국신민체조란 "무도정
신을 인고단련(忍苦鍛鍊)의 형식으로 구현한 것"이라고 했다.[129]

신문에서는 황국신민체조를 무사도 체조라고도 불렀다.[130] 황국신민
체조는 "정신적으로는 왕성한 공격정신, 육체적으로는 인고지구(忍苦持
久)할 수 있는 강건한 신체를 육성하려는 것"을 목표로 삼았다.[131] 공격
정신이란 '황군병사'의 자질이었으며, 인고지구는 전시체제기의 덕목이
었다. 황국신민체조를 통해 '인고지구'의 신체로 훈련하는 모습을 신문
에서는 다음과 같이 보도했다. 곡성군에 있는 어느 초등학교의 황국신
민체조 모습이다.

　　헐벗은 옷에 발은 두말할 것 없이 맨발이나 다름없다. 그런데도 불

---

127) 조선총독부 편, 『시정30년사』, 1940, 박찬승 · 김민석 · 최은진 · 양지혜 역주, 『국역
　　조선총독부 30년사(下)』, 민속원, 2018, 1,266쪽; 坂東藤太郎, 『皇國臣民體操精義』,
　　日韓書房, 1938, 1쪽; 조선총독부학무국사회교육과 · 조선체육협회, 「皇國臣民體操
　　の情神と實施上の注意」, 『文敎の朝鮮』 151호, 1938.03, 56쪽.
128) 조선총독부 편, 『시정30년사』, 1940, 박찬승 · 김민석 · 최은진 · 양지혜 역주, 『국역
　　조선총독부 30년사(下)』, 민속원, 2018, 1266~1267쪽; 坂東藤太郎, 『皇國臣民體操精
　　義』, 日韓書房, 1938, 2쪽.
129) 「황국신민체조 內地에 소개」, 『조선일보』 1938.05.04. 국체명징, 내선일체, 인고단
　　련이 조선 교육의 3대 강령이었다.
130) 「황국신민 조성을 위한 귀일적 신교육 체재(體裁)」, 『매일신보』 1937.10.13.
131) 조선총독부학무국사회교육과 · 조선체육협회, 「皇國臣民體操の情神と實施上の注
　　意」, 『文敎の朝鮮』 151호, 1938.03, 58쪽; 中根晃, 「三大敎育綱領を具現せる學校經
　　營案」, 『文敎の朝鮮』 163호, 1939.03, 35쪽; 西尾達雄, 『日本植民地下朝鮮學校体育
　　政策』, 明石書店, 2003, 411쪽.

구하고 어린 생도들은 목도를 힘있게 쥐고 훌륭한 힘에 넘치는 자태를
보여주었을 때 일행은 눈물을 머금지 않을 수 없었다. 그들은 오늘 아
침에도 소나무껍질이나 쑥으로 끓인 죽을 먹고 왔음에 틀림이 없을 것
이다. 마을은 주림에 허덕이나 소년들은 아직도 지지 않고 있다.[132]

검도의 관점에서 본다 해도 황국신민체조는 각별했다. "검도로 체조
를 심화시키고 체조로 검도를 일반화하며 높은 교육적 경지로 검도와
체조를 합일시켜 참된 일본적 체육을 건설하는 것"이라는 평가가 뒤따
랐다.[133] 총독부는 황국신민체조를 자랑거리로 여겨 일본의 선전물에도
활용하고,[134] 일본에도 보급하고 싶어 했다.[135] 일제는 기존의 황국신민
체조를 좀 더 발전시킨 제2황국신민체조를 개발했으며 유도의 기본형을
바탕으로 한 제3황국신민체조를 만들었다고 했다.[136] 그러나 그 체조를
널리 보급하지 못했다.

2. 체조로 다지는 일본정신

황국신민체조는 체육에서 '단련주의'를 내세우는 계기가 되었다.[137]
단련주의란 국가를 위해서 개인의 신체를 '연성'하는 것을 뜻했다.[138] 그

---

132) 「아이들도 굿세다」, 『조선일보』 1939.10.13.
133) 松延信義, 「皇國臣民體操實施について一體操の深化と劍道」, 『文敎の朝鮮』 154호, 1938.06, 38쪽.
134) 「사상전람전에 출진품 결정」, 『조선일보』 1938.01.22.
135) 「황국신민체조 내지에도 보급」, 『조선일보』 1938.02.08; 「황국신민체조 內地에 소개」, 『조선일보』 1938.05.04.
136) 「황국신민체조 제2 제3형 보급」, 『조선일보』 1938.07.16.
137) 「鍛鍊主義敎育 皇國臣民體操로써」, 『매일신보』 1938.04.01.
138) 「鍛鍊主義の體育」(社說), 『朝鮮新聞』 1942.01.28.

러나 육체의 단련만이 목표는 아니었다. '황국신민체조의 노래' 가운데 "대공의 일장기, 대일본이 여기 있네. 성군이 계시옵고 우리는 제국의 신민이다"[139]라는 가사가 있다. 이 가사는 황국신민체조의 취지를 잘 보여 준다. 신문은 "국민의 체위 향상과 체조를 통해 진실한 일본신민을 육성한다고 하는 일석이조의 묘안을 황국신민체조로 구현했다"라고 보도했다.[140]

황국신민체조에서 쓰는 목검의 모습은 어떠했을까. 목검에는 3·4학년 및 여자용, 5·6학년용, 고등과와 중등학교용이 있었다. 목검의 길이와 무게가 서로 달랐다.[141] 다음 그림을 보자.

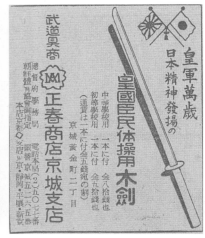

〈그림 14〉坂東藤太郎, 『皇國臣民體操精義』, 〈그림 15〉『朝鮮新聞』 1937.11.17.
日韓書房, 1938, 192쪽.

139) 坂東藤太郎, 『皇國臣民體操精義』, 日韓書房, 1938, 194쪽.
140) 「皇國臣民體操, 木劍の數より見た實施狀況」, 『朝鮮新聞』 1938.03.23. 이 기사에서 는 황국신민체조에서 사용하는 목검 개수로 유추한다면 1938년 3월에 전체 학생 가운데 50%에게 황국신민체조를 시키고 있다고 했다.
141) 西尾達雄, 『日本植民地下朝鮮學校体育政策』, 明石書店, 2003, 412쪽; 坂東藤太郎, 『皇國臣民體操精義』, 日韓書房, 1938, 12~14쪽; 조선총독부 편, 『시정30년사』,

〈그림 14〉는 여자 어린이가 '오른쪽 비켜 찌르기'로 공격하는 모습이다. 목검이 짧다. 〈그림 15〉는 무도 도구를 판매하는 상점에서 중등학교용 80전, 초등학교용 50전에 목검을 판다는 광고다. 이 광고는 "황군만세, 일본정신 발양의 황국신민체조용 목검"이라고 적어서 중일전쟁에서 일본이 승리할 것을 기원했다.[142] 차츰 황국신민체조를 정과로 편입하여 실시하는 학교가 많아졌고, 목검의 수요도 크게 늘었다. 목검은 모두 일본에서 수입했다.[143]

상품으로서의 목검은 하나의 사물에 지나지 않는다. 그러나 황국신민체조에서는 목검에 대해 '취급상 주의'를 규정해서 목검을 하나의 나무조각처럼 여기는 태도를 배제해야 한다고 했다. 운동할 때는 절대로 걸터앉거나 던지거나 굴려서 목검의 신성함을 더럽히는 행위를 해서는 안 되었다.[144] 무사가 진검을 '무사의 혼'으로 대하듯 그렇게 황국신민체조의 목검을 대하라고 했다. 목검에는 각 사용자의 이름 또는 번호를 적게했다. 목검을 넣어두는 목검 상자나 목검 선반(木劍棚)을 소홀하게 취급하지 말라고 했다. 신성한 기분을 내도록 하려고 목검 상자를 꺼낼 때는 가벼운 경례를 하고 조심스럽게 할 것, 목검 상자는 깨끗한 교무실 또는 특별실에 두어야 한다고 했다.[145] 황국신민체조 그 자체에서 정신적인 도야를 하는 것도 필요하지만, 목검을 다룰 때도 정신적 훈련의 중요성을 잊어서는 안 된다고 했다.[146]

1940, 박찬승 · 김민석 · 최은진 · 양지혜 역주, 『국역 조선총독부 30년사(下)』, 민속원, 2018, 1,267쪽.

142) 황국신민체조 보급 과정에 대해서는 하정희 · 손환, 「일제강점기 황국신민체조의 보급에 관한 연구」, 『한국체육사학회지』 20-2, 2015를 참조.

143) "1938년 9월에 경상남도 산림과에서 목검을 대량 생산할 계획을 세웠다"라고 신문은 보도했다. 그러나 실제로 그러했는지는 알 수 없다. 「목검 대량생산, 경남서 계획」, 『매일신보』 1938.09.02.

144) 김재우 · 이학래, 「황국신민체조에 관한 연구」, 『한국체육학회지』. 39-1, 2000, 15쪽.

145) 西尾達雄, 『日本植民地下朝鮮學校体育政策』, 明石書店, 2003, 413쪽.

〈그림 16〉「황국신민체조해설」,『文敎の朝鮮』
151호, 1938.03, 71쪽.

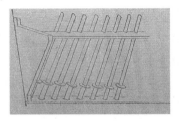

〈그림 17〉 목검 선반(木劍棚). 坂東藤太郎,
『皇國臣民體操精義』, 日韓書房, 1938, 18쪽.

〈그림 18〉 목검 상자. 坂東藤太郎,『皇國臣民
體操精義』, 日韓書房, 1938, 17쪽.

〈그림 16〉은 목검의 각 부위에 이름을 붙여 교육할 때 통일성을 갖도록 하고 목검을 신중하게 다룰 것을 암시하고 있다. 〈그림 17〉, 〈그림 18〉은 목검을 보관하는 선반과 상자이다. "목검에서 신성한 기분을 내도록 하는" 기능을 한다.

황국신민체조를 할 때의 복장도 정신적 훈육에 보탬이 되도록 했다. 엄숙한 마음을 가질 수 있도록 현란한 색깔보다는 순백색이나 검정색 등의 옷을 장려했다. 또한 "진검의 타는 듯한 기력을 나타내기 위하여" 머리띠를 하도록 했다. 머리띠가 없을 때는 수건을 머리띠 대용으로 써도 괜찮다고 했다.[147] 〈그림 19〉 잡지 표지는 목검을 들고 머리띠를 묶은 어린이를 그렸다.

목검을 대하는 태도와 복장에서 보듯이 황국신민체조는 정신적 가치를 중요하게 여겼다. 황국신민체조는 체력을 키우는 신체 훈련뿐만 아니라 일본정신 주입을 주요 목표로 삼았기 때문이다. 또한 황국

146) 坂東藤太郎,『皇國臣民體操精義』, 日韓書房, 1938, 17쪽.
147) 김재우·이학래,「황국신민체조에 관한 연구」,『한국체육학회지』39-1, 2000, 16쪽.

신민체조를 통해서 무사도의 '희생
봉공'의 정신과 공격정신을 배양하
기를 기대했다. 국민의 강력한 체
력과 맹렬한 투지가 필요한 전시체
제기에 공격정신의 의미가 매우 크
다고 했다.[148]

일본정신을 강조하는 체조가 또
있다. 건국체조다. 일제는 황국신
민체조와 함께 건국체조도 보급했
다.[149] 1930년대에 일본에서는 라
디오 체조를 비롯한 후생체조, 남
자청년체조, 여자청년체조, 대일본
체조, 산업체조 등 실로 여러 체조
를 했다. 건국체조도 그 가운데 하

〈그림 19〉『월간 소국민』 1944년 11월호.
표지.

나이지만 이 체조는 좀 더 특별했다.[150] 일본에서 1936년 10월에 발표한
건국체조는 일본의 옛날 무술 동작 가운데 기본형식을 가져와 만들었
다.[151] 건국체조는 무도의 기합을 도입해서 의(意)를 강화하는 것을 중
요하게 여겼다. 건국체조의 각 동작은 "하나의 장애를 가상하고 그것을
격파하는 의지를 행하는 것"이었다. 건국체조는 "일상생활의 어려움을
극복하는 정신을 강화하고 이상을 실현하는 분투 정신을 왕성하게 하는"

148) 坂東藤太郎, 『皇國臣民體操精義』, 日韓書房, 1938, 132~133쪽.
149) 「조선신궁경기 남녀 3,000여 참가」, 『조선일보』 1937.10.12.
150) 藤野豊, 『強制 された健康』, 吉川弘文館, 2000, 50쪽.
151) 건국체조는 일본의 옛 무도의 찌르기 · 때리기 · 베기의 형을 기본으로 해서 전조
(前操) 후조(後操) 종조(終操)의 15개 동작으로 되어있으며 체조를 하기 전이나 끝
난 뒤에 '건국체조 전진가'와 '건국체조 찬가'를 부르도록 했다(藤野豊, 『強制 され
た健康』, 吉川弘文館, 2000, 52쪽).

효과가 있다고 했다.[152] "건국체조는 결코 단순한 체조운동이 아니다. 체조라는 형식을 통해서 정신작흥운동을 하는 것이다. 건국의 대정신, 즉 팔굉일우의 대 이상을 구현하고 발양하는 일대 국민운동이다"라고 했다.[153] 이처럼 건국체조는 일본인의 건국정신을 구현하고 조선인의 황민화에 중요한 역할을 할 것이라고 했다.[154]

황국신민체조와 건국체조 모두 무도정신에 바탕을 두었지만 건국체조는 목검을 쓰지 않았다. 어느 참관기에 따르면 "반나체로 하는 건국체조는 율동미와 육탄력을 자랑한다"라고 했다.[155]

〈그림 20〉 건국체조 모습. 『朝鮮新聞』 1937.07.28.

---

152) 中根晃, 「三大教育綱領を具現せる學校經營案」, 『文敎の朝鮮』 163호, 1939.03, 35쪽.

153) 藤野豊, 『強制された健康』, 吉川弘文館, 2000, 53쪽. 건국체조는 초등학생에게도 "팔굉일우 정신을 체현(體現)하기에 가장 적절하다"라고 했다(全南・光州瑞石公立尋常小學校, 「皇民鍊成の教育行」, 『文敎の朝鮮』 174호, 1940.02, 31쪽).

154) 西尾達雄, 『日本植民地下朝鮮學校体育政策』, 明石書店, 2003, 444~445쪽.

155) 이정순, 「제12회 신궁경기 참관기」, 『조광』 7권 12호, 1941.12, 178쪽.

Ⅳ. 황민의 무도, 국방의 무도

1. 무도정신과 체련

1930년대 초에 일본에서 교유체제를 파쇼적으로 재편하면서 체육에서도 무도정신을 중요하게 여겼다. 일본에서는 이미 1931년에 사범학교규정을 개정해서 검도와 유도를 정과 필수로 했다. "검도와 유도는 일본 고유의 무도로서 질실강건한 국민정신을 함양하고 심신을 단련하기에 적절하기 때문"이라고 했다. 그 뒤에 체육과 스포츠의 합리주의적이고 자유주의적 요소를 비판하는 가운데 국민정신 함양의 중핵으로서 무도를 중요하게 여겼으며 태평양전쟁이 끝날 때까지 흥성했다. 무도를 하면 인물도야, 기백의 배양, 예절의 함양 등의 효과가 있다는 논리를 내세웠다.[156]

식민지 조선에서 '무도'는 어떻게 전개되었는가. 일제강점기 초기에 주로 군대와 경찰을 양성하는 단체를 중심으로 검도와 유도가 보급되었으며, 1920년대 초반부터 무도 도장이 운영되고 있었다.[157] 중일전쟁 이전에도 무도를 장려하는 분위기가 없지는 않았다.[158] "사상선도와 민심

---

156) 西尾達雄, 『日本植民地下朝鮮學校体育政策』, 明石書店, 2003, 369~370쪽.

157) 김필승, 「일제 전시기의 식민권력과 무도교육의 실상(1931~1945)」, 『한국체육과학회지』 26-2, 2017, 18~20쪽. 이미 1920년대에도 무도를 통해서 무사도 정신을 익힐 수 있다는 주장이 나타났다(山田一隆, 「柔道別科講習を開くに當り」, 朝鮮總督府 警務總監部 編, 『警務彙報』 252, 1927.04, 25쪽). 그러나 그 무렵에는 일본정신을 함양하려는 목적보다는 '체육으로서의 운동'의 성격이 강했다. 보기를 들면, 검도는 신체를 튼튼하게 하여 건강에 좋고 생활능률을 높인다고 했다(寺井知高, 「劍道運動の效果」, 朝鮮總督府警務總監部 編, 『警務彙報』 251, 1927.03, 72~76쪽). 유도는 1912년에 처음으로 경성중학교 학생에게 체조의 일부로 부과되기도 했다(小田省吾, 「講道館柔道と內鮮一體」, 『신시대』 1권 6호, 1941.06, 122쪽).

158) 보기를 들면, 다음과 같은 글에서 무도가 체육에서 더 큰 역할을 해야 한다고 주장한다. 阿部文雄, 「體育と柔道」, 『文敎の朝鮮』 20호, 1927.04; 內田金作, 「弓道に就

통일책으로 유도, 검도, 궁술 등의 무도를 장려한다"라는 방침을 세우기도 했었다.[159] 그러나 중일전쟁 뒤부터 '일본정신의 체육도(體育道)'를 주장하면서 무도 교육을 더욱 강조하기 시작했다.[160] 일본 체육의 본연의 모습은 일본 무도에 있으므로 조선에서도 하루빨리 무도를 강화해야 한다는 주장이 잇달았다. 그들은 무도가 '국민 연성'에서 중요한 역할을 할 것이라고 했다.[161] 당연하게도 검도, 유도, 궁도는 모두 일본정신 앙양에 큰 도움이 된다고 했다.[162] 다음 삽화는 무도를 중요하게 여기는 시대상을 보여준다.

〈그림 21〉 『신시대』 1권 4호, 1941.04, 158쪽.

て」, 『文敎の朝鮮』 20호, 1927.04.

159) 「일반 중등학교에 武道를 정과화 계획」, 『조선일보』 1935.06.29.

160) '일본정신의 체육도'란 전체관에 입각한 체육이고, 무도정신을 강조하며, 경기용어를 일본어로 하는 것 등이다(金炯斗, 「日本精神體現の體育道の樹立」, 朝鮮初等敎育硏究會 編, 『學校體育』 朝鮮の敎育硏究 臨時號, 1937.11, 149~151쪽).

161) 根本通夫, 「劍道敎育」, 『文敎の朝鮮』 193, 1941.09·10, 8쪽.

162) 「武道を通じて日本精神顯揚. '內鮮一體'更に徹底化」, 『朝鮮新聞』 1938.06.02; 「日本精神昂揚に劍,柔,弓道,射擊」, 『朝鮮新聞』 1939.12.02.

'전시생활태세 확립'을 외치는 '신체제'를 비웃듯 화려한 옷을 입은 여성이 저 멀리 지나간다. 여학생은 당당한 모습으로 검도를 하러 간다. 삽화 왼쪽에 "운동보다 무도"라고 적었다. 예전에 정구, 스케이트 등의 스포츠를 하는 여성이 이제는 무도를 한다는 뜻이다. 이 삽화는 전시체제기에 '국방체육'이 중요하다는 프로파간다였지만, 일정하게 시대 상황을 반영하고 있다.

언제 어떻게 무도를 중요하게 여기게 되었을까. 1938년 제3차 조선교육령 개정은 무도의 위상이 바뀌는 하나의 계기가 되었다.[163] 그때 체조 교수요목을 바꾸면서 무도가 중요해졌다. 초등학교 5학년 이상의 남자에게 무도를 가르치며 여자에게는 치도(薙刀:なぎなた)를 부과할 수 있다고 했다, 남자 사범학교, 중학교, 고등보통학교와 남자 실업학교에 검도, 유도, 궁도를 부과할 수 있으며 여자 사범학교, 고등여학교, 여자고등보통학교 그리고 여자 실업학교에는 궁도와 치도를 부과할 수 있게 했다.[164] 궁도를 남녀 중등학교에, 치도를 여자 중등학교에 채택한 것이 새로웠다.[165]

여자가 궁도와 치도를 하는 것에 대해 "억센 여성과 굳센 모성(母性)을

---

163) 제3차 교육령 개정은 "교육 전반에 일본정신을 상징하도록 했다"(「학원의 舊態 일신」, 『매일신보』 1938.05.06).

164) 「改定學校體操敎授要目」, 『文敎の朝鮮』 143호, 1937.07, 49쪽. 그전에도 검도나 유도를 정과에 포함해서 가르치고 있는 학교가 차츰 늘어나고 있었다. 그러나 그때까지 교재나 교수 방법에 관해서 아직 일정한 기준을 명시하지 않은 채 단지 각지방 각 학교 등에서 각자 교수 세목을 정해서 실시했다(「改定學校體操敎授要目」, 『文敎の朝鮮』 143호, 1937.07, 57쪽).

165) 궁도는 운동량에서는 검도나 유도에 미치지 못하지만, 생도의 체질과 신체 발달 정도에 따라서는 오히려 검도나 유도보다 적절한 운동이 될 수 있다고 했다. "요즈음 전국 남녀 중등학교에서 이미 궁도 치도를 과외로 또는 준정과로 실시하고 있는 학교가 적지 않다."라고 했다. 그러나 치도와 궁도를 모든 학교에서 한꺼번에 부과하려는 것은 아니며 설비와 적당한 지도자를 마련했을 때 실시하라고 했다(「改定學校體操敎授要目」, 『文敎の朝鮮』 143호, 1937.07, 57쪽).

〈그림 22〉 치도를 들고 검도 기본 연습을 하는 진명여학교 생도들.
『동아일보』 1938.08.27.

양성하기 위하여 대 기염을 토하는 것"이라고 신문은 보도했다.[166]그 기사에 따르면, 마치 여학생에게 치도를 가르치려고 체조교수요목을 개정한 것처럼 보인다. 시간이 흐를수록 여학생에게 치도를 가르치려는 움직임이 강해졌다. 1944년 4월에 '중등학교 체련과 교수요목'을 결정했을 때 여학교에서 치도가 정과로 되었다. "황국부인을 길러내는 데 치도의 무도정신이 매우 중요하다"라는 판단에서였다.[167] 여자에게 무도를 교육하는 것은 "일본 무사도정신을 연성하여 일본 부도(婦道)를 몸에 익히도록" 하는 데 목적이 있었다.[168] 진실한 황민을 육성하는 것을 최고의 임무로 여

---

166) 「남녀학교에 체육강화」, 『동아일보』 1938.03.31.
167) "여자아이에게 치도를 부과하는 것은 앞으로 나라를 짊어질 자녀의 어머니로서 또한 일본 고유의 부덕(婦德)을 함양해야 한다는 측면이다"(伊倉健治編, 『(改訂)國民學校教育精說』, 춘천사범학교, 1942, 162쪽).
168) 「健全な女子育成」, 『朝鮮新聞』 1941.04.29. 무사도 정신과 일본 부도(婦道)의 관계를 다룬 글이 잡지에 실리기도 했다. 「무사도와 일본 婦道」, 『조광』 9권 3호, 89호, 1943.03, 42쪽.

기는 것이 황국의 모성(母性)이며,[169] 전쟁터에 기꺼이 남편과 아들을 보내고 집을 지켜내는 것이 여자의 무사도 정신이라고 했다.[170]

그러나 치도보다는 검도와 유도가 무도 교육에서 훨씬 더 비중이 컸다. "검도는 무도정신을 깨우칠 수 있으며 무도정신은 황국민의 연성에 이바지한다"라고 했다.[171] "검도의 근저에는 무사도 정신, 곧 일본정신이 있다"라고 주장했다.[172] "유도는 무사도 정신을 서로 나누며 내선일체를 이룰 수 있는 유력한 요소를 만든다"라고 했다.[173] 이러한 논리를 내세우며 검도와 유도를 교육했다. "일본정신의 정화(精華)인 무사도를 익히며 심신을 연마하여 황국신민의 신념과 기백을 배양한다. 그리고 일본 전통의 무도정신을 체득하여 헌신봉공의 자세를 연성한다."[174] 이것이 검도와 유도 교육의 공통된 목표였다.

무도정신이란 무엇인가. "무도정신을 한마디로 말하면, 대군(大君)을 위해 기쁘게 사지(死地)로 뛰어드는 정신이다."[175] 또한 무도정신이란 일본정신을 무도로 드러내는 것이다.[176] 어릴 때부터 그 무도정신을 함양하여 장기전을 대비하고 다음 세대의 황국신민을 연성하려는 목적으로 초등학교에서 무도를 하도록 했다. 1939년에 초등학교까지 검도와 유도를 '정과에 준하여' 교육하게 된 것을 신문에서는 다음과 같이 보도했다.

169) 武田誓藏, 「武士道情神と皇國女性」, 『文敎の朝鮮』 207호, 1942.12, 23쪽.
170) 武田誓藏, 「女の武士道精神」, 『皇民日報』 1942.08.01.
171) 松田友吉, 『皇民鍊成挺身行の學校訓練』, 啓文社, 1941, 307쪽.
172) 根本通夫, 「劍道と訓練」, 『신시대』 1권 6호, 1941.06, 128쪽.
173) 小田省吾, 「講道館柔道と內鮮一體」, 『신시대』 1권 6호, 1941.06, 123쪽.
174) 根本通夫, 「劍道敎育」, 『文敎の朝鮮』 193호, 1941.09 · 10, 8쪽; 依田德藏, 「柔道敎育」, 『文敎の朝鮮』 193호, 1941.09 · 10, 2쪽.
175) 伊倉健治編, 『(改訂)國民學校敎育精說』, 춘천사범학교, 1942, 160~161쪽.
176) 皇國敎育硏修會, 『朝鮮國民學校各科敎授要義』, 1942, 267쪽.

조선의 소년·소녀도 총을 멜 수 있도록 전조선 소학교 아동과 여학교에까지 군사교련을 실시하기로 방침을 정한 총독부 학무국에서는 비상시 하 조선 소년들의 사기를 고무하고 일본 고래의 무사도 정신을 함양시키기 위하여 전조선 소학교 학동들에게 검도와 유도를 정과에 준하여 실시하기로 되었다. 내지에서는 이미 지난 5월 29일 문부성 훈령으로서 소학교 무도 지도 요목이 발령되어 각각 소학교에서 검도와 유도를 실시하고 있다.[177]

이 기사에서 "군사교련과 함께 무사도 정신이 담긴 일본 무도를 학교에서 가르치기로 했다"라는 내용이 눈에 띈다. 이 기사는 '학교의 병영화'와 함께 무도 교육을 진행했음을 일깨워준다. 교육 당국에서는 "검도나 유도도 전장(戰場)에서 효용가치가 있다"라고 판단했다.[178]

일제는 1941년 3월 국민학교령을 반포하면서 전시동원체제에 알맞게 학제를 개편했다. 신설된 국민학교는 그 목적, 조직, 내용, 방법 모두가 황국의 도를 연성하는 것으로 일관했다. 국민학교는 명실상부하게 '국민연성의 도장'이 되었다.[179] "군인을 교육·훈련하기 위해 군대라는 조직이 있듯이, 소국민을 육성·단련하기 위해 국민학교라는 조직이 있다."[180] 이러한 비유는 국민학교의 성격을 잘 보여준다. 국민학교로 학

---

177) 「상무정신 함양코저 소학에도 유도 검도」, 『조선일보』 1939.06.09.
178) 羽田隆雄, 『日本體育道』, 目黑書店, 1943, 266쪽. 어느 글은 전쟁에서 검도가 중요하다는 것을 다음과 같이 적었다. "「육군검술교범」 제1조에 검술의 목적은 白兵의 사용을 숙련할 때에 특히 강건한 기력과 담력을 양성함으로써 백병 전투에서 필승의 확신을 가질 수 있게 한다"라고 했다. 이처럼 검도란 기술을 교묘하게 하고 신체를 단련하며 정신을 연마하여 적과 싸울 때 반드시 승리할 수 있게 한다(根本通夫, 「劍道と訓練」, 『신시대』 1권 6호, 1941.06, 24쪽)." 중일전쟁이 길어지면서 '전선(戰線)'이 '전장(戰場)'이라는 표현으로 바뀌었다(荒川章二, 「兵士たちの男性史 - 軍隊社會の男性性」, 阿部恒久·大日方純夫·天野正子 編, 『男性史(2) - モダニズムから總力戰へ』, 日本経済評論社, 2006, 134~135쪽).
179) 志賀匡, 『大戰下の國民學校 皇民鍊成の實際』, 秋文書店, 1942, 35쪽.
180) 국민총력조선연맹 편찬, 『시국해설독본』, 1942, 3쪽.

제를 개편할 때 체조과를 체련과(體鍊科)로 바꾸었다.[181] 국민학교에 체
련과를 두어 무도의 기초를 가르치고 중등학교에서는 국방적인 교련과
훈련을 하기로 했다.[182] 국민학교 시행과 함께 체련과는 중요한 교과목
이 되었다. 체련과는 내용에서도 체련과체조와 체련과무도로 구분하였
다. 체조와 무도로 나누면서도 둘 다 "신심일체의 입장에서 황민의 연성
을 위한 수련"을 목적으로 삼도록 했다.[183]

　체련과체조와 체련과무도는 교련을 고리로 삼아 서로 연결되었다.[184]
체련과체조의 단체훈련 가운데 교련이 포함되었다.[185] 초등과 1 · 2년은
따로 교련이라는 것을 배당하지 않았지만, 체조를 하면서 또는 유희를 하
면서 '교련적 훈련'을 하도록 했다. 집합, 정렬, 행진, 개열(開列)이 그것이
다. 그밖에 차렷, 쉬어, 경례 등도 그러하다. '교련에 의한 단체훈련'은 "지
도자의 호령과 명령을 철저하게 지키면서 복종과 규율, 협동의 정신을 기
르는 것과 함께 일사불란하고 민활하게 행동할 수 있도록 훈련하는 것"이
다. "학교와 부대가 종적으로 연결되는 훈련", 그것이 곧 교련이었다.[186]

---

181) 體鍊科를 體練科로 쓴 글도 있지만, 이것은 오류이다. 체련이란 '체육 연성(鍊成)'
　　또는 '체력 연성(鍊成)'을 줄여서 쓴 말이기 때문이다. '체련'이라는 말에는 자유주
　　의 체육에서 의지주의 체육으로 전환한다는 뜻이 강하게 작용했다(有川重雄, 『皇
　　民鍊成体鍊教育の新建設』, 晃文社, 1939, 42쪽).

182) 「국민학교에 體鍊科 신설」, 『매일신보』 1941.06.20.

183) 羽田隆雄, 『日本體育道』, 目黒書店, 1943, 263~264쪽.

184) '국방체육훈련'과 교련은 밀접한 관계가 있다(中沢米太郎, 『國防體育訓練指針』, 青
　　年教育普及會, 1943, 11쪽). 식민지 조선에서 교련이 어떻게 전개되었는지 아직 다
　　밝혀지지 않았다. 다음 연구과제로 삼겠다.

185) 체조에 유희가 포함되어 있다. 그러나 유희라고 해서 그냥 놀이가 아니라 백병전
　　(白兵戰), 총력전 ,주력전 등의 '국방적 경기'로서 전쟁과 유희를 결합한 방식이었
　　다(자세한 유희 방식은 久本弥吉, 『高度国防国家体制体鍊科実践形態』, 弘学社,
　　1941, 171~179쪽). 체조과는 다음과 같은 방식으로 '교련적 훈련'을 했다. ①단체훈
　　련을 중요시하며 공동동작을 하여 함께 협동심을 양성할 것 ②규율을 중요하게 여
　　겨 단체아(團體我)를 만들 것 ③복종을 수련하여 명령에 잘 따르게 할 것 ④원기발
　　랄한 의기(意氣)로 행동하게 할 것 ⑤기본동작에 철저를 기하여 반복연습을 할 것
　　(松田友吉, 『皇民鍊成挺身行의 學校訓練』, 啓文社, 1941, 301쪽).

무도는 1939년부터 준정과(準正科)로서 5학년 이상 남아에게 매주 30분씩 2번 실시했다. 국민학교령 뒤부터 무도가 더욱 중요하게 되어 하나의 과목으로서 독립했고 체조와 나란히 체련과를 형성하게 되었다. 체련과무도는 다음과 같은 목적을 가졌다. 첫째, 무도로 일본정신을 현양(顯揚)한다. 둘째, 무사도 정신을 크게 고취해서 헌신봉공의 실천력을 기른다. 셋째, 강인한 체력과 왕성한 정신력이 국방에 필요하다는 것을 자각한다.[187] 일본정신 – 무사도(멸사봉공) – 국방, 그렇게 "국민학교 체련과는 국방을 위한 초석"이 되었다.[188] "체련과는 강인한 체력과 왕성한 정신력이 국방에 필요하다는 것을 자각하게 하는 과목"이었다.[189] "국민학교 체련과의 목적은 전력증강의 일환"[190]이었음을 가장 선명하게 보여주는 사례가 바로 총검술이다. '전력증강'이라는 표현은 국방보다도 적극적이고 공격적인 의미로 사용되었다.[191] 1942년에는 '국민학교 체련과 교수요목'을 결정했는데 여기에 총검술이 정과로 되었다.[192]

2. '고도국방국가'와 총검도

러일전쟁 뒤에 일본에 독특한 정신주의와 총검으로 돌격하는 백병주의(白兵主義)가 자리를 잡았다. 그 뒤로 일본 보병은 "죽음을 두려워하지 않는 멸사봉공의 총검 돌격"을 핵심 전술로 삼았다.[193] 「육군검술교

186) 伊倉健治編, 『(改訂)國民學校教育精說』, 춘천사범학교, 1942, 148쪽.
187) 久本弥吉, 『高度国防国家体制体錬科実践形態』, 弘学社, 1941, 25쪽.
188) 久本弥吉, 『高度国防国家体制体錬科実践形態』, 弘学社, 1941, 25쪽.
189) 八束周吉, 『朝鮮國民學校敎則の實踐』, 日本出版社, 1941, 206쪽.
190) 「體鍊を視閱」, 『부산일보』 1944.01.15.
191) 西尾達雄, 『日本植民地下朝鮮學校体育政策』, 明石書店, 2003, 467쪽.
192) 「국민교 체련과 교수요목 결정」, 『매일신보』 1942.10.01.

범」에 따르면, 백병전투는 일본군의 특색이다.[194] "총검도는 일본군의 정화(精華)"였다.[195] 그런데 왜 군인이 아닌 사람들에도 총검도를 훈련시켰는가. 총검도를 국방무도로 하여 국민을 '연성'시키려 했던 그 무렵의 논리를 그대로 따라가 보자.

총검도의 목적은 백병(白兵)에 익숙하게 하는 것이며 특히 강건한 기력과 담력을 양성해서 백병 전투에서 필승의 확신을 갖도록 하는 데 있다. 총검도는 육해군, 병종을 가리지 않고 실전에서 가장 중요한 전투 수단이다. 고도국방국가의 견지에서도 총검도를 국민이 수련해야 할 국민무도로 삼는 것은 당연하다. 이에 일본 문부성에서는 1941년에 청년학교에서 정과로서 총검도를 부과했을 뿐만 아니라 학교교련 교수요목을 개정해서 교련 교수 때에 반드시 총검술을 훈련하도록 했다. 또 일본 후생성에서는 청소년단에 대해서 국민체력법을 개정해서 종래의 체력장검정을 확대하고 1942년 4월부터 다시 국방능력검정과 국방특기검정 두 제도를 신설하고 국방능력검정종목으로 총검도 외에 6종을 설정했다.[196]

태평양전쟁을 일으킨 뒤에 일본은 '국방무도'를 국민에게 보급하려고 '국민개무(國民皆武)'의 개념을 만들었다. 국민개무란 국민 모두가 무기(武技)를 익혀야 한다는 뜻을 가진 신어(新語)였다. 국민개무에 대한 설명을 보자.

---

193) 荒川章二, 「兵士たちの男性史 – 軍隊社會の男性性」, 阿部恒久 · 大日方純夫 · 天野正子 編, 『男性史(2) – モダニズムから総力戦へ』, 日本経済評論社, 2006, 114~139쪽. 예전에는 "사격과 돌격으로 적을 파쇄(破碎 · 破摧)한다"라고 했지만 1940년이 되면 "돌격하여 적을 섬멸한다"로 바꾸었다(같은 논문 135쪽).
194) 根本通夫, 「劍道と訓練」, 『신시대』 1권 6호, 1941.06, 128쪽.
195) 「총검도의 진흥」(사설), 『매일신보』 1942.09.19.
196) 江口卯吉, 『銃劍術』, 国防武道協会, 1942, 2~3쪽. 같은 책에서 총검술의 역사를 다음과 같이 적었다. "총검술이 일본군대에서 행해진 것은 명치 10년(1877) 무렵이다. 러일전쟁에서 백병전의 위력 특히 총검 돌격의 효과가 판명되었다. 총검 그 자체는 일본 고유의 무기는 아니지만, 총검술은 여러 전투의 체험을 통해서 지금은 완전히 일본의 검술로 완성되었다. 따라서 국민개병의 황군의 백병전술로서의 필수의 것은 이 총검술이다(江口卯吉, 『銃劍術』, 国防武道協会, 1942, 1~2쪽)."

일본정신의 함양, 체력향상, 실전적 무기(武技)의 체득은 대동아 발전의 필연적 요청이다. 일본 고유의 무도(검도, 유도, 궁도)에 덧붙여 신무도(총검, 사격도)를 익히는 것은 전 국민의 하나의 의무로 되었다. 국민학교에서는 1943년부터 새로운 체련과 교수요목에 따라 일주일에 6시간 가운데 2시간, 고등과에서는 2시간을 더하여 총검도 기본을 포함한 교련을 부과하여 정과로 삼았다. 남자 중등학교에서는 도장에서 하는 무도를 벗어나 실전 무도와 총검도를, 여자 중등교에서는 치도 또는 궁도를 준정과로 했다.[197]

일본에서 국민개무는 국민개병과 밀접한 관계가 있었다. 식민지 조선에서 국민개무라는 말은 매우 드물게 썼지만, 그 개념만큼은 철저하게 도입했다. 징병제 시행과 관계가 깊었음은 말할 나위 없다. 식민지 조선에서도 무도에 전쟁 색을 감돌게 하고,[198] 국방무도를 확대하려 했다. 각 중학교에서는 유도, 검도 등 기초적 수련을 심화하면서 실전에 적응할 수 있는 총검술에 힘을 쏟기로 했다.[199] 검도, 유도, 궁도, 치도는 역사적 무도이고 총검술과 사격처럼 전장에서 활용되는 것을 신무도라고 했다.[200] '일격필살(一擊必殺)'의 총검술은 교련 교육에서 필수 항목이 되었다.[201]

일제는 1942년 9월 18일 만주사변 기념일에 '대일본총검도진흥회 경성연합지부'를 만들어 총검도를 체계적으로 보급하려 했다. 이 조직은 대일본무덕회(大日本武德會)의 포섭 단체로서 이 조직 회원은 무덕회 회원이 되었다. 경성연합지부 밑에 경성·평양·대구·광주의 네 지부를 결성했다. 징병제도를 시행하게 되면 각도에 지부를 만들 예정이었다.[202] 총검도진

---

197) 朝日新聞社 編, 『大東亞時局語』, 1944, 81쪽.
198) 「寒風に鍛ふ銃劍術」, 『국민신보』 1942.02.15.
199) 「中學で銃劍術」, 『朝鮮新聞』 1942.02.03.
200) 羽田隆雄, 『日本體育道』, 目黒書店, 1943, 265~266쪽.
201) 「총검술훈련 강화」, 『매일신보』 1942.08.16.

흥회에서 재향군인회가 큰 역할을 했다.[203] 총검도진흥회 강령에서도 다음과 같이 적었다. "총검도진흥회 조직은 대개 제국 재향군인회 조직에 따른 것인데 그 회원은 재향군인뿐만 아니라 학생 청년훈련소 등 모든 남자를 망라하여 널리 황국신민에게 보급하려는 것이다."[204] 총검도는 군대에서만 하는 것으로 알던 재래의 그릇된 관념을 타파하고 총검도를 국방무도로 삼아 황국신민에게 보급하는 것이 총검도진흥회의 취지였다.[205] 또한 대학, 고등전문, 중학, 청년훈련생 등에게 육군 보병의 필수 훈련과목인 총검도를 훈련시켜 왕성한 군인혼을 체득시키는 것이 목표였다.[206] 총검도에는 "일본정신과 무사도를 선양한다"라는 의미도 있었다.[207] 총검도를 일상에 뿌리내리게 하려고 총검도 대회,[208] 총검도 연성회, 총검도 강습회 등을 자주 열었다.

고이소(小磯) 총독은 "징병제 실시를 1년 후를 앞두고 전력증강에 중점을 둔 체육계의 전시체제를 편성해야 한다"라고 지시했다. 이에 따라 야구, 농구, 정구, 배구 또는 그와 비슷한 '미영적인 운동경기'를 청산하고 총검도, 교련 등을 중심으로 한 전기(戰技)와 행군 등 직접 전력증강에 도움이 되는 전장체육을 철저히 진흥할 것을 결의했다.[209] 나아가 국

---

202) 「총검도는 국방무도」, 『매일신보』 1942.09.17.
203) 대일본총검도진흥회 경성연합지부를 결성에는 총독부와 군, 그리고 재향군인연합회가 참여했다(「총검도진흥회 경성지회 결성」, 『매일신보』1942.08.14). 일본에서는 1910년에 재향군인회를 만들어 군부의 대역을 맡았다. 재향군인회는 군사동원 조직이자 국민통제 조직으로서 천황제지배를 강화하는 역할을 떠맡았으며 지배조직을 유지하는데 유효하게 작용하였다(후지와라 아키라, 서영식 옮김, 『일본 군사사』, 제이앤씨, 2013, 231쪽).
204) 「총검도는 국방무도」, 『매일신보』 1942.09.17.
205) 「총검도의 진흥」(사설), 『매일신보』, 1942.09.19.
206) 「총검도 진흥회 18일 결성」, 『매일신보』 1942.09.04.
207) 이정순, 「제12회 신궁경기 참관기」, 『조광』 7권 12호, 1941.12, 178쪽.
208) 일반인의 총검도 대회에서는 국민복에 전투모 그리고 각반을 착용하도록 했다(「부민 총검도 대회」, 『매일신보』 1943.09.17).

민학생에게도 총검도를 실시했다. 다음은 총검도를 친숙하게 여기게 만들려는 친일 만화와 국민학교 학생이 체련과 수업에서 총검도를 하는 사진이다.

〈그림 24〉『부산일보』1944.03.04.

〈그림 23〉『매일신보』1943.01.07.

이처럼 학생들은 총검도를 훈련하며 "나라의 부르심이 계실 때는 어느 때 어느 곳에서라도 의용봉공(義勇奉公)할 수 있도록 몸과 마음을 연성"해야 했다.[210] 이것은 "병사에게 죽음을 두려워하지 않는 멸사봉공의 교육을 진행하는"[211]것과 짝을 이루었다.

---

209) 「총검도, 교련에 중점」, 『매일신보』1943.04.24.
210) 「전력증강과 국민체육」(사설), 『매일신보』1943.05.20.
211) 荒川章二, 「兵士たちの男性史 - 軍隊社會の男性性」, 阿部恒久・大日方純夫・天野正子 編, 『男性史(2) - モダニズムから総力戰へ』, 日本経済評論社, 2006, 139쪽.

V. 맺음말

일제는 공황과 만주사변을 거치면서 잇달아 전쟁을 일으키고 파시즘 체제로 나아갔다. 이때부터 일본에서는 일본정신을 강조하는 '파쇼적·일본적 교학이념'을 구축하기 시작했다.[212] 일본주의란 "일본적 국가주의, 또는 일본적 전체주의"라는 뜻으로 썼다.[213] 이에 견주어 일본정신이란 "일본인의 역사적 사회적 정신생활의 현실 속에서 생동하고 있는 순수정신이며 절대가치이고 일본국민의 혈관이자 맥박"이라고 했다.[214]

전시체제기에 일제는 식민지 조선에 일본정신을 끝없이 강제했다. 보기를 들면, 전향자 단체인 '시국대응전선사상보국연맹'에 대해서도 아직 일본정신이 미흡하다고 다그쳤다.[215] 일제는 정신세계를 강박할 뿐만 아니라 생활세계를 식민화하는 데에도 일본정신을 주요한 기제로 활용했다. 일본정신을 갖추어 일본인이 되는 것은 "자기 마음속에 일본인이라는 상상의 공동체를 떠올리고 거기에 자신을 동일화시켜 나가는 과정"이었다.[216] 일본정신이라는 은유는 지극히 추상적이고 허위로 가득 찬 것이었지만, 일제의 의식과 의례를 뒷받침하고 '애국'을 강제하는 논리를 제공했다.

일본의 경우, 전시체제기 이데올로기는 국체론의 계보에 따른 일본정

---

212) 安川寿之輔, 『十五年戰爭と教育』, 新日本出版社, 1986, 79~80쪽.

213) 木下半治, 『新體制事典』, 朝日新聞社, 1941, 182쪽.

214) 中島信一, 「全體主義と日本精神」, 국민정신총동원조선연맹, 『총동원』 제2권 1호, 1940.01, 14쪽.

215) 森田芳夫, 「조선사상 제진영(諸陣營)의 전망」, 『동양지광』 1941년 1월, 최원규 엮음, 『일제말기 파시즘과 한국사회』, 청아, 1987, 396쪽. 일본정신은 전향의 징표 또는 친일의 핵심 기호이기도 했다.

216) 도미야마 이치로, 임성모 옮김, 『전장의 기억』, 이산, 2002, 33쪽.

신론과 근대화론의 계열에 속하는 총력전체제론이라는 두 개의 기둥으로 이루어져 있다. 이 두 개의 이데올로기는 서로 모순되게 대립하면서도 갖가지 형태로 결합하면서 기묘한 지배 이데올로기를 형성했다.[217] 식민지 조선에서도 한 쪽에서는 일본정신과 같은 정신주의를 내세우고 다른 쪽에서는 근대적인 총력전을 주장하는 모순된 모습을 그대로 되풀이했다. 이때 봉건적인 멸사봉공의 원리가 공사(公私) 관계를 재정립하면서 그 모순을 은폐하는 역할을 했다. 총력전을 치르면서 일제는 자본, 물자, 노무에서 충분한 동원계획을 세워야 했다. 이 과정에서 멸사봉공의 자세와 '황민 연성'이 매우 절실한 과제가 되었다. 자유주의와 개인주의의 폐해를 없애고 조선인을 '일본인답게' 연성해야 했다. 또한 노무동원 측면에서 보면 "군대 동원 때에 느끼는 명예를 노무동원에서도 느끼게 하는 것"이 필요했다. 이름하여 농업보국, 산업보국, 광업보국 등의 여러 보국운동이 노무동원에 대한 연성을 보여준다.[218] 황국신민으로 연성하여 제국에 봉공하게 하기, 이것이 전시체제기 신체 기획의 핵심이었다.

일제는 일본정신을 앙양하는 것이 '황민 연성'에서 중요하다고 생각했다. 일본정신을 앙양시키려 했던 일제의 의도는 얼마나 효과를 거두었을까. 학교 교육에서 신사(神社)·신사(神祠)·부적전(大麻殿)·신단·봉안전(奉安殿) 등의 천황제 이데올로기를 떠받치는 장치들은 그 목표를 이루기보다는 오히려 식민지 모순을 드러내는 결과를 빚었다.[219] 그 밖에도 면종복배의 사례는 매우 많다. 정신적 굴종을 강요하고 무의식을 통해 황민화를 진행하려 했던 지배계급의 의도는 빗나갔다. 인간의 의지나 신념 등을 국가가 완전히 통제하기는 불가능하기 때문이다. 또한 국가

---

217) 赤澤史朗, 『戰中·戰後文化論 – 転換期の日本の文化統合』, 法律文化史, 2020, 264쪽.
218) 大家虎之助, 「皇民鍊成の意義」, 『春秋』 1943년 2월호, 58~59쪽.
219) 히우라 사토코, 이언숙 옮김, 『신사·학교·식민지』, 고려대학교출판문화원, 2016, 289쪽.

압력에 대해 위장과 사보타주 또는 침묵과 같은 일상적이고 미시적인 저항이 이어졌다는 것은 충분히 예상할 수 있다. 일본정신 앙양 운동을 펼쳤던 국민총력조선연맹의 이야기를 직접 들어보자. 국민총력조선연맹은 "일본정신이 사상적 근간이 되어 국내의 정치, 경제 ,문화 등 모든 방면에서 일본의 독특한 특색을 발휘해 나가"는 것을 기대했다.[220] 그러나 그 결과가 실망스럽다면서 다음과 같이 적었다.

> 행동에 의한 체득이 종래에는 여하튼 경시되었던 것은 심히 유감이다. 궁성요배를 하면서 황실존숭을 생각을 키우고, 신사참배를 하여 마음을 청명하게 하고 국기를 게양하면서 떨쳐나가는 국위를 눈으로 바라보며 황국신민서사를 암송하면서 황국신민의 결의를 공고히 하고 호국영령에게 감사의 묵도를 함으로써 스스로 호국의 제물이 된다는 간절한 생각을 하는 것이 긴요하다.[221]

황국신민서사는 천황제 이데올로기를 극단적으로 추상화하고 간략화하여 모순을 은폐했다. 서사 낭송이라는 신체적 차원의 의례를 통해 천황 숭배의 감정을 자극하려는 방책은 처음부터 한계가 있었다.[222] 그와 마찬가지로 궁성요배와 정오의 묵도와 같은 의례들은 기대했던 만큼의 경건함을 담아내지 못했다.[223] 미소기도 마찬가지였다. "미소기를 하기 위한 미소기 강습에 지나지 않는다"라는 신문 기사가 그 사실을 보여준다.[224] 조선의 신의 영역에 침범한 가미다나는 거부당하거나 방치되었

---

220) 국민총력조선연맹, 『國民總力讀本』, 국민총력조선연맹, 1941, 25쪽.
221) 국민총력조선연맹, 『國民總力讀本』, 국민총력조선연맹, 1941, 26쪽.
222) 고마고메 다케시, 오성철·이명실·권경희 옮김, 『식민지제국 일본의 문화통합』, 역사비평사, 2008, 448쪽.
223) 이종민, 「도시의 일상을 통해 본 주민동원과 생활 통제 – 경성부의 애국반을 중심으로」, 방기중 편, 『일제 파시즘 지배정책과 민중생활』, 혜안, 2004, 426쪽.
224) 「형식적 정신훈련보다 실무를 토대로 연성」, 『매일신보』 1942.08.05.

으며 기껏해야 '형식적인 비자발적 실천'에 머물렀다.[225] "전시 생활의 어려움을 극복하려면 일본정신을 가져야 한다"[226]라고 했지만, 비합리적인 '정신주의'로 물질의 결핍을 극복할 수 없다는 것은 말할 나위 없다. 일본정신은 지식인에게도 외면당했다. "조선의 문화인들은 내선일체의 시대가 되어도 일본문화나 일본정신을 공부하지 않는다"[227]라는 녹기연맹의 불만이 그 사실을 보여준다. 하물며 일본정신의 개념을 대중에게 전파하기는 더욱 어려웠다. 일본정신 메신저들은 조선 여인들에게 "전장의 주검을 가장 영광스러운 주검으로 아는 일본정신"을 전달할 길이 없다고 고백하기도 했다.[228] 이러한 상황에서 '죽음으로 봉공'하는 '옥쇄의 정신'이 식민지 대중에게 통했을 까닭이 없다.

일본정신은 일본인에게도 관념적이고 환상적이었으며 조선인에게는 공허하고 모호했다. 또한 1943~1945년의 '결전 단계'[229]에 들어서면 국민을 죽음의 길로 이끄는 광기와 함께 일본정신은 섬뜩하고 기괴해졌다. 일제는 일본정신을 체화한 '신민'이 자발적으로 '봉공'하기를 바랐겠지만, 결국 자발성은 사라지고 강제만이 덧씌워졌다. 강제된 자발성은 당연히 문제를 일으킨다.[230] '근로봉사'만 해도 그렇다. 대리 출석시켜 "14세 미만의 어린이들과 또는 40세 이상이 되는 늙은이들이 나와서 일하는 경향, 그리고 통제가 잘되지 않을 뿐 아니라 작업에 긴장미를 보이지 않고 간식을 줄게 하는 등 여러 가지 폐해"를 보이고 있었다.[231] 아무리 "전선(前

225) 문혜진, 「1930~1945년 신궁대마(神宮大麻)의 배포와 가정제사」, 『한국문화인류학』 48-2, 2015, 264~267쪽.
226) 『生活科學パンフレット, 國民生活論叢(1)』, 生活科學社, 1943, 3쪽.
227) 森田芳夫, 「建國理想と日本精神」, 『太陽』 창간호, 1940.01, 25쪽.
228) 「징병령과 반도 어머니의 결의」(좌담회), 『조광』 8권 6호, 80호, 1942.06, 42~43쪽.
229) 寺崎昌男・戰時下教育研究會 編, 『總力戰體制と教育－皇國民'鍊成'の理念と實踐』, 東京大出版會, 1987, 20쪽.
230) '강제된 자발성'의 모순에 대해서는 池田浩士, 『ボランティアとファシズム―自発性と社會貢獻の近現代史』, 人文書院, 2019을 참조.

線)은 결사(決死), 총후(銃後)는 멸사(滅私)"232)라고 외친들 자발적인 '봉공'은 기대하기 어려웠다.

일제는 조선인의 체육활동을 기획하고 조정해서 일본정신을 몸에 익히도록 했다. 식민지인들은 그것마저 다른 방식으로 받아들였다. 그 보기를 들자. 한 신문 기사에서는 "황국신민체조를 통해서 일본정신을 발양하게 하는 동시에 무도정신을 체득시키려 했지만, 형식적 유희처럼 하는 경향이 있다"라고 지적했다.233) 유도, 검도, 총검도 모두가 일제의 의도가 그대로 관철되었다고 보기 매우 어렵다. 설령 학교가 강요하는 무도에 어느 개인이 '자발성'을 보였다 하더라도 그것이 곧 일본정신을 체화했다고 볼 근거는 되지 못한다.

231) 「皆勞에 대리보담 자신」, 『매일신보』 1941.10.13.
232) 『春秋』 1943.03. 표지.
233) 「황국신민체조로써 무도정신을 발양」, 『매일신보』 1939.06.20.

참고문헌

1. 자료

江口卯吉, 『銃劍術』, 国防武道協会, 1942.

高橋亨・喜田新六, 『國體明鑑』, 朝鮮儒道聯合會, 1944.

久本弥吉, 『高度国防国家体制体鍊科実践形態』, 弘学社, 1941.

국민총력조선연맹, 『國民總力讀本』, 국민총력조선연맹, 1941.

_____, 『시국해설독본』, 1942.

내각정보부, 『사상전 전람회 기록도감』, 1938.

大邱師範學校, 『國家總動員時下新教育令に基く本校教育要綱』, 1938.

木下半治, 『新體制事典』, 朝日新聞社, 1941.

文部省 編纂, 『國体の本義, 1937.

森田芳夫 編, 『朝鮮に於ける 國民總力運動史』, 國民總力朝鮮聯盟, 1945.

松田友吉, 『皇民鍊成挺身行の學校訓練』, 啓文社, 1941.

羽田隆雄, 『日本體育道』, 目黑書店, 1943.

宇佐見守, 『皇民鍊成體鍊科授業實際論』, 辻本博晃社, 1942.

有川重雄, 『皇民鍊成体鍊教育の新建設』, 晃文社, 1939.

伊倉健治 編, 『(改訂)國民學校教育精說』, 춘천사범학교, 1942.

井上哲次郎, 『武士道の本質』, 八光社, 1942.

朝鮮總督府, 『朝鮮にける 國民精神總動員』, 1940.

朝鮮總督府警務局保安課編纂, 『朝鮮に於ける防共運動』, 1939.

朝日新聞社 編, 『大東亞時局語』, 1944.

中沢米太郎, 『國防體育訓練指針』, 青年教育普及會, 1943.

志賀匡, 『大戰下の國民學校 皇民鍊成の實際』, 秋文書店, 1942.

坂東藤太郎, 『皇國臣民體操精義』, 日韓書房, 1938.

八束周吉, 『朝鮮國民學校教則の實踐』, 日本出版社, 1941.

學校教育研究會 編, 『國民學校に於ける鍊成の本道』, 寶文館, 1942.

皇國教育研修會, 『朝鮮國民學校各科教授要義』, 1942.

『生活科學パンフレット, 國民生活論叢(1)』, 生活科學社, 1943.

조선총독부 편, 『시정30년사』, 1940, 박찬승·김민석·최은진·양지혜 역주, 『국역 조선총독부 30년사(下)』, 민속원, 2018.
친일반민족행위진상규명위원회, 『친일반민족행위관계사료집』 Ⅸ, 선인, 2009.

阿部文雄, 「體育と柔道」, 『文敎の朝鮮』 20, 1927.04.
鳥川僑源, 「국민총력운동의 의의와 실천요강」, 『春秋』 1941.02.
「改定學校體操敎授要目」, 『文敎の朝鮮』 143, 1937.07.
「국민정신총동원조선연맹강령·실천요목」, 『청년』, 1938.11.
「國語를 常用합시다」, 『조광』 10권 7호, 105호, 1944.07.
「궤도에 오른 총력연맹」, 『조광』 7권 2호, 64호, 1941.02.
「무사도와 일본 婦道」, 『조광』 9권 3호, 89호, 1943.03.
「병역은 황민의 최고 특권」, 『신시대』 2권 6호, 1942.06.
「昭和15年10月國民總力京畿道聯盟役員總會ニ於ケル朝鮮聯盟總裁訓示」, 朝鮮總督府, 『半島ノ國民總力運動』, 1941.
「신체제용어집」, 『조광』 7권 1호, 1941.01.
「朝鮮の新體制に就いて－臨時道知事會議に於ける總督訓示要旨」, 조선총독부정보과, 『通報』 80, 1940.11.
「朝鮮の新體制に就いて－臨時道知事會議に於ける總督訓示要旨-昭和15年10月臨時道知事會議」, 朝鮮總督府警務總監部 編, 『警務彙報』 416, 1940.12.
「조선국민운동조직신체제요강」, 『通報』 80, 1940.11.
「징병령과 반도 어머니의 결의」(좌담회), 『조광』 8권 6호, 80호, 1942.06.
「징병령과 여자교육」(좌담회), 『조광』 8권 11호, 85호, 1942.11.
慶北·大邱·慶北公立高等女學校, 「內鮮一體精神, 新羅武士道」, 『文敎の朝鮮』, 174, 1940.02.
根本通夫, 「劍道と訓練」, 『신시대』 1권 6호, 1941.06.
根本通夫, 「劍道敎育」, 『文敎の朝鮮』 193, 1941.09·10.
岐村正雄, 「日本精神の再檢討」, 『朝鮮公論』 28권 7호, 1940.07.
吉武源五, 「兵站基地より精神基地へ前進」, 『朝鮮』 284, 1939.01.
金正實, 「新體制의 指導原理」, 『春秋』, 1941.02.

김지효, 「禊(미소기)연성참관기 – 禊道의 意義」『조광』 9권 10호, 96호, 1943.10.

金炯斗, 「日本精神體現의 體育道의 樹立」, 朝鮮初等敎育研究會 編, 『學校體育』 朝鮮
　　　 의 敎育研究 臨時號, 1937.11.

內田金作, 「弓道に就て」, 『文敎の朝鮮』 20, 1927.04.

大家虎之助, 「皇民鍊成の意義」, 『春秋』 1943.02.

大倉邦彦, 「日本精神の本質」, 『春秋』 1944.08.

鈴木武雄, 「我が國民經濟の新體制」, 『通報』 79, 1940.10.15.

鈴川元章, 「神社와 日本精神」, 『春秋』, 1944.03.

牧山春植, 「徵兵과 鍊成」, 『조광』 9권 4호, 90호, 1943.04.

牧野春樹, 「가미다나(神棚)와 가정(家庭)」, 『조광』 9권 2호, 88호, 1943.02.

武田誓藏, 「武士道情神と皇國女性」, 『文敎の朝鮮』 207, 1942.12.

박치우, 「전체주의의 이론적 기초」, 『조광』 7권 1호. 63호, 1941.01.

防諜指南」, 『신시대』 2권 8호, 1942.08.

寺井知高, 「劍道運動の效果」, 朝鮮總督府警務總監部 編, 『警務彙報』 251, 1927.03.

山田一隆, 「柔道別科講習を開くに當リ」, 朝鮮總督府警務總監部 編, 『警務彙報』
　　　 252, 1927.04.

森田芳夫, 「建國理想と日本精神」, 『太陽』 창간호, 1940.01.

小田省吾, 「講道館柔道と內鮮一體」, 『신시대』 1권 6호, 1941.06.

小畑忠良, 「생활의 신체제」, 『신시대』 1권 4호, 1941.04.

松本德明, 「ナチス獨逸の指導原理と日本精神」, 朝鮮總督府警務總監部 編, 『警務
　　　 彙報』 382, 1938.02.

松延信義, 「皇國臣民體操實施について一體操の深化と劍道」, 『文敎の朝鮮』 154,
　　　 1938.06.

野津謙, 「靑少年鍊成の方向」, 『朝鮮公論』 改卷 2권 4호, 1943.04.

王舟逸士, 「宣傳機關の主義精神」, 『朝鮮公論』 26권 10호, 1938.10.

依田德藏, 「柔道敎育」, 『文敎の朝鮮』 193, 1941.09·10.

이정순, 「제12회 신궁경기 참관기」, 『조광』 7권 12호, 1941.12.

全南·光州瑞石公立尋常小學校, 「皇民鍊成の敎育行」, 『文敎の朝鮮』 174, 1940.02.

조선총독부정보과, 「まづ健康」, 『通報』 115, 1942.05.

조선총독부학무국사회교육과·조선체육협회, 「皇國臣民體操の情神と實施上の注意」, 『文敎の朝鮮』 151, 1938.03.

조용만, 「새학년부터 고쳐지는 초등학교」, 『신시대』 1권 3호, 1941.03.

中根晃, 「三大敎育綱領を具現せる學校經營案」, 『文敎の朝鮮』 163, 1939.03.

中島信一, 「全體主義と日本精神」, 국민정신총동원조선연맹, 『총동원』 2권 1호, 1940.01.

津久井龍雄, 「日本精神の顯揚」, 『朝鮮公論』 改卷 2권 1호, 1943.01.

川岸文三郎, 「총력운동은 이것이다」, 『신시대』 1권 2호, 1941.02.

波田重一, 「皇民たるの本體に突進せよ」, 『조광』 8권 6호, 80호, 1942.06.

香山光郎(李光洙), 「사상과 함께 미영을 격멸하자」, 『삼천리』 14권 1호, 1942.01.

현영섭, 「조선 국민정신총동원운동 전망」, 『동양지광』 1권 2호, 1939.02.

2. 저서

가와무라 구니미쓰, 송완범·신현승·전성곤 옮김, 『성전(聖戰)의 아이코노그래피』, 제이앤씨, 2009.

고마고메 다케시, 오성철·이명실·권경희 옮김, 『식민지제국 일본의 문화통합』, 역사비평사, 2008.

宮田節子, 이형랑 옮김, 『조선민중과 '황민화' 정책』, 일조각, 1997.

김영희, 『일제시대 농촌통제정책 연구』, 경인문화사, 2003.

도미야마 이치로, 임성모 옮김, 『전장의 기억』, 이산, 2002.

변은진, 『파시즘적 근대체험과 조선민중의 현실인식』, 선인, 2013.

야마모토 요시타카, 서의동 옮김, 『일본 과학기술 총력전』, AK, 2019.

오성철, 『식민지 초등교육의 형성』, 교육과학사, 2000.

오오누키 에미코, 이향철 옮김, 『사쿠라가 지다, 젊음도 지다 – 미의식과 군국주의』, 모멘토, 2004.

우치다 준, 한승동 옮김, 『제국의 브로커들』, 길, 2020.

이경훈, 『이광수의 친일문학 연구』, 태학사, 1998.

이정욱·가나즈 히데미·유재진 공편역, 『사상전의 기록 – 조선의 방공운동』, 학고방, 2014.

최원규 엮음, 『일제말기 파시즘과 한국사회』, 청아, 1987.

최유리, 『일제 말기 식민지 지배정책연구』, 국학자료원, 1997.

한민주, 『권력의 도상학 – 식민지 시기 파시즘과 시각문화』, 소명, 2013.

형진의 · 임경화 편역, 『『국체의 본의』를 읽다』, 어문학사, 2017.

후지와라 아키라, 서영식 옮김, 『일본 군사사』, 제이앤씨, 2013.

히우라 사토코, 이언숙 옮김, 『신사 · 학교 · 식민지』, 고려대학교출판문화원, 2016.

藤野豊, 『强制された健康』, 吉川弘文館, 2000.

寺崎昌男 · 戰時下敎育硏究會 編, 『總力戰體制と敎育 – 皇國民'鍊成'の理念と實踐』, 東京大出版會, 1987.

山室信一, 『モダン語の世界へ – 流行語で探る近現代』, 岩波新書, 2021.

西尾達雄, 『日本植民地下朝鮮學校体育政策』, 明石書店, 2003.

粟屋憲太浪, 『十五年戰爭期の政治と社會』, 大月書店, 1995.

安川寿之輔, 『十五年戰爭と敎育』, 新日本出版社, 1986.

赤澤史朗, 『戰中 · 戰後文化論 – 転換期の日本の文化統合』, 法律文化史, 2020.

池田浩士, 『ボランティアとファシズム——自発性と社会貢献の近現代史』, 人文書院, 2019.

3. 논문

김도경, 「태평양전쟁기 식민지 조선에서의 향토 담론」, 『우리말글』 50, 2010.

김필승, 「일제 전시기의 식민권력과 무도교육의 실상(1931~1945)」, 『한국체육과학회지』 26-2, 2017.

문혜진, 「1930~1945년 신궁대마(神宮大麻)의 배포와 가정제사」, 『한국문화인류학』 48-2, 2015.

_____, 「일제 식민지기 국가신도의 국민도덕화 담론에 관한 소고(小考) – 경성제국대학 윤리 · 종교 부문 장서를 중심으로」, 『한국학』 38-4, 2015.

이종민, 「도시의 일상을 통해 본 주민동원과 생활 통제-경성부의 애국반을 중심으로」, 방기중 편, 『일제 파시즘 지배정책과 민중생활』, 혜안, 2004.

이태훈, 「일제말 전시체제기 조선방공협회의 활동과 반공선전전략」, 『역사와현실』 93, 2014.

전상숙, 「전향, 사회주의자들의 현실적 선택」, 방기중 편, 『일제하 지식인의 파시즘체제 인식과 대응』, 혜안, 2005.

정재정, 「일제하 조선에서의 국가총력전체제와 조선인의 생활-'皇國臣民의 錬成'을 중심으로」, 『한일역사공동연구보고서』 5, 2005.

진필수, 「일제 총동원체제의 기원과 특징에 대한 재검토 : 전쟁인류학의 모색」, 『비교문화연구』 22, 2016.

崔在穆, 「韓國における'武の精神'・'武士道'の誕生-花郎との結び府きへの批判的省察」, 『陽明學』 22, 2009.

樋浦鄕子, 「학교의식에 나타난 식민지 교육: 현대일본의 '국가신도' 논쟁과 관련하여」, 『한림일본학』 25, 2014.

하정희・손환, 「일제강점기 황국신민체조의 보급에 관한 연구」, 『한국체육사학회지』 20-2, 2015.

高岡裕之, 「戰爭と'体力'-戰時厚生行政と靑年男子」, 阿部恒久・大日方純夫・天野正子 編, 『男性史(2)-モダニズムから総力戰へ』, 日本経済評論社, 2006.

鈴木楓太, 「戰時下の体育・スポーツ」, 劉建輝・石川肇 編, 『戰時下の大衆文化 - 統制・拡張・東アジア』, KADOKAWA, 2022.

荒川章二, 「兵士たちの男性史-軍隊社會の男性性」, 阿部恒久・大日方純夫・天野正子 編, 『男性史(2) - モダニズムから総力戰へ』, 日本経済評論社, 2006.

1946년 충청도 지역 콜레라 발병·확산과 근대 철도교통체계

임 종 명

Ⅰ. 머리말: 전염병과 근대 철도교통체계

1946년 5월 미군에 의해 중국으로부터 송환된 한국인들에게 콜레라가 발병하면서 시작된 콜레라의 전국적 유행은 '그것이 종식되는 그해 11월까지 총 15,642명의 환자가 보고되고 그중 10,191명이 사망'하였다.[1]

1946년 콜레라 만연·창궐 사태는 기본적으로 세균학적인(bacteriological) 사태인 전염병 확산 과정에서 대홍수라는 자연재해에 의해 촉진되었다. 1946년 '6월 15일부터 폭우가 남조선 도처에 침수 사태를 낳았다가, 그달 28일부터 대홍수는 감수(減水)되기 시작'했다.[2] 그때 '식수원으로 사용되던 많은 우물이 홍수로 콜레라균에 오염되면서 수인성(水因

---

1) 여인석, 「미군정기와 정부수립기: 1945~1949」, 『한국전염병사』Ⅱ, 군자출판사, 2018 (2019), 13쪽.
2) 「擴大되는 水害詳報: 二萬七百餘町步가 浸水」, 『釜山新聞』 1946.07.02.

性) 전염병인 콜레라 창궐의 조건이 조성'되고, 실제로 대홍수 이후 콜레라가 '전국적으로 창궐'했다.[3] 또, "地帶가 狹小한 傾斜地帶"라는 것으로 말미암아 "防疫에 地理的 不利가 加添"되어 대다수 환자가 발생했다고 하는 경주 감포(甘浦)의 사례에서처럼, 자연 지리적 요소 또한 당시 콜레라 확산 과정을 촉진하기도 하였다.[4] 이처럼 계절적 요소나 자연 지리적 요소, 또 세균학적 요인 등의 '자연적인 것'이 콜레라 만연·창궐을 낳았다.

그런데, 자연적 요소만이 아니라 인문 지리적이거나 사회·경제적, 심지어 정치적 문제 또한 1946년 콜레라 발병과 만연, 심지어 창궐의 주요 요인이기도 했다. 이와 관련해서 대홍수 시기 동일 지역 내에서도 '비(非)자연적' 요소의 작용에 따라 발병세가 동리(洞里)별로 달랐던 사실은 시사적이다. 예컨대, 1946년 대홍수 시기 대구 지역 콜레라 발생지의 다수가 '세궁민'이 살던 "府周邊地帶"였다. 이는 상·하수도 시설 등 도시 기반 시설 구비 정도의 차이와, '예방 대책이나 방역 조치의 차별적 실행'에서처럼 방역 자원의 불균등한 배분이라는 지역 정치의 차별적 작동 등으로 말미암은 것이었다.[5] 이와 함께, 춘궁기(春窮期) 자가(自家)소비용 식량 확보를 위한 전라도 여행과 관련해 경북 지역에서 콜레라가 발병했던 것에서처럼, 사회·경제적인 문제 또한 콜레라 발병 이면에서 작동하고 있었다.[6]

이처럼 발병·확산에 다양한 요인들이 작동했던 1946년 콜레라 대유

3) 여인석, 앞의 논문, 12~13쪽.
4) 「甘浦에만 百餘名: 慶州郡內의 約九割」, 『大邱時報』 1946.07.22.
5) 「統計上의 虎疫患者: 府周邊地帶가 多數」, 『大邱時報』 1946.07.10.
6) 「全羅道서 四千石確保: 『쌀동냥』 간農商部長과 一行歸邱」, 『大邱時報』 1946.06.04; 김지목, 「嶺南騷擾現地踏査記」, 『朝鮮日報』 1946.11.03. 경상도 주민의 '호남미(米) 매입 노력'과 콜레라 확산의 상관성은 임종명, 「1946년 전라북도 지역 콜레라 만연과 정치·경제학」, 『전북사학』 65, 2021, 265~267쪽 참고.

행은 당시 남한 사람들의 건강과 생명을 직접적으로 위협했을 뿐만 아니라 그들 사회에 적지 않은 영향을 끼쳤다.

즉, 콜레라 대유행은 전염병 발병 지역에 대한 봉쇄 조치를 낳고, 봉쇄 조치가 다시 그 지역 주민들의 식량 사정을 악화시키면서, 예컨대 부산이나 대구 등지에서 '쌀 소동'까지 낳았다.[7] 이와 같은 사태 전개는 미군의 남한 점령·통치 정당화 근거를 무효화하는 것이기도 했다. 즉, 콜레라 발병과 그것에 이어지는 사회적 문제는 미군의 군사적인 남한 점령과 지배를 정당화하는 헤게모니 이념인 휴머니즘(humanism), 즉 인본·인도주의를 부인하는, 그리하여 미군 지배·통치의 정당성 위기를 초래하는 것이었다.[8]

이와 같은 당대 사회·정치적 함의에 유의하여, 본 논문은 1946년 콜레라의 전국적 만연 과정과 그 양상 및 특징을 이해하고자 하는 작업의 일환으로 준비되었다. 1946년 콜레라 대유행과 관련한 연구들은 그해 콜레라의 지역적 전개 양상과 그 특성 및 함의를 밝혔다. 예컨대 기존 연구들은 1946년 콜레라 만연과 관련해 서울과 경기 지역, 그리고 전라남·북도와 제주도 지역의 사례를 검토하면서, 그 사례들 각각의 특성과 함의, 즉 콜레라 만연과 당시 형성되어 있던 지역적 질병 문화권의 상관성, 나아가 콜레라 만연의 정치 경제학, 다시 말해서 그것이 표현한 일국

---

7) 10월 항쟁이 시작되는 10월 첫째 날 부녀자 등이 대구부청(府廳) 앞에 모여 '쌀을 달라'고 절규하는 모습, 즉 "부녀자약천여명이 대구부청에 밀려들어 쌀을 달라고 야단을 하"는 것과 거의 같은 모습, 즉 "約三千市民이市廳을包圍하고쌀을주라고아우성을친悲慘한光景"은 대략 3개월 전인 7월 초 부산에서 이미 나타났다(「쌀을다오交通을解禁하라: 數千市府廳에殺到」, 『大邱時報』1946.07.02; 「釜山에食糧騒動」, 『서울신문』1946.07.09; 「釜山에서 食糧騒動」, 『東光新聞』1946.07.13; 「쌀달라는群衆 軍政廳廣場압헤서示威行列」, 『自由新聞』1946.10.04; 「被害는意外로甚大 警官側의 行方不明도二九〇名 官公署燒失·十數個處」, 『朝鮮日報』1946.10.11).
8) 임종명, 「1946년 경기 지역의 콜레라 사태와 종전/해방 직후 국제·일국·지역 정치」, 『동방학지』193, 2020, 232~234쪽.

적·지역적 중심부/주변부/변경성(性)과 권역(圈域, regional)·일국·지역 정치성을 보여주었다.[9] 하지만 기존 연구에서는 1946년 콜레라의 전국적 만연 사태를 살핌에 있어 경상도와 충청도 지역의 콜레라 관련 상황 검토가 결루(缺漏)되어 있다. 이에 유의하여, 본 논문은 충청도 지역의 1946년 콜레라 발병·확산 과정과 그 특성을 검토하고자 한다.

이에 있어 본 논문은 콜레라 환자와 보균자 수송을 통해 콜레라 확산을 촉진했던 근대 교통체계, 특히 철도의 '기능'에 주목한다. 콜레라는 "원래 [인도] 뱅갈 지방에 예로부터 흔한 풍토병"이었다. 하지만, 그것은 "산업사회의 출현"에 따라 '범세계적으로 대유행'하였다. 특히 "19세기 후반부터 기선과 철도가 늘어나자", 콜레라는 "신속하게 범세계적인 유행"이 되었다.[10] 이것은 콜레라의 세계적 유행병화가 근대 산업 사회의 출현, 특히 기선과 철도 등 근대 교통수단의 발전과 관련된 것임을 보여준다.

그렇다고 할 때, 1946년 한국에서의 콜레라 유행 역시 근대 산업화, 특히 근대 교통체계의 발전과 밀접하게 연관된 것임을 예상할 수 있다. 이와 관련해서 주목할 것은 한국의 철도 발달이다. 일본 제국주의의 대규모 사업을 통해 식민지 조선은 동아시아에서 발달한 철도·도로 체계를 보유하게 되면서, '모든 주요 도시에는 기차가 운행'되게 되었다. 식민주의 철도 체계는 식민지 이후(post-colonial) '농촌 정치 운동의 운명'을 기초 지운 "기반"(infrastructure)이 되었을 뿐만 아니라 1946년 콜레라 확산

---

9) 임종명, 「1946년 전남·제주 지역의 콜레라 발병세와 지역적 질병 문화권」, 『역사학연구』 81, 2021; 「1946년 전라북도 지역 콜레라 만연과 정치·경제학」; 「1946년 경기 지역의 콜레라 사태와 종전/해방 직후 국제·일국·지역 정치」; 「1946년 서울 지역 콜레라 발병세와 일국적·지역적 중심부/주변부/변경성(性)」, 『사학연구』 140, 2020.

10) 윌리엄 맥닐, 허정 옮김, 『전염병과 인류의 역사』(Plagues and Peoples), 한울, 1992(1995), 285~289쪽. 참고로, 콜레라는 '19세기에 1820년대 전후, 1830년 전후, 1850년 직후, 1866년 전후, 이렇게 크게 네 차례에 걸쳐 세계적인 대유행'을 보였다. 신동원, 『호열자, 조선을 습격하다』, 역사비평사, 2004, 21쪽.

의 주요 계기로도 기능하였다.[11] 이것은 "일반적으로 보아 강류역 해안 지대 철도 연변에서 [콜레라 환자가] 많이 발생"했다고 하는 당시 신문 기사의 지적에서 단적으로 확인된다.[12]

또한, 콜레라 확산에 있어 철도가 끼쳤던 영향은 당시 미군정의 방역 정책의 주안이 철도교통 차단에 있었던 것에서도 역으로 확인된다. 당시 콜레라가 발병하면, 미군정은 발병 지역을 '교통차단구역'으로 지정해 '봉쇄'하고, 봉쇄 조치의 일환으로 지역 내 교통을 차단하였다. 동시에, 군정 당국은 "차단구역내의 거주자"나 그 구역 바깥사람들이 봉쇄선을 넘는 것을 금지하고, 그러한 조치의 일환으로 철도교통을 차단하였다.[13] 이러한 것은 철도교통체계가 콜레라 확산에 끼쳤던 효과를 확인시켜준다.

이에 유의하면서, 본 논문은 당대 미군정 보고서와 한국 신문 등을 주요 자료로 하여 연구를 진행한다. 미군정은 1946년에 정기적인 활동 보고서와, 특별 보고서 등을 통해 콜레라 확산과 유행 상황, 그리고 콜레라 예방·방역 관련 각종 조치 등을 보여주었다. 마찬가지로, 당대 남한 신문들 역시 전국적인 콜레라 발병·유행 상황을 시시각각으로, 또 지역별로 상세하게 보도하고 있었다. 그런데, 이 과정에서 생산된 콜레라 관련 자료들이 통일된 용어 사용법이나 통계 작성법에 따라 생산된 것은 아니었고, 더군다나 당시 '환자 은닉 현상'까지 있었다. 그렇다 하더라도,

---

11) Bruce Cumings, *The Origins of the Korean War* vol. 1, Princeton: Princeton University Press, 1981, 10~16쪽, 특히 16쪽.

12) 「虎患四千名肉迫: 防疫에더욱힘쓰자」, 『서울신문』 1946.07.13.

13) 봉쇄와 구역 내 교통 차단은 예컨대 「遮斷區脫出말라: 虎疫傳播의原因된다」, 『釜山新聞』 1946.06.16; 「港町有志의美擧: 二萬圓醵出町民救濟」, 『釜山新聞』 1946.07.02 참고. 지역 간 교통, 특히 철도 여행 차단은 예컨대 「木浦虎疫으로 湖南線一部運休」, 『獨立新報』 1946.05.30; 「大邱天安間列車, 虎역[疫]으로 運休」, 『水産經濟新聞』 1946.07.04; 「水仁線에도虎疫: 四個驛旅客貨物取扱中止」, 『大東新聞』 1946.07.20. 참고.

"자료상의 환자·사망자 통계는 발병의 대략적 규모와 경향적 추세"를 보여주는 데 부족함이 없다.[14) 이와 같은 당대 관련 자료의 특성에 주의하면서, 먼저 충청 지역 중 초기 콜레라 발병지였던 대전 지역의 발병 상황부터 살펴보도록 하자.

II. 대전 지역 콜레라 발병

충청도 지역에서는 5월 중·하순 최초의 콜레라 환자가 발견되었다고 보도된다. 5월 중순 무렵, "[충남] 保寧근처에 잇는 조고만섬에 二백명의 호열자(虎列刺), 콜레라(cholera)]환자가 발생하엿다고 [하는] 보도"가 있었다. 하지만, 이어지는 14일자 기사에 따르면, 앞의 콜레라 환자 발생 기사는 "허위"인 것으로 판명되었다고 한다. 즉 충남 보건후생국 예방의학과장이 "철저히조사한결과 호열자 환자는 한사람도업고 다만 수명의 장

---

14) 당대 자료의 특성은 임종명, 「1946년 전남·제주 지역의 콜레라 발병세와 지역적 질병 문화권」, 126~127쪽 참고. 덧붙이면 환자 은닉 현상은 자료에서 어렵지 않게 목격된다. 예컨대 대구·경북 지역에선 '적지 않은 환자를 은닉'하고 심지어 "죽은사람을 隱匿하여두고 [방역 당국을] 속이"기도 하여, 이것이 "虎疫根絶에逆行"하고 나아가 "大衆衛生에큰威脅"이 되면서, 방역당국에서는 계속해서 지역민들에게 "患者報고 [·告]를速히하여야[콜레라가]蔓延되지않이하도록特別注意"할 것을 촉구하고 "患者隱匿하면嚴重處罰"하겠다고 "發表"할 정도였다(「患者隱匿하면嚴重處罰: 大邱署指示事項發表」, 『大邱時報』 1946.06.20; 「魔手의殺人?: 虎疫患者의隱匿은 大衆衛生에큰威脅」, 『嶺南日報』 1946.07.28; 「隱匿患者八名發見: 이것은虎疫助長의逆現象」, 『嶺南日報』 1946.07.25; 「魔의虎疫外廓地方으로: 奉化,英陽新患者續出; 擧道의根絶에總蹶起하자!!」, 『嶺南日報』 1946.07.30). 물론, 환자 은닉이나 도피 등은 한말에 전염병 환자를 격리하기 위해 설치되기 시작한 피병원(避病院)에 관한 "사회적 이미지가 좋지 않았기 때문"이었다(신동원, 『호열자, 조선을 습격하다』, 34·45~47쪽). 이 점에서 환자 은닉이 당대 대중 의식, 따라서 문화의 표현으로, 환자 은닉 문제는 일상 문화사의 주요 연구 주제가 될 수 있다.

질부사(腸窒扶斯), 장(腸)티푸스(typhoid fever)] 환자가잇"을 뿐이라고 미군정청 보건후생부 예방의학 국장은 밝혔다.[15] 요컨대, 충남 보령 지역 섬마을의 콜레라 환자 발생 이야기는 '허구'의 해프닝(happening)이었다.

그 해프닝은, 무엇보다도, 콜레라에 대한, 당대 사회의 '긴장된' 분위기를 보여주는 것이었다. 그해 5월 초순 부산항에 도착한 남(南)중국 발 한국인 송환선에서의 콜레라 발병을 알리는 기사들이 연속해서 당시 신문 사회면을 채우고 있었다.[16] 그 신문 기사들은 과거 역사에서, 아니 얼마 전의 식민지 시기, 특히 1919년과 그다음 해 콜레라 만연의 '경험'을 가진 당대 한국인들에게 '공포'를 자아내기 충분한 것이었다.[17] 그렇기 때문에, 콜레라 발병과 방역 대책 관련 기사와 함께 당시의 '사회적 공포' 심리를 보여주거나 또는 그것을 자극하는 기사가 계속해서 신문 지면을

---

15) 「某島의虎疫發生은浪說: 忠南道保健厚生局서眞相究明」, 『自由新聞』 1946.05.14. 본문의 '호열자'와 뒤에 나올 '호역'(虎疫) 모두 당대 '콜레라'를 지칭하는 언어이다. 이들 호칭 각각의 개념적 의미와 그 저변의 인식론은 신동원, 『호환 마마 천연두: 병의 일상 개념사』, 돌베개, 2013, 148~150쪽(호열자); 31・193・197~206쪽(호역); 148~150쪽(콜레라) 참고.

16) 예컨대, 「歸還船에虎列刺猖獗: 上陸못하는二千餘同胞」, 『東亞日報』 1946.05.07; 「釜山에虎列刺: 病菌은廣東서」, 『光州民報』 1946.05.10. 참고로, 앞의 기사 내용과는 달리 최초의 콜레라 발병 송환선은 광조우(廣東)발의 것이 아니라 상하이(上海)발의 것이었다. 「虎疫菌은發見안됏다: 美軍醫가方今歸還船調査中」, 『釜山新聞』 1946.05.17; USAFIK, XXIV Corps, G-2, Historical Section, "The Cholera Epidemic of 1946", 1947[이하 "The Cholera Epidemic of 1946"], 30쪽. (http://archive.history.go.kr/catalog/view.do?arrangement_cd=ARRANGEMENT-0-A&arrangement_subcode=HOLD_NATION-0-US&provenanace_ids=000000000034&displaySort=&displaySize=50&currentNumber=1&system_id=000000102402&catalog_level=&catalog_position=-1&search_position=0&lowYn=)

17) 식민지 이전 시기 조선에서는 '전국적으로 수십만 명이 희생'되는 1821~22년의 콜레라 대유행, 다시 '50여만 명이 죽는' 1858년의 대유행, 다시 이어지는 1859년과 1862년, 1886년과 1895년의 콜레라 유행이 있었다. 그리고 식민지 시기에는 1919년과 20년 4만 1천여 명의 환자가 발생해 3만여 명이 사망하는 콜레라 대유행이 있었다. 신동원, 『호열자, 조선을 습격하다』, 21~22쪽; 『호환 마마 천연두: 병의 일상 개념사』, 152~153쪽; 『한국근대보건의료사』, 한울, 1997, 118~119쪽; 백선례, 「1919・20년 식민지 조선의 콜레라 방역활동」, 『사학연구』 101, 2011.

채우고 있었다.[18] 이처럼 '긴장'된 분위기가 앞에서 본 오보(誤報)의 사회적 배경을 이루었다는 점에서, 오보 해프닝은 당시 만연한 '호역(虎疫), 즉 콜레라 공포'를 간접적으로 보여주는 것이라 할 수 있다.

그처럼 긴장된 분위기하에서, 얼마 되지 않아 대전·충청 지역에서도 실제로 콜레라가 발병하고 또 사망자가 나온다. 즉, 5월 20일 대전 지역에서 콜레라 환자 1명이 "발견"되고, 또 이틀 뒤에는 그 1번 환자와 함께 다른 환자가 사망했다.[19] 이로써, 대전 지역, 확대해서 충청도 지역에서도 1946년 콜레라 발병사는 시작되었다. 이후 콜레라 환자 발생과 사망 사례가 계속해서 이어지면서, 대전 지역은 5월 29일 현재의 '각지 환자 발생 누계표'에서 총 5명의 환자에 사망자 2명이라는 발병 규모를 보여 주었다.[20] 대전 지역의 초기 발병세(發病勢)는 총 92명의 환자에 25명 사망이라는 발병 규모를 보여준 부산 지역에 다음가는 것이었다. 이는 5월 말 부산에 이어 대전이 목포와 함께 콜레라의 전국적 확산 초기 발병 중심지였음을 보여주는 것이었다.[21]

---

18) 당시 방역 대책·정책과, 특히 '공포 심리'와 관련해서, 예컨대, 다음 기사 제목 참고. 「三千名·死의恐怖: 海上에서陸地同胞에嘆願; 虎疫發生으로歸還船接陸禁止」, 『釜山新聞』 1946.05.05; 「虎疫防止鐵壁陣치자: 魔의船海上에停船防疫實施中; 保健厚生部長 全道民에警告; 接客業者에 指示」(인용자, 강조), 『釜山新聞』 1946.05.07; 「近海漁獲을禁止: 釜山沿岸서잡은生鮮먹지말라;『虎疫船』서十一名死亡」, 『釜山新聞』 1946.05.08.

19) 「호열자調査○○ 仁川으로派遣」, 『東亞日報』 1946.05.21; 「호열자로二名死亡: 大田에서患者發生」, 『東亞日報』 1946.05.22; 「虎疫朝鮮內侵入!: 釜山, 大田, 仁川에患者發生」, 『中央新聞』 1946.05.23; 「歸還同胞船에虎疫侵入: 今後各地로波及의危險; 釜山, 大田, 仁川서 四十四名發見」, 『自由新聞』 1946.05.23.

20) 「各地로蔓延하는 『虎列刺』!: 現在卅°二十名死亡, 48名이發生」, 『東亞日報』 1946.05.25; 「南朝鮮에蔓延狀態: 虎疫, 淸道, 木浦, 大田에 新發生」, 『中央新聞』 1946.05.30.

21) "The Cholera Epidemic of 1946," 30쪽; 「虎疫各地에漸次로蔓延: 現在三十二名死亡百九名이發病」, 『東亞日報』 1946.05.30. 덧붙이면, 미군정의 5월 활동 보고서에서는 5월 31일 현재 대전 지역의 콜레라 환자가 4명이었다고 보고하여 본문의 29일 현재 환자 5명이 오히려 감소되는 '오류'를 보여준다(General Headquarters(GHQ), US Armed

콜레라의 전국적 확산 초기 대전 지역의 발병 중심지화는 당시 남한 철도교통체계에서 차지하고 있던, 그 지역의 위치·위상을 표현한 것이었다. 이와 관련해서 시사적인 것은 5월 20일 대전 지역에서 '발견'된 '1번 환자'와 그의 동선(動線)이다. 그 환자는 "上海서 전염되어 균(菌)을 가지고" "上海로부터 귀환한 징병나갓든 군인"으로 "釜山에 상륙"해 "一般*般 귀환동포와 함께 기차를타고 행동을 가치하"면서 "고향인 全北으로가는 도중大田역에서 二十일에 발견"되었다(그리고 그는, 유감스럽게도, 5월 23일자 기사에서 대전 지역 사망자 2명 중 하나가 되었다).[22] 바꾸어 말하면, 그는 상하이에서 콜레라균에 감염되어 부산으로 돌아온 한국인 송환병으로 그곳에서 경부선 열차를 타고 대전까지 여행한 다음 그곳에서 호남선 열차로 환승해 고향 전라북도로 갈 요량이었다가 환승역에서 콜레라가 발병해 현지에서 사망하였다.

송환병의 발병 사례와 유사한, 그러나, 다행히도, '비극적으로' 생이 마감되지 않은 사례도 있었다. 그것은 경상북도 도청 고위 관리가 전라도로 '쌀 동냥'을 다녀야 할 정도로 식량 사정이 절박하였던 경북의 경주 지역 한 중년 가장이 6월 중순 초에 "大田에서쌀을購買하여오는途中에病이나서方今治療中"이라는 이야기다.[23] 그는 '곡창 지대'였던 전라도행(行) 호남선 철도 일부 구간이 콜레라 방역 목적으로 일반 여객에게 차

<hr />

Forces, Pacific(USAFPAC), *Summation of U.S. Military Government Activities in Korea*, 『미군정활동보고서』(영인), 원주문화사 [이하 *Summation*] No 8, 1946.05, 80쪽). 그렇지만 그 '오류'는 29일 방역본부의 통계가 세균 조사를 통해 확진자(confirmed case)로 판정되지 않은 '의사(疑似) 환자(unconfirmed case)'까지 포함한 수치인 반면에 미군의 통계에서는 '환자'가 '확진자', 당시 용어로는 '진성(眞性) 환자'만을 의미하는, 요컨대 통계 작성 원리의 차이로 말미암은 것이었다고 판단된다.

22) 「歸還同胞船에虎疫侵入」, 『自由新聞』 1946.05.23. 일본군에 징병된 한국인 중 상하이에서 송환된 이들의 귀환 과정에 관해서는 장석흥, 「해방 직후 상해지역의 한인 사회와 귀향」, 『한국근현대사연구』 28, 2004, 264~266·277~278쪽 참고.

23) 「全羅道서四千石確保: 『쌀동냥』간農商部長과一行歸邱」, 『大邱時報』 1946.06.04; 「慶州에는一家族全滅」, 『嶺南日報』 1946.06.15.

단되어 있던 상황에서 전라도 지역발(發) 호남선 철도가 연결되는 대전에서 식량을 구매해 경주에 돌아왔다가 발병했다. 그가 발병한 곳이 물론 대전은 아니었다. 그렇지만 기사의 맥락상 그의 발병은 그의 대전 여행과 관련된 것이었다.

송환병과 중년 가장의 발병사는 여러 측면에서 시사적이다. 먼저, 대전 지역 발병 사례들은 근대 교통체계에 있어 대전의 위치·위상과 관련된 것이었다. 앞의 송환병이 밟았던 귀향 노정(路程)은 식민지 시기 전라도 출신 해외 징병·징용자들의 식민지 이후 일반적 귀향 코스였다. 즉 그들은 적지 않은 경우 선편으로 부산항 등에 상륙해 경부선 철도로 대전까지 와서 그곳에서 전라도행(行) 호남선 열차로 환승해서 자신들의 고향으로 갔다.[24] 이에 유의할 때, 우리는 대전 지역 1번 환자의 발병이 전라도 지역 출신 송환병들의 귀향 여행을 맥락으로 한 것이라고 이야기할 수 있다. 또한, 대전역 콜레라 발병은 남한의 간선 철도인 경부선과 호남선의 분기점/합류점이라는, 당시 거의 유일의 전국적 교통수단이었던 철도 체계에서 점하고 있던 대전역의 위치와 위상과 연관된 것이었다.

이것은 대전 여행 후 콜레라가 발병했던 중년 가장의 사례에서도 확인되는 것이다. 그의 사례 역시 철도 호남선을 통해 곡창 지대였던 전라도와 연결되어 있던 대전역의 위치와 위상과 관계된 것이었다. 이에 유의할 때, 우리는 대전 지역 콜레라 발병이 대전(역)의 남한 철도교통체계상 위치·위상으로 말미암은 것이라고 이야기할 수 있다.

송환병의 대전역 발병 사례는 전염병과 전쟁의 상관성 또한 보여주는 것이기도 하다. 위 사례는 아시아-태평양 전쟁 시기 일본 제국의 남(南)중국 지역 전쟁에 동원된 구(舊)식민지 한국 병사의 전후 발병 사례

---

24) 윤선자, 「해방 후 전남지역으로 귀환한 해외한인의 현황」, 『전남사학』 22, 2004, 86~87쪽.

이다. 그는 전쟁 종식 이후 일본군에서 동원 해제되어 송환되는 과정에서 감염되었다. 그렇다고 한다면, 징병 송환자의 발병 사례는 1946년 남한 콜레라 발병과 확산이 한 해 전(前)까지 진행된 아시아-태평양 전쟁을 역사적 배경으로 한 것이었음을 보여준다. 바로 이점이 송환병의 대전역 발병 사례가 가진 동아시아 권역상(上)의 역사적 함의라 할 수 있다. 이와 같은 함의에 유념하면서, 다시 대전 지역 발병세에 관한 논의를 이어가도록 하자.

앞에서 보았듯이, 대전 지역은 콜레라의 전국적 확산 초기 주요 발병 지역의 하나였다. 이로 말미암아, 콜레라 발병 직후부터 대전 지역에 대한 방역 조치가 집중적으로 실행된다. 즉, 5월 하순에 부산과 인천의 부두 방역소(防疫所)와 함께 대전에도 방역소가 설치되어 "통행하는사람을상대로방역"이 실시되었고, 또 방역반(防疫班)이 조직되어 "열차속"에서도 방역이 "실시키로" 되었다.[25] 나아가 5월 28일부터는 경부선과 호남선을 타고 서울로 여행하는 "승차려객전원에게 대전(大田)역에서 호열자예방주사를 시행"하는 조치가 취해졌다.[26] 또한, 7월에는 대전역에서는 열차 승객들에게 콜레라 예방주사 접종 여부 확인을 위한 '예방주사증'과, 심지어 보균자 여부 확인을 위한 '검변(檢便)진단서'까지 요구하였다.[27]

5월 하순 대전역을 중심으로 한 각종 방역 조치 시행이 그 지역 방역만을 목적한 것은 아니었다. 그것은 전국적인 콜레라 확산을 방지하고자 실행된 것이었다. 5월 하순 당시는 "모다廣東이나 上海서 전염되어

25) 「虎疫防止에鐵壁: 釜山, 仁川에防疫所設置; 豫防注射는官公署員부터實施」, 『東亞日報』 1946.05.26.

26) 「大田서旅客豫防注射」, 『서울신문』 1946.05.31.

27) 「장마後猖獗하는虎疫: 患者는二千二百名 千餘名死亡」, 『中外新報』 1946.07.05; 「忠南一帶交通遮斷」, 『東光新聞』 1946.07.13.

균(菌)을 가지고 돌아" 왔지만 "아즉 발견되지안흔환자도 각처에 잇슬것"이, 따라서 "금후이[부산에서 시작된]전염병원[이] 一반*般동포에게까지 미칠 가능성이 농후"하다고 "예상"되고, 또 실제로 콜레라가 "남조선일대에 창궐하고잇"던 시점이었다. 그때 "전율할 호열자균의 전염을방지"하고자 교통 요지인 대전역에서 각종 방역 조치가 취해진 것이었다.[28] 나아가 그 조치들은 서울을 '콜레라로부터 철통같이' 지키고자 하는 목적을 가진 것이기도 했다.[29] 이처럼 콜레라의 전국적, 특히 서울로의 확산 방지를 목적으로 하여 강화된 방역 조치가 5월 하순부터 대전 지역에서 취해졌다.

대전역 중심의 방역 조치 강화는 6월에 대전 지역의 콜레라 발병과 전염 속도를 상대적인 의미에서 약화·둔화시켰다. 이와 관련해서 6월 이후의 발병 통계들을 참고하도록 하자. 앞에서 보았듯이, 5월 29일 현재의 '각지 콜레라 환자 발생 누계표'에서 대전은 목포 지역과 함께 부산 지역에 다음가는 발병 규모를 보여주었다. 하지만, 그달 30일 현재 통계에서부터 미소(微少)하기는 하지만 변화가 나타난다. 즉 30일자 통계에 따르면, 대전 지역에서는 이전과 마찬가지로 5명의 환자가 발생해 2명의 환자가 사망하였다. 하지만, 그 통계는 목포 지역 환자가 29일 통계에서보다 1명 증가해 6명이고, 그중 2명이 사망하였음을 보여준다.[30]

환자 발생 규모에 있어 대전과 목포 간의 미세한 차이는 시간이 갈수록 더욱더 확대된다. 예컨대 서울중앙방역본부의 6월 6일 현재 통계는 대전 지역에서의 콜레라 발병 상황이 3명 환자 발생에 2명 사망에 그쳤

---

28) 「歸還同胞船에虎疫侵入」, 『自由新聞』 1946.05.23; 「大田서旅客豫防注射」, 『서울신문』 1946.05.31.

29) '서울 방어 목적의 방역 조치와 그것의 당대 정치·사회적 함의'는 임종명, 「1946년 경기 지역의 콜레라 사태와 종전/해방 직후 국제·일국·지역 정치」, 490~497쪽 참고.

30) 「患者發生累計: 五月三十日現在」, 『서울신문』 1946.06.01.

던 데 반해서 목포 지역에서의 그것은 19명 환자가 발생해 9명이 사망했음을 보여준다.[31] 그뿐만 아니라 6월 10일 현재 대전 지역의 환자 발병세는 환자 3명에 2명 사망이라는 기록을 내어, 이전의, 예컨대 6일의 기록을 유지하였다.[32] 이처럼 6월 대전 지역에서 작은 규모의 환자 발생이 보고되기는 했어도, 그 지역의 콜레라 발병세는 대체적으로 '안정된' 상태를 유지하였다.

그렇지만 6월 하순 '20년래(年來)의 대홍수'는 다른 지역에서와 마찬가지로 대전 지역에서도 콜레라 발병의 급증 사태를 낳는다. 예컨대, 장마가 진행 중이던 26일 현재 그 지역에서는 6명의 환자와 4명의 사망자가 발생했다.[33] 그리고 장마 직후부터 콜레라 발병 사례는 급증한다. 예컨대, 전국적인 홍수가 끝나고 나서인 『서울신문』 7월 13일자 기사는 장마 때의 전국 콜레라 피해 상황을 소개하면서, '대전 지역의 경우 환자 규모가 홍수 이후 70배 이상의 대규모로 급팽창했다.'라고 전한다.[34] 이처럼 6월 하순의 대홍수는 대전 지역 콜레라 환자 규모를 대규모로 급팽창시켰다.

그런데 6월 말 대전 지역의 콜레라 급팽창이 단지 홍수라는 계절적 요인으로 말미암은 것만은 아니었다. 이와 관련해서 시사적인 것은 앞의 『서울신문』 기사이다. 그 기사는, 앞에서 보았던 바와 같이, "일반적으로 보아 강류역 해안지대 철도 연변에서 [콜레라 환자가] 만히 발생"한다고 지적하고 나서 충남 지역에선 "대전(大田)과 강경(江景)장항(長項)지방이 가장 심하다"라고 하여, 충남 지역의 발병 중심지를 특정한다.[35] 여

31) 「虎列剌猖獗: 患者二百五十六名; 六日發表」, 『朝鮮日報』 1946.06.07.
32) 「各地에 死亡者續出: 虎列剌濟州島에까지 侵入」, 『東亞日報』 1946.06.11.
33) 「장마속에 氣勢어더 虎疫患者날로增加: 激甚한곳은 東津江邊과 大邱」, 『自由新聞』 1946.06.27.
34) 「虎患四千名肉迫」, 『서울신문』 1946.07.13.

기에서 세 지역 모두 각각 경부선과 호남선, 장항선 철도 노선상의 도시이다. 하지만, 보다 특징적으로 이야기할 때, 강경과 장항이 각각 금강과 서해 연안 지역으로 기사 상의 '강 유역 해안지대'에 해당한다. 그렇다고 한다면, 기사 상의 '철도 연변' 지역은 대전일 것이다. 그렇다고 한다면, 대전 지역의 콜레라 급팽창은 홍수라는 계절적·자연적 요인 이외에도 그 지역이 주요 철도 연선 지대였던 것으로 말미암은 것이라고도 할 수 있다.

또한, 대전 지역의 콜레라 발병세 악화는 당시 콜레라에 대한 대중의 인식이나 사회적 문화, 나아가 사회적 관습과도 연관된 것이기도 했다. 7월 5일자 『自由新聞』 기사는 당시 대전 지역에서 "환자발생"이 "느러가는 경향"이 나타났다고 보도한다.36) 그와 같은 추세 형성의 원인과 관련해서 '1946년의 콜레라 유행병'이라는 제하의 1947년 미군정 보고서는 흥미롭다. 그것은 6월 하반기에 "숨겨진 환자가 많았기 때문"에, 다시 말해서 '많은 은닉 환자가 방역 당국에 노출'되면서 콜레라 발병이 "급증"한 것이라고 지적한다.37)

환자 은닉과 그것의 노출이라는 대전 지역 상황은 미군정 보건후생부 차장 김명선 박사에 의해서도 확인된다. 그는 부산과 대전 지역에 출장 갔다 6월 30일에 귀경하였다. 그리고 그는 대전 지역 콜레라 발병 상황과 관련해서 "환자를 숨기지말고 市民 스스로가 방역에 협력하는마음을 가져야 하겠다"고 지적한다.38) 이는 6월 하순 전후 대전 지역에는 경북 지역에서와 마찬가지로 콜레라 환자 은닉 현상이 적지 않았다고 하는 미군정 보고서 내용을 확인하는 것이라 할 수 있다. 그렇다고 한다면,

---

35) 「虎患四千名肉迫」, 『서울신문』 1946.07.13.
36) 「南鮮患者三千名」, 『自由新聞』 1946.07.05.
37) "The Cholera Epidemic of 1946", 31쪽.
38) 「南鮮患者三千名」, 『自由新聞』 1946.07.05.

6월 하순 홍수기의 대전 지역 콜레라 급증은 당시 대홍수라는 자연적·계절적 요인과 철도 연선 지역이라는 교통체계상 위치의 효과와 함께 '적지 않은 은닉 환자들의 노출'로 말미암은 것이었다. 바로 이들 요소가 작동하면서, 6월 말 7월 초 대전 지역 콜레라의 발병세는 악화하였다.

하지만 절대적인 측면에서의 발병세 악화에도 불구하고 대전 지역의 발병세는 상대적으로 미약한 것이었다. 이것을 확인하는데 있어, 7월 2일 현재 각도의 콜레라 발생 상황을 보여주는 다음 표는 유용하다.

〈표 1〉 7월 2일 현재 각도의 콜레라 발병 상황

	전북	경남	전남	경북	황해	제주	강원	충남	경기	충북	계
환자	620	494	491	410	157	135	68	64	27	0	2,345
사망자	330	214	238	207	90	61	36	29	19	12	1,197

출전: 「虎疫맹위: 患者二千三百餘名; 死亡者千名突破」, 『大東新聞』 1946.07.05.

이 표는 7월 초 대전을 포함한 충남 지역의 환자와 사망자 발생 규모가 충남 지역보다 인구수가 적은 제주도나 황해도 지역의 그것에 비해 배 이상 작았음을 보여준다. 그렇다고 한다면, 대전의 발병 규모 역시 남한 전역의 발병·사망자 총량에서 차지하는 비중 또한 크지 않았을 것이다. 그리고 그러한 사정으로 말미암아 이후 전국적 발병 상황을 보여주는 자료에서 대전 지역 발병세 추계가 사라지고, 대신 대전 지역 통계가 충남 지역 통계에 통합되었던 것이라고 판단된다. 이에 유의하면서, 지금부터는 충남 지역의 콜레라 전염과 발병 상황을 살펴보도록 하자.

Ⅲ. 충남 지역 내 콜레라 확산

철도교통 체계상 대전 지역과 유사한 위치·위상으로 인해 콜레라 발병 초기 그 발병지가 된 지역이 있었다. 그곳은 조치원 지역이었다. 콜레라의 전국적 확산 초기였던 5월 말, 조치원 지역에서는 사망자 없이 '진성(眞性) 환자' 또는 확진자(confirmed case) 1명이 발생하여, 그 지역은 여타 8개 지역과 함께 '5월 29일 현재 각지 환자 발생 누계표'에 등재되어 충남 지역 내 초기 콜레라 발병 지역의 하나가 되었다.[39]

조치원 지역의 초기 발병지화는 대전 지역의 그것과 마찬가지로 그 지역이 도로와 철도교통의 요지에 위치해 있었던 사실에 기인한 것이었다. 그 지역은 "한반도 철도망의 주축인 경부선 철도에 속해 있고, 장항선의 분기점인 천안 및 호남선의 분기점인 대전과 인접해 있고, 그 자체가 충북선 철도의 분기점이어서 한반도 철도망의 요충(要衝)에 입지"해 있었다.[40] 바로 이러한 것이 전국적인 콜레라 확산 초기 조치원 지역을 대전 지역과 함께 충남 지역에서 주요 콜레라 발병지로 만들었다.

초기 발병지가 된 조치원 지역은 내륙 지역인 충청북도 지역에로의 콜레라균 전파의 '원점'(原點)으로 기능하기도 했다. 뒤에서 보듯이, 충북 지역의 6월 초 최초 발병지는 철도 충북선에 의해 조치원과 연결된 음성 지역이었다. 이것은 조치원 지역이 철도 노선을 매개로 충북 지역 내 콜레라를 확산시키는 기능을 수행했음을 보여준다. 그렇다고 한다면, 조치원 지역의 발병 사례는, 전국적 콜레라 확산 초기 주요 콜레라 발병

---

39) 「虎疫各地에漸次로蔓延」, 『東亞日報』 1946.05.30.
40) 최원희, 「일제 식민지 근대도시 조치원의 출현요인, 도시체계상에서의 위상 및 도시내부구조 형성과정」, 『한국지리학회지』 1-1, 2012, 특히 103쪽.

지의 하나가 철도 연선(沿線) 지역이었음을 확인해주는 것이라 할 수 있다. 동시에 그것은 철도 체계가 콜레라 확산을 촉진하는 '사회적 기반 시설'이었음을 말해준다.

하지만 5월 하순 이래의 대전역의 집중적 방역 조치는 경부선을 통해 대전과 연결된 조치원 지역의 콜레라 발병과 전염 속도 역시 약화·둔화시켰다. 6월 10일 현재 조치원 지역의 콜레라 발병세는 사망자 없이 환자 1명 발생이라는 기록을 내어, 이전, 예컨대 6일의 기록을 유지하였다.[41] 이처럼 6월 이후 조치원 지역에서 작은 규모의 환자 발생이 보고되기는 해도, 그 지역에서의 콜레라 발병세는 대체적으로 '안정된' 것이었다.

초기 주요 발병지였던 대전과 조치원의 안정적인 콜레라 발병세는 충청남도 지역의 발병세에 영향을 미쳤다. 이와 관련해서, 콜레라가 "점차로 전선[(全鮮)] 각지에 만연"하던 6월 3일 현재의 아래 통계는 시사적이다.

〈표 2〉 6월 3일 현재 각도의 콜레라 발병세 누계

	경남	전남	전북	경북	충남	경기	계
환자	147	18	17	8	7	4	201
의사 환자	46	10	0	0	3	2	61
사망자	41	6	4	4	2	7	64

출전: 「虎疫이猛威!: 全國에波及; 64名死亡 患者二百名 ; 三日現在」, 『東亞日報』 1946.06.04.

이 표는 대전과 조치원 지역의 콜레라 발병 규모와 충남의 그것이 거의 일치하고 있음을 보여준다. 동시에 그 표는 북위 38선 이남 6개 도(道) 단위 지역에서 충남 지역의 상대적 발병 규모 – 굳이 '순위'를 이야

---

41) 「各地에死亡者續出: 虎列剌濟州島에까지侵入」, 『東亞日報』 1946.06.11.

기한다면, 5위-를 보여준다.

이와 같은 상대적 발병세는 이후에도 계속해서 유지된다. 이것은 "호열자 류행에도 큰영향"을 준 그해 장마 직후인 7월 상순의 통계에서도 확인된다.

〈표 3〉 7월 9일 현재 각도의 콜레라 발병세

	전북	전남	경북	경남	충남	제주	경기	강원	충북	합계
환자	769	525	497	446	242	144	101	68	5	2,916
사망자	528	265	236	222	99	79	124	36	4	1,699

출전: 「防疫, 攝生에一層注意를; 九日現在로虎列剌患者二千九百名」, 『서울신문』 1946.07.10.

이 표는 그해 6월 중·하순의 "二十年來처음보는" 대홍수 이후 콜레라 환자 발생의 특징을 보여준다.[42] 당시 홍수가 콜레라를 전국적으로 만연케 하면서, 7월 초 콜레라 발병 규모는 6월 20일의 그것에 비해 50% 정도 증대되었다.[43] 이러한 사정은 북조선 지역에서도 목격된다. 남한 지역으로부터 38선을 통해 전해진 콜레라가 6월 중순부터 북조선 지역으로 확산하는데, 그 과정에서 7월 북조선에서 발생한 수재는 콜레라의 지역 확산을 도왔다고 설명된다.[44] 이처럼 한반도 전체 콜레라 발병에 영향을 끼쳤던 대홍수 상황이 반영되어 있던 앞의 7월 9일 현재 통계는 통계 작성에 있어 제주도 발병 상황의 별개 항목화와 함께 남한 전(全)

---

42) 「水害와虎疫: 朝鮮再建努力의大支障; 二割의流失로平年作의六十%; 穀價는昨年보다二百%나騰貴; 虎疫發生千餘名死亡六百五十; 맥將軍月例報告에나타난三災八難의朝鮮事情」, 『大衆日報』 1946.08.26.

43) 「장마뒤虎疫猛威: 더욱攝生에注意喫緊」, 『서울신문』 1946.07.02.

44) 김진혁, 「북한의 위생방역제도 구축과 인민의식의 형성(1946~1950)」, 『한국사연구』 167, 2014, 258~259쪽.

지역에서의 대규모 환자 증가를 보여준다. 동시에 그 통계는 충남 발병 규모의 상대적 위치가 홍수 이전과 마찬가지였음을 보여준다.

그렇지만, 대홍수는 충남 지역에서의 절대적 발병 규모를 급팽창시켰다. 앞에서 보았던 〈표 1〉통계는 7월 2일 현재 충남 지역의 발병 규모가 64명 환자 발생에 29명 사망이었음을 보여준다. 하지만 일주일 뒤인 9일 현재 그 지역의 발병 규모는, 〈표 3〉이 보여주듯이, 242명 환자에 사망 99명이 되었다. 이것은 "장마뒤에" 충남 각지의 "[콜레라] 환자수가 급격히느"렀던, 당시 상황을 여실히 보여준다.[45] 이처럼 악화된 홍수기 발병 세는 계속해서 이어진다. 예컨대, 홍수기 전국 콜레라 피해 상황을 소개 하는 『서울신문』 7월 13일자 기사는 "본래충남(忠南)에서는약간의환자 가 발생하엿섯슬뿐인데 장마를타고 끗쳑[부쩍?]늘어三백여명이 만연"하 고 있다고 전한다.[46] 이처럼 대홍수 이후 "忠淸南道一帶에虎列剌가창 [*猖]獗"하여 콜레라 발병세가 악화되면서 7월 중순 초 '충남 일대의 교 통이 차단'될 정도가 되었다.[47]

이와 함께 대홍수는 충남 지역 내 콜레라 발병 중심지의 복수화를 낳 았다. 먼저, 6월 26일 현재 논산에서 8명의 콜레라 환자가 발생해 그중 4명이 사망하는데, 이것은 앞에서 보았던 동일자(同日字) 대전 지역의 발병 규모를 능가하는 것이었다.[48] 당시까지 충남 지역의 발병 중심지 가 대전 지역이었던 것을 고려할 때, 논산의 사례는 충남 지역 내 콜레 라 발병 중심지가 홍수기에 변동이 있었음을 시사하는 것이라 할 수 있

---

45) 「장마속에氣勢어더 虎疫患者날로增加」, 『自由新聞』 1946.06.27. 다행히도, 조치원 지역에서의 발병세가 상대적으로 약화하여서인지, 관련 통계에서 조치원 항목은 사라졌다.

46) 「虎患四千名肉迫」, 『서울신문』 1946.07.13.

47) 「장마속에氣勢어더 虎疫患者날로增加」, 『自由新聞』 1946.06.27; 「忠南一帶交通遮斷」, 『東光新聞』 1946.07.13.

48) 「南鮮患者三千名」, 『自由新聞』 1946.07.05.

다. 그러한 변동을 실증하려는 듯, 앞에서 보았던『서울신문』7월 13일자 기사는 충남 지역에서 "대전(大田)과 강경(江景)장항(長項)지방이 가장 심하다"라고 소개하였다.[49] 이는 홍수 이후 금강 하구 지역의 하항도시(河港都市)로서 사람들의 왕래가 많았던 강경, 또 금강을 사이에 두고 전북 옥구 지역과 대(對)하여 있으면서 금강과 서해가 만나는 지역인 장항이 충남 지역 발병의 중심지로 되었음을 보여준다. 이처럼 대홍수를 거치면서, 기존 발병 중심지였던 철도교통 중심지와 함께 새로이 강변 지역과 해안 지역이 충남 지역 발병 중심지에 포함되면서, 그 중심지는 복수화되었다. 바로 이것이 대홍수를 계기로 하여 콜레라 발병 지역이 확대되고 발병 환자가 양적으로 급증한 충남 지역 콜레라 발병의 지역적 특성이었다.

대홍수 이후 발병 중심지의 복수화와 발병세 악화라는 변화가 있기는 했지만, 충남 지역은 이후 여름철 동안 전국적 차원에서 평균적 발병세를 유지하다, 가을 들어 발병 자체도 '일소'(一掃)된다. 9월 10일자『獨立新報』기사는 9월 5일 현재 미군정 공보부의 발표를 인용해 경북, 전남, 충북, 경기 이외의 지역에서는 콜레라가 "완전히 일소"되었다고 보도한다.[50] 이처럼 가을 들어 '일소'된 충남 지역의 콜레라 발병세는 1946년 콜레라가 유행했던 5월 이래 계속적으로 전국 도 단위 비교에서 평균치를 보였다. 이것은 콜레라가 '근멸'(根滅)되었던 10월 28일 현재 남한의 10개 시·도 지역의 발병세를 보여주는 다음 통계에서 확인된다.

---

49) 「虎患四千名肉迫」,『서울신문』1946.07.13.
50) 「서울의虎疫根絶: 全國的으로도漸滅傾向」,『獨立新報』1946.09.10.

〈표 4〉 10월 28일 현재 도(道)별 환자·사망자 누계 및 발병·치명률

시·도	인구	환자	발병률	사망자	치명률
경북	3,178,750	5,153	0.16	4,173	81.0
경남	3,185,832	3,060	0.10	1,535	50.2
전북	2,016,428	2,432	0.12	1,645	67.6
충남	1,909,405	1,438	0.08	651	45.3
경기	2,486,369	1,232	0.05	775	63.0
전남	2,944,842	777	0.03	442	56.9
제주	276,148	741	0.27	390	52.6
강원	1,116,836	354	0.032	186	52.5
충북	1,112,894	296	0.027	134	45.3
서울	1,141,766	258	0.022	87	33.7
합계	19,369,270	15,451	0.08*	10,018	54.8**

출전: 임종명, 「1946년 전라북도 지역 콜레라 만연과 정치·경제학」, 248쪽(단, *와 **는 각각 평균 발병률과 평균 치명률임)

이 표에서 충남 지역은 10월 28일 현재 콜레라 발병 누계 규모가 1,438명 발병에 651명 사망으로 인구 대비(對比) 발병률 0.08%과 환자 대비 치명률 45.3%라는 발병세를 보여준다. 충남 지역의 발병 규모가 여타 시·도 지역의 그것과의 비교에서 네 번째 순위였지만, 그 지역의 발병률은 남한 10개 시·도 단위의 그것들과 비교할 때 평균치의 것이었고, 또 치명률은 평균 54.8%에 미달하였다. 이처럼 남한 10개 시·도 단위 수준에서 평균적이거나 평균 이하의 발병세를 유지하였던 충남 지역의 콜레라 발병은 경북 지역을 제외한 다른 지역에서와 마찬가지로 찬 바람 부는 가을 들어 "完全退治"되고 "完全根滅"되었다.[51] 지금까지 살펴본 대전·충남 지역의 1946년 콜레라 발병사에 유의하면서, 지금부터는 충청 지역의 또 다른 지역, 충청 북도 지역의 콜레라 발병사를 살펴보도록 하자.

---

51) 「秋涼과함께虎疫萎縮: 慶北外엔南朝鮮서完全退治」, 『朝鮮日報』 1946.09.10; 「虎疫·六道서完全根滅」, 『朝鮮日報』 1946.10.05; 「虎疫·八道서退治」, 『朝鮮日報』 1946.11.01.

Ⅳ. 충북 지역 콜레라 발병·확산

충남 지역이 보여주었던 평균 내외의 상대적 콜레라 발병세보다 더 미약한 것이 충북 지역에서 보인다. 기록에서 충북의 콜레라 발병은 6월 초에 나타난다. 즉 6월 7일자 『서울신문』은 "음성군에 二名의호역[(虎疫)]환자가 발생하였다한다"는 전언 형태의 지역 단신 기사로, 철도 충북선을 통해 충남 조치원과 연결된 음성 지역의 콜레라 발병 사실을 알린다.52) 이것이 전언 형태의 기사라 한다면, 동일자 『朝鮮日報』 기사는 '전국 지역별 콜레라 발생 통계'라는 형태로 음성 지역 환자 발생을 사실화하였다.53) 이것은 대전·충남 지역의 발병 사례와 마찬가지로 철도교통체계를 매개로 하여 음성에서 충북 지역 최초로 콜레라가 발병했음을 보여주는 것이다.

하지만, 최초 발병 이후, 특히 홍수 이후에도 충북 지역은 '미약한' 콜레라 발병세를 유지하였다. 즉, '충북 1번 환자' 발생 이후부터 홍수 이전인 6월 12일까지 충북 지역에서의 신규 환자와 사망자 규모는 강원도 지역의 그것과 함께 0명이었고, 또 7월 2일 현재에도 신규 환자 0명에 누적 사망자 12명, 또 9일 현재 환자 5명에 4명 사망이라는 작은 규모의 발병세를 계속해서 유지하였다.54)

7월 상순에도 충북 지역 발병세가 미약했던 것은 당시의 전국적 콜레

---

52) 「忠北陰城에도二名」, 『서울신문』 1946.06.07.
53) 「虎列剌猖獗」. 통계의 '사실화' 효과는 임종명, 「여순사건의 再現과 暴力」, 『한국근현대사연구』 32, 2005, 111~112쪽 참고.
54) 「벌서虎疫患者三三九名: 傳染徑路는生鮮類; 三伏앞두고防疫에힘쓰자!」, 『漢城日報』 1946.06.13; 「虎疫맹위」, 『大東新聞』 1946.07.05; 「防疫, 攝生에一層注意를」, 『서울신문』 1946.07.10.

라 발병 추이와 비교할 때 '이례'적인 것이었다. 여타 지역, 특히 남한 내 주요 콜레라 발병지의 발병세 악화는 6월 말 남한 지역의 홍수를 주요 계기로 하고 있었다. 예컨대, 6월 하순 대구를 포함한 경북 지역 전체가 폭우의 수해 지역이 되면서, 그달 말 경북 지역 콜레라 발병 규모는 폭발적으로 증대되었다. 그 결과, 대구·경북 지역은 6월 말 이전 콜레라 발병 규모가 전국에서 가장 컸던 부산·경상남도 지역을 대신해 "猖獗全國第一"이 되었다.[55] 이처럼 폭우와 홍수는 경북 지역 사례에서처럼 급속한 콜레라 확산의 계기로 기능하고 있었다. 충북 지역 역시 6월 하순 홍수로 "被害"를 입어, "二十六日오전十시 현재" "군정청경무부에 들어온 보고에의하면," "충북(忠北) 도내의 피해사항은 사자(死者) 六명 부상자 十四명 교량유실二개 도로유실二처[(處)]이며 이박게침수가옥은 다수에 달"하였다.[56] 그럼에도 불구하고, 비교적 관점에서 충북 지역은 7월 상순 당시 홍수 상황에서는 '이례적'일 정도로 미약했던 콜레라 발병세를 기록했다.

최초 발병 이래 6월과 7월 상순 충북 지역의 미약한 발병세는 미군정의 '신속한' 교통 차단책에 적잖이 힘입은 것이라 판단된다. 당시 경부선은 앞의 대전 사례에서 보이듯 콜레라의 전국적 확산 경로로 기능하고 있었다. 그리고 경부선은 조치원역에서 충북선과 연결되고 있었다. 이러한 상황에서 미군정 당국은 6월 7일 음성에서의 콜레라 발병이 전해진 직후인 6월 상순 말경(末境) "호열자가발생한지구로부터 병균의만연을방지하기위하야" "충북선음성(陰城)행여객에게는 당분간차표발매를 금지"하였다.[57] 음성행 여객에 대한 발권 금지 조치는 당시 충북 지역

---

55) 「各地의水害狀況判明: 侵水田畓二千餘町步; 麥類流失腐敗만一萬一千餘石」, 『大邱時報』 1946.06.29; 「장마속에氣勢어더 虎疫患者날로增加」, 『自由新聞』 1946.06.27; 「防疫, 攝生에一層注意를」, 『서울신문』 1946.07.10.
56) 「死傷者만卄名: 忠北道內被害」, 『서울신문』 1946.06.27.

내·외를 연결하는 유일한 철도교통망이었던 충북선을 통한 지역 내·외의 인적 교류를 차단하는 것이었다. 이러한 의미를 가진 충북선의 신속한 차단과 여행 금지는 초기 발병 이후 한 달 동안 충북 지역 내 미약한 콜레라 발병세를 유지토록 하였다고 판단된다.

그런데 7월 중순 이후 충북 지역의 발병세는 급격히 악화하였다. 당시 "복중[(伏中)]에들어서자 수은주(水銀柱)의상승선(上昇線)을 딸아서 나날이맹렬한 형세로[마(魔)]의호열자가증가되여", 전국적으로 콜레라 환자가 "十日間에四千名增加"하였다.[58] 이와 같은 발병세 급증은 충북 지역에서도 확인된다. 그 지역에서는 15일 현재 누계 환자 64명 중 24명 사망이라는 발병세를 보여주었다. 이는 6일 전의 발병 규모, 즉 '환자 5명에 사망 4명'보다 환자 기준 10배 이상 폭증한 것이었다.[59] 더욱이, 그 지역에서는 24일 현재 총 205명 환자 중 84명 사망이 보고되었다.[60] 이처럼 충북 지역에서는 7월 중순 단기간에 발병 규모가 대규모로 급격히 확대되었다.

그렇다 하더라도, 당시 여타 지역의 발병세와 비교할 때, 충북 지역에서의 그것은 '경미한' 것이었다. 이것은 충북 지역에서 발병 규모가 급격히 확대된 뒤였던 7월 24일 현재의 다음 표에서 단적으로 확인된다.

---

57) 「羅州陰城車票發賣中止: 防疫關係로當分間施行」, 『朝鮮日報』 1946.06.11.

58) 「去益尤甚한虎疫: 十日間에四千名增加」, 『釜山新聞』 1946.07.27; 「伏中에虎烈*列刺는蠢動: 벌서死亡四千六百餘」, 『漢城日報』 1946.07.25; "호열자"는慶北이尤甚: 患者九六一二, 死者四九六七名」, 『東亞日報』 1946.07.27.

59) 「患者五千名突破: 死亡者도近三千名」, 『家政新聞』 1946.07.16.

60) 「去益尤甚한虎疫: 十日間에四千名增加」, 『釜山新聞』 1946.07.27; "호열자"는慶北이尤甚: 患者九六一二, 死者四九六七名」, 『東亞日報』 1946.07.27. 본문의 '7월 24일 현재' 통계와 관련해 덧붙이면, 『漢城日報』 7월 25일자 기사는 본문에 인용된 자료와 상충되게 '64명 환자 중 24명이 사망하였다.'라고 전하고 있는 바, 본문에서는 맥락에 유의하여 25일자 기사의 정보를 제(除)하였다(「伏中에虎烈刺는蠢動」, 『漢城日報』 1946.07.25).

〈표 5〉 7월 24일 현재 각도의 콜레라 발병세

	경북	전북	경남	전남	충남	황해	충북	제주	경기	강원
환자	2,297	2,087	1,715	1,047	678	354	205	135	120	95
사망자	1,445	1,175	805	565	359	198	84	61	40	49

출전: 「去益尤甚한虎疫: 十日間에四千名增加」, 『釜山新聞』 1946.07.27.

　이 표는 양적인 비교에서 충북 지역의 콜레라 환자와 사망자 수치가 각각 전체 8,625명 중 205명, 또 4,720명 중 84명, 그리고 콜레라 발병 규모의 순위가 전체 10개도 중 7위였음을 보여준다. 이처럼 당시 충북 지역은 콜레라 발병 규모가 상대적으로 크지는 않았다.

　충북 지역의 발병세가 상대적으로 미약하기는 했지만, 콜레라가 '완전 퇴치'되는 가을까지 그 지역에서 발병은 계속된다. 7월 하순 급증했던 충북 지역 발병 규모는 8월 상순 말 다시 약화하였다. 이것은 7월 말 충북 지역에 파견되었던 미군정의 '위생 조사팀(a sanitary inspection team)'이 2주간의 현지 활동을 마치고 8월 10일에 귀경하는 것에서 간접적으로 확인된다.[61] 이처럼 발병세가 다시 약화하기는 했어도, 콜레라는 이후에도 계속해 발병한다. 예컨대, 미군정 공보부는 9월 5일 현재 충북 지역에서 '근소한 수'의 "虎疫" "신환자"가 발생하였다고 발표하였다.[62] 이처럼 비교적 약한 발병세가 유지되었던 충북 지역에서도 10월을 전후로 하여 콜레라 발병은 '완전 근멸'되었다.[63]

---

61) *Summation* No 11, 1946.08, 78쪽.
62) 「서울의虎疫根絕」, 『獨立新報』 1946.09.10.
63) 가을 들어 콜레라가 '근멸'되었던 충북 지역 상황은 '미군정의 10월 활동 보고서'에서도 확인된다. 즉 그것은 '전국적으로 콜레라 시름이 종식될 것'이라고 예견하면서, 10월에 강원 지역과 함께 충북 지역에서 남조선 경비대 대원들이 콜레라 확산 방지의 목적으로 수행했던 '인구 이동 감시 활동(guard)'을 그만두었다'라고 알린다 (*Summation* No 13, 1946.10, 70쪽).

충북 지역 발병세의 전반적 약세는 콜레라 발병이 근멸된 10월 28일 현재 전국 시·도 단위 발병 현황 통계에서 다시 한번 확인된다. 〈표 4〉가 보여주듯이, 당시 약 111만의 인구로 10개 시·도 지역 중 아홉 번째 인구 규모를 가졌던 충북 지역의 누계 환자 규모는 296명으로 서울의 258명에 이어 끝에서 두 번째, 앞에서부터는 아홉 번째였다(상대적인 발병세에서 낮은 순위가 콜레라의 발병과 특히 사망이라는 콜레라 감염 자체의 비극성을 감(減)하는 것은 물론 아니다!). 그리고 충북 지역의 발병률도 평균 발병률 0.08%에 훨씬 못 미치는 0.027%로 서울의 0.022%에 이어 끝에서 두 번째였다. 단 치명률만 서울과 충남의 그것보다 높아 끝에서 세 번째였다. 충북의 경우, 치명률의 상대적 순위가 발병율의 그것에 비해 높은 것은, 서울과는 달리, 충북에는 치명률을 낮출 수 있는 의료 기반 시설이 상대적으로 빈약했음을 보여주는 것이다.

콜레라 발병기 내내 상대적으로 미약했던 충북 지역 발병세는 기본적으로 그 지역의 당시 자연·인문 지리적 특성 등의 소산이었다. 대체적으로 이야기할 때, 충북 지역은, 1946년 당시 주요 콜레라 발생 지대와는 달리, 바다도, 도서도 없는 문자 그대로 '내륙 지대'였다. 그뿐만 아니라 남한의 도 단위 지역 중, 충북은 "[식민시기에] 개발이 활발히 이뤄지지 않"았고, 따라서 철도 연선 지역이 형성될 만큼 철도교통체계도 발전되지 않았다. 더군다나, 충북은, 제주를 제외하고는, 인구 규모도 가장 작아, 인적·물적 교류 또한 상대적으로 빈번하지 않았다. 이로 말미암아, 식민지 시기에도, 예컨대, 1919년과 20년 콜레라 유행이 "조선 전역에 걸친 문제"였을 때에도, 충북 지역은 "두 해에 걸친 콜레라 유행을 비껴"갔다.[64] 이처럼, 충북 지역은 그 자신의 인문·자연 지리적 특성으로 말미암아 1946년 콜레라 대유행 시기에도 상대적으로 약한 발병세를 보여주었다.

---

64) 백선례, 앞의 논문, 213~214쪽, 각주 14번.

이를 전제로, 주목할 것은 자료상 충북에서 군 단위 지역 발병 사례가 보고되었던 보은 지역 발병 사례이다. 보은은 화령(化寧) 고개를 통해 경북 상주와, 다시 상주를 통해 대구와 연결되고 있던 지역이었다. 당시, 수인성 전염병인 콜레라가 "洛東江물에서傳染되어많은犧牲者"를 낙동 강 연안 지역에서 내고 있었다. 이러한 상황에서 낙동강이 시작되는 지역인 상주에서도 7월 중순 초 콜레라가 발병한 이래 지속적으로 환자 발생이 보고되고 있었다. 그와 같은 발병세를 가진 상주와 접한 충북 보은 지역에서도 콜레라가 8월 하순 발병하였다. 즉 9월 1일자 신문은 "대구(大邱)에서 생선을 사다팔던중에 호열자에 걸려 二十六시간만에 사망"한, 보은 읍내 거주자의 사례를 전하였다.[65] 이것은 충북 지역 콜레라가 대구·경북과 육로로 연결되고 있었던 보은에서 발병하였음을 보여준다. 이처럼, 내륙 지역인 충북 지역에서의 콜레라 발병은 육로를 통해 경북 지역과 연결된 군 단위 지역에서 발생했다.

그런데 충북 지역 발병이 당시 남한 내 주요 발병지였던 대구·경북 지역과만 관련된 것은 아니었다. 이와 관련해서 시사적인 것은 미군정의 '1946년 8월 활동 보고서'이다. 그것은 "충북에서의 콜레라 증가는 충남과 경북으로부터 충북에로의 불법 왕래(illegal traffic)로부터 결과한 것이다"라고 기술하고 있다.[66] 이것은 콜레라 발병의 '원인'이 한국인들의 '불법적인 이동'에 있다고 규정하는 것이다. 이와 같은 미군정의 역학(疫學)은 현실적 권력체인, 따라서 주민의 건강한 삶을 보장해야 할, 또 그 보장자로, 나아가 '생명의 보호자'로 스스로를 규정한 미군정의 책임을

---

65) 「報恩邑에虎疫」, 『家政新聞』 1946.09.01.
66) *Summation* No 11, 1946.08, 77쪽. 당시 여행 허가를 받지 않은 사람들의 '도외(道外) 이동'이 방역 대책의 일환으로 금지되었기 때문에, 미군정 보고서는 '불법' 운운의 표현을 사용하고 있다. '도외 이동 금지'는, 예컨대, 「장마後猖獗하는虎疫」, 『中外新報』 1946.07.05 참고.

회피하는 것이다.[67] 이를 전제로 하고 이야기를 이어 나간다면, 앞의 보고는, 충남 조치원역과 철도로 연결된 음성 지역이 충북 지역 내 최초 발병지였던 것에서처럼, 충남 지역 역시 그와 접한 충북 지역 콜레라 발병과 관련되어 있음을 이야기한다. 그렇다고 한다면, 충북 지역의 콜레라 발병은 경북·충남 지역 등지의 콜레라균이 육로나 철도 등의 교통체계를 따라 전염된 것이라 할 수 있다.

V. 맺음말: 콜레라 발병·만연의 근대성

지금까지 충청 지역의 1946년 콜레라 발병 상황을 살펴보았다. 여기에서는 그 지역의 콜레라 발병·만연 과정에 관한 본문 논의를 요약하고 그 과정에서 보이는 특징적 현상을 지적하도록 한다. 충청 지역에서는 경부선과 호남선이 분기/합류하는 지역인 대전에서 5월 20일 콜레라가 과거 일본군 징병 송환자에게서 처음으로 발병하였다. 그 사례는 1946년의 남한 지역에서의 콜레라 발병과 확산이 한 해 전(前)까지 진행된 아시아-태평양 전쟁을 역사적 배경으로 한 것으로서 전쟁과 전염병의 상관성을 실증하는 것이다. 이어서 경부선 연선 지역이자, 충북선 철도의 기점이기도 한 조치원 지역에서도 콜레라가 발병했다. 대전과 조치원의

---

67) 미군정의 '자기규정'과 관련해서는 임종명, 「1946년 경기 지역의 콜레라 사태와 종전/해방 직후 국제·일국·지역 정치」, 231~233쪽 참고. 이러한 상황에서 '불법' 운운의 미군정 역학은 '책임 회피'라 할 수 있다. 그런데 책임 회피는 앞의 '미군정 활동 보고서'의 '도처'에서 확인된다. 예컨대 그 보고서는 "감염자의 불법 이동(transportation)이 콜레라 확산의 주요 원인"이라고 판정하고 있다(*Summation* No 11, 1946.08, 11쪽). 이것 역시 본문 중의 '불법 거래'와 마찬가지로 콜레라 확산 원인이 주되게는 한국인들의 '불법적 움직임', 달리 표현해 '이동의 불법성'에 있다고 '강변'하는 것이다.

발병 사례는 전국적인 콜레라 확산 초기 철도 연선(沿線) 지역이 주요 콜레라 발병지였음을 보여주었다.

5월 20일 대전역에서의 콜레라 발병 직후, 콜레라의 전국적 확산을 방지하고자 대전역과 그 인근 지역에 대한 집중적인 방역 조치가 이루어졌다. 이러한 속에서 6월에 들어와 대전과 조치원 지역에서만이 아니라 충청남도 지역에서도 안정적인 콜레라 발병세가 유지되었다. 그 결과, 그 지역은 남한 10개 시·도(道) 단위 지역에서 중위급(中位級)의 발병세를 기록했다.

그렇지만, 6월 중·하순의 대홍수 이후 콜레라 발병 규모가 급격히 확대되어 충남 지역에서도 콜레라가 만연하였다. 이러한 상황에서 대전 등의 철도교통 중심지와 함께 새로이 강경이나 장항 등 강변과 해안 지역들이 충남 지역 내 발병 중심지가 되면서, 그 중심지는 복수화되었다. 그렇다 하더라도, 충남 지역은 콜레라가 종식되는 가을까지 발병 규모나 발병률, 치명률 등의 전국적 비교에 있어서 계속해서 평균 전후의 발병세를 유지하였다.

충남 지역의 발병세보다 더 미약했던 것은 또 하나의 충청 지역, 즉 충청북도 지역에서 보인다. 6월 7일, 충북선을 통해 조치원과 연결되고 있었던 음성 지역에서 도내 최초로 콜레라가 발병하기 시작한 충북 지역에서는 홍수 이후 날씨가 무더워지는 7월에 콜레라 발병 규모가 증대되었다. 그렇지만 그 지역에서는 계속해서 미약한 콜레라 발병세가 유지되다가, 찬바람 부는 가을에 들어서서 그 지역의 콜레라 발병 역시 종식되었다. 이렇게 진행되었던 1946년 충청 지역의 콜레라 유행은 전국적인 차원에서 중·하위급 발병 규모와 발병률 및 치명률을 보여주었다.

이와 같은 발병 추이를 보여준 충청 지역의 콜레라 유행은 무엇보다도 철도 연선 지역을 중심으로 진행되었다는 특징을 보여준다. 이것은 충청 지역의 최초 발병지인 대전의 사례나 충남 지역 콜레라 확산 과정을 보여주는 조치원 사례, 그리고 최초의 충북 지역 발병지였던 음성의 사례에서 확인된다. 그뿐만 아니라 대홍수 이후 새로이 충남 지역의 발병 중심지가 된 강경과 장항 역시 각각 호남선과 장항선으로 연결된 지역이기도 하다. 이점을 고려할 때 앞의 두 지역의 충남지역 발병 중심지화 역시 철도 네트워크의 효과 또한 무시될 수 없다.

콜레라 확산에 있어 철도 체계의 계기성은 역으로도 확인될 수 있다. 대전 지역은 콜레라의 5월 하순과 6월 초순 전국적 확산 초기 그 중심지였다. 그렇지만 콜레라의 전국적 확산, 특히 서울 지역으로의 확산을 막기 위한, 대전 지역, 특히 대전역에 대한 집중적 방역 조치는 콜레라의 서울 지역 확산을 막고 충청 지역의 '안정된' 발병세를 유지하는데 기여하였다.

더욱이 충북 지역 발병세의 상대적 저위성(低位性)은 철도 체계의 미발달과 관련해서도 설명된다. 충북지역은 철도 연선 지대가 형성될 만큼 철도교통체계가 발전되지 않았다. 그렇기 때문에 여타 지역과의 인적·물적 교류가 상대적으로 빈번하지 않았다. 바로 이와 같은 인문 지리적 특성과 그것을 낳은 과거 역사로 인해, 충북 지역은 1946년 대유행기에도 상대적으로 미약한 발병세를 보여주었다. 이는 콜레라 확산에 있어서 철도의 계기성을 역으로 확인시켜 주는 것이라 할 수 있다.

이처럼, 근대 산업화의 산물이자 식민지 근대화의 표현인 철도 체계는 1946년 충청 지역 콜레라 확산에 있어 주요한 계기였다. 이 점에서 그 지역의 콜레라 유행은, 일정 정도, 식민지 근대화의 식민지 이후(Post-colonial) 표현이자, 한국 근대성의 또 다른 표현이었다고 할 수 있다. 바로 이에 대한 이해가 1946년 충청 지역 콜레라 확산에 관한 연구가 가진 함의이다.

참고문헌

1. 사료

General Headquarters, US Armed Forces, Pacific, *Summation of U.S. Military Government Activities in Korea*, 『미군정활동보고서』, 원주문화사 영인본.

USAFIK, ⅩⅩⅣ Cors, G-2, Historical Section, "The Cholera Eidemic of 1946", 1947.

『光州民報』

『大邱時報』

『大東新聞』

『大衆日報』

『大韓獨立新聞』

『獨立新報』

『東光新聞』

『東亞日報』

『서울신문』

『水産經濟新聞』

『嶺南日報』

『自由新聞』

『朝鮮日報』

『中央新聞』

『中外新聞』

『漢城日報』

『現代新聞』

국사편찬위원회 전자사료관(http://archive.history.go.kr)

2. 저서

신동원, 『한국근대보건의료사』, 한울, 1997.

_____, 『호열자, 조선을 습격하다』, 역사비평사, 2004.

_____, 『호환 마마 천연두: 병의 일상 개념사』, 돌베개, 2013.

윌리엄 맥닐, 허정 옮김, 『전염병과 인류의 역사』, 한울, 1992(1995).

Bruce Cumings, *The Origins of the Korean War* vol. 1, Princeton: Princeton University
          Press, 1981.

3. 논문

김진혁, 「북한의 위생방역제도 구축과 인민의식의 형성(1946~1950)」, 『한국사연구』
          167, 2014.

백선례, 「1919·20년 식민지 조선의 콜레라 방역활동」, 『사학연구』 101, 2011.

여인석, 「미군정기와 정부수립기: 1945~1949」, 대한감염학회, 『한국전염병사』 Ⅱ,
          군자출판사, 2018(2019).

윤선자, 「해방 후 전남지역으로 귀환한 해외한인의 현황」, 『전남사학』 22, 2004.

임종명, 「여순사건의 再現과 暴力」, 『한국근현대사연구』 32, 2005.

_____, 「1946년 경기 지역의 콜레라 사태와 종전/해방 직후 국제·일국·지역 정
          치」, 『동방학지』 193, 2020.

_____, 「1946년 서울 지역 콜레라 발병세와 일국적·지역적 중심부/주변부/변경
          성(性)」, 『사학연구』 140, 2020.

_____, 「1946년 전남·제주 지역의 콜레라 발병세와 지역적 질병 문화권」, 『역사
          학연구』 81, 2021.

_____, 「1946년 전라북도 지역 콜레라 만연과 정치·경제학」, 『전북사학』 65,
          2021.

장석흥, 「해방 직후 상해지역의 한인사회와 귀향」, 『한국근현대사연구』 28, 2004.

최원희, 「일제 식민지 근대도시 조치원의 출현요인, 도시체계상에서의 위상 및 도
          시내부구조 형성과정」, 『한국지리학회지』 1-1, 2012.

송형래 일기를 통해 본 대한민국 정부수립 초기 보건행정체계 개편 과정

1949년 보건부 독립을 중심으로

최 규 진 · 권 영 훈

I. 머리말

해방 이후 한국의 행정체계는 여러 차례 바뀐다. 그중에서도 보건행정체계는 가장 큰 변화를 겪었다. 먼저 일제시대 경무국 산하 일개 위생과에 머물러 있다 미군정기에는 위생국으로 독립했다. 이후 보건후생국으로 바뀌고 다시 보건후생부로 변경되면서 15개국 47개과를 거느린 미군정 산하 최대 행정기구로 거듭난다. 그러나 대한민국 정부가 수립되면서 보건후생부는 사회부 산하 보건국으로 축소되었다가, 1년이 안 돼 다시 보건부로 독립하게 된다.[1]

---

[1] 1945년 9월 24일, 재조선미국육군사령부정청법령(미군정법령) 제1호 '위생국 설치에 관한 건'에 따라 종전의 일제시대 경무국 위생과를 폐지하고 위생국으로 승격시켰다. 1945년 10월 27일에는 미군정 법령 제18호로 위생국을 폐지하고 보건후생국을 만들었으며, 1946년 3월 29일에는 미군정 법령 제64호 '조선정부 각 부서의 명칭'에 따라 '보건후생국'을 '보건후생부'로 개편하였다(內務部治安局, 『美軍政法令集 1945~1948』, 1956, 5~17쪽).

해방 이후 대한민국 보건행정체계의 개편을 다룬 연구는 적지 않다.[2] 미군정기와 한국전쟁기를 다룬 대부분의 연구에서도 보건행정기구의 개편 과정을 언급하고 있으며, 보건행정만을 다룬 연구도 다수 있다.[3] 이러한 선행연구들은 해방 이후 미군정기와 한국전쟁기를 거치며 결과적으로 보건의료 전반이 '미국식'으로 개편됐다는 점에서 일치된 의견을 보인다.[4]

대부분의 선행연구들은 이러한 변화의 주된 요인들로 미군정이나 유엔민간원조사령부(UNCACK)와 같은 외부 세력의 영향력을 언급했다. 하지만 이런 외적 요인들을 인정한다 하더라도 미군정기에서 최대 규모로 확대됐던 보건행정체계가 대한민국 정부수립과 함께 일개 국으로 축소됐다가 다시 보건부로 독립되는 과정이 자연스럽게 설명되는 것은 아니다. 보다 구체적인 맥락을 이해하기 위해선 당시 보건행정기구 내에서

---

2) 대표적인 연구는 다음과 같다. 이한빈 외, 『한국행정의 역사적분석 1948~1967』, 한국행정문제연구소, 1969; 조석준, 「미군정과 제1공화국의 수반관리기구에 관한 연구」, 『행정논총』 4-2, 1966; 권자경, 「한국전쟁과 국가기구의 확대 – 이승만 정부의 중앙정부기구개편을 중심으로」, 『한국행정연구』 20-2, 2011.

3) 대표적인 연구는 다음과 같다. 손명세, 「20세기 보건정책의 발자취」, 『대한의사협회지』 42-2, 1999; 맹광호, 「한국의 공중보건 1세기」, 『醫史學』 8-2, 1999; 朴仁純, 『美軍政期 韓國保健醫療行政의 전개과정 – 1945년~1948년』, 두남, 2015; 이임하, 「한국전쟁기 유엔민간원조사령부(UNCACK)의 보건 · 위생 정책 – 급성전염병을 중심으로」, 『사회와역사』 100, 2013; 신오성, 「韓國戰爭 前後의 保健醫療에 대한 硏究(1945~1959) – 韓國 戰爭期를 中心으로」, 서울대학교 석사학위논문, 1989; 신좌섭, 「미군정기 우리나라의 의료제도」, 『醫史學』 9-2, 2000; 전우용, 『현대인의 탄생』, 이순, 2011.

4) 대표적으로 신오성(1989)은 해방 이후 보건의료 분야에 일어난 변화를 시설과 인력의 파괴, 미국의학의 도입, 자유방임형 의료제도의 도입으로 인한 공공병원의 쇠퇴, 의료 전문주의의 형성으로 정리했다. 미군정기에 대한 평가와 영향력에 대해 비판적으로 본 신좌섭(2000) 역시 결론적으로는 신오성의 주장과 크게 다르지 않다. 최근 관련 연구를 진행한 이동원(2020)은 "미국식"으로의 개편되는 과정의 핵심으로 한국전쟁기에 보건의료 활동에 참여하고 이를 계기로 한미재단과 록펠러재단의 지원을 받아 미국 유학을 다녀온 인물들을 주목했고, 실질적으로 미국식 공중보건학이 한국에 확고하게 자리 잡게 된 계기로 "보건진료소 및 보건소의 확산과 이를 뒷받침한 공중보건원의 창설"을 꼽았다.

활약했던 인물들과 내부에서 진행된 논의들도 함께 봐야 한다. 이와 관련해 미군정기 미국 연수를 다녀와 보건행정에 기여한 10인의 한국인 의사들에 대한 연구가 진행된 바 있다. 이 연구는 미군정이 한국 의료체계를 미국식으로 바꾸기 위해 언어, 종교 등을 기준으로 새로운 인물을 "선택"하고 "훈련"시켜 "'일본식 공중위생'에서 '미국식 공중보건'으로 가는 상징적이면서도 실제적인 한 경로"를 구축했음을 잘 보여주었다. 그러나 사료의 한계로 인해 이들이 구체적으로 어떠한 일들을 추진했는지까지는 파악하지 못했으며, 해방 이후 보건행정체계 개편 과정에 대해서도 충분한 설명을 제시하지 못했다.[5]

본 연구는 이러한 문제의식하에 미군정기 미국 연수를 다녀온 10인의 한국인 의사 중 한 명이자 당시 보건행정의 핵심 실무자라고 할 수 있는 사회부 보건국 보건과장 송형래(宋亨來)와 그가 남긴 일기에 주목하였다.[6]

먼저 송형래의 이력을 간단히 살펴보면, 그는 1914년 5월 13일 서울시 종로구 통의동 30번지에서 태어났다.[7] 경성 공립 제2고등보통학교를 거쳐 1938년 경성의학전문학교를 졸업하였으며,[8] 1940년 초까지 경성제국대학 의학부 미생물학교실에서 연구원으로 근무하였다. 1940년 4월부터

---

5) 신영전·서제희, 「미군정 초기 미국 연수를 다녀온 한국인 의사 10인의 초기 한국보건행정에서의 역할」, 『보건행정학회지』 23-2, 2013.

6) 송형래 일기는 현재 송형래의 아들인 Charles Song이 소장하고 있다. 교신저자인 권영훈은 2013년 말 Charles Song과 메일로 교신한 후 미국 L.A.를 직접 방문하여 일기의 일부분을 촬영하였다. 본 연구자들은 이 사료가 널리 활용되길 바란다. 다만 사료의 소장자인 Charles Song의 허락이 필요한 만큼 사료 이용을 원하는 연구자들이 있다면 먼저 Charles Song과 연계를 도와 허락을 구한 후 촬영해온 사료를 제공하고자 한다.

7) 이 주소는 일제시대의 주소가 아닌 해방 이후 바뀐 주소체계에 따른 지번으로 추정된다.

8) 해당 사실은 1938년 3월 21일 매일신보 기사를 통해 확인할 수 있다(「螢雪의 積功·오늘의 깃붐 校門을 나서는 俊才들」, 『每日申報』 1938.03.21).

경성의학전문학교 부속병원 안과에서 근무하였다.[9] 해방 후 송형래는
서울의대 교수회의 추천으로 미군정청 위생국에서 근무하였다. 1945년
말 위생국에서 보건행정 분야 인재 양성을 위한 미국 연수 프로젝트가
제안되자, 송형래는 여기에 자원하였다.

송형래는 1945년 11월 록펠러재단의 후원을 받아 최제창(崔濟昌), 백
행인(白行寅), 윤유선(尹裕善), 최창순(崔昌順), 주인호(朱仁鎬), 김동철
(金東喆), 한범석(韓凡錫), 황용운(黃龍雲), 최명룡(崔命龍)과 함께 미국
연수를 떠났다.[10] 송형래는 황용운, 최명룡과 함께 하버드 보건대학원
에서, 최제창, 윤유선, 백행인은 존스홉킨스 보건대학원에서, 최창순, 주
인호, 한범석, 김동철은 미시간 대학에서 각각 연수를 받았다. 송형래는
약 반년만인 1946년 6월 6일 하버드 보건대학원에서 M.P.H.(Master of
Public Health) 학위를 취득했다. 이후 3개월간 남부농업지역에서 모자보
건에 대한 실습을 하고 1946년 12월 19일 귀국했다.[11] 귀국 이후 미군정
청 보건후생부 예방의학국의 모자보건과에 배정되어 본격적인 보건행
정 사무를 시작했다.[12]

---

9) 송형래의 생애사 중 따로 각주를 달지 않은 부분은 그가 남긴 회고록에 근거한 것
   이다. 회고록은 송형래가 2000년 5월 13일 탈고한 것을 친척인 김세량 씨가 편집한
   것으로 온라인상에서도 볼 수 있다.
   http://www.saekim.net/Saekim/Family/Song/Memoir/memoir-cover.html. 검색일 2022.08.21.

10) 1945년 11월 7일 국민보에는 윤유선이 미시간 대학, 한범석이 존스홉킨스 대학으
    로 간 것으로 나오지만 존스홉킨스 대학으로 갔던 최제창의 회고(최제창, 『한미의
    학사』, 영림카디널, 1996, 172쪽)와 미시간 대학으로 갔던 주인호의 회고(주인호,
    『전염병 탐색기』, 의학출판사, 1989, 7쪽)가 일치할 뿐만 아니라 다른 기록들(「各大
    學서醫學을硏究」, 『동아일보』 1946.12.22; 백행인, 『그늘진 遺産』, 신진각, 1977) 역
    시 윤유선이 존스홉킨스대학에서, 한범석이 미시간 대학에서 수학했음을 언급하고
    있다.

11) 송형래는 회고록에서 1946년 11월 중순으로 기억하고 있으나 1946년 12월 22일 동아
    일보 기사(「各大學서 醫學을 研究」, 『동아일보』 1946.12.22.)에 따르면 "지난 19일"이
    라고 언급하고 있어 12월 19일에 귀국한 것으로 보인다.

12) 최제창은 귀국 후 한국 정부수립 이전까지 보건후생부 차관을 역임했고, 백행인은

대한민국 정부가 수립되면서 보건후생부는 사회부 산하 보건국으로 축소되는데, 송형래는 이 초대 행정부에서 보건국 산하 보건과장을 맡았다. 보건국이 보건부로 승격된 이후 잠시 휴직기간(1950년 초)을 갖기도 했으나, 1950년 6월 2일 보건부 방역국장에 임명되고, 한국전쟁 중에는 보건부 의정국장을 맡는 등 1955년 9월 퇴임할 때까지 약 10년간 보건행정의 핵심 실무자로 활약했다.13)

송형래는 고등보통학교 시절부터 사망 전까지 일기를 썼다고 한다. 하지만 현재 1949년부터 1954년까지, 그리고 1963년부터 2012년까지의 분량만이 남아있다.14) 이 연구와 관련해서는 1949년부터 1954년까지의 일기를 분석했다. 특히 1949년부터 한국전쟁이 일어나기 전까지 일기를 주목했다. 1949년은 보건부가 세워지며, 한국 보건행정의 기틀이 마련된 중요한 시기임에도 불구하고 당시 상황을 파악할 수 있는 사료가 많지 않기 때문이다.15)

송형래는 이 기간에 WHO 가입을 위한 문서작성에서부터 위생감찰법,

보건후생부 방역예방과장으로 일했으며, 윤유선은 성병과장을 맡았고, 최창순은 의무관, 주인호는 연구국장, 최명룡은 위생시설과, 한범석은 공보처 내 통계국 인구조사과에서 근무하게 되었다(신영전·김진혁, 「최응석의 생애 - 해방직후 보건의료체계 구상과 역할을 중심으로」, 『醫史學』 23-3, 2014, 200쪽).

13) 퇴임 이후에는 도미하여 하버드 보건대학원에서 2년간 수학하고 M.S.H.(Master of Science Hygiene) 학위를 취득하였다. 학위 취득 후 귀국하였으나 관직에는 복귀하지 않고, 1957년 4월부터 1964년 5월까지 종로1가에 '송안과'를 개업하여 운영하였다(1957년 7월 28일 경향신문에 실린 송안과 광고에는 "鐘路一街(和信 - 世宗路 中間)"이라고 구체적인 위치가 기재되어 있다. 온라인에 올려져 있는 송형래의 회고록에는 송안과를 1965년 5월까지 운영했다고 되어 있으나 송형래가 출력하여 간직하고 있던 문서에는 연필로 64년으로 고쳐 기록하고 있다).

14) 송형래의 아들 Charles Song에 따르면, 1949년 이전 기록은 한국전쟁 기간에 소각했다고 아버지로부터 전해 들었다고 한다(2013년 12월 17일 Charles Song이 본 연구의 교신저자에게 보낸 메일).

15) 이 기간에 대한 사료가 많지 않은 것은 아마도 대한민국 정부수립 초기였고, 몇 년 안 돼 한국전쟁이 발발했기 때문일 것이다.

보건소법, 국민의료법 추진 등 보건행정의 주요 실무를 도맡았다. 따라서 그가 남긴 일기는 대한민국 정부수립 초기 보건행정체계 개편 과정을 파악할 수 있는 더할 나위 없이 좋은 사료라고 할 수 있다.[16]

II. 대한민국 정부수립기 보건행정 체계와
주요 보건행정가들의 동향

1. 대한민국 정부수립기 보건행정 체계

앞서 언급했듯이, 해방 이후 미군정이 들어서며 가장 큰 개편이 이루어진 곳은 보건행정 분야였다. 일제시대만 하더라도 보건행정은 경무국 산하 일개 위생과에서 주로 경찰 인력을 통해 이루어졌다.[17] 미군정의 기본 방침은 조선총독부의 직제를 대부분 그대로 유지하는 것이었음에도 보건행정에 대해서만은 달랐다. 미군정이 가장 급선무로 고려한 것은 위생행정을 경찰행정과 분리하는 것이었다.[18] 미군정은 1945년 9월

---

16) 미군 측 자료에서도 1947년 이후 한국 보건의료에 관한 내용은 찾기 어렵다(朴仁純, 『美軍政期 韓國保健醫療行政의 전개과정-1945년~1948년』, 두남, 2015, 22쪽). 최제창 역시 해방 이후 보건행정에 관여한 주요 인물이고, 『한미의학사』(1996)에 당시의 보건행정에 관해 상세히 기록하고 있다. 하지만 그는 1948년 8월부로 미군정 보건차관직을 사임하며 사실상 관직에서 손을 뗐다. 그 때문인지 대한민국 정부수립 이후의 보건행정에 관해서는 주로 제도적 변화만 기술하고 있다. 또한 송형래 일기에는 당시 주요 통계와 보건시설을 답사하고 남긴 기록, 안과의사로서 야간 진료를 하며 작성한 진료기록까지 담고 있어 행정사(行政史)뿐 아니라 의료사(醫療史) 연구에도 적지 않은 기여를 할 수 있을 것이다.

17) 박인순, 「일정기의 한국보건의료행정기구 및 시설」, 『복지행정논총』 10, 2000, 229쪽.

18) 신규환, 「해방 이후 약무행정의 제도적 정착과정 - 1953년 「약사법」 제정을 중심으로」, 『醫史學』 22-3, 2013, 849쪽.

24일 법령 제1호로 '위생국 설치에 관한 건'을 통해 종전의 경무국 위생과를 폐지하고 위생국을 설치하였다. 이것은 남한 재건에 있어 보건 문제가 그만큼 중요했다는 것을 시사하며, 결과적으로 경무국하에서 치안에 방점을 두고 다루어지던 보건행정이 의료에 방점을 둔 영역으로 바뀌는 것을 의미했다.[19] 미군정은 한 달여 만인 1945년 10월 27일 미군정 법령 제18호를 통해 위생국을 보건후생국으로 개편했다. 계속된 확대 개편을 거듭한 끝에 1946년 3월 29일 보건후생국은 보건후생부로 바뀌고 산하에 15국 47과를 거느린 미군정청 직제 중 가장 거대한 조직으로 발전했다.[20] 아울러 미군정은 한국인 의사들을 다양한 경로를 통해 미국에 연수를 보냈고, 귀국한 이들에게 보건행정을 위임했다.[21]

그러나 미군정이 손을 떼기 시작하면서 보건행정은 급격히 축소됐다. 1947년 5월 17일 법령 제141호에 의해 남조선과도정부가 수립되면서 보건후생부는 5개국과 행정실 그리고 국립실험연구소만을 남긴 형태로 개편되었고, 직원도 상당수 감원되었다.[22] 그래도 이때까지는 보건행정이 독립된 형태였고 담당 영역 또한 유지되고 있었다.[23] 하지만 1948년 8월 15일 대한민국 정부가 수립되면서 상황이 급변했다. 이승만이 장악한 대한민국 정부에서는 경찰력을 통한 사회 안정화를 최우선으로 하는 일제식 통치방식이 강화됐다. 보건후생부가 사회부로 통폐합되었고, 보건행정은 사회부 산하 일개 보건국에 할당되었으며,[24] '경찰력으로부터의

---

19) 박인순, 「미군정기의 한국보건의료행정에 관한 연구」, 『복지행정논총』 4, 1994, 58~59쪽.
20) 이성우, 「의료행정체계의 변천. 의학신문 송년특집 – 격동의 20세기, 의약 100년 발자취」, 『의학신문』 1992.12.27.
21) 록펠러재단 유학생 신분으로 미국 연수를 다녀온 10인의 의사를 포함해 1945년부터 1949년 사이 미국으로 시찰 및 유학을 다녀온 의료인은 43명에 달했다(신좌섭, 「군정기의 보건의료정책」, 서울대학교 석사학위논문, 2001, 67쪽).
22) 배상수 외, 『보건소 기능 개편방안』, 의료정책연구소, 2010, 131쪽.
23) 전우용, 『현대인의 탄생』, 이순, 2011, 69쪽.

보건행정 분리'라는 미군정기의 원칙 역시 크게 훼손됐다.[25]

2. 주요 보건행정가들의 동향

대한민국 정부수립 이후에도 보건행정을 축소시키고 견제하려는 움직임은 계속됐다. 1949년 초 기획처 주도로 30%에 달하는 사회부 정원 감축이 추진되는데, 그 주요 타깃이 보건행정 분야 인력이었다. 당시 송형래는 미군정기 큰 규모를 자랑했던 보건행정을 다른 부처에서 의도적으로 억누르려는 것으로 판단하고 이를 저지하려 안간힘을 썼다. 이처럼 보건행정 기반 약화에 가장 큰 위기의식을 느끼는 사람은 의사 출신 행정가들이었다.[26]

송형래 일기를 살펴보더라도 주로 의사 출신 행정가들이 축소된 보건행정을 다시 확대하려 분주하게 움직였다는 점을 알 수 있다. 보건부 독립과 관련된 업무에 있어 송형래와 직간접적으로 협력한 사람은 구영숙(具永淑), 기용숙(奇龍肅), 백행인, 윤유선, 이병학(李炳學), 이용설, 이장

---

24) 박인순, 「미군정기의 한국보건의료행정에 관한 연구」, 『복지행정논총』 4, 1994, 101쪽.
25) 보건행정 영역이 축소되고 경찰에 의한 견제가 이루어진 이유에 대해 조석준은 정부 조직법의 기초위원들이 법조계 출신이었고, 이들의 사회화 과정을 지배한 것은 일제시대였다는 점을 고려할 필요가 있다고 지적했다. 즉 그들이 일제식 제도에 익숙하였다는 것이다. 더불어 의약계가 국회에서 힘이 없었다는 점, 당시 보건후생은 '구호(救護)'로 인식하는 수준이었으며, 이런 의미의 수요는 미군정 초기에 비하여 적어졌다는 점도 이유로 꼽았다(조석준, 「미군정 및 제1공화국의 중앙부처기구의 변천에 관한 연구」, 『행정논총』 5-1, 1967, 135쪽). 전우용은 '단속'이라는 업무의 특성, 그리고 일제식 관습이 남아있었다는 점, 말단행정에서 위생이라는 명목으로 단속하는 것에는 많은 이권이 개입되어 있었다는 점을 꼽았다(전우용, 『현대인의 탄생』, 53쪽).
26) 1949년 1월 8일자 송형래 일기를 보면, 국무회의 결정에 의해 사회부의 정원이 30% 더 감원되는데, 송형래는 이에 대해 "특히 保健關係는 米人 있을 적 機能을 相失하도록 만드려는 까닭에 (중략) 到底히 執務할 수 없을 程度가 되었다"며 기획처와 "難戰"을 벌였다.

원(李長源), 주인호, 최영태(崔永泰), 최제창, 최창순, 한범석, 황용운 등이었다. 이들의 공통점은 의사 출신일 뿐 아니라 모두 미국 연수를 다녀왔다는 점이다. 백행인, 윤유선, 주인호, 최제창, 최창순, 한범석, 황용운은 송형래와 함께 록펠러재단 1차 유학생으로 미군정하에서 미국 연수를 다녀온 의사들이었고,[27] 최영태, 이장원, 이병학은 이들을 이어 2차로 다녀온 의사들이었다.[28] 구영숙과 이용설은 각각 교육사절단과 국제보건회의 참가자로 1946년 미국을 방문했으며,[29] 기용숙 역시 다소 늦긴하지만 1949년 미국 연수를 다녀왔다.[30]

특히 송형래는 'P.H. club'이라는 그룹에서 주요 사안을 논의했다.[31] 이 그룹의 멤버는 백행인, 송형래, 윤유선, 이병학, 이장원, 주인호, 최영태, 최제창, 최창순 등으로 모두 록펠러재단의 후원으로 미국에서 보건행정을 전문적으로 배우고 온 젊은 의사들이었다.[32] P.H. club의 결속력

27) 1949년부터 1954년까지의 일기를 분석해보면 미국 연수를 다녀온 의사 중 김동철을 제외하고는 서로 간에 교류가 이어지고 있음을 알 수 있다.
28) 신영전·서제희, 「미군정 초기 미국 연수를 다녀온 한국인 의사 10인의 초기 한국 보건행정에서의 역할」, 『보건행정학회지』 23-2, 2013, 203쪽.
29) 신좌섭, 「군정기의 보건의료정책」, 서울대학교 석사학위논문, 2001, 67쪽.
30) 이규식, 「기용숙의 연구와 생애 – 콜레라 연구를 중심으로」, 『醫史學』 16-1, 2007, 72쪽.
31) 'Public Health Club'의 약자로 추정된다. 송형래는 미국 공중보건서비스 조직을 P.H.S.(Public Health Sevice)로 적고 있다(1949년 4월 20일, 5월 25일 일기 참고). 송형래는 'P.H club'을 'P.H. group'이라고 표현하기도 했다(1949년 2월 24일 일기).
32) 송형래 일기에서 언급된 사람만 추린 것으로 멤버 전체 명단은 파악할 수 없다. 특히 1949년 2월 2일자 일기에 "3崔, 尹, 白, 金, 李, 朱, 吾 等 都合 九名이 모였었다."고 기술되어 있다. 여기서 金을 제외한 다른 성씨는 맥락상 본문에 제시한 사람들로 추정된다. "젊은 의사들"이라고 표현한 이유는 송형래 일기에서 이들이 각자 행정부 내에서 자신의 입지를 확보하기 위해 애를 쓰고 심지어 서로 다투는 모습이 자주 등장하는데, 이는 미국의 영향을 유사하게 받았지만 이미 상당한 입지를 확보하고 있던 원로 의사 구영숙, 기용숙, 이용설 등의 안정적인 모습과 대비되기 때문이다. 참고로 P.H. club 멤버들이 유학갔을 때 나이가 35세~40세였다(신영전·서제희, 「미군정 초기 미국 연수를 다녀온 한국인 의사 10인의 초기 한국보건행정에서의 역할」, 『보건행정학회지』 23-2, 2013, 199쪽).

과 이해관계는 출신 학교의 그것보다 훨씬 강했던 것으로 보인다. 이는 경의전 출신인 송형래가 경의전 출신 두 거물, 백인제와 박주병(朴柱秉)[33])에게 거리를 두는 데에서도 잘 드러난다. 심지어 박주병은 보건국장으로 직속상관이었음에도 불구하고 송형래는 그와 공적인 업무 외에는 별다른 교류를 하지 않았고,[34]) 독립을 앞둔 보건부의 직제와 같은 중요한 사안 역시 보건국 내 인물보다는 "P.H. club과 같이 최후적으로" 논의하여 진행했다.[35])

P.H. club 멤버 각자의 역량과 야망은 달랐으나, 그 역량과 야망을 펼칠 수 있는 독립적이고 전문적인 보건행정 기구 건설을 위해 협력한 것이다. 그들은 정기적인 만남을 통해 WHO와 같은 미국의 영향력이 큰 해외기구 가입과 위생감찰법과 같은 의학적 전문성이 강한 사업들을 제시하며 보건부 독립을 추진해 나간다.[36])

---

33) 박주병은 1922년 경성의학전문학교를 졸업했다. 영국·독일에서 약리학(藥理學)을 연구해 독일 프라이브르크 대학에서 의학박사학위를 받았으며, 1942년에는 만주의과대학에서 의학박사학위를 받았다. 8·15광복 후에는 사회부 보건국장, 대한적십자사 서울지사장을 역임했으며, 해군의무감(준장)으로 근무하기도 하였다. 이어 국립의료원장 겸 병원협회 회장을 거쳐 보건사회부장관(1963~1964), 의사협회 회장, 대한결핵협회 회장 등을 역임하였다(한국민족문화대백과사전 참조).

34) 보건국장 박주병과의 거리감은 일기 곳곳에서 감지할 수 있다. 1949년 1월 21일 일기에서 박주병의 인사 문제를 놓고 주영진(朱榮鎭, 1917년 경의전 졸업)의 집에서 "긴급 醫友會"(경의전 출신 의사들의 모임으로 추정됨)가 개최되었는데, 동문이자 직속상관의 인사문제이고 자신에게도 영향을 미칠 수 있는 사안임에도 송형래는 매우 건조하게 적고 있다. 즉 송형래에게 있어서는 경의전 학맥보다 P.H. club이 더 중요했던 것으로 보인다. 백인제와의 거리감은 1949년 3월 15일 일기에서 "白麟濟氏가 局長을 찾고서 次官과 局長을 自己집에 招待하겠다고 하니 딴 生覺(?)이 있는 듯함"이라고 쓰고 있어 서로 경계하거나 정치적으로도 견해차가 있었음을 알 수 있다. 참고로 이 당시 백인제는 제헌국회의원 선거 출마를 준비 중이었다(학교법인 인제학원, 『선각자 백인제』, 창작과비평사, 1999, 303~304쪽).

35) 1949년 5월 18일 일기("P.H. club과 같이 最後的으로 職制審議를 한 結果, 一室 四局 二十課 案을 得하였음으로 書類作成에 着手함").

36) 이들은 주로 다방 내지는 식당으로 추정되는 '한가람'이라는 곳에 모였으며, 별다른 설명 없이 "오늘은 한가람에 모이는 날이다"는 표현이 있는 것으로 보아 정기적인

Ⅲ. 보건부 독립과 유지 과정

1. WHO 가입과 보건부 독립안 국회 통과

대한민국 정부수립 당시 보건후생부가 보건국으로 축소되는 과정에서 반발이 없었던 것은 아니었다. 1948년 정부수립 전 정부조직법 토의 과정에서 의사 출신인 이영준(李榮俊)[37] 의원은 세계 유수 나라들은 모두 보건후생을 국방과 외교에 준하는 중요한 사안으로 다룬다고 항변했다.[38] 각 분야 보건의료단체들의 반발 또한 상당했다.[39] 그러나 보건부의 폐쇄를 막기에는 역부족이었다.

보건후생부가 사라진 것과 관련해 행정기구 내에서 의사 출신 보건행정가들, 특히 송형래 등 미국 유학파 출신 젊은 의사들인 P.H. club 멤버

모임을 가졌던 것으로 보인다(1949년 2월 2일, 2월 16일 송형래의 일기 참조). 송형래 일기에는 P.H. club 멤버들의 야망이 드러나는 대목이 자주 등장하며, 그 야망에 대해 서로 비난하는 모습도 많이 보인다(일례로 1949년 5월 30일 일기에는 "利害關係로만 離合○○한 兩崔는 끝내 서로 辱질하고 다닌다고 한다. C.C.Choi가 C.S.Choi를 辱한다는 것이다"는 문장이 나온다.). 그럼에도 모임은 깨지지 않았고 적어도 보건부 가동을 앞두고 인사 문제로 서로 간의 갈등이 첨예화되는 1949년 6월까지는 계속 모임이 이어졌다. 참고로 "P.H. club"이라는 용어가 송형래 일기에서 마지막으로 등장하는 것은 1949년 6월 10일이다.

37) 제헌국회 때 의사 출신 국회의원은 9명이었는데, 관련 분과라고 할 수 있는 문교사회분과위원장이 이영준이었다(대한의학협회 85년사 편찬위원회 편,『대한의학협회 85년사』, 대한의학협회, 1993, 78~80쪽). 이영준은 1896년 서울 출생으로 1926년 세브란스의학전문학교를 졸업하고 1931년 동경제국대학에서 의학박사학위를 받았다. 1948년 정계로 진출하여 제헌국회의원으로 당선, 문교사회분과위원장을 역임하였다. 그 뒤 대한적십자사 사무총장을 지냈다(한국학중앙연구원 인물사전 참조).

38)「정부조직법안(제1독회)」,『제1대국회 제1회 제29차 국회본회의』, 1948.07.14.

39) 보건의료단체 대표자들은 1948년 12월 10일 회의를 열어 보건부 독립촉진회를 구성하고 정부와 국회를 상대로 보건부 독립운동에 나섰다(대한의학협회 85년사 편찬위원회 편,『대한의학협회 85년사』, 대한의학협회, 1993, 78쪽).

들이 받은 타격이 컸다. 미국 유학을 통해 최고의 학력을 쌓고 미군정 하에서 보건행정에 투입돼 입신양명을 꿈꾸었을 테지만, 아직 축소된 보건행정에 위축되지 않을 만큼의 사회적 기반을 다지지 못한 인물들이 기 때문이다. 즉 이해관계는 가장 컸지만 자신들의 힘만으로는 보건부 독립을 달성하기 어려웠다. 실제 내무부는 물론 비서실에서도 노골적인 훼방을 놓았다.[40] 이를 극복하기 위해선 강력한 대외적 명분을 제시해 야 했다. P.H. club이 주목한 것은 WHO 가입이었다.

대한민국 정부의 WHO 가입은 이승만 정권의 이해와도 맞아떨어졌 다. 당시 대한민국 정부는 남북 분단 상황에서 경제적으로나 정치적으 로 국제사회의 지원이 절실했다. 그러나 가장 대표적인 국제기구인 UN 의 경우 상임이사국의 반대가 있을 경우 가입할 수 없었다. 이와는 달리 WHO의 경우 회원국의 찬반 투표로 가입이 결정됐다. 현실적으로 남한 의 보건 상황상 WHO를 통한 지원이 필요하기도 했다.[41] 이렇듯 WHO 가입은 이승만 정권과 P.H. club을 위시한 의사 출신 보건행정가들의 이 해가 맞물려 있었으나 훨씬 적극적인 것은 후자였다.[42]

정식으로 정부가 출범되기도 전인 1948년 6월 이승만은 WHO 총회에 한국 대표를 파견했다. 이곳에 파견된 사람은 바로 P.H. club의 최창순

---

40) 비서실 소속 총무과장이 보건국의 활동 강화를 위해 송형래가 준비한 '위생검찰법 문' 내용을 마음대로 뒤바꾸려는 시도까지 있었고(1949년 2월 2일 일기), '보건부독 립안'이 국회에 상정된다는 소식에 보건국 직원들이 국회로 가자 비서실장은 자리 를 비운 사람들을 조사해갔다(1949년 2월 15일 일기).

41) 이선호, 「한국의 세계보건기구(WHO) 가입과정과 1950년대의 사업성과」, 『醫史學』 23-1, 2014, 102~103쪽.

42) 이선호의 주장대로 이승만 정권에서 WHO 가입이 정치적·경제적으로 도움이 됐을 것으로 보이나(이선호, 「한국의 세계보건기구(WHO) 가입과정과 1950년대의 사업 성과」, 『醫史學』 23-1, 2014 참고), 실제 이승만이 이 사안에 얼마나 적극적이었는지 는 검토해볼 필요가 있다. 1949년 5월 14일 송형래의 일기에는 WHO 파견 건을 다 루며 "大統領이 米人(미국인)에게서 認識을 잘못 받은 模樣으로 經費捻出에 憂慮하 신다"는 대목이 나온다.

이었다. 그는 옵서버 자격으로 제1회 WHO 세계보건총회에 참석해 새로
수립될 대한민국 정부가 WHO에 가입할 수 있도록 지지해 줄 것을 참가
국 대표단에 호소했다. 최창순은 WHO 회의를 마치고 귀국하여 이승만
대통령에게 WHO 가입의 필요성을 재차 강조했다.[43]

　송형래는 1949년 상반기 내내 WHO 가입을 위한 실무에 매달렸다.[44]
송형래가 1949년 1월 내내 보건과장으로 출근하여 주되게 한 업무는 영
어로 된 WHO 개괄 설명서부터 역사와 헌장에 관한 문서까지 일일이 검
토하고 번역하는 일이었다. 예산문제로 보건과에 대한 압박이 가해지고
있었고,[45] 보건과 인원 감축을 막기 위해 각 부처를 돌아다니며 안간힘
을 쓰는 와중에도,[46] 그의 주된 관심은 WHO 가입에 쏠려있었다.

　송형래는 2월 초 『WHO란 무엇인가?』라는 번역 책자까지 만드는 등
보건부 독립안 국회 상정을 앞두고 WHO 가입을 위한 만반의 준비를 했
다. 결국 2월 16일 스위스 제네바로부터 WHO 가입과 관련된 회답문이
도착했고,[47] 이를 보건부 독립을 발판으로 삼기 위해 "급히 정리하여"
공문으로 만들어 돌렸다.[48] WHO 가입을 위한 작업에 대부분의 시간을
할애하면서도 그는 짬을 내 국회를 방문하며 보건부 독립안 통과에 촉

---

43) 이선호, 위의 글, 104~105쪽.
44) 1949년 1월 4일부터 상반기 내내 일기에 거의 매일 W.H.O에 관한 얘기가 등장한다.
　　계속해서 W.H.O 관련 원문을 번역하고 공문으로 만드는 일을 반복하는데, 이 일에
　　대해 특별히 누가 구체적인 지시를 내리는 대목을 찾기 어렵다. 또한 일기에 단 한
　　번도 이 일에 대해 불평불만을 드러내지 않고 있는데, 그만큼 송형래에게 중요한
　　일이었던 것으로 보인다.
45) 1949년 1월 19일 송형래의 일기.
46) 1949년 1월 8일 일기에 나온 "이번에 감원당하면 도저히 집무할 수 없을 정도"라는
　　문구가 당시의 절박한 상황을 잘 보여주고 있다.
47) 정확히 이 WHO 회답문의 내용이 무엇인지는 일기에 나와 있지 않다. 송형래가 이
　　회답문을 급하게 번역해 공문화를 서두른 것으로 보아 한국의 가입 가능성을 시사
　　하는 내용이었을 것으로 추정된다.
48) 1949년 2월 18일 송형래의 일기.

각을 세웠다.[49]

마침내 2월 19일 보건부 독립 청원안이 국회 본회의에 상정되었고, "재석의원 129명 중 67(찬성)대 31(반대)이라는 아슬아슬한 과반수 이상 숫자를 득함으로써 독립안은 가결"되었다. "방청석의 의사들"은 "감격에 넘치"었고, 송형래 역시 지인들과 "감격의 악수를" 나누었다.[50] 이날 국회 본회의를 통과한 보건부 독립 청원안에 담긴 핵심 명분은 바로 "보건행정부문의 독립이 국제연합 보건헌장 제3조 및 제57조에 의하여" WHO 가입의 전제 조건이라는 것이었다.[51]

'보건부 독립안'이 통과된 이후 P.H. club의 최창순은 사회부 차관이 되었고, P.H. club의 자문 역할을 했던 구영숙은 초대 보건부 장관에,[52] 이갑수는 보건부 차관에 임명되는 등[53] 미국과 연계를 맺었던 의사 출신 보건행정가들의 입지가 크게 넓어졌다. 즉 P.H. club과 같이 미국과의 연계를 가진 의사들이 WHO 가입을 지렛대 삼아 보건부 독립과 자신

---

49) 송형래는 정부 관계자를 직접 만나 "국회의 동정과 사회부로부터 보건후생부의 독립 문제 등을 타진"하였으며(1949년 2월 5일 일기), 비서실과 출근과 근무태도 문제로 보건의료 관계자들이 계속 충돌이 벌어지던 상황이었음에도 불구하고, 2월 15일 '보건부독립안'이 상정된다는 소식에 보건국장에게 사안의 중요성을 설파하고 국회 방청을 갔다. 2월 18일에도 비슷한 상황이 벌어졌다(1949년 2월 15일, 18일 송형래의 일기).

50) 1949년 2월 19일 송형래의 일기.

51) 제1대 국회 제2회 제35차 국회본회의 속기록, 1949.02.19.

52) 송형래 일기를 보면 구영숙이 P.H. club의 존재를 인지하고 있으며, P.H. club 멤버들 역시 수시로 구영숙을 찾아가 상의를 했다. 일례로 1949년 6월 10일 일기를 보면 "보건관계의 機構, 職制, 人事 등에 관한 문제를 논의하다가 출근시각이 가까워지자, 具長官은 오늘 밤 8시경에 동료인 P.H. club을 데리고 다시 오라고 하였다"는 대목이 나온다. 참고로 구영숙은 미국 에모리대 의과대학을 졸업했다. 세브란스의학전문학교 교수를 역임하였으며, 미군정청 시기에는 한국교육사절단장으로 활동하였다(유승흠, 「첫 소아과 의사, 구영숙」, 『의사신문』 2011.06.03 참조).

53) 이갑수는 경의전 출신으로 독일과 일본에서 박사학위를 받았다. 미국에 머문 적도 있었는데 이 시기 이승만과 친분을 쌓았다고 한다(권오주, 「여성 의학교육을 확립한-이갑수: 농어촌 위생 개선 활동·의학교육 발전에 공헌」, 『의사신문』 2011.05.19 참조).

들의 정치적 영향력 확대라는 두 마리 토끼를 다 잡은 것이었다.

이들은 1949년 8월 17일 WHO 공식 가입 이후에도 계속해서 이러한 지렛대를 활용했다. 일례로 1951년 9월 마닐라에서 열린 제2회 서태평양 지역회의에 구영숙이 한국 대표로 참가했는데, 이곳에서 구영숙은 『대한민국의 보건 상황』(Public Health in Korea)이라는 제목의 보고서를 발표했다. 구영숙은 제1장 '한국 보건행정의 발전'에서 일제시대 보건행정은 경찰국에서 담당하였으나 미군정 시기인 1945년 9월 24일 조인된 포고령 제1호에 의해 일반 행정으로 바뀌게 되었고, 제2장 '행정조직'과 제3장 '보건부 관련 법령'에서 제1공화국 보건행정조직이 미군정 시기의 것을 따르고 있음을 강조했다.[54]

WHO 가입의 실무를 도맡았던 송형래 역시 WHO와 UNICEF로부터의 원조 업무를 구실로 계속 보직을 유지할 수 있었고,[55] 잠시 휴직기를 갖긴 했으나 1950년 6월 보건부 방역국장으로 승진했다.[56] 1952년에는 한국 대표로 WHO 서태평양지구회의에 참여하기도 했다.[57]

2. '위생검찰법' 추진을 통한 경찰 세력 견제

결과적으로 WHO 가입 추진이 보건부 독립에 상당한 기여를 한 것은 맞지만, 당시 상황에서 의사 출신 보건행정가들이 WHO 가입 건만 믿고 있을 수는 없었다. WHO 가입 추진에 어떤 장애물이 생길지 모르는 상황이었고, 설령 보건부 독립이 성사되더라도 그것을 유지하는 게 더 중

---

54) 이선호, 「한국의 세계보건기구(WHO) 가입과정과 1950년대의 사업성과」, 『醫史學』 23-1, 2014, 111~112쪽.
55) 1949년 10월 5일, 1950년 5월 17일 송형래의 일기.
56) 1950년 6월 2일 송형래의 일기.
57) 「WHO會議에 宋亨來氏派遣」, 『경향신문』 1952.09.19.

요하다는 것을 잘 알고 있었기 때문이다.[58] 보건행정 영역을 계속 확대해 나감으로써 부(部) 수준의 존재 가치를 입증할 필요가 있었다. 그중 하나가 바로 위생시설에 대한 관리·감독 권한을 확보하는 일이었다.

이발소 목욕탕 음식점 등의 위생시설에 대한 관리·감독은 일제시대만 해도 경찰의 업무였다. 해방 후 미군정하에서 진행된 1947년 5월의 군정청 기구개혁으로 경무부가 경리국, 공안국, 수사국으로 개편됨에 따라 위생업무가 경찰권의 범주에서 벗어났다. 실제 대한민국 정부수립 전까지 위생시설 감독은 시 당국에서 진행했다. 하지만 대한민국 정부수립 시 보건국으로 보건행정조직이 축소되고 미군의 영향력이 약해지면서 경찰의 위생업무에 대한 개입이 재개된다.[59] 내무부직제(대통령령 18호)로 설치된 보안국 내 보안과에서 풍속 단속과 함께 위생시설 단속까지 한 것이다.[60]

보건부로의 독립을 위해 보건행정 영역을 확대해 나갈 필요가 있었던 보건국, 특히 송형래와 같은 의사 출신 보건행정가 입장에서는 조치를 취해야 했다. 즉 위생경찰제도의 부활을 막을 수 있는 법적 장치와 실질적으로 위생경찰을 대체할 수 있는 기반을 마련해야 했다. 보건국이 내놓은 대안은 '위생검찰법(衛生檢察法)'과 위생감찰관(衛生監察官) 제도였다.[61]

송형래는 1949년 1월 10일 '위생검찰법' 초안을 마련하고, 1월 12일 보건국장의 결재를 받아 법률안을 제출했다. 1월 14일에는 법문의 기초(起

---

58) 실제 국회에서 통과된 보건부 독립안조차 정부에서 반대할 것이라는 말까지 나돌았다(1949년 2월 21일 일기 "局長에게 報告하니 曰, 獨立問題는 政府가 反對할 것이라고 하더라").

59) 정근식, 「식민지 위생경찰의 형성과 변화 그리고 유산」, 『사회와역사』 90, 2011, 261쪽.

60) 「强力한 衛生檢察」, 『동아일보』 1949.01.15.

61) "위생검찰법안을 보건국장의 결재를 받아 가지고 인쇄하기를 서둘렀다. 그리하여 법률로서 제출하게 되었다(1949년 1월 11일 일기)."

草) 설명서를 작성하여 준비한 법문에 첨부하여 법제처와 총무과에 제출했다. 송형래는 경찰 세력의 반발을 예상해 언론 관계자를 통해 경찰의 위생 사무 개입에 대해 "건설적으로 비난하는 기사를 신도록 부탁"하기까지 했다.[62] 그러나 송형래가 서둘러 위생검찰법에 따른 검찰원복(服) 제정까지 추진하자 다른 부처의 견제가 본격화된다.[63]

송형래가 초안을 잡은 위생검찰법의 골자는 "사회부 위생과 관내에 위생감찰관을 두며 감찰관에게는 일정한 제복을 착복게 하는 동시에 준사법권을 부여하여 강력한 위생감찰을 시행"하는 것이었다.[64] 송형래는 '위생검찰법 제정'과 '위생경찰권 제재안(制裁案)'을 통과시키기 위해 치안국장과 보안과장을 직접 찾아가 설전을 벌였다.[65] 그러나 단속(취체)이라는 업무의 특성상 경찰을 배제하기가 쉽지 않았다.[66]

1949년 7월 보건부가 본격적으로 가동된 이후에도 위생시설 관리·감독 권한에 대한 줄다리기는 계속됐다. 보건부는 '위생정책요강'을 발표해 다시 한번 각 부면의 위생시설에 대한 관리·감독권 확보를 시도했다.[67] 하지만 1949년 12월에 열린 국무회의에서 "보건관계에서 위생경찰

---

62) 1949년 1월 10일, 12일, 14일 일기.

63) 1949년 2월 4일 일기("衛生檢察法에 附隨되는 檢察員服에 對한 反對說을 總務課長이 ○○固執하기에 눈딥허두라고 付託하다").

64) 「强力한 衛生檢察 警察과 別途로 社會部서 取扱」, 『동아일보』 1949.01.15.

65) 1949년 4월 26일("衛生檢察法制定과 衛生警察權制裁案을 治安局長에게 打合하기로 本廳에 出頭했다. 局長은 … 不在中이라함으로 朴保安課長을 만나서 衛生檢察法制定과 衛生警察權制裁를 要求하니 難色을 主張한다").

66) 1949년 4월 27일 일기를 보면 '위생경찰항목 삭제의 건'을 국무회의에 회부하도록 결재를 올리고, 김봉관(金鳳官) 법제관(法制官)을 만나 위생검찰법안에 관한 심의까지 진행했다. 그러나 1949년 5월 4일 일기에 "再檢討하기로 한 衛生檢察法을 좀 더 細密히 硏究하라고 하다"는 언급이 있어 상황이 뜻대로 되지 않았음을 알 수 있다.

67) 이 위생정책요강과 관련된 당시 논의를 보면, "과거 위생경찰의 감독으로 인한 폐단 시정"한다고 하여 경찰에 대해 견제를 하고 있긴 하지만, 행정적으로는 관계행정단 국자 간 공동협의위원회를 통해 집행함으로써 경찰 세력을 완전히 배제하지 못하였다.

은 취체행정에 한하고 보건부는 관리행정을 담당할 것임을 의결"하는 등 애매한 상태가 이어졌다.[68] 1950년 1월 초에는 법무장관까지 나서 본래 취체란 경찰 사무이고, 보건부는 지역 단위 기구는 물론 인적 자원 자체가 부족해 실질적으로 집행이 쉽지 않다며 경찰 편을 들었다.[69] 보건부 장관도 당분간 "보건부와 위생경찰 두 군데에서 취체"를 할 수밖에 없다며 타협했다.[70] 이러한 당시 상황이 얼마나 영향을 미쳤는지 알 수 없으나 송형래도 1950년 1월 11일 휴직을 한다.

한국전쟁이 발발하자 경찰 측의 위생행정권 탈환을 위한 작업이 보다 노골적으로 진행됐다. 1950년 9월 28일 내무부장관령으로 "영업 행정의 간소화를 도모"한다는 구실로 "위생행정권을 경찰에 부활 단일 취급"하게 했으며 이러한 시도는 전쟁이 끝난 이후에도 지속됐다.[71] 물론 송형래를 필두로 보건행정가들의 견제도 이어졌다.[72] 이러한 줄다리기는 1960년대 초까지 계속됐다.[73]

대한민국 정부수립기에 가시적인 성과를 내진 못했지만 보건행정가들의 위생검찰법 추진은 사회적으로 위생시설 관리·감독을 경찰이 아닌 보건행정기구에 맡겨야 한다는 인식을 확산시키는 계기가 됐다.[74]

---

68) 정근식, 「식민지 위생경찰의 형성과 변화 그리고 유산」, 『사회와역사』 90, 2011, 261쪽.

69) 「衛生事務에워싸고 內務保健部間말성」, 『동아일보』 1950.01.10.

70) 「具永淑 보건부장관, 1950년도 보건부 예산과 정책에 대해 기자와 문답」, 『서울신문』 1950.01.08.

71) 정근식, 「식민지 위생경찰의 형성과 변화 그리고 유산」, 『사회와역사』 90, 2011, 261~262쪽.

72) 송형래가 위생업무에 관해 경찰에게 주도권을 내주지 않기 위한 노력은 일기 곳곳에서 확인할 수 있다. 일례로 1952년 7월 21일 송형래의 일기에는 정례국과장회의 보고 및 요망사항에 "警察干涉問題 强硬態度"라고 적고 있다.

73) 1960년대 초반에 가서야 위생업무에서 경찰을 완전히 배제할 수 있게 된다(정근식, 「식민지 위생경찰의 형성과 변화 그리고 유산」, 262쪽).

74) 당시 신문기사를 검색해 보면 경찰의 위생시설 감독에 관한 비판적인 기사가 여럿 있다. 대표적으로 1949년 1월 15일자 동아일보에서 "현재 세계 각국에서는 어느 나

또한 이는 보건부의 독립을 위한 바리케이트이기도 했다.[75] 보건부의
독립은 결국 보건행정가들이 수십 년간 경찰조직이 장악하고 있던 권한
을 가져오는 작업이었기 때문이다.

3. '학교위생법', '보건소법'을 통한 보건부 독립의 정당성 강화

사회부 산하 보건국이 보건부로 독립하는 과정에서 업무분장 때문에
다른 부처와 마찰을 빚은 또 다른 사안은 학교보건 문제였다. 학교는 의
학적으로 전염병에 취약한 미성년인 학생들이 장시간 밀폐된 공간에서
집단생활을 하기 때문에 방역상 매우 중요한 공간이었다. 또한 위생교
육, 집단검진, 체력단련, 백신접종 등을 통해 전 사회적인 보건 향상을
이끌어낼 수 있다는 점에서 보건행정의 요충지였다. 여기엔 상당한 예
산[76]과 인력[77]이 요구됐기 때문에 문교부와 보건국이 주도권을 놓고 충

라를 물론하고 마약취체, 의사, 약제사 등의 허가 및 기타 모든 위생행정은 보건행
정부문에서 이를 장악 시행코 있는 실정인 바 과거 일정시에는 그들의 혹독한 식민
지 정책으로 인하여 경무부 관하에 이를 두어 우리를 괴롭게 하였었는데 해방 후
군정이 시행되자 군정에서는 이를 부당타 인정하는 동시 위생행정의 중대성을 고
려하여 군정법령 제1호로서 경무국 내 위생과를 폐지한 후 보건후생부 내에 위생
국을 설치하여 일체의 위생행정을 담당케 하였던 것이다. 그런데 금번 민국정부수
립후 내무부 직제(대통령령18호)에는 보안국 내에 보안과를 두어 풍속검찰과 더불
어 위검찰 또한 여기서 장악케" 되었다며 경찰에 대해 비판적인 기사를 실었다(「强
力한 衛生檢察 警察과 別途로 社會部서 取扱」, 『동아일보』 1949.01.15).

75) 송형래는 보건부 독립을 추진하며 WHO 가입 건, 학교위생, 위생경찰권 제재를 하
    나의 세트처럼 챙겼다(일례로 1949년 4월 29일 일기를 보면 "W.H.O. 學校衛生, 衛
    生警察權을 圍繞한 國務會議 上程件을 付託하다"는 대목이 나온다).

76) 일례로 1950년 2월 7일 동아일보 기사를 보면 방역을 위해 학교 등의 주요 전염병
    매개 장소에 DDT를 배급해야 하는데 보건부는 준비가 다 되어 있으나 외자총국에
    서 요금미납 등으로 해결해주지 않고 있다며 항의하고 있다.

77) 1950년 2월 7일 동아일보에 실린 구영숙 보건부 장관의 담화를 보면 학교위생에 대
    해 언급하면서 각 학교마다 공의(公醫) 채용이 제대로 실행되지 않고 있다면 이를

돌한 것은 자연스러운 일이었다.

보건국 입장에서 이 사안은 보건부 독립의 정당성을 확보하는 일이기도 했다.[78] 하지만 두 기관이 충돌 조짐을 보이던 1949년 초는 보건국이 하나의 부(部)인 문교부를 상대해야 하는 상황이었기 때문에, 직제상으로만 보면 쉽지 않은 형국이었다. 다만 백신이나 의료인과 같은 실질적인 수단을 관장하고 있었기에 승산이 없지 않았다. 더욱이 경찰을 상대로 한 '위생검찰법' 추진이 난항을 겪고 있었고 WHO 가입도 어떻게 될지 모르는 상황이었기에 보건부 독립에 사활을 건 보건행정가들 입장에서는 물러설 수 없는 싸움이었을 것이다. 송형래는 "문교부에서 고집"하는 학교보건 부분을 보건국 관할업무로 규정하기 위해 차관회의에 '학교위생에 관한 건'을 기안했다.[79] 이에 문교부장관이 "학교위생업무는 문교부 소관이라고 반박"하며 긴장이 고조됐다. 송형래는 굴하지 않고 해당 안건을 국무회의에 회부하고 국과장들을 적극적으로 설득해나갔다.[80]

보건부 독립 이후에는 학교보건에 대한 의사 출신 보건행정가들의 개입이 본격화된다.[81] 대표적으로 1949년 하반기와 1950년 초 뇌염, 결핵

서울시 등 관계당국자와 협의하여 시정시키겠다고 말하고 있다.

78) 1948년 9월 19일 보건후생문제연구소 소장 이규학이 경향신문에 기고한 글을 보면 학교에서의 보건위생이 중요함을 강조하며, 보건부 독립의 필요성을 간접적으로 제시하고 있다.

79) 1949년 1월 24일 일기("學校衛生은 文敎部에서 固執함으로 次官會議에 提出하기로 했다"), 1월 25일 일기("學校衛生에 關한 次官會議 上程의 件을 起案함"), 1월 31일 일기("學校衛生에 關한 次官會議 提出案을 次官決裁를 받았을 때 統計資料 添付를 하더라기에 그리 執筆하라 總務에 付託하라고 하얏다").

80) 1949년 3월 1일 송형래의 일기, 이 사안이 정확히 어떻게 마무리되었는지는 더 이상 일기를 통해 확인할 수 없으나, 1950년 2월 7일 동아일보에 실린 구영숙 보건부장관의 담화를 보면 학교위생에 대한 문교부의 문제 제기가 있긴 하나 실질적으로 보건부에서 주도하고 있음을 확인할 수 있다.

81) 문교부와 보건국의 갈등에 있어, 학생들을 청소에 동원하지 말라는 통첩문을 발송하기로 기안하는 등 송형래 스스로 적극적으로 개입했다(1949년 4월 29일 송형래의 일기).

등의 전염병 유행으로 인한 학생들의 피해에 대해 사회적 비난이 크게 일었는데, 보건부 장관 구영숙과 방역과장 최영태는 이를 역으로 학교보건에 대한 보건부의 주도권 강화와 보건부에 대한 지원 확대를 주장하는 근거로 활용했다.[82] 이처럼 의학적 전문성을 강조한 작업을 바탕으로, 보건부는 1950년 2월 27일 '보건부사무분장'을 통해 학교보건의 상당 부분을 보건부 사무로 규정했다.[83]

또한 송형래는 지역보건의 기초가 되는 '보건소법'을 만들고 전국적인 보건소 증설에도 힘을 쏟았다. '보건소법' 추진은 단순히 법 제정으로 끝나는 문제가 아니라 국립중앙보건소 체계를 다지고 이를 기반으로 전국에 보건소를 확대해나가는 방대한 작업이었다. 보건국이 직제상으로나 정치적 영향력면에서[84] 충분한 예산을 배정받기 쉽지 않은 상황이었

---

82) 1949년 9월 6일자 동아일보 '保健行政에 異狀 있다!'는 기사에 실린 뇌염 유행에 대해 방역국장 최영태의 대응을 보면, "十五세 미만 아동에 이 병이 심"하다는 것을 근거로 "국민학교 및 유치원"을 "일제히 휴교"하는 조치를 취하여 학교보건에 대한 보건부의 전문성을 사회적으로 분명히 하는 한편 뇌염이 창궐한 것에 대해 "방역에 관한 말단 機構가 전연 되어 있지 않은 것, 즉 지방에 방역 관계 전문의 행정기구가 없다는 것과 위생 및 방역행정을 맡아볼 기술자가 필요한데 현재 이러한 인재가 없다는 것 등" 때문이라며 보건부에 대한 지원을 호소했다. 또한 1950년 2월 7일자 동아일보 '學童保健策 없을까?'라는 인터뷰 기사에서 보건부 장관 구영숙은 학교보건 미비에 대한 사회적 비난에 대해 "특히 말하고 싶은 것은 학교에 대한 의료시설을 문교부에서 문교부장관령으로 할 것을 주장하고 있는데 보건부로서는 절대반대하고 있다. 이는 보건부의 소관사무이지 문교부에서 주관할 성질이 아니며 이렇게 사무 주관이 뒤범벅되고 있는 데에 강력한 학교위생에 대한 시책을 강구치 못하는 원인도 있는 것이다"고 주장했다.

83) 1950년 2월 27일 발표한 '보건부사무분장'의 학교보건에 대한 규정을 보면, 보건과에 모자보건계, 산업보건계와 함께 학교보건계를 두고 학교보건계의 사무로 "1. 학교 아동 및 생도의 보건에 관한 사항 2. 학교환경위생 및 학교전염병에 관한 사항 3. 교직원 보건에 관한 사항"이라고 명시했다. 하지만 한국전쟁 이후 학교보건에 대한 주도권은 점차 문교부로 넘어가는 것으로 보인다. 1955년 7월 23일에 발표된 '보건사회부사무분장규정'부터는 보건과의 사무 중 하나로 "학교보건에 관한 사항"이 있다고만 명시하고 있으며, 1967년 3월 30일 제정된 '학교보건법'을 보면 학교보건위원회를 비롯해 학교보건과 관련된 대부분의 기구 및 자원을 관장하는 주체가 문교부로 명시되어 있다.

기 때문에 해외원조를 조달해 입지를 넓힐 수 있는 중요한 수단이기도 했다.[85] 송형래는 이에 관한 법안을 만들고 예산과 인력을 배정하는 데 이르기까지 세심하게 관여했다.[86]

물론 이후 예산문제로 인해[87] 1950년 보건소가 증설된 곳은 서울의 세 곳에 머물렀고, 한국전쟁이 발발하며 송형래가 기안한 보건소법은 사실상 사문화된다.[88] 하지만 당시 보건소법을 추진한 것 자체가 지역

---

84) 다른 행정기관에 비해 보건국이 받는 인사(人事) 조치나 처우는 취약했던 것으로 보이며(1949년 4월 2일 송형래의 일기 참조), 보건국의 미국유학파들에 대한 비방과 견제가 상당했던 것으로 보인다(1949년 5월 16일 송형래의 일기).

85) 해외 원조의 경우 모자보건과 같은 분야에서 원조를 받기가 가장 용이하다. 이럴 경우 이를 집행하고 관리할 시스템이 구축되어 있는지가 중요했다. 일례로 1949년 5월 29일 동아일보를 보면 송형래가 UNICEF 관계자를 국립보건소로 안내하였고, UNICEF 관계자는 보건소 운영을 칭찬하며 적극적인 지원을 약속했다.

86) 송형래 일기에서 보건소법과 관련된 내용을 모아보면 다음과 같다. 1949년 1월 27일 일기("保健所 一個所 設立에 要하는 豫算 編成하기로 했다"), 1월 28일 일기("保健所法에 對한 豫算案을 企劃處 司計局에 보내겠다는 總務課長의 意見을 듣기로 하다"), 1월 29일("保健所法에 附加하여진 大統領令과 部令 등 三法規를 法令集에 O하야 執筆草案하다"), 2월 4일 일기("保健所運營指針 及 理論 兩件은 月末報告書 樣式으로 一通式 提出 局長하다", "豫算局長을 만나서 保健所法과 經費問題를 說明하였다"), 3월 4일 일기("公衆保健要員養成計畫을 세우기로 했다"), 3월 5일 일기("緊急豫算措置가 될 保健要員 養成機關設置에 關한 豫算案을 成立시켜 鄭兄에게 來月曜日까지 提出하도록 命令하다"), 3월 22일 일기("國立保健所 一年統計 만든 것을 局長에게 提出... 次官을 만났기에 保健所法을 問議하니 長官室에 넘어갔다고 하는데...") 3월 23일 일기("國保定員에 對하야 財政經濟委員會 審査材料 提供하기 爲한 部內打合을 함"), 4월 25일 일기("保健所法이 法制處에 審議된다고 함으로 吾가 出頭하야 打合하기로 하고..."), 5월 26일 일기("定刻十時에는 Unicef 사람들이 왔기에 尹, 崔, 吾, 局長이 鼎座하야 Tentative Conclusion을 내리는 打合을 하게 되었다. 國立保健所를 中心으로 하는 公衆保健事業을 强力히 推進시키는데 一層 拍車를 加할만한 이야기가 進展되었음을 千萬多幸한 일이라고 하였다").

87) 1949년 3월 18일 송형래의 일기, 송형래는 개성 출장을 다녀와 개성에 보건소를 설치할 것을 강력히 주장하였으나 보건국장은 "TB(결핵)에 대한 예산액을 고집"하면서 대립했다. 그만큼 예산이 충분치 못한 상황에서 사업을 선택·집중해야 했음을 알 수 있다.

88) 이 당시 송형래가 기안한 보건소법은 국회 통과 이후 형식적으로는 사문화되었다(전우용, 『현대인의 탄생』, 이순, 2011, 110~111쪽). 1956년 12월에 다시 상정되어 국회를 통과한 후 같은 해 12월 13일 법률 제406호로 공포되었다(한국민족문화대백과

까지 신경쓸 수 있는 강력한 보건행정의 필요성을 어필하는 것이었기 때문에 보건부의 독립과 유지에 보탬이 됐을 것이다.[89]

Ⅳ. 맺음말

본 연구는 송형래 일기를 통해 1949년 보건부 독립 과정을 중심으로 해방 이후 보건행정이 어떤 변화를 거치며 정립되어 갔는지를 살펴보았다. 특히 대한민국 정부수립 이후 1949년 보건부가 독립되고 그것이 유지될 수 있었던 배경에 대해 정리하였다.

한국의 보건행정은 해방 이후 미군정에 의해 개편된 행정체계 중 가장 큰 변화를 겪은 부문이었다. 일제시대 경무국 산하 일개 위생과에 머물러 있던 것이 미군정이 들어서며 위생국-보건후생국-보건후생부로 거듭나며 15개국 47개과를 거느린 미군정 산하 최대 행정기구가 되었다. 그러나 대한민국 정부가 수립되면서 보건후생부는 사회부 산하 보건국으로 대폭 축소되었고, 이후 1년이 못 돼 다시 보건부로 독립되는 변화 과정을 거쳤다. 일각에서는 폐지된 지 1년도 채 지나지 않아 보건부가 독립한 것에 대해 정부조직법 심의과정에서 충분한 논의를 할 수 있는 "시간적 여유가 없었기 때문에 발생한 해프닝" 정도로 이해하거나 미군정기의 제도가 결국 "강력한 경로의존성에 따라 부활된 것"으로 해석하

사전 '보건소' 참조).

89) 이후 송형래의 초안과 유사한 보건소법이 다시 통과되어 서울 중심으로 돌아가던 보건부의 업무 영역이 전국단위로 확대될 수 있었고 보건소를 기반으로 전국적인 위생검찰 또한 실시할 수 있게 되었다(이종학, 『위생행정과 보건소활동』, 탐구당, 1963, 342쪽).

고 있다.[90] 그러나 이것은 결코 "해프닝"이나 "경로의존성"으로 해석할 문제가 아니다.[91]

행정부 내에서 보건부의 독립을 원하는 부처는 단 한 곳도 없었다. 심지어 보건국이 속한 사회부 내에서도 보건국의 독립을 원하는 사람은 많지 않았다. 즉 보건부의 독립 과정은 외세에 의한 수동적인 과정도 아니었고 자연스럽게 이루어질 자동적인 과정도 아니었다. 현대 행정체계상 독립된 보건행정 부처가 언젠가는 만들어졌을 테지만, 대한민국 정부수립 후 1년 만에 독립한 것은 이를 주도한 적극적인 행위 주체를 상정하지 않고선 해석하기 어렵다. 그 행위 주체는 바로 미국 연수를 통해 미국식 보건행정을 익힌 한국인 의사들이었다. 물론 의사 출신 인재들을 재빨리 연수시켰다는 점에서 미국 측이 한국 현대 보건행정의 씨앗을 심었다고 볼 수 있다. 하지만 씨앗을 심는다고 저절로 나무가 되는 것은 아니다. 미군의 영향력이 줄어들고 오히려 일제식 행정에 익숙한 관료들의 영향력이 다시 확대되는 상황에서, P.H. club과 같은 의사 출신 보건행정가들이 WHO 가입과 위생검찰법, 학교위생법, 보건소법 제정 등을 추진하며 만들어낸 것이다.

허나 주체성을 발휘했다고 해서 마냥 긍정적으로 평가할 수 있는 것은 아니다. 미군정하에서 '국영의료체계론'과 같은 보다 포괄적인 접근이 배제되었다는 점을 인지할 필요가 있다.[92] 즉, 보건부의 독립은 대한민국 정부수립과 함께 보건행정체계는 물론 논의의 틀도 매우 협소해진 상황에서 보

---

90) 김종성, 「대한민국 행정조직의 뿌리: 제1공화국 행정조직의 형성」, 한국행정학회 학술대회 발표문, 2015.

91) 경로의존성으로 보자면 인적, 제도적으로 3년의 미군정기보다는 35년의 일제시대에 있었다.

92) 미군정하에서 최응석을 필두로 한 '국영의료체계론'이 배제되고 이용설의 '미국식 보건의료체계 수용론'으로 국한되는 과정에 대해선 신영전 · 김진혁, 「최응석의 생애: 해방직후 보건의료체계 구상과 역할을 중심으로」, 『醫史學』 23-3, 2014를 참조.

건행정가들이 힘겹게 만들어낸 결과물이었다.[93] 좀 더 비판적으로 보면, 이 주체성은 일반 대중의 이해보다는 일제시대 보건행정에서 배제되었던 한국인 의사들, 특히 미국식 보건행정을 익힌 의사들의 사회적 욕구 실현을 위해 발휘된 것이었다. 실제 대한민국 정부수립 이후 상당 기간, 보건부 및 보건사회부 장관을 비롯해 많은 보건행정 요직을 의사들이 차지했고, 이들 중 상당수는 미국으로부터 직간접적인 영향을 받은 인물들이었다.[94]

본 연구는 많은 부분 송형래가 남긴 일기에 의존하고 있다. 즉 사적 (私的) 기록이 갖는 근본적인 한계가 뒤따른다. 가장 큰 문제는 보건부 독립과정에서 송형래가 주도한 일들만 과대 대표됐을 가능성이다. 그런 가능성을 완전히 배제할 순 없지만, 당시 보건국 보건과장이 관여하지 않은 보건행정은 많지 않았을 것이다. 본 연구는 그 사안 중에서 미국 연수를 다녀온 의사 출신 보건행정가라는 배경을 가진 송형래가 보건부 독립을 위해 선택·집중한 것들이 무엇이었는지 그리고 그러한 선택과 집중이 어떤 맥락에서 이루어진 것이었는지 살펴본 것이다.[95] 한국 보건행정 체계의 변화과정을 이해하는 데 조금이나마 도움이 되길 바란다. 아울러 본 연구에서 활용하지 않은 일기의 나머지 부분을 검토한다면 한국전쟁기 시행된 보건행정의 실상과 관여한 인물들의 구체적인 활동을 파악할 수 있을 것이다. 이는 후속 과제로 남긴다.

93) 이를 남북 분단으로 인한 당연한 결과로 여겨선 안 된다. 최근 여러 연구들에서 밝혀지고 있듯이(김진혁, 「해방직후 보건의료체제 논쟁과 통일국가 보건의료정책 구상」, 『醫史學』 30-3, 2021; 전예목·신영전, 「해방기(1945-1948) 주요 정치집단과 미군정의 의료보장체계 구상」, 『醫史學』 31-1, 2022), 단순히 사회주의 계열에서만 포괄적인 접근을 주장했던 것은 아니었다. 국제적으로 보더라도 2차세계대전 이후 가장 포괄적인 방식의 보건행정체계를 마련한 나라는 영국이었다.

94) 이주연, 「의료법 개정을 통해서 본 국가의 의료통제: 1950~60년대 무면허의료업자와 의료업자의 실태를 중심으로」, 『醫史學』 19-2, 2010, 389~390쪽.

95) 참고로 송형래는 단순히 보건국장의 오더에 따라 업무를 진행하지 않았다. 일례로 1949년 3월 18일 일기를 보면, 보건국장 박주병은 결핵 사업을 중요하게 생각했으나, 송형래는 보건소 사업을 중요시했다.

【부록】

1. 송형래(宋亨來) 약력

*영어 성명: Henry Song

1914년 5월 13일 서울 종로구 동의동 30번지에서 출생

1928년 4월~1933년 3월 경성 공립 제2고등보통학교에서 수학

1934년 4월~1938년 3월 경성의학전문학교에서 수학

1938~1940년 초 경성제대 의학부 미생물학교실에서 연구원으로 근무

1940년 4월부터 1945년 해방 때까지 경성의전 부속병원 안과에서 근무

1945년 해방 이후 미군정청 위생국(보건후생부)에서 근무

1945년 11월~1946년 12월 미국 하버드 보건대학원 연수, M.P.H.(Master of Public Health) 학위 취득

1947년~1948년 미군정청 보건후생부 예방의학국 모자보건과에서 근무

1948년 8월~1950년 1월 11일 사회부 보건국 보건과장으로 근무(보건부로 독립된 이후의 직책은 명확지 않음)

1950년 1월 11일~1950년 6월 2일 휴직

1950년 6월 2일 복직과 동시에 보건부 방역국장에 임명됨

1950년 10월부터 1951년 10월 사이 보건부 의정국장에 임명됨[96]

1955년 9월 보건부 의무국장 사임

1955~1956년 미국 하버드 보건대학원 연수, M.S.H.(Master of Science Hygiene) 학위 취득

1957년 4월~1964년 5월까지 종로1가에 '송안과' 운영

1957년~1959년 9월 대한공중보건협회 사무총장 역임[97]

1964년 6월~1965년 9월까지 우간다 캄팔라(Kampala) 지역 뮬라고(Mulago) 국립병원에서 근무

---

96) 1950년 10월 4일 송형래의 일기를 보면 전쟁발발 이후 행정부가 재정비되는 상황에서 송형래는 여전히 방역국장을 맡고 있으나, 1951년 10월 13일 자유신문에는 의정국장으로 기록되어 있다.

97) 대한보건협회, 『대한보건협회 40년사』, 대동문화사, 1997 참조

1965년 10월~1973년 WHO/AFRO(World Health Organization/African Regional Office)의 의무관(Medical Officer)으로 발탁되어 다르에스살람(탄자니아의 수도)에서 'Communicable Eye Disease Control' 프로젝트 수행

1973년~1974년 5월 WHO 의무관 자격으로 나이지리아에서 활동

1974년 5월 WHO 정년퇴직 후 도미하여 L.A.에 영주 정착

1978년 L.A.주 정부가 발행하는 정식 침구사자격증 취득하여 침구사로 활동

2012년 8월 19일 별세

2. 해방 후 보건부 설치까지의 경과(1945~1949년까지)[98]

1945년 9월 24일 위생국 신설(미군정 법령 제1호)

1945년 10월 27일 보건후생국 설립(미군정 법령 제18호)

1946년 3월 29일 보건후생부 15개국으로 개편

1947년 6월 보건후생부 7개국으로 축소

1948년 8월 사회부 내 보건국으로 축소

1949년 7월 보건부 독립

　　　2월 19일 보건부설립안 국회 본회의에 상정하여 가결됨.

　　　3월 11일 보건부설립안에 대한 국회 의결(제2회 국회 제51차 본회)

　　　3월 22일 국무회의 부의(附議)(제30회 국무회의)

　　　3월 25일 법률 제22호 공포(정부조직법 중 개정법률: 보건부 독립)

　　　6월 4일 초대 보건부 장관 임명(구영숙)

　　　6월 11일 초대 보건부 차관 임명(이갑수)

　　　6월 21일 사무인계(보건부 대 사회부)

　　　7월 25일 직제 공포(대통령령 제110호)

　　　7월 27일 청사 이전(종로구 을지로2가 199 '東拓(동양척식회사) 청사로 이전)

---

98) 1949년 이전은 최제창의 『한미의학사』(영림카디널, 1996, p.194) 참조하였으며, 1949년도 경과는 송형래 일기를 참조하였다.

송형래 일기를 통해 본 대한민국 정부수립 초기 보건행정체계 개편 과정　**301**

참고문헌

1. 자료
『송형래 일기』
『송형래 회고록』
『경향신문』
『동아일보』
『每日申報』
『서울신문』
『자유신문』
백행인, 『그늘진 遺産』, 신진각, 1977.
주인호, 『전염병 탐색기』, 의학출판사, 1989.
최제창, 『한미의학사』, 영림카디널, 1996.
內務部治安局, 『美軍政法令集 1945~1948』, 1956.
「정부조직법안(제1독회)」, 『제1대국회 제1회 제29차 국회본회의』, 1948.07.14.
1949년 국무회의 회의록.
1949년 제1대 국회 본회의 회의록.

2. 저서
대한의학협회 85년사 편찬위원회 편, 『대한의학협회 85년사』, 대한의학협회, 1993.
대한보건협회, 『대한보건협회 40년사』, 대동문화사, 1997.
朴仁純, 『美軍政期 韓國保健醫療行政의 전개과정 ‒ 1945년~1948년』, 두남, 2015.
배상수 외, 『보건소 기능 개편방안』, 의료정책연구소, 2010.
이종학, 『위생행정과 보건소활동』, 탐구당, 1963.
이한빈 외, 『한국행정의 역사적분석 1948~1967』, 한국행정문제연구소, 1969.
전우용, 『현대인의 탄생』, 이순, 2011.
학교법인 인제학원, 『선각자 백인제』, 창작과비평사, 1999.

3. 논문

권자경,「한국전쟁과 국가기구의 확대 – 이승만 정부의 중앙정부기구개편을 중심으로」,『한국행정연구』20-2, 2011.

김종성,「대한민국 행정조직의 뿌리: 제1공화국 행정조직의 형성」, 한국행정학회 학술대회 발표문, 2015.

김진혁,「해방직후 보건의료체제 논쟁과 통일국가 보건의료정책 구상」,『醫史學』30-3, 2021.

맹광호,「한국의 공중보건 1세기」,『醫史學』8-2, 1999.

박인순,「미군정기의 한국보건의료행정에 관한 연구」,『복지행정논총』4, 1994.

_____,「일정기의 한국보건의료행정기구 및 시설」,『복지행정논총』10, 2000.

손명세,「20세기 보건정책의 발자취」,『대한의사협회지』42-2, 1999.

신규환,「해방 이후 약무행정의 제도적 정착과정: 1953년「약사법」제정을 중심으로」,『醫史學』22-3, 2013.

신영전·서제희,「미군정 초기 미국 연수를 다녀온 한국인 의사 10인의 초기 한국 보건행정에서의 역할」,『보건행정학회지』23-2, 2013.

신영전·김진혁,「최응석의 생애: 해방직후 보건의료체계 구상과 역할을 중심으로」,『醫史學』23-3, 2014.

신오성,「韓國戰爭 前後의 保健醫療에 대한 硏究(1945~1959):韓國 戰爭期를 中心으로」, 서울대학교 석사학위논문, 1989.

신좌섭,「미군정기 우리나라의 의료제도」,『醫史學』9-2, 2000.

_____,「군정기의 보건의료정책」, 서울대학교 석사학위논문, 2001.

이규식,「기용숙의 연구와 생애 – 콜레라 연구를 중심으로」,『醫史學』16-1, 2007.

이동원,「6·25전쟁과 한국 보건의학계 및 보건학의 형성」,『동국사학』69, 2020.

이선호,「한국의 세계보건기구(WHO) 가입과정과 1950년대의 사업성과」,『醫史學』23-1, 2014.

이임하,「한국전쟁기 유엔민간원조사령부(UNCACK)의 보건·위생 정책- 급성전염병을 중심으로」,『사회와역사』100, 2013.

이주연,「의료법 개정을 통해서 본 국가의 의료통제: 1950~60년대 무면허의료업자와 의료업자의 실태를 중심으로」,『醫史學』19-2, 2010.

조석준,「미군정과 제1공화국의 수반관리기구에 관한 연구」,『행정논총』4-2, 1966.

_____, 「미군정 및 제1공화국의 중앙부처기구의 변천에 관한 연구」, 『행정논총』 5-1, 1967.

전예목·신영전, 「해방기(1945-1948) 주요 정치집단과 미군정의 의료보장체계 구상」, 『醫史學』 31-1, 2022.

정근식, 「식민지 위생경찰의 형성과 변화 그리고 유산」, 『사회와역사』 90, 2011.

한국전쟁기 간호사의 역할

정 은 영

Ⅰ. 머리말

우리나라에서 신여성으로서 사회적 첫 직업이라고 할 수 있는 간호사의 활동 범위는 나날이 증가하게 되었고 그 결과 1948년에는 여성간호장교 교육과정까지 양성되었다. 간호장교가 양성된 이후 간호사의 역할 전환점을 맞이하게 되었다.[1] 가장 큰 변화 중 하나는 간호사가 전쟁 현장에서 주요한 인력으로 인정되면서 공비토벌 등 위험한 작전에 투입되었고 한국전쟁 기간 동안에는 한국군과 함께 북한까지 진격하면서 평양과 함흥에서 발생하는 많은 환자를 직접 간호하였다.[2] 또한 1964년 우리나라의 최초 해외파병인 베트남전쟁에 1진으로 참전한 후 걸프전, 서부

---

1) 한정진, 「여성간호장교 베트남 참전 체험」, 이화여자대학교 박사학위논문, 2017, 1~179쪽.
2) 지연옥, 「베트남전쟁 참전 한국군 간호장교의 간호경험」, 『군진간호연구』 23(0), 2005, 1~21쪽.

사하라, 이라크, 아프가니스탄, 레바논, 남수단 등 전투 및 분쟁지역에 평화유지군으로 파병되어 50여년 동안 투철한 사명감과 탁월한 전문 간호능력을 바탕으로 성공적으로 임무를 수행하였다.[3] 미군의 간호사는 1775년 독립전쟁 시기부터 제 1, 2차 세계대전, 한국전쟁, 베트남전쟁, 걸프전쟁, 이라크 및 아프가니스탄 전쟁 등 많은 전쟁에 지속적으로 참여하면서 그 공을 인정받았다. 그 결과 1차 세계대전 이후에 전쟁에 참여한 간호사들을 대상으로 간호장교라는 계급이 부여되기 시작했다.[4]

미국은 전쟁에 참여한 간호사들의 공로를 인정할 뿐 아니라 전쟁에 참여한 간호사들을 대상으로 전쟁 후 경험하게 되는 스트레스와 후유증 및 이를 해결할 수 있는 대처전략을 모색하기 위한 많은 연구를 시작 하였다.[5] 이러한 연구는 간호장교들의 참전시 임무수행과, 고통 그리고 민간으로 복귀 후 경험했던 스트레스를 밝힘으로써[6] 전투부대에 비해 사회적 인식이 낮았던 참전 간호장교들의 역할과 공로에 대한 관심을 증가 시켰다.[7] 또한 전쟁 참전 간호장교들의 생생한 체험에서 교훈을 찾아 다음 세대의 간호사들이 발전적인 방향으로 임무를 수행하는데 활용하고자 했다.[8]

---

3) 구정아 · 지연옥 · 이영선, 「해외파병 간호업무 자료집 개발연구」, 『군진간호연구』 23(0), 2005, 1~13쪽.

4) 한정진, 「여성간호장교 베트남 참전 체험」, 이화여자대학교 박사학위논문, 2017, 1~179쪽.

5) Scannell-Desch. E, "Hardships and personal strategies on Vietnam war nurses", *Western Journal of Nursing Research* 22(5), 2000, pp.526~550.

6) Norman. E. M, "Nurses in war: AQ study of female military nurses who served in Vietnam dudring the war years 1965-1973", Unpublished doctoral dissertation, New York University, New York.

7) Gianas. G, "Nurses who served in Vietnam: Silent herose", *Journal of Emergency Nursing* 20(3), 2005, pp.1799~1805.

8) Scannell-Desch. E, "Lessons learned and advice from Vietnam war nurses: a qualitative study", *Journal of advanced Nursing* 49(6), 2005, pp.600~607.

해외에서는 참전 간호사의 활동에 관심을 갖고 이들의 생생한 참전 경험, 귀국 후 사회에 적응하는 과정, 심리적 신체적 질병에 대한 체계적인 연구를 수십 년 전부터 수행하여 자료가 축적된 반면 우리나라의 참전 간호사 대상 연구는 매우 부족한 실정이다.

본질적으로 대한민국의 건설은 전쟁의 폐허로부터 시작되었다. 한국전쟁은 한국인의 경험에 있어 파괴와 폐허, 가난과 고통의 이미지로 표상되고 있는 현실이다. 하지만 이런 역사적 사건에 대해 무언가 해결했다는 이미지보다는 잊혀진 하나의 사건으로 정리 되었다.[9] 한국전쟁 중 경험한 다양한 부정적 측면 중 민간인의 피해는 상상 이상으로 심각할 것이다. 현재까지도 그 피해 사례가 계속 밝혀지고 있고 그 고통을 여전히 느끼고 있는 사람들도 있을 것이다. 하지만 이 모든 것들에 대해서 국가나 사회의 해결과정은 실종되었고 역사는 책임을 논하지 않고 있다. 이런 잊혀진 과거 속에서 현장 속에서 누구보다 치열하게 본인의 역할에 최선을 다했던 간호사의 존재는 더 잊혀진 존재일 것이다.

따라서 본 연구는 한국전쟁기 간호사의 역할에 대해 역사적 기록을 서술하고자 한다. 그리고 이러한 역사적 과거 속에서 한국전쟁에 참전한 간호사들에 관한 기존 선행연구를 토대로 객관적 분석을 실시한 후 그 시대에 특징 되어지는 간호사의 역할에 대한 역사적 기록을 서술하고자 연구를 시도하였다.

---

9) 공준환, 「한국전쟁기 민간인 피해 조사의 사회학적 연구 – 통계생산의 정치성을 목적으로」, 서울대학교 석사학위논문, 2014, 1~113쪽.

Ⅱ. 간호사의 전쟁 참여가 간호전문직관과
간호윤리에 미친 영향

간호 역사상 가장 큰 발전과 변화는 전쟁터에서 얻어진 결과물 중 하나일 것이다. 대표적인 예로 간호의 역사는 1854년 크리미아 전쟁에 참전 전·후로 나누어질 수 있다. 나이팅게일은 이 전쟁에 4년 동안 참여하면서 전쟁에서 많은 군 담당자들의 반대에도 불구하고 병원의 환경과 위생을 개선하였다. 그 결과 부상병들의 사망률을 42%에서 2%까지 낮춘 역사적 사실을 많은 사람들이 기억하고 있다. 나이팅게일은 본인의 역할을 전쟁터에 국한하지 않고 전쟁 후 영국으로 돌아가 자신이 경험한 전쟁 현장에서의 간호 역할과 철학을 바탕으로 간호교육기관을 설립하여 현대 시대의 간호교육의 초석을 마련하였다.[10] 또한 나이팅게일은 감염관리, 병원 전염병, 호스피스 간호 등 현대 간호의 다양한 분야에도 영향을 주었다고 평가된다.[11]

16세기 영국에서 간호사에 대한 일반인들의 인식은 매우 낮았다. 간호사들은 술에 취해있는 비도덕적인 여성이며 간호업무는 힘들면서 급여는 적은 하찮은 직업으로 묘사되었다. 18세기 미국에서 점원의 급여가 월 20불이었고 간호사의 급여는 월 2불에 불과하여 간호업무를 희망하는 사람은 없었다고 기록되고 있다.[12] 따라서 가족을 따라 전장에 온

---

10) 예병일·박주연·김나현, 「사회개혁운동가 나이팅게일의 유산: 문헌고찰 중심으로」, 『간호행정학회』 28(3), 2020, 200~213쪽.

11) Gill, D. J & Gill, G, "Nightingale in Sculatri: Her legacy reexamined", *Clinical Infection Disease*, 40(2), 2005, pp.1799~1805.

12) Culler, E, "Care and meaning in war zone nursing", *Nursing Clinics of North America*, 44(4), 2009, pp.383~493.

군인가족 여성들이 주로 군 간호업무를 담당했다.[13] 간호사에 대한 부정적 인식, 낮은 사회경제적 지위는 나이팅게일의 활약과 전쟁에 참전한 간호사들의 성공적 임무 수행을 바탕으로 급격히 변화되어,[14] 20세기 초 영국에서는 장교의 딸이 간호사가 되는 경우가 많았고,[15] 2차 세계대전 시 미국의 대중들은 간호사를 '모든 직업 중 가장 특별하고 영웅적인 직업'이라고 인식하게 되었다.[16]

간호사의 역사는 여성의 역사이기도 하다.[17] 1차 세계대전 당시 여성은 참정권조차 없던 시기였으나, 1차 세계대전 참전 여성 간호사들은 종전 후 부분적으로 장교 계급을 부여받으며 지위가 상승되었고, 2차 세계대전 중에는 남성과 동등한 지위와 계급을 인정받으며[18] 남성 중심의 전장에서 여성장교로서 위치를 확보하며 여성의 지위 상승에 기여하였다. 또한 1차 세계대전시 간호사의 수의 부족으로 정부는 기존에 금지되었던 기혼여성이나 미망인의 간호사 근무를 허용하여 기혼여성도 직업을 가질 수 있는 계기가 마련되었다.[19]

전시 간호를 통해 간호 영역에 새로운 제도가 도입되고 업무 범위(scope of practice)가 확장되었다.[20] 2차 세계대전 시 미군 수술실 간호

---

13) Scannell-Desch. E, "Lessons learned and advice from Vietnam war nurses: a qualitative study", *Journal of advanced Nursing* 49(6), 2005, pp.600~607.

14) Culler. E, "Care and meaning in war zone nursing". *Nursing Clinics of North America*, 44(4), 2009, pp.383~493.

15) Dean. E. "Nurses at war", *Nursing Standard* 26(22), 2012, pp.24~25.

16) 한정진, 「여성간호장교 베트남 참전 체험」, 이화여자대학교 박사학위논문, 2017, 1~179쪽.

17) Dean. E, "Nurses at war", *Nursing Standard* 26(22), 2012, pp.24~25.

18) Scannell-Desch. E, "Lessons learned and advice from Vietnam war nurses: a qualitative study", *Journal of advanced Nursing* 49(6), 2005, pp.600~607.

19) Dean. E, "Nurses at war", *Nursing Standard* 26(22), 2012, pp.24~25.

20) LeVasseur, J, "The proving grounds: Combat nursing in Vietnam", *Nursing outlook*, 51(1), 2003, pp.31~36.

장교가 처음으로 마취 후 회복실(Post Anesthesia Recovery Units, PACUs)을 설치 운영하였고,[21] 당시 마취군의관과 의무병만 수행할 수 있었던 마취 업무에 간호사가 적합하다는 인식이 생겼으며 이에 따라 간호사에 의한 마취가 실시되며 간호업무가 확장되었다.[22] 전시 항공환자후송 중 간호의 중요성이 인식되면서 1943년 최초의 항공 간호장교가 양성되었다. 이들은 2차 세계대전과 한국전쟁을 통해 전문성과 특수성을 더욱 강화하였고, 베트남전쟁 시 수행된 백만 건 이상의 항공환자후송의 상당 수에 참여하여 환자의 생존률을 높였다.[23] 우리나라도 베트남전쟁 참전 시 항공 간호장교의 필요성을 인식하고 1971년 육군 소속의 항공간호장교 양성을 시작하게 되었다.[24] 군 간호는 특히 외상 분야에서 발전했다. 한국전쟁 시 당시 새로운 체계였던 이동외과병원(Mobile Army Surgical Hospital, MASH)이 설치 운영되어 전쟁의 최전선을 따라 이동하며 치료를 제공하는 병원의 개념이 도입되었다. 이동외과병원에는 2명의 마취 간호장교, 4명의 수술실 간호장교, 10명의 수술전후 처치실 간호장교가 근무하였고 각각의 이동외과병원에는 헬기부대가 배속되어 신속한 후송을 담당하였다.[25] 이와 같이 전장에서 확장되거나 새로 도입된 간호 방식은 종전 후 퇴역자 등을 통해 자연스럽게 일반 병원으로 전달되어 간호사의 업무를 확장 시켰고 이런 과정을 통해 점차 간호전문직이 강

21) Sheehy. S, "US military nurses in wartime: Reluctant herose, always there", *Journal of Emergency Nursing* 33(6), 2007, pp.555~563.
22) Nicholson. C, Hillman. S, Desai. S, P, ""Don't worry about me" The world war II experience of Adeline Simonson, nurse anesthetist with the 95th evacuation hospital", *American Association of Nurse Anesthetist* 84(5), 2016, pp.309~315.
23) Scannell-Desch. E, "Lessons learned and advice from Vietnam war nurses: a qualitative study", *Journal of advanced Nursing* 49(6), 2005, pp.600~607.
24) 육군본부, 『대한민국간호병과 60년사(1948-2008)』, 육군본부, 2009.
25) Scannell-Desch. E, "Lessons learned and advice from Vietnam war nurses: a qualitative study", *Journal of advanced Nursing* 49(6), 2005, pp.600~607.

화 되었다.[26]

즉 역사 속 전쟁 현장에 간호사의 참전은 간호직에 대한 사회적 인식 개선에 기여 하였고 참전 시 개척된 다양한 간호업무로 인해 간호 분야가 확장되고 발전되는 기회가 되었으며 참전 후 장교의 지위를 부여받으며 여성의 지위가 향상되는데 기여하였다.[27]

Ⅲ. 외국 간호사의 참전 시 활동 및 의의

한국전쟁이 시작되자 유엔 회원국을 중심으로 미국, 스웨덴, 덴마크, 이탈리안, 인도, 노르웨이, 독일을 중심으로 의료지원이 이루어졌다.[28] 미국과 영연방 국가인 캐나다, 호주, 영국에서는 간호장교를 파견해주었다.[29] 6 · 25 전쟁 때 외국군 간호장교의 참전의 역사적 의의는 첫째, 제2차 세계대전을 통해 발전한 의료기술과 후송체계를 한국전쟁에 적용함에 있어서 핵심적인 역할을 수행함으로써 한국전에 참전한 자국 장병 및 연합군의 생존율을 높이는데 기여하였다. 예를 들면 한국전쟁 당시 유행했던 출혈열을 치료하기 위해 제1세대 인공신장기계를 선구적으로 사용함으로써 환자 생명을 보호하는 것은 물론 신장투석 기술 향상에 기여하였다. 또한

26) LeVasseur, J, "The proving grounds: Combat nursing in Vietnam", Nursing outlook 51(1), 2003, pp.31~36.

27) 한정진, 「여성간호장교 베트남 참전 체험」, 이화여자대학교 박사학위논문, 2017, 1~179쪽.

28) 조성훈, 「부산 서독 적십자 병원의 활동 성과와 기억」, 『한국민족운동사연구』 105, 2020, 325~360쪽.

29) 정유미 · 유정아 · 김미정 · 김명자, 「6.25 전쟁기 외국군 간호장교 참전활동 고찰 – 미국 및 영연방 국가를 중심으로」, 『군사연구』 145, 2018, 141~178쪽.

육로 후송, 해상 및 항공 후송 등 다양한 후송 수단과 체계적인 후송 통로를 통해 부상 장병을 치료에 적합한 단계의 의무시설로 이송하는 과정 중환자의 상태를 안정시키고 관리하는 역할을 수행 하였다. 특히 체계적인 항공의무후송 교육을 받은 간호장교가 한반도에서 참전국 본토 사이의 장거리 항공의무후송 간 유일한 의료인으로서 환자 상태를 유지하는 막중한 임무를 수행함으로써 전상자의 생존율 증가에 크게 기여하였다.[30]

둘째, 전쟁은 다양한 대상자를 간호, 치료할 수 있는 역동적 실무 환경을 제공하며 참전 간호장교들은 이러한 의료 환경 속에서 광범위한 역할 수행을 통해 군 의료기술 발달에 기여하였다. 한국전쟁에 참전한 외국군 간호장교들은 전투로 인한 부상뿐 아니라 열악한 전장 환경으로 인해 발생한 동상, 화상, 출혈열, 성병, 말라리아, 참호족 등 다양한 질환을 간호하며 환자간호 역량을 향상시켰다. 특히 출혈열은 1950년대 이전에는 우리나라에서는 주목받지 못하였으나, 1951년 6월 말 미군부대에서 괴질 환자들이 발생한 후로 민간에까지 퍼져 1953년까지 대유행을 했다는 기록이 있을 정도이다.[31] 대증적 치료 외에는 마땅한 치료도 없었으므로 제1세대 인공신장 기계를 적극적으로 사용하였고 이를 통해 신장투석 기술 향상에 기여 하였다. 성병의 유행 원인과 유병률에 대한 기록은 없으나 항생제 치료가 있어 불치병은 아니었다. 말라리아는 예방약이 있었음에도 불구하고 유행하였던 것으로 보아 개인위생, 방역, 약품 보급 등에 제한이 있었을 것으로 사료된다. 이렇듯 전쟁은 군의 의료기술에 많은 도전과 발전의 기회를 제공한다. 일례로 기존에는 환자의 침상 옆에서 직접 채혈해서 수혈하는 방법을 적용하였으나 한국전쟁부

30) 정유미·유정아·김미정·김명자, 「6.25 전쟁기 외국군 간호장교 참전활동 고찰 – 미국 및 영연방 국가를 중심으로」, 『군사연구』 145, 2018, 141~178쪽.
31) 이재광·황상익, 「신증후 출혈열의 질병사적 고찰」, 『의사학』 13(1), 2004, 37~57쪽.

터는 미국 본토에서 공수한 혈액으로 수혈이 시행되었으며[32] 이는 혈액의 냉장보관, 투여방법 등에도 개선을 가져왔다. 이밖에도 한국전쟁 때 현재 쓰는 마취법이 확립되었다.[33] 그리고 이러한 치료 과정 속에서 간호장교는 군의관과 협업하고 때로는 군의관의 역할까지 대신하며 군 의료기술의 발전에 기여하였다.

셋째, 24시간 끝없이 이어지는 전상자의 행렬 속에 군의관 인력의 부족으로 미군 이동외과 병원에서의 환자치료와 환자 후송에 있어서 간호장교가 광범위한 역할을 수행함으로써 전시 간호장교의 업무 범위와 활용 방안에 대한 새로운 관점을 가지게 하였다. 환자분류, 수혈, 페니실린 치료, 상처 봉합 등과 같이 그 이전까지 간호사의 업무라고 생각하지 않던 진료업무를 간호장교가 수행하고, 항공의무후송이나 병원열차 후송 중에는 간호장교가 유일한 의무요원으로서 환자 상태 및 처치에 대해 독자적으로 판단하고 업무를 수행함으로써 간호장교의 잠재적 역량과 성과를 보여주었다. 이는 간호장교의 헌신 속에 전문적 역량을 확인함과 동시에 군 간호업무의 범위를 확장시키고 보다 전문적인 간호업무를 새롭게 개발하는 계기가 되기도 하였다. 이는 한국전쟁 당시 한국군 간호장교도 전상자의 몸에서 총알이나 파편을 제거하고 드레싱을 하는 등 군의관의 역할을 대신하였다는 것과도 일치한다.[34] 이는 기본적으로 의학지식을 가지고 있으며 환자를 통합적으로 돌보는 통찰력을 훈련받는 간호장교들이 전시에 평시와는 다른 다양한 의무 지원활동을 수행할 수 있는 역량을 갖추었음을 시사한다.

넷째, 참전 외국군 간호장교가 한국군 간호장교와 협업했던 기록은

---

32) 『국방일보』 2017.08.03.

33) 『국방일보』 2017.07.27.

34) 국방부 군사편찬연구소, 『한국전쟁사의 새로운 연구』, 국방부 군사편찬 연구소, 2002.

거의 찾을 수 없었으나 함께 찍은 사진으로 미루어 일부 의무시설에서는 함께 간호하였던 것으로 사료 된다. 부산에 개소한 제3기지병원에서 미군 간호장교가 벨기에, 태국 간호장교와 함께 숙소를 사용하였다는 기록에서 여러 국가의 환자들이 한 의무시설에서 간호를 받았을 것으로 추정해 볼 수 있으나, 본 연구에서 조사한 미국과 영연방 국가 간호장교가 한국군 시민 혹은 기타 비영어권 국가의 부상 장병을 간호했다는 기록은 찾을 수 없었다. 그러나 1948년 간호병과 창설 당시 간호장교들이 부평 소재의 미군 836부대와 미 382 병원 등지에서 교육을 받았다는[35] 점을 고려하면 한국 간호장교들과 미군 간호장교들의 협업은 한국전쟁 시에도 계속되었을 것으로 추정된다. 실제로 대한민국 간호병과는 부족한 인력에도 불구하고 전쟁으로 인한 부상자의 조기 재활에 전문적인 간호를 제공하기 위해 1952년도에 재활 교육을 보냈다는 기록이 있다.[36] 따라서 외국군 간호장교의 참전은 한국과 해당 국가들의 동맹을 더욱 강화하는 기반이 되었을 것이다. 더욱이 당시 신장투석 기술과 같은 선진화된 의료기술은 그 후로도 오랫동안 국내 의료와 간호의 발전에 영향을 미쳤다.

다섯째, 기록에 나타난 간호장교들은 모두 여성이었으며, 한국전쟁에 참전하여 혹독한 날씨와 기본 생필품조차도 부족한 열악한 환경 속에서 감당하기 어려울 정도로 많은 수의 환자를 철인적으로 간호했고 그 속에서도 여유를 잃지 않았던 것으로 보인다.[37] 이들은 국가의 부름을 받고 민주주의 수호를 위해 이름도 알지 못하던 이국땅에서 헌신하며 자

---

35) 국방부 군사편찬연구소, 『한국전쟁사의 새로운 연구』, 국방부 군사편찬 연구소, 2002.
36) 육군본부 간호병과, 『간호병과 50년사』, 육군본부 간호병화, 1998.
37) 정유미 · 유정아 · 김미정 · 김명자, 「6.25 전쟁기 외국군 간호장교 참전활동 고찰 - 미국 및 영연방 국가를 중심으로」, 『군사연구』 145, 2018, 141~178쪽.

국 장병의 생명을 수호하였다. 국적과 시대를 불문하고 간호사의 존재
는 누구에게나 안식처와 같은 것이며, 특히 전장에서 부상을 당하여 고
통에 신음하는 장병에게는 평화를 상징하는 존재이기도 했을 것이다.
이국의 전장에서 조차 간호 전문성을 바탕으로 두려움 없이 맡은 바 임
무를 수행했던 외국군 간호장교들의 참전활동은 실제로 연합군의 전승
에 기여하였을 뿐 아니라 인류애를 기반으로 한 나이팅게일의 간호정신
과 전문직 소명 의식을 잘 보여주었다.

Ⅳ. 한국전쟁 시 간호사의 역할

어머니가 가족을 돌보는 것에서 성장한 간호의 역사적 뿌리는 간호가
전장의 의무시설 내에만 머무르지 않고 전쟁으로 고통 받는 일반 시민
의 심리적 안정과 정서적 위로에도 큰 힘을 발휘하게 하였다. 그러나 안
타깝게도 현재 6·25전쟁 3년 동안에 이루어진 간호장교의 활동 내용은
간호병과사 등에서 십여 페이지에 걸쳐 단편적으로 다루어지고 있으며
관련 연구도 미미한 실정이다.[38]

1. 전쟁 현장에서의 간호사의 역할

6·25 전쟁은 1950년 6월 25일부터 1953년 7월 27일 휴전협정이 이루
어지기 까지 길고도 참혹했던 동족상잔의 비극이었다.[39] 약 3년간 진행

---

38) 지연옥, 『6.25 전쟁간호 교재 개발 연구』, 『군진간호연구』 24(1), 2006, 1~5쪽.

된 이 전쟁은 우리 민족 최대의 비극을 가져온 전쟁이었으며 우리 민족에게 씻을 수 없는 상처와 수많은 피해를 준 역사 속의 전쟁이었다. 한국전쟁은 개전 초인 1950년 6월 25일부터 6월 28일까지 3일간은 북한군의 기습 작전으로 패전의 혼란 상태를 면치 못해 아군은 막대한 병력의 손실과 전상환자가 속출하게 되었다.[40] 이에 따라 개전 초 의무부대는 인원과 장비 시설 등 제반 여건이 미비한 가운데서도 급격히 증가하는 전상환자 치료를 위해 노력하였으며 간호병과도 1948년 창설 이후 빠른 시일 내에 군 간호사업을 정착시키기 위하여 인원 보충 및 시설과 장비 기구 및 위생재료 등을 확보하고 노력하던 중 한국전쟁으로 인해 수난기를 맞게 되었으며 가능한 모든 의료 시설에서 전상환자의 치료와 안전 후송을 위해 최선을 다하였다.[41] 전쟁 초기 계속되는 전상자 수용을 위해 시설과 인력 보충을 계속하여 휴전 협정 시에는 육군 병원 15개, 정양 병원 3개, 이동 외과 병원 8개로 총 43,600개를 보유하게 되었다. 이 기간 동안 일일 평균 입원 환자는 22,800명이었고 최고 52,500명까지 입원하기도 하였다.[42]

이러한 의무부대 상황에 투입되어 전쟁 초부터 휴전에 이르기 까지 눈부신 활약을 한 간호장교들의 희생과 충정이 있었기에 의무부대의 역할을 다할 수 있었다고 보며 한국전쟁 기간 동안 행해진 간호는 그 기간과 투여된 인원을 고려하였을 때 참전 간호의 근간을 이루었다고 볼 수 있다. 총체적인 간호, 통합적인 사고, 인류애, 헌신 등을 기본으로 하는 간호교육의 특성으로 전장에서의 간호활동은 부상 장병의 회복과 건강

39) 정유미 · 유정아 · 김미정 · 김명자, 「6.25 전쟁기 외국군 간호장교 참전활동 고찰-미국 및 영연방 국가를 중심으로」, 『군사연구』 145, 2018, 141~178쪽.
40) 지연옥, 『6.25 전쟁간호 교재 개발 연구』, 『군진간호연구』 24(1), 2006, 1~5쪽.
41) 육군본부 간호병과, 『대한민국 간호병과 60년사:1948-2008』, 육군본부, 2009.
42) 국방부 군사편찬연구소, 『한국전쟁사의 새로운 연구』, 국방부 군사편찬 연구소, 2002.

에 긍정적 영향을 발휘하였다.

전쟁에 참여한 군인은 언제 죽을지 모르는 두려움, 함께 생활했던 전우들의 부상과 죽음의 목격 등을 경험하면서 인간이 경험할 수 있는 가장 극한 정신적 심리적 육체적 스트레스를 경험하게 된다.[43]

이러한 전쟁을 경험한 군인들의 부상 경험을 연구한 천희숙[44]의 연구 결과에 따르면 열악한 환경 및 죽음에 대한 극심한 두려움 속에서 생활하였을 때 의료시설에서 간호사들이 자신을 개별적인 존재로 대해주고 상황에 맞게 돌봄을 제공해줄 때 감사함과 만족감을 느끼게 되었다고 하였다.

> "환자가 많아서 잘 못해줘요. 환자가 적어야 잘해주시오. 그 뭐뭐뭐 어떻게 잘 해 줘요. 바라는게 있나요. 아파서 중환자들이야. 말로 할 수 없지 죽는게 낫지. 그래도 잘해준 편은 못되어오 그래도 잘해줬다고 생각하고 있어 나는 …."
>
> "이제 살았다는 생각이 나요. 설마 당신네들이 부상병 놔두고 도망 가겠느냐 그런 안도감이 들어가더라고 그래서 잤어요. 졸음이 와서 잤어요. 바로 지금 1군 비행장 있는데 거기 야전병원이 있다고 미군이 천막 쳐 놓고 눈을 꿈쩍 거리고 있으라니깐 미국 위생병이 오더라고 … 그래서 우선 먹어야 하니까 내가 지금 생각하니깐 한끼도 못 먹은 거 같다. 배리 헝그리 그러니깐 엉터리 영어라도 단어 하나라도 통하니깐 좋아서 뭐 갖다 주더라 …."
>
> "부상 당했다고 하지 인민군들은 총을 쏘고 있지 펑펑 소리가 나는 거야 내가 부상 당했다고 고함도 지르고 그러니깐 그래도 싸우니라고 나한테 관심이 없어. 확 쓰러지는데 우리 중대장이 나를 끌어 안느라고. 그런데 뭐 나 하나 살리겠다고 중대원을 나 몰라라 할 수도 없는 거고 …."

전장에 참여했던 군인들의 참전 경험을 토대로 해석할 때 3년간의 한

---

43) 천희숙, 「한국전 참전 군인의 부상경험」, 『군진간호연구학회』 21(0), 2003, 71~92쪽.
44) 천희숙, 「한국전 참전 군인의 부상경험」, 『군진간호연구학회』 21(0), 2003, 71~92쪽.

국전쟁으로 인하여 수많은 인명 피해와 대부분의 생산시설의 파괴로 국토는 초토화가 되었다.[45] 이러한 전쟁 현장에서 간호사들은 부상 경험에 대한 공감을 통해 부상자를 간호하고 치료하면서 의료지원 체계를 구축하고 관리 방안을 수립하기 위해 많은 노력을 하였다.

간호사는 전쟁 현장에서 부상을 당한 군인을 돌보는 것뿐 아니라 깨끗한 물 공급과 적절한 영양 공급이 어려운 상황에서 군집 생활과 먼 거리를 이동하게 되면서 자연스럽게 유행된 전염병에 대한 관리도 실시하였다. 한국전쟁 당시 사망자는 단순히 전투로 인해 발생했던 것이 아니라 전염병 특히 발진티푸스 때문에 사망한 사람들도 많았다.[46] 전쟁 현에서 발생 되고 있는 전염병에 대한 대처는 유엔군사총사령부 산하 미8군이 조직한 유엔 민간원조 사령부(United Nations Civil Assistance Corps Korea, 이하 UNCACK)에서 담당하였다. UNCACK에서 발진티푸스 관리를 위한 공중보건과 위생에 신경 쓴 이유는 전염성이 강한 전염병이기 때문에 한국 부대뿐 아니라 미군 부대까지 영향을 미칠 것이라고 예상했고 더 나아가 이러한 전염병은 전쟁의 승패의 중요한 요소가 될 것이라고 판단했기 때문이다. 전염병 예방을 위한 주된 활동은 예방접종과 살충제 중 하나인 DDT 살포였다. 이러한 활동을 하기 위해 UNCACK 내에서 팀을 만들어 운영하였고 팀의 구성원은 의사와 간호사, 보조원으로 구성되었다. 운영 예산의 부족, 관련된 법제도의 미비, 훈련된 전문인력과 설비의 결여 등으로 어려움을 겪었지만 많은 시행 착오를 통해 근대적인 공중보건이 자리잡을 수 있는 중요한 배경이 될 수 있었다.[47]

---

45) 박두호, 「6.25 전쟁의 실상과 우리군의 자세」, 『국방저널』 342, 2002, 34~37쪽.
46) 이임하, 『전염병 전쟁: 한국전쟁과 전염병 그리고 동아시아 냉전 위생 지도』, 철수와 영희, 2020, 24~47쪽.
47) 이임하, 『전염병 전쟁: 한국전쟁과 전염병 그리고 동아시아 냉전 위생 지도』, 철수와 영희, 2020, 49~57쪽.

2. 한국전쟁 시 일반인을 위한 간호사의 역할

한국전쟁 동안 유엔군사령부는 전쟁의 피해로부터 국민을 보호하기 위해 "질병, 기아와 불안을 예방"이라는 슬로건을 걸고 구호와 원조를 담당하였다. 유엔 구호의 첫 번째 조직은 유엔한국재건단, 유엔민간원조사령부, 유엔아동기금 등이었다. 특히 유엔민간원조사령부는 한국전쟁 기간 동안에 행정, 정시, 사법, 경제, 사회, 보건 위생을 위해 다양한 업무를 담당하였다. 그 중 하나의 사업으로 상대적 취약계층인 어린아이들과 여자를 돌보기 위한 조산사 교육을 실시하였다.[48] 왜냐하면 전쟁으로 인하여 전체 간호사와 조산사의 1/3가량이 행방불명된 상태에서 군인을 돌보는 전장에서 뿐 아니라 일반인을 돌보는 간호사 및 조산사의 양성이 중요하였기 때문이다. 전쟁 현장에서 간호사는 그들의 손길을 필요 하는 이들을 돌보기 위해 조산사 면허증을 취득하여 그들이 필요한 곳에서 최선을 다하였다.[49] 이러한 역할에 선두적인 역할을 했던 대표적 간호사로써 이금전, 한신광 간호사가 있다. 역사에는 이 두 사람에 대해 다음과 같이 기록하였다. 이금전 간호사는 한국전쟁 중에 피난지 부산에서도 대한간호협회 활동을 지속하면서 조산사 양성을 위해 많은 노력을 하였다. 또한 간호사 면허 시험이 시행되는 상황에서 지속적으로 간호사의 자격을 높일 수 있는 방법을 함께 강구 하였다. 그 결과 전쟁으로 간호사에 대한 수요가 증가되는 상황에서 질적인 면을 함께 고려하기 위해 중앙에서 국가시험으로 시행함으로써 수준을 통일하고 체계적인 관리가 이루어질 수 있도록 정부에 진정하는 방법을 강구하였

---

48) 이임하, 『1950년대 여성 전문인력으로서의 조산사의 양성』, 『사회와 역사』 111, 2016, 185~218쪽.
49) 이임하, 『피난지 부산에서의 조산사 양성 – 일신부인병원을 중심으로』, 『향도부산』 43, 2022, 1~36쪽.

다50). 한신광은 한국전쟁이 시작되면서 피난민이 많이 몰린 부산에서 부녀 사업 과장으로 근무하게 되면서 피난민 수용소에 있는 어린이와 의지할 곳 없는 부녀자 백여명을 모아 모자원을 설립하여 이응준 사령관으로부터 피난민 위문사업 공로 표창을 받기도 하였다.51)

한국정부는 한국전쟁 초기에 군사적 충돌 보다는 후퇴를 선택하면서 전국적인 대규모의 피난민이 발생하게 되었다. 1차 피난은 전쟁 발발부터 인천 상륙작전 전까지로 서울과 경기지역의 민간인들이 부산과 대구 등으로 피난한 시기이다. 2차 피난은 1950년 10월 25일 중공군의 참전 그리고 1 · 4 후퇴로 인해 발생한 대규모 피난을 말한다. 이때 북한 지역과 서울, 경기, 충청 지역 민간인들이 함께 피난을 시작하면서 약 500만 명의 이동이 있었다고 추정된다.52) 이러한 피난민은 생활 터전이 파괴되고 깨끗한 식수를 구할 수 없었으며 먼 거리를 이동하게 되면서 영양실조 등으로 인해 개인 면역력이 감소된 상황에서 전염병의 발생은 자연스러운 현상이었다.53) 피난민의 이동은 정부에게 구호와 통제라는 이중의 부담을 줄 수밖에 없었다. 왜냐하면 피난민은 전쟁 수행을 위해 필요한 인적 자원이자 남한의 우위를 북한에 선전하기 위해 반드시 구호해야 할 존재였지만 다른 한편으로는 군의 작전에 방해가 되는 존재로 인식되면서 통제 할 수밖에 없기 때문이다.54) 이렇게 피난민에 대한 존재에 대한 혼돈의 감정 속에서 무엇보다 그들에게 발생한 전염병은 시급하게 해결해야

---

50) 이꽃메, 「한국 지역사회간호의 선구자 이금전에 관한 역사적 고찰」, 『지역사회간호학회』 24(1), 2013, 74~86쪽.

51) 이꽃메, 「한신광: 한국 근대의 산파이자 간호부로서의 삶」, 『한국의료역사학회』 15(1), 2006, 107~119쪽.

52) 이창영, 「한국전쟁기 급성전염병의 발생과 정부의 대책」, 동아대학교 석사학위논문, 2018, 1~36쪽.

53) 장세권, 『전쟁 속 전염병에서 전염병과의 전쟁으로』, 『민족문학사연구』 75, 2021, 437~446쪽.

54) 강성현, 『한국전쟁기 유엔군의 피난인 인식과 정책』, 『사림』 33, 2009, 77~119쪽.

할 문제점이었다. 1951년 발생한 1급 감염병의 발생자수는 전년 대비 15배, 사망자수는 30배 정도 증가하였다. 특히 의료진이 없는 면 단위에서 발생률이 급증하였다. 전쟁이 시작되면서 감염병 관련 발생률이 꾸준히 증가하기 때문에 이를 관리하기 위해 UNCACK의 공중보건부는 전염병 관련 역학조사 결과를 토대로 관리를 위해 1951년 2월부터 '전 한국인에게 접종', '전 한반도의 DDT화'롤 선포하였다.[55] 이러한 계획을 실시하기 위해서 전국적으로 보건진료소를 중심으로 활동하였다. 보건소는 의사 1명, 공중보건 간호사 1명, 위생 검사원 5~6명, 간호사 또는 산파 10~12명으로 구성되면서 대부분의 인력이 간호사로 이루어졌다.[56] 당시 간호사의 역할에 대한 자세한 기록은 찾기 어려웠으나 이 시기에 실시되었던 보건진료소는 추후 근대적인 공중보건이 자리 잡을 수 있는 중요한 배경이 되었으며[57] 현재까지 간호사는 보건진료소에 중추적인 역할을 하고 있다. 또한 한국전쟁 당시 감염병 중 하나인 결핵 통제와 치료를 위한 교육과 훈련에 의사와 간호사가 함께 참여하여 투베르쿨린 검사와 BGC 접종에 참여 하였다. 민간인을 위한 감염병 관리를 위한 팀별 접근에 참여한 간호사의 노력으로 인해 감염병의 발생률과 사망률을 감소시킬 수 있었다.[58]

55) 이임하, 『한국전쟁기 유엔민간원조사령부(UNCACK)의 보건위생 정책 – 급성전염병을 중심으로』, 『사회와 역사』 100, 2013, 325~358쪽.

56) 이임하, 『전염병 전쟁: 한국전쟁과 전염병 그리고 동아시아 냉전 위생 지도』, 철수와 영희, 2020, 49~57쪽.

57) 장세권, 『전쟁 속 전염병에서 전염병과의 전쟁으로』, 『민족문학사연구』 75, 2021, 437~446쪽.

58) 이임하, 『한국전쟁기 유엔민간원조사령부(UNCACK)의 만성 전염병 관리』, 『사림』 49, 2013, 291~311쪽.

V. 맺음말

본 연구는 한국전쟁 당시 간호사의 역할에 대하여 문헌고찰을 통해 역사적 사실을 정리하였다. 전쟁 현장에서 간호사의 역할은 개인의 건강을 지켜주고 각 병사에게 신변에 대한 자신감을 심어 줌으로써 군의 사기 충전 및 전투력 보전과 복원에 기여하는 것이다.[59] 즉 전시를 항상 대비하여야 하는 전쟁 현장에서 간호사의 역할 중 하나는 부상 환자에 대한 전반적이고 통합적인 관리 대책을 수립하는 것이었다.[60] 간호사의 역할에 대해 명확하게 정립이 되기 전인 1950년대 새로운 환경에서 이러한 일들을 하기에 많은 어려움이 있었을 것으로 판단된다. 하지만 전쟁 현장에서 극도의 혼란과 죽음의 공포를 극복해내고 조국과 가족을 위해 최선을 다해 간호를 실천하며 자신의 한계를 극복하고 자신감을 얻었던 과정 속에서 자신의 역할에 충실하게 이행했던 것은 그 당시 용기 있는 도전이며 의미 있는 행동이었다. 그 당시 이러한 간호사들이 어려움을 극복하고 기존의 간호업무와 다른 다양한 역할을 이행한 결과 현재 여성 그리고 간호 리더로 성장할 수 있었던 발판이 되었을 것이다.

현재까지 한국전쟁과 관련된 다양한 연구들은 정량적인 지표에서 나타난 피해규모와 전투 방법 등이 대부분이었으며 참여 당시 대상자들의 관점에서 그들이 행한 다양한 역할에 관한 연구는 제한되어 있다. 특히 한국전쟁에 참여한 간호사들에 대한 연구는 더 제한되어져 있다. 역사적 자료가 부족한 상황에서 한국전쟁이라는 시대적 아픔을 경험한 간호사들의 역할과 간호의 의미를 탐색하여 그들의 역할 수행을 간접적으로

---

59) 한정진, 「여성간호장교 베트남 참전 체험」, 이화여자대학교 박사학위논문, 2017.
60) 천희숙, 「한국전 참전 군인의 부상경험」, 『군진간호연구학회』 21, 2003, 71~92쪽.

경험하면서 추후 간호에 귀중한 자료를 구축하여 활용할 수 있게 하였다는데 역사적 의의가 있다.

본 연구 결과의 간호학적 의의를 간호 연구, 간호 교육, 간호 정책, 간호 실무 부분에서 살펴보면 다음과 같다.

첫째, 간호 연구 부분에서 본 연구는 모든 사용이 제한되고 의료인조차 생명의 위협을 받는 환경에서 심각한 대량 환자에게 수행하는 간호에 대한 새로운 역할을 제시하였다. 전쟁이라는 특수한 상황에 참여한 간호사들의 역할을 이해함으로써 향후 전쟁, 분쟁 또는 재난 지역에 파견되어 근무할 간호사들의 업무의 양상과 어려운 점에 대한 실제적인 정보를 간접적으로나마 제공할 수 있었고 이를 통해 위험지역에서 근무할 간호사의 역량과 마음자세 그리고 간호업무의 새로운 확장을 도모할 수 있는 기초 자료로 활용이 가능하다.

둘째, 간호 교육 부분에서 본 연구는 전쟁에서 간호사들의 역할에 대한 의미 있는 자료를 서술하였다. 어려운 상황 속에서 자신의 한계를 극복하고 간호의 정신에 입각하여 헌신한 자랑스러운 간호사들의 업적은 간호대학생의 교육에 포함되어 간호의 정신을 되새길 수 있는 자료로 활용 될 수 있다. 또한 일반 병원 환경이 아닌 전쟁, 재난 등 위기 상황에서 근무하는 간호사들에게 본인의 역할의 중요성에 대하여 제시할 수 있다. 임무 투입 전 간호 대상자의 질병, 예측되는 양상, 근무 환경 등에 대한 충분한 정보제공과 교육 훈련은 극도의 스트레스 환경에서 업무를 수행해야 하는 대상자들이 적응하는데 도움이 될 수 있을 것이다.

셋째, 간호 정책 부분에서는 우리나라 간호 역사에 있어서 간과된 부분이었던 한국전쟁 당시 간호사들의 활동을 새롭게 조명하고 전쟁 현장뿐 아니라 전쟁으로 인해 고통 받는 일반인들을 대상으로 수행하였던 간호의 역할에 대한 기초 자료를 제공함으로써 추후 영역을 확대하여 연구할 수 있는 자료로 활용될 수 있다.

　마지막으로 간호 실무 부분에서는 세계적으로 재난 및 분쟁 지역이 증가되고 있고 이러한 위험지역에서 중요한 역할을 하고 있는 간호사들이 증가하고 있다. 이들은 국가의 요청과 전문직으로서의 직업관에 따라 현존하는 위험과 잠재적인 유해물질에 노출되어 임무를 수행하게 된다. 이들에 대한 장기적인 추적 연구를 통해 국가가 간호사들을 위해 무엇을 해야 하는지 정책적 기반을 조성하는데 기초 자료로 활용할 수 있다.

참고문헌

1. 자료

『국방일보』

2. 저서

육군본부, 『대한민국간호병과 60년사(1948-2008)』, 육군본부, 2009.

이임하, 『전염병 전쟁: 한국전쟁과 전염병 그리고 동아시아 냉전 위생 지도』, 철수와 영희, 2020.

Norman. E. M, "Nurses in war: A study of female military nurses who served in Vietnam during the war years 1965-1973" Unpublished doctoral dissertation, New York University, New York.

3. 논문

강성현, 『한국전쟁기 유엔군의 피난민 인식과 정책』, 『사림』 33, 2009.

공준환, 「한국전쟁기 민간인 피해 조사의 사회학적 연구 – 통계생산의 정치성을 목적으로」, 서울대학교 석사학위논문, 2014.

구정아·지연옥·이영선, 「해외파병 간호업무 자료집 개발연구」, 『군진간호연구』 23(0), 2005.

국방부 군사편찬연구소, 『한국전쟁사의 새로운 연구』, 국방부 군사편찬 연구소, 2002.

박두호, 「6.25 전쟁의 실상과 우리군의 자세」, 『국방저널』 0(342), 2002.

육군본부 간호병과, 『간호병과 50년사』, 육군본부 간호병과, 1998.

_____, 『대한민국 간호병과 60년사:1948-2008』, 육군본부, 2009.

예병일·박주연·김나현, 「사회개혁운동가 나이팅게일의 유산: 문헌고찰 중심으로」, 『간호행정학회』 28(3), 2020.

이꽃메, 『한신광: 한국 근대의 산파이자 간호부로서의 삶」, 『한국의료역사학회』 15(1), 2006.

_____, 『한국 지역사회간호의 선구자 이금전에 관한 역사적 고찰」, 『지역사회간호학회』 24(1), 2013.

이임하, 『한국전쟁기 유엔민간원조사령부(UNCACK)의 보건위생 정책-급성전염병을 중심으로」, 『사회와 역사』 100, 2013.

_____, 『1950년대 여성 전문인력으로서의 조산사의 양성」, 『사회와 역사』 111, 2016.

_____, 『피난지 부산에서의 조산사 양성 – 일신부인병원을 중심으로」, 『향도부산』 43, 2022.

이창영, 「한국전쟁기 급성전염병의 발생과 정부의 대책」, 동아대학교 석사학위논문, 2018.

이재광·황상익, 「신증후 출혈열의 질병사적 고찰」, 『의사학』 13(1), 2004.

장세권, 『전쟁 속 전염병에서 전염병과의 전쟁으로」, 『민족문학사연구』 75, 2021.

정유미·유정아·김미정·김명자, 「6.25 전쟁기 외국군 간호장교 참전활동 고찰–미국 및 영연방 국가를 중심으로」, 『군사연구』 145, 2018.

조성훈, 『부산 서독 적십자 병원의 활동 성과와 기억」, 『한국민족운동사연구』 105, 2020.

지연옥, 「베트남전쟁 참전 한국군 간호장교의 간호경험」, 『군진간호연구』 23, 2005.

천희숙, 「한국전 참전 군인의 부상경험」, 『군진간호연구학회』 21, 2003.

한정진, 「여성간호장교 베트남 참전 체험」, 이화여자대학교 박사학위논문, 2017.

Culler. E, "Care and meaning in war zone nursing". *Nursing Clinics of North America*, 44(4), 2009.

Frances. O, "Quiet Heros: Navy Nurses of the Korean War", *Navy Medicine* 91(4), 2010.

Dean. E. "Nurses at war", *Nursing Standard*, 26(22), 2012.

Sarnecky. M, T, "Army Nurses in 'The Forgotten War' ", *American Jorunal of Nursing* 101(11), 2001.

Scannell-Desch. E, "Hardships and personal strategies on Vietnam war nurses", *Western Journal of Nursing Research* 22(5), 2000.

Sheehy. S, "US military nurses in wartime: Reluctant herose, always there", *Journal of Emergency Nursing*, 33(6), 2007.

Gianas. G, "Nurses who served in Vietnam: Silent herose", *Journal of Emergency Nursing* 20(3), 2005.

Gill. D. J & Gill, G, "Nightingale in Sculatri: Her legacy reexamined", *Clinical Infection Disease*, 40(2), 2005.

LeVasseur, J, "The proving grounds: Combat nursing in Vietnam", *Nursing outlook*, 51(1), 2003.

Nicholson. C, Hillman. S, Desai. S, P, ""Don't worry about me" The world war II experience of Adeline Simonson, nurse anesthetist with the 95th evacuation hospital", *American Association of Nurse Anesthetist*, 84(5) 2016.

전후 일본의 히로뽕을 둘러싼 담론과 이미지의 변용

황 익 구

Ⅰ. 머리말

본고는, 전시 중의 총동원체제 시기부터 그 존재가 부각되고 상용되었으며, 패전 이후에는 문화적, 사회적, 국가적 문제에까지 존재감을 발휘해 온 '히로뽕(각성제 : ヒロポン, Philopon, 이하 히로뽕이라고 칭함)'이라는 미시적이지만 일상적이며, 단편적이지만 실질적인 존재를 연구대상으로 삼고자 한다.

히로뽕은 전시체제하에서는 전쟁 수행을 위한 보조적 존재로서, 패전 이후에는 전시체제로부터의 해방감과 패전의 허탈감을 해소시키는 존재이자 아프레게르(전후파)의 필수품, 전후 부흥을 위한 촉진제로서 사회적인 주목과 유행을 주도하는 대상이었다. 하지만 점령 말기에는 다양한 사회적 문제를 야기하는 원흉인 동시에 국가적 불안 요소로서 지탄받으며 규제와 통제의 대상으로 자리매김하게 된 존재이다. 다시 말하면, 히로뽕은 국가적 요구와 시대적 필요에 의해 그 가치와 이미지가 극단적으로 평가되거나 재단되어 온 이율배반적인 존재이자 문화적 존재였다고 할 수 있다.

어떤 물질이 문화적 존재로서 기능하기 위해서는 그 물질에 대한 문화적 가치와 의미를 지속적이고 반복적으로 각인시키는 노력이 필요하다. 그리고 그 노력의 정도나 방향, 방법은 그 물질의 가치와 이미지를 평가하고 재단하는 주요한 척도가 된다. 이와 같은 프로세스는 히로뽕에 대한 가치평가와 의미 부여라는 현상에 있어서도 예외는 아니다. 따라서 히로뽕에 대한 가치평가와 의미 부여라는 프로세스 속에 전시기는 물론 전후에 있어서 어떤 노력이 어느 방향으로 어떻게 전개되고 진행되었는가를 검토하는 작업은, 전쟁과 패전, 점령기를 체험한 공동체의 집단적 기억을 고찰하는 작업과 연동함을 전제해 두고자 한다. 특히 히로뽕은 그 자체로 제국 일본의 유산으로서 전쟁기억의 한 부분을 차지함과 동시에 전쟁기억의 소환 가능성을 내재하는 존재였다는 점, 그리고 전후 일본 사회에서 이미지 전환을 둘러싼 타자 인식의 문제와도 관계한다는 점에서 히로뽕을 둘러싼 담론의 연구는 전후 일본에 있어서 전쟁기억과 타자 인식의 양상을 규명하는데 유효한 방법이 될 것이다.

히로뽕에 관한 연구는 주로 세 가지 분야로 분류할 수 있다. 첫째는 의학이나 약학 분야에서 의학적 관점으로 각성제의 효과나 부작용, 중독과 예방책 등을 논하는 연구이다. 둘째는 약물중독이 야기하는 범죄와의 연관성을 분석한 연구이다. 셋째는 사회학적 관점에서 약물과 관련한 사회문제, 정책 등을 고찰하는 연구이다. 본 논문과 관련한 주요 선행연구를 제시하자면, 먼저 히로뽕을 포함한 각성제 약물 전반에 대한 약물정책과 약리작용을 사회학적 관점에서 분석한 사토 아키히코(佐藤哲彦)의 연구를 들 수 있다.[1] 사토의 연구는 일본의 각성제 정책사를

---

1) 佐藤哲彦, 『覚醒剤の社会史』, 東信堂, 2006, 138~148쪽.

사회학적으로 조명한 선구적인 연구라는 점에서 많은 시사점을 제공하고 있다고 할 수 있다. 다음으로는 전후 일본의 각성제단속법(覺醒劑取締法)의 성립과정을 추적함으로써 각성제를 둘러싼 일본 당국의 정치적 개입 문제를 분석한 니시카와 신이치(西川伸一)의 연구를 들 수 있다.[2] 니시카와의 연구는 각성제 남용이라는 사회문제에 대한 정치학적 관점의 추이를 고찰하고 있다는 점에서 주목할 만하다. 그 외에도 히로뽕과 관련한 선행연구는 국내외에 다수 확인되고 있지만, 대부분의 연구는 각성제의 효과나 부작용과 관련한 의학적 관점과 약물중독이 야기하는 범죄와의 연관성이라는 차원에서 논의되어왔다고 할 수 있다.[3]

그러나 이들 선행연구는 히로뽕을 둘러싼 문화적 담론과 전쟁기억, 그리고 타자 인식의 관계를 규명하고자 하는 본 연구의 관점과는 방향이 다른 논의라고 할 수 있다. 본고는 히로뽕이라는 미시적인 소재를 활용하여 전후 일본의 전쟁기억에 대한 수용과 타자 인식의 양상을 실증적으로 해명하고자 한다.

Ⅱ. 전시체제기의 히로뽕

각성제의 화학적인 성분은 암페타민(amphetamine)과 메스암페타민

---

2) 西川伸一,「戦後直後の覚せい剤蔓延から覚せい剤取締法制定に至る政策形成過程の実証研究」,『明治大学社会科学研究所紀要』57(1), 2018, 1~24쪽.

3) 이와 관련한 국내외 선행연구에는 内藤裕史,『薬物乱用・中毒百科─覚醒剤から咳止めまで』, 丸善出版, 2011, 9~15쪽; 田村雅幸,「覚せい剤の流行と法規制」,『犯罪社会学研究』, 日本犯罪社会学会 編 7号, 1982, 4~32쪽; 임상열,「우리나라 히로뽕의 역사적 변천」,『한국행정사학지』14, 한국행정사학회, 2004, 129~154쪽 등을 들 수 있다.

(methamphetamine)이다. 암페타민은 1887년 독일의 화학자 라자르 에델레아누(Lazăr Edeleanu)가 처음으로 합성하였으며, 메스암페타민은 1888년에 일본 근대 약학의 아버지라고 불리는 나가이 나가요시(長井長義)가 한방약으로 알려진 마황(麻黃)을 연구하던 중에 에페드린(ephedrine)의 유도체인 '마황연구물질제33호'를 추출함으로써 알려지게 되었다.[4] 그러나 당시 나가이는 메스암페타민의 각성작용을 인지하지 못하였다. 그 후 1930년대가 되어 암페타민의 각성작용이 알려지게 되면서 미국과 독일에서 각성제가 발매되었다. 미국에서는 1935년에 암페타민 성분의 각성제 '벤제도린(Benzedrine)'이 천식치료약으로서 발매되었으며, 독일에서는 1938년에 '페르피틴(Pervitin)'이라는 약품명으로 메스암페타민이 발매되었다. 일본에서는 1941년에 암페타민 계열의 약품으로 '제도린(武田製藥)', '아고친(富士化学工業)' 등이, 메스암페타민 계열의 약품으로는 '히로뽕(大日本製藥)', '호스피탄(参天堂製薬)', '네오판프론(小野薬品工業)', '네오아고친(富山化学工業)' 등이 발매되었으며, 1940년대에 각성제를 제조한 회사가 23개나 될 정도로 각성제는 인기 약품이 되었다.[5] 그리고 이 가운데 가장 인기가 있었던 약품이 대일본제약회사의 '히로뽕(philopon)'이었으며, 일반 대중은 '마법의 약이자 각성제의 대명사로 히로뽕을 인식하게 되었다.

일본에서 각성제에 대한 연구는 1940년에 호리미 타로(堀見太郎), 하시다 아키라(橋田賛), 이노우에 겐(井上謙) 등에 의해 본격화되었다. 이들은 각성 물질이 각국에서 사용되고 있는 것을 소개하면서 건강한 사람과 신경정신병 환자를 대상으로 각성제인 '호스피탄'을 투여하는 임상실험을 실시하였다. 그 결과로 호리미 등은 각성제가 '경도의 정신혼미', '우울', '피로감 항진' 등의 상태에 효과가 있으며, 불면, 맥박 증가, 혈압

4) 長井長義, 「漢藥麻黃成分研究成績 (續)」, 『藥學雜誌』 121, 1892, 181~221쪽.
5) 佐藤哲彦·青野栄一·吉永嘉明, 『麻薬とは何か』, 新潮選書, 2009, 148쪽.

상승, 주의집중곤란 등의 부작용이 관찰되었다고 발표하였다.[6] 그 후 일본에서는 각성 물질을 활용한 약제의 제조가 활발하게 진행되었다.

대일본제약회사의 히로뽕 제조에 가담했던 도쿄제국대학 명예교수 미우라 긴노스케(三浦謹之助)는 1941년의 연구논문에서 건강한 사람들 가운데 학생(수험생), 야근 은행원, 관리, 문학자, 음악가, 가수, 운동선수 등에게 '페르피틴'을 투여하고 그 경과를 관찰한 결과, 거의 모든 피경험자로부터 복용 후 수면에 대한 각성작용의 효과를 확인하였다고 밝히면서 다음과 같이 기술하고 있다.

> 내가 이번에 마황에서 추출한 제권각성제(除倦覺醒劑)의 연구를 여기에 불충분하지만 발표하는 동기는 위 논문 외에 특히 P.Pullen의 '페르피틴'을 경험한 논문을 읽고 이 약품과 동일하거나 혹은 그보다 뛰어난 약품을 일본에서 추출하여 이것을 동종업 제군들에게 제공하는 것은 무엇보다 지금의 시국에 적합할 것이라고 사료되기 때문으로 (후략)[7]

미우라는 각성제가 '지금의 시국', 즉 중일전쟁 이후 실시된 국가총동원체제 하의 시대적 국가적 요구에 적합한 약품이라고 판단하고 있으며, 자신의 연구를 일본의 각성제 제조에 활용할 수 있도록 제공한다고 기술하고 있다. 그리고 그 결과는 같은 해 10월에 대일본제약회사의 각성제 '히로뽕'의 발매로 이어졌다고 할 수 있다. 각성제를 둘러싼 미우라의 입장과 유사한 담론은 아리야마 노보루(有山登)의 연구에서도 확인된다.

> 이것을 복용하면 심기(心氣)를 상쾌하게 하고, 피로를 막아주고, 졸음

---

6) 堀見太郎外, 「精神狀態ニ及ボス'Hospitan'(Phenylmethyl-aminopropan)作用ニ就テ」, 『大阪医学会雑誌』 39, 1940, 827~837쪽(인용은 佐藤哲彦, 『覚醒剤の社会史』, 東信堂, 2006, 138~148쪽을 참조).
7) 三浦謹之助, 「麻黄より製出せる除倦覚醒剤に就いて」, 『実験医報』 第28号, 1941, 8~9쪽.

을 떨쳐주는 등의 흥분작용이 있다. 게다가 습관성, 축적작용 등이 없기 때문에 현재 구미(欧米) 각국의 민간에서 흥분제 내지 능률증진제로 즐겨 사용되고 있다. 즉 미국에서는 벤제도린, 덴마크에서는 메코드린(Mecodrin), 헝가리에서는 악테드론(Aktedron) 등의 명칭으로 활발하게 팔리고 있다. 시국적인 사정으로 산업, 사무 등 각 방면에서 본 약품의 이용도 한편으로는 일고의 가치가 있다고 여기에서 소개하는 바이다.[8]

아리야마는 각성제의 효과를 강조하며 구미지역의 각성제 활용 실태도 소개하고 있다. 그러면서 각성제가 '시국적인 사정'에 부합하는 가치 있는 약품이라고 기술하고 있다. 물론 아리야마는 이 논문에서 각성제의 효과와 부작용을 구분하여 함께 기술하고 있지만, 사용범위를 한정하여 사용하면, 예를 들어 바쁜 사무, 철야 작업, 시험공부, 연설, 스포츠 등에 뚜렷한 효험을 얻을 수 있다고 제안하고 있다. 즉 이러한 담론은 히로뽕의 발매가 '시국적인 사정'이라고 할 수 있는 전쟁과 무관하지 않다는 것을 유추하게 한다. 실제로 1943년 해군군의회(海軍軍医会)가 발행하는 의학잡지 『해군군의회잡지(海軍軍医会雜誌)』에는 각성제에 대해 다음과 같은 논문이 수록되어 있다.

> 본 약제(제권각성제 히로뽕)는 0.004 내지 0.006을 내복할 때는 주관적으로는 30분 내지 한 시간 내에 피로를 잊게 하고 심신의 상쾌함을 느끼게 하며, 또 심리학적으로 여러 검사에 있어서 각종 능력을 향상시키는 것을 볼 때, 이 약제를 제일선(第一線)의 장병들에게 활용하면 크게 그들의 사기를 고무시킬 것으로 사료된다.[9]

인용에서도 알 수 있듯이 해군군의회의 의학잡지는 히로뽕을 전장의

---

8) 有山登, 「新興奮劑β – Phenylisopropylamin」, 『精神神經學雜誌』 45号, 1941.12, 730~742쪽.
9) 海軍軍医少佐竹村多一・海軍軍医大尉橫澤彌一郎, 「除倦覚醒剤ノ作用ニ就イテ(第一報)」, 『海軍軍医会雜誌』 第32卷, 海軍軍医会, 1943, 457~459쪽.

병사들에게 활용하면 사기를 고무시킬 수 있다고 제안하고 있다. 다시 말해 히로뽕을 군용목적으로 사용할 수 있다는 것을 공식화한 것으로 볼 수 있다.

한편 히로뽕은 1941년 발매 이후 일반용 의약품으로서도 민간에 널리 알려지게 되었다. 이러한 사실은 히로뽕에 대한 광고가 신문잡지를 통해 지속적으로 이루어지고 있었다는 점에서도 알 수 있다. 〈자료 1〉은 1942년 8월 26일에 발행된『아사히쿠라부(アサヒクラブ)』에 실린 히로뽕 광고이다. 광고 내용을 살펴보

<자료 1>
『アサヒクラヺ』 1942.08.26

면, '신발매 피로 방지와 회복에 최신 제권각성제 제법특허 히로뽕정'이라는 광고문구와 함께 '지금까지 알려진 바가 없는 특이한 중추신경흥분작용을 가지고 있으며, 권태 제거, 졸음 일소에 놀라울 만한 효력을 지니고 있다. 의료계, 산업계 등 각 방면에서 특별한 주목과 애용을 환기하고 있는 최신 약제이다'라고 선전하고 있다. 또한 '적응영역'에는 '1. 과도한 육체 및 정신 활동 등, 2. 철야, 야간작업, 그 외 졸음제거를 필요로 하는 때, 3. 피로, 숙취, 멀미, 4. 각종 우울증' 등을 제시하고 있다. 이러한 광고의 내용은 이후의 히로뽕 광고에도 거의 그대로 활용되었다.

〈자료 2, 3, 4〉는 아사히신문사가 발행한 또 다른 잡지『항공아사히(航空朝日)』의 히로뽕 광고 내용이다. 광고는 1944년까지 꾸준히 이루어졌으며, 그 내용은 부분적이지만 일부 변화가 확인된다. 〈자료 3〉에는 '두뇌의 명석화'라는 문구가 등장하고, '작업능률의 항진, 피로 제거, 졸음 일소'라는 내용이 강조되고 있다. 그리고 〈자료 2〉에 등장했던 '적응

영역'에 대한 부분은 설명 문장의 형태로 바뀌었다. 또 〈자료 4〉에는 풍향지시기와 함께 전시 상황을 시사하는 항공기 두 대가 함께 그려져 있으며, 광고 내용에는 '두뇌의 명석화, 체력의 항진, 권태제거, 졸음 일소'라는 간단한 문구가 크게 강조되어 있다.

〈자료 2〉『航空朝日』 1942.11

〈자료 3〉『航空朝日』 1943.09

〈자료 4〉『航空朝日』 1944.02

〈자료 5〉『朝日新聞』 1943.01.24

〈자료 6〉『朝日新聞』 1944.08.04

이뿐만이 아니다. 당시 히로뽕 광고는 『아사히신문(朝日新聞)』에도 1943년부터 1944년까지 〈자료 5, 6〉의 형태로 신문 하단부의 광고면에 지속적으로 등장하고 있다. 즉 이들 연구 담론과 광고를 통해서 히로뽕은 전시체제라는 시대적 국가적 요구에 의해 군대는 물론 일반 시장으로 확산된 약품이라는 것을 유추할 수 있다.

특히 히로뽕은 주로 군용 및 군수산업용으로 사용되고 있었다는 것을 다음의 인용 자료에서 알 수 있다.

> 이 약(인용자 주 – 히로뽕)은 (중략) 대뇌의 흥분작용과 또 하나는 순환계에 대한 작용, 두 가지 큰 작용이 있는데 이 방면의 용도를 강조하기 위해 발매되었습니다. 그런데 의도치 않게도 그 무렵에는 태평양전쟁이 일어났고, 정신흥분문제 쪽이 대단히 중요시되어, 전쟁 중에는 거의 군부에게 전부 보내졌으며, 각종 과자에 넣거나 여러 방면에 사용되었습니다. 일반 시장에는 그다지 판매되지 않았었는데 전후가 되어 민간에 나오게 된 후 중독이라는 말을 듣게 되었습니다.[10]

인용은 1951년 2월 15일에 '각성제취체법(覚醒剤取締法)' 제정을 위해 개최된 참의원 후생위원회에서 대일본제약회사 도쿄지점장인 도시마 준키치(豊島順吉)가 한 발언이다. 이 발언에 따르면, 대일본제약회사 측이 파악하고 있는 히로뽕의 효능은 정신흥분작용과 순환계 질환에 대한 작용이었지만, 태평양전쟁이라는 시대적 상황으로 주로 정신흥분제로 활용되었으며, 그것도 생산된 대부분이 군용목적(군대와 군수산업용)으로 사용되었다고 밝힌 것이다. 즉 전시 중에 히로뽕은 태평양전쟁으로 인한 전선의 확대와 함께 주로 군수품으로서 군대와 군수산업 시설에서 피로회복과 권태감의 제거를 위해 사용되고 있었다는 것을 유추할 수 있다.

---

10) 豊島順吉(大日本製薬東京支店長), 「参議院構成員会会議録」, 1951.02.15.
(검색일: 2017.01.18.)

Ⅲ. 전후 일본의 히로뽕 문화

일본은 아시아·태평양전쟁의 패전과 함께 GHQ의 점령행정하에 들어갔다. GHQ는 1945년 9월 20일에 '포츠담선언 수락에 수반하여 발령하는 명령에 관한 건(ポツダム宣言ノ受諾ニ伴ヒ発スル命令ニ関スル件)'이라는 지령을 시작으로 각종 분야의 점령행정을 위한 각서를 발표하였다. 그 가운데 1945년 10월 12일에는 '마약품 및 그 기록의 통제에 관한 각서(麻薬品及びソノ記録ノ統制ニ関スル覚書)'를 발표하고, 즉시 마약의 생산과 유통을 전면 금지하는 명령을 내렸다. 마약 제조와 유통금지 명령에 따라 1931년부터 마약 및 인산코데인(燐酸codeine) 등을 제조했던 도쿄위생시험소는 생산 중지와 공장폐쇄 처분을 받게 되었다. 그리고 같은 달에는 GHQ의 수색 조사에서 마약류의 감독 부실을 사유로 책임자와 감독관청의 관리들이 징계를 받는 일도 일어났다.[11] 그리고 이 조치는 1945년 11월 24일에 발표된 '마약 원료 식물의 재배, 마약의 제조, 수입 및 수출 등 금지에 관한 건(麻薬原料植物ノ栽培、麻薬ノ製造、輸入及輸出等禁止ニ関スル件)'이라는 후생성 제46호 지령으로 더욱 엄격하게 통제·관리되었다.

그런데 GHQ는 전후 일본의 점령행정에 있어서 아편, 모르핀, 코카인, 대마 등의 마약류에 대해서는 규제와 통제를 엄격하게 실시하였지만, 히로뽕과 같은 각성제에 대해서는 별다른 규제조치를 취하지 않았다. 당연히 그 결과는 히로뽕과 같은 각성제가 전후 일본 사회에 대량으로 방출되는 양상으로 이어졌다.

---

11) 宮原誠, 「占領期の厚生省東京衛生試験所(医薬品編-GHQの監督下, 医薬品·食品の検査機関として再出発へ)」Rev3.1, 2018, 3쪽.

일본 사회가 처음으로 경험한 심각한 약물 남용은 전후의 각성제 남용이었다. 패전에 의한 국민의 정신적 동요와 사회질서의 혼란을 배경으로 국민들 사이에 각성제가 대유행하였다. 과거 군대가 보유하고 있던 각성제가 암시장으로 유출되고, 재고를 떠안고 있던 제약회사가 대대적으로 각성제를 처분한 것이 시작이었다. 당시는 '히로뽕, 나라를 망친다'라고 할 정도로 사회문제였다.[12]

인용에서도 알 수 있듯이, 패전 직후 히로뽕과 같은 각성제는 먼저 군대나 배급회사 등이 보유하고 있던 약품이 암시장으로 방출되었으며, 동시에 전시 중에 제조품의 거의 대부분을 구입하던 군대나 군수회사와 같은 납품처를 잃어버린

〈자료 7〉『西日本新聞』1947.12.25

제조회사가 싼 가격으로 민간의 약국이나 암시장으로 각성제를 판매하기 시작한 것이다. 그리고 일부 제약회사는 보통의 의약품으로서 일반인들에게 신문잡지를 통한 대대적인 선전과 함께 적극적인 판매를 전개하였다. 〈자료 7〉은 1947년 12월 25일자 『니시니혼신문(西日本新聞)』에 실린 대일본제약회사의 히로뽕 광고이다. 전시 중의 광고에 비해 광고 내용이나 지면의 크기 등은 축소되었지만, 패전 이후에도 여전히 신문을 통해 히로뽕 광고가 이루어지고 있었다는 점을 알 수 있다.[13] 특히 패전 이

12) 福井進・小沼杏坪, 『薬物依存症ハンドブック』, 金剛出版, 1996, 31쪽.
13) 또 다른 각성제인 武田製薬의 '제도린정(錠)'의 경우는, 일본평론사가 발행하는 학술잡지 『경제평론(経済評論)』에 1946년 4월호부터 7월호까지, 그리고 1947년 2월호, 3・4월호, 5・6월호 등에 '각성제 제도린정(覚醒剤ゼドリン錠)', '두뇌각성제 제도린정(頭脳覚醒剤ゼドリン錠)'이라는 내용을 뒤표지 광고란에 싣고 있다(西川伸一, 「戦後直後の覚せい剤蔓延から覚せい剤取締法制定に至る政策形成過程の実証研究」, 『明

후 히로뽕은 예능인, 문필가, 야간노동자, 학생, 서비스업 종사자, 복원군인(復員軍人) 등에게 선풍적인 인기를 얻으며 전후 사회의 대유행을 견인하였다.

전시 중부터 작품 『메오토젠자이(夫婦善哉)』(1940)를 비롯하여 『청춘의 역설(青春の逆説)』(1941) 등을 발표하며 신진작가로서 활동하였던 작가 오다 사쿠노스케(織田作之助)는 패전 직후에는 소위 무뢰파(無賴派) 작가의 한 사람으로 히로뽕에 의존하여 작품 활동을 한 대표적인 인물이다. 1946년 6월에 발표한 작품 「향수(郷愁)」에는 당시 오다의 작품 활동의 모습이 다음과 같이 묘사되어 있다.

> 요즘처럼 일이 바빠져서 수면시간이 줄어들면 히로뽕 외에는 의지할 곳이 없어진다. 밤중에 피로와 졸음이 밀려오면 예전에는 바로 자버렸지만, 지금은 억지로 신경을 흥분시켜서 계속 일을 하지 않으면 의뢰받은 일의 3분의 1도 못하게 된다.[14]

오다가 야간에 히로뽕에 의지하여 피로와 졸음을 억누르며 의뢰받은 작품을 집필하고 있는 모습이 생생하게 묘사되어 있다. 이 밖에도 이 무렵 히로뽕에 대한 묘사가 등장하는 오다의 작품에는 「약국(薬局)」(1946.08), 「토요부인(土曜婦人)」(1946년 8월부터 연재), 「가능성의 문학(可能性の文学)」(1946.12) 등을 들 수 있다. 같은 무뢰파 작가의 한사람으로 자신도 히로뽕을 자주 사용했던 사카구치 안고(坂口安吾)는 오다의 히로뽕 사용을 다음과 같이 술회하고 있다.

> 오다 사쿠노스케는 히로뽕 주사를 자랑했으며, 술자리에서 갑자기 팔을 걷어 올리고 히로뽕을 놓는다. 당시 유행의 첨단이었기 때문에 일종

治大学社会科学研究所紀要』 57(1), 2018, 7쪽 참조).
14) 織田作之助, 『定本織田作之助全集』 第7巻 第3版, 文泉堂出版, 1995, 25쪽.

의 허세였을 것이다. 지금처럼 누구나가 사용하게 된 상황에서는 그도 사용할 생각이 없었을지 모른다. (중략) 그러나 오다가 자랑하듯 사용했던 히로뽕도 피하 주사로 요즘은 아주 시대에 뒤떨어진 것이다. 무엇보다 주사량도 오늘날의 유행에 비하면 비교도 되지 않는다.[15]

인용은 1950년 1월 『문예춘추(文藝春秋)』에 발표한 안고의 에세이 「마약·자살·종교(麻藥·自殺·宗敎)」의 일부분이다. 안고는 오다의 히로뽕 사용이 당시로서는 유행을 선도하는 행위이자 문화적 현상의 일종이었다고 회상하고 있다. 당시 히로뽕의 사용이 유행을 선도하는 행위이자 문화적 현상이었다는 담론은 다음의 인용에서도 짐작할 수 있다.

작가, 평론가, 연출가, 신문기자, 혹은 뉴스 카메라맨에 이르기까지 대개 문화적이라고 일컬어지는 일에 종사하는 사람들은 마치 그것이 증명서라도 되는 것처럼 꼭 반짝반짝 빛나는 주사기를 주머니 속에 감추고 있다고 한다. (중략) 저명한 작가 K 씨를 만나서 우연히 이야기가 히로뽕으로 이어졌을 때 나도 모르게 말해 버렸다. '히로뽕을 한 번 써 보지 않겠습니까? 글의 분위기가 확 달라집니다' (후략)[16]

패전 직후 평론가로 활동했던 쓰루노 미네마사(鶴野峯正)가 당시의 히로뽕 문화에 대해 기술한 내용이다. 인용에서는 당시 히로뽕이 '작가, 평론가, 연출가, 신문기자, 혹은 뉴스 카메라맨' 등 문화적인 일에 종사하는 대부분의 지식인들이 사용하는 문화적 산물이었으며, 다른 사람에게 권장할 만큼 일상적인 약품이었다는 것을 엿볼 수 있다. 이 때문에 당시 잡지에는 히로뽕에 대한 담론이 무수히 등장한다. 먼저, 다음의 인용과 삽화를 살펴보자.

15) 坂口安吾, 『坂口安吾全集』 17卷, ちくま文庫, 1990, 108~126쪽.
16) 鶴野峯正, 「ヒロポン文化論」, 『FOU』 第14号, 1947.12, 21쪽.

히로뽕족(族)은 밤과 낮이 구분이 가지 않는 인종으로 글을 쓰는 일을 직업으로 하고 있으며, 가스토리(カストリ酒)를 즐기고, 주로 동굴 속에 틀어박힌 채 다른 종족과는 그다지 교제하지 않는다. 그들이 신앙하는 신은 제각각으로 발자크신(神), 오다사쿠신(神), 샤르트르신(神), 키에르케고르신(神), 보드레르신(神) 등이다.[17]

〈자료 8〉과 인용은 패전 이후 많은 작가들이 히로뽕에 의존하여 집필활동을 하고 있는 양상을 다소 해학적으로 묘사한 내용이다. '히로뽕족'

〈**자료** 8〉「ヒロポン族」

은 밤낮 가리지 않고 당시 유행했던 가스토리라는 술과 히로뽕에 의존하며 문학이라는 자신들의 세계관에 심취해 있는 작가를 지칭하는 신조어이다. 즉 당시 작가들이 집필활동에 어느 정도 히로뽕에 의존하고 있었는지를 짐작하게 한다. 이 밖에도 당시 문학계를 지칭하여 '히로뽕 문학',[18] '히로뽕 문체'[19]라는 용어가 등장할 정도로 히로뽕은 작가들 사이에는 지극히 일상적인 약품으로 인식되고 있었다.

그리고 이러한 현상은 당시 천황 히로히토(裕仁)가 히로뽕 주사를 언급한 에피소드에서도 알 수 있다. 패전 이후, 잡지『개조(改造)』가 패전

---

17) 谷内六郎,「ヒロポン族」,『VAN』第3卷 第23号, 1948, 17쪽.
18) '히로뽕 문학'은 1949년 3월에 우메자키 하루오(梅崎春生), 아오야마 고지(青山光二), 노구치 후지오(野口富士男), 야기 요시노리(八木義徳) 등이 잡지『문예시대(文芸時代)』의 주최로 열린 좌담회에 참석하여 '전후문학은 히로뽕문학'이라고 지적한 것에서 유래한다.
19) 문학평론가 혼다 슈고(本多秋五)는『物語戦後文学史』에서 '히로뽕 문체의 특징은 처음에 한 번 붙여진 불꽃이 확대되어 순식간에 거침없이 글이 완성되는 것이다'고 하면서 패전 직후 문학의 특징을 기술한 바 있다(本多秋五,『物語戦後文学史』, 新潮社, 1960, 99~105쪽).

으로 인한 일본인들의 허탈감을 위로한다는 차원에서 천황의 단가(短歌)를 수록하였는데 이 단가가 화제가 되자 많은 다른 잡지사에서도 천황에게 단가를 의뢰하게 되었고, 천황은 '그렇게 많은 분들이 부탁을 하니 히로뽕 주사라도 맞지 않고서야'라고 발언하였다고 한다.[20] 즉 히로히토 천황 역시 당시 히로뽕의 사회적 유행의 분위기와 효능을 인지하고 있었다는 것을 알 수 있다. 이러한 히로뽕에 대한 인식은 비단 문학계에 국한되지 않는다.

> 히로뽕 주사를 맞으면 점점 중독되고, 맞지 않고서는 안 되는 것은 말할 것도 없지만, 그보다도 니켈 용기에 주사기를 넣어 둔다는 것이 뭔가 아주 세련된 것처럼 일종의 신사가 휴대하는 물건 인양 허영적인 것을 발현하는 경향이 젊은 사람들 사이에서 나타났다는 것이다.[21]

인용은 1949년 4월에 발행된 잡지 『생활과학(生活科学)』에 수록된 작가 히라바야시 다이코(平林たい子)와 매일신문 사회부장 구로사키 사다지로(黒崎貞治郎)가 나눈 대담의 일부이며, 히로뽕의 유행 문제를 지적하는 히라바야시의 질문에 대해 구로사키가 어느 학생에게 들은 내용을 전한 것이다. 여기에서 히로뽕은 중독성이라는 위험성에도 불구하고 당시 젊은 세대들에게 아주 세련되고 허영적인 것을 발현하는 문화적 존재라는 점이 부각되고 있다.

그 밖에도 당시 히로뽕은 지식인은 물론 사회인과 주부들도 알아두어야 하는 상식적인 용어로서 인식되고 있었다. 그래서 각종 잡지에는 '히로뽕'이라는 용어를 상식 용어의 하나로 소개하고 설명하는 부분이 자주 등장하고 있다. 예를 들면, 잡지 『주부와 생활(主婦と生活)』(1949.05)에

---

20) 黒田勝弘·畑好秀, 『昭和天皇語録』, 講談社, 2004, 253쪽.
21) 黒崎貞治郎, 「文化人とヒロポン」, 『生活科学』 第7巻 第4号, 1949.04, 14쪽.

는 「새로운 말(新しい言葉)」란을 구성하여 '히로뽕'의 유래와 작용, 그리고 간단한 부작용까지도 설명하고 있다.22) 특히 잡지 『사회인(社会人)』에는 「사회어사전(社会語辞典)」란을 구성하여 2회(1949.07, 1949.10)에 걸쳐 히로뽕을 소개하는가 하면 1949년 7월의 제4호에는 「테스트란(テスト欄)」을 구성하여 문답식으로 히로뽕을 소개하고도 있다.23)

물론 히로뽕에 대해서는 긍정적인 인식만이 존재한 것은 아니다. 1947년 이후 약물 남용에 의한 부작용이 대두되면서 히로뽕을 둘러싼 담론들 사이에는 갈등과 인식의 간극이 발생하기 시작하였다.

1947년 『일본내과학잡지(日本内科學雜誌)』에는 히로뽕 남용에 대한 경계와 우려를 다음과 같이 표출하고 있다.

> 최근 일반인의 주사가 아주 널리 행해지듯이 또 히로뽕과 비슷한 각성아민제(覚醒アミン劑)가 일부 예능인, 스포츠 선수 등에게 아무런 비판도 없이 행해지고 있는 일은 크게 경계하고 조심해야 할 일이다. (중략) 이 약제는 분말은 극약이지만, 정제나 주사제는 아무런 제한을 받지 않는다. 이 약제의 사용은 전시 중에 '걸음이 느린 말에게 채찍을 때린다'는 식으로 능력이 모자란 인간을 억지로 자극해서 전혀 능률이 오르지 않는 야간작업에 내몰고 더욱이 피로를 못 느끼게 한다고 한다. 말하자면, 비양심적인 연구를 토대로 해서 선전된 것으로 이미 인도적으로도 문제가 있다고 생각되는 약제이다. 의료에 활용하는 것은 좋으나 일반적으로 건강한 사람이 이 약제를 사용하는 것은 대단히 주의할 필요가 있다. 우리의 조사에서도 이 약제는 습관성이 있으며, 투여량을 늘리지 않으면 효과가 없다고 확인되었다.24)

인용은 내과 의사인 이와타 시게오(岩田繁雄)가 히로뽕과 같은 각성

---

22) 「新しい言葉」, 『主婦と生活』 第4卷第5号, 1949.05, 58~59쪽.

23) 이 외에도 농업잡지 『Agriculture Digest』(창간호, 1949.08)에도 「알아두고 싶은 말(知って置きたい言葉)」란에 히로뽕을 소개하는 부분이 등장한다.

24) 岩田繁雄, 「ヒロポン連用についての戒心」, 『日本内科學雜誌』 36(5·6·7), 1948, 98~99쪽.

아민제가 아무런 비판이나 제한 없이 유행하는 현상에 대해 경계와 주의를 환기시키고 있다. 특히 이 약제가 '비양심적인 연구'를 바탕으로 선전된 것이며, 전시 중에는 야간작업을 위해 사용된 '인도적으로도 문제'가 있는 약제라는 것을 분명히 밝히고 있다. 여기에서 '비양심적인 연구'와 '인도적으로도 문제'라는 표현에는 다름 아닌 전시 중에 각성제의 연구에서 작용(효과)과 부작용에 대한 명확한 정보를 제시하기보다는 국가총동원체제라는 시국의 요구를 내세워 작용(효과)의 측면을 강조하는 한편 인체에 미치는 부작용의 측면을 무시하거나 간과한 채 무리하게 사용한 것에 대한 의료계의 자기반성이 내포되어 있다. 그 때문에 이와 타는 히로뽕의 습관적 사용과 남용에 대한 인도적인 관점의 구축을 제안한 것이라고 할 수 있다.

한편 히로뽕은, 남용이나 중독의 문제와는 별개로, 패전으로 인한 허탈감과 가치관의 전도(轉倒), 그리고 전시체제로부터의 해방감이 교차하는 전후 혼란기를 경험해야 했던 일본인들에게 일정 부분 정신적 위안을 제공하고 있었다는 견해와 함께 전후 부흥을 위한 생산성 압박으로 인한 스트레스의 해소, 노동 의욕 상승효과, 야간업무 조력 등의 측면에서는 부분적이나마 의약품으로서의 필요성과 유용성을 인정하는 담론도 등장하고 있었다.

> 나는 히로뽕이다. (중략) 나는 제군들의 피로를 회복시키고, 업무 능률을 증진시키기 위한 구세주라고 자부한다. 아, 그랬는데, 그랬는데, 나의 본래의 사명을 모독하는 무리들은 마작으로 철야를 할 때 좋은 친구로 남용한 뒤에 나를 악마의 사도(使徒)처럼 부르짖는 것은 언어도단이 아닐 수 없다. 그런 무리들과는 단호하게 싸울 각오이다. 그런데 앞으로 나를 독약으로 간주하겠다는 당국의 입장을 신문에서 보았는데, 약품인 이상 그 복용량의 일정 한도를 무시하는 경우에는 부작용이 발생하는 것은 당연하다. 그러나 그것은 복용자의 죄이지 나의 죄가 아님에

도 불구하고 나만을 위험분자 취급하는 것은 너무나도 일방적인 탄압
이다는 것을 식자(識者)들에게 호소하겠다.[25]

인용에서도 알 수 있듯이, 화자로 히로뽕이 등장하는 다소 유머와 해
학이 가미된 일종의 히로뽕에 대한 변론과도 같은 담론이지만, '피로회
복'과 '업무 능률 증진'을 위한 '구세주'로서의 히로뽕의 '본래의 사명'과
역할에 대해 어필하는 한편 본의 아닌 남용과 중독으로 인해 '악마의 사
도'와 '위험분자'로 이미지가 변질되어 가는 부분에 대해서는 격분하고
있는 히로뽕의 입장을 묘출하고 있다. 즉 히로뽕의 필요성과 유용성에
대한 긍정적인 시각을 호소하는 담론이라고 할 수 있다.

이처럼 전후 일본의 히로뽕은 남용과 중독으로 인한 폐해가 표면화하
기 전까지는 패전으로 인한 허탈감의 해소와 전시체제로부터의 해방감
을 발현하는 기제로서 기능하였으며, 동시에 아프레게르의 유행을 주도
하는 존재이자 전후 부흥의 촉진제로서 자리매김 되고 있었다.

Ⅳ. 이미지 전환과 타자의 동원

그런데 1947년 이후 히로뽕은 그 부작용과 중독문제 등의 유해성이
문제시되기 시작하면서 히로뽕에 대한 이미지의 변용도 시작되었다. 그
계기에는 당시 만담가로 명성을 떨치고 있었던 미스 와카나(ミス・ワカ
ナ)가 1946년 10월에 히로뽕 중독으로 인한 심장발작으로 사망하는 사건
과 히로뽕을 상습적으로 복용한 소설가 오다 사쿠노스케(織田作之助)가

---

25) ＡＱＢグルツペ, 「ブラック＆ホワイト教室」, 『陽炎』 創刊号, 1949.07, 69~70쪽.

1947년 1월에 사망하는 사건이 일어나면서 대중들에게 적지 않은 충격을 주었기 때문일 것이다. 이후 의료계에서는 히로뽕 사용에 대한 주의를 환기시키는 한편 부작용과 독성을 지적하며 히로뽕의 제어를 주장하기도 하였다.[26]

히로뽕에 대한 이미지의 변용은 당시 신문잡지에 등장하는 담론에서 더욱 뚜렷하게 나타난다. 특히 이러한 담론은 크게 히로뽕과 전쟁기억을 관련시키거나 히로뽕과 청소년문제를 연관지어서 다루어지는 양상으로 전개되고 있다. 그리고 무엇보다 히로뽕의 이미지 변용에 타자의 존재가 동원되고 있다는 점은 주목할 만하다.

먼저, 히로뽕과 전쟁기억을 관련시킨 담론을 살펴보자. 1947년 2월 6일과 7일에 사카구치 안고(坂口安吾)는 『도쿄신문(東京新聞)』에 다음과 같은 에세이를 발표하였다.

> 당시에는 전쟁 중으로 나는 일도 없고, 술도 없는 상태여서 히로뽕의 도움을 받을 일도 적었지만, 가끔은 숙취에 사용한 적도 있는데, 나의 숙취라는 것은 아주 고약해서 정량 이상을 먹었더니 마침 함께 있던 나가하타(長畑) 의사에게 꾸중을 들은 적이 있다. 그때 에페드린과 비슷한 성분의 약이라는 것을 알게 되었다. 그러는 동안에 공습이 시작되고 약국에 히로뽕의 자취도 사라졌다. 본토가 전쟁터가 된 듯한 때에 히로뽕이 필요할 것 같다고 생각하고 있었는데 나의 형이 군수공장에 근무하고 있으니까 '그 약이라면 회사에 있다, 야간 근무하는 직원들에게 먹이는 약'이라고 하면서 주었다. (중략) 호프(雜誌 『ホープ』)의 편집자인 니이미(新美)라는 사람이 원래는 심리학을 전공한 사람인데 전쟁 중에 항공대에 소속되어 히로뽕의 심리반응을 조사하고 특공대에게 히로뽕을 이용해 볼 생각이었다고 한다.[27]

---

26) 이러한 의료계의 주장은, 岩田繁雄, 「ヒロポン連用についての戒心」(『日本内科學雜誌』 36(5·6·7), 1947, 98~99쪽)과 河北真太郞, 「日本医師会は何を為し何を為さんとするか」(『日本医師会雑誌』 22(10), 1948, 359~360쪽), 鈴木三蔵, 「芸人とヒロポン」(『日本医師会雑誌』 第23巻第7号, 1949, 474~475쪽)을 참조.

안고는 전시 중에 자신이 히로뽕을 체험한 내용을 서술하면서 공습 이후에 히로뽕 구입이 곤란하게 되자 군수공장에 근무하던 자신의 형으로부터 히로뽕을 얻게 된 사실을 밝히고 있다. 그리고 잡지사의 편집자로부터 특공대와 히로뽕에 대해 들은 이야기도 함께 기술하고 있다. 앞서 살펴본 바와 같이, 전시 중에 히로뽕은 주로 군대와 군수산업 시설에서 사용되고 있었다. 안고의 에세이는 의미심장하게도 히로뽕이 전시 중에 군대와 군수산업 시설에서 사용된 사실을 다루고 있는 것이다. 안고의 형은 히로뽕을 군수공장에서 '야간 근무를 하는 직원에게 먹이는 약'이라고 소개하고 있다. 이것은 일명 「묘목정(猫目錠)」이라는 것으로 졸음을 방지하고 일시적으로 시력을 좋게 하여 야간 근무자(야간 노동, 야간 감시 등)의 작업능률을 향상시키기 위해 사용된 히로뽕 정제를 말한다. 그리고 잡지사의 편집자가 이야기한 특공대, 즉 가미카제특공대(神風特攻隊)가 복용한 히로뽕이라는 것도 일명 「돌격정(突擊錠)」 혹은 「특공정(特攻錠)」이라는 것으로 녹차 분말에 히로뽕을 혼합하여 국화 문양 형태로 만든 히로뽕 정제를 가리킨다.[28] 물론 안고는 히로뽕과 전쟁의 관계에 대해 직접적인 가치판단은 행하지 않고 있다. 그러나 히로뽕은 적어도 전쟁기억을 소환하는 매개체로서 기능하고 있었다는 것을 짐작할 수 있다. 그렇다면 다음의 담론을 살펴보자.

> 전쟁 중의 일이다. 마루빌딩의 어느 어용회사에 다니는 사람이 '아주 머리가 좋아지는 약을 구했다'고 떠들어대고 다녀서 주의해서 살펴보니 '이 약은 외부비(外部秘)인데 육해군 특공대 청년들에게만 먹이는 의욕 증진 약이다'고 가르쳐 주었다. (중략) 그 끔찍한 공습의 불길과 폭음, 도쿄의 암흑 속에서 나는 '젠장, 군부놈들, 배덕의 극치다'라고 하면서

---

27) 坂口安吾, 「反スタイルの記」, 『東京新聞』 1947.02.06~07.
28) 中村希明, 『薬物依存—ドラックでつづる文化風俗史』, 講談社, 1993, 107쪽.

이를 갈았다. 그리고 무지한 특공대원들을 위해 울지 않을 수 없었다. 나는 끔찍한 '악마의 약'으로 히로뽕(ヒロポン)의 네 글자를 그 후로도 줄곧 기억하고 있다. (중략) 히로뽕 중독자 여러분에게 묻는다. '여러분은 군벌이 화려했던 그 암흑시대를 재현하고 싶은가? 너무나도 미래가 밝은 대학생이나 중학생을 죽음으로 내몰았던 특공대제도의 마수는 평화로운 오늘날에 또다시 히로뽕에 의해 완전히 그 맹위를 떨치고 있다. 무엇이 좋아서 여러분은 헛된 인생특공대를 지원하는 것인가?[29]

인용은 전전부터 시인이자 평론가로 활동해 온 히라노 이마오(平野威馬雄)가 1949년에 일본 사회의 히로뽕 남용과 중독에 대해 비판적인 관점을 기술한 평론의 일부이다. 히라노는 히로뽕이 전쟁 중에 '육해군 특공대'에게 사용되었다는 사실에 분노하면서 군부의 비인도적인 행위를 '배덕의 극치'라고 신랄하게 비판하고 있다. 그리고 히로뽕 사용을 전시 중에 대학생이나 중학생을 죽음으로 내몰았던 특공대제도와 비교하여 '인생특공대를 지원하는' 행위라고 우려하고 있다. 즉 히로뽕 사용을 전시 중에 자행된 특공대제도와 오버랩 시켜 지적함으로써 히로뽕에 대한 심리적 저항을 극대화한 것으로 볼 수 있다. 다만, 여기에서 소환되는 전쟁기억은 어디까지나 군용목적(군대와 군수산업용)으로 자국민에게 히로뽕을 사용하였다는 비인도주의적인 관점에 한정된다는 점을 지적해 둔다.

다음으로는 히로뽕과 청소년문제를 관련시킨 담론을 살펴보자. 앞서 히라노의 평론에서도 지적된 것처럼, 히로뽕 사용은 점차 청소년층에도 확산되면서 심각한 사회문제로 인식되고 있었다. 그 때문에 청소년의 히로뽕 사용 문제는 당시 신문에서도 자주 기사화되고 있었다. 1949년 10월 9일자 『츄고쿠신문(中国新聞)』에는 청소년층의 히로뽕 남용문제를 다음과 같이 기술하고 있다.

---

29) 平野威馬雄,「ヒロポン禍―戦後作家の生態」,『世界評論』1949.12, 68~71쪽.

지금까지는 예능인이나 유녀가 많았지만, 최근 20세 전후의 청소년층의 구매자가 대부분을 차지하고 있다. 특히 학생층이 많으며, 1인 1일한 상자(1cc 앰풀 10개 입)를 사용하는 모양이다. 청소년 구매자는 일정한 약국에서 구입하지 않기 때문에 사용 실태를 파악하는 것은 곤란하지만, 청소년 범죄자의 대부분은 각성제 남용자라는 것이 최근 판명되어 앞날이 어둡다.[30]

기사에 따르면, 당시 청소년층의 히로뽕 구매가 급격히 증가하였고, 기존의 구매자들과는 다른 구매패턴으로 인해 사용 실태를 파악하는 것도 곤란한 상태라고 주의를 환기시키고 있다. 그리고 청소년 범죄자의 대부분이 '각성제 남용자'라는 사실에 대한 걱정과 우려도 반영되어 있다. 즉 이 기사에는 청소년=보호대상자라는 인식과 히로뽕=범죄유발이라는 관점이 조합되어 다루어지고 있다. 그 결과 보호되어야 할 청소년이 히로뽕이라는 유해물질로 인해 피해를 보고 있다는 도식 또한 엿볼수 있다. 이러한 담론은 다음의 기사에서도 확인할 수 있다.

도쿄도내에 '히로뽕 화(禍)'가 눈에 띄게 늘어나고, 특히 이와 함께 청소년 범죄가 급증하고 있기 때문에 경시청 방범과에서는 18일에 관할 내전 경찰서에 악질위반업자나 브로커의 일제 단속과 함께 이들 청소년의 보도(補導)를 행하도록 지령을 발령하였다.[31]

히로뽕 남용으로 인한 청소년 범죄가 급증한 가운데 경시청은, 청소년은 지도의 대상으로 상정한 반면 '악질위반업자'나 '브로커'는 단속 대상으로 규정하고 있다. 즉 청소년의 히로뽕 남용과 범죄의 증가는 히로뽕이라는 유해물질을 매개로 한 '악질위반업자'나 '브로커'의 범죄로 인

---

30) 「"暗夜行路"の学生たち・ヒロポン濫用」, 『中国新聞』 1949.10.09.
31) 「少年ヒロポン患者」, 『朝日新聞』 1949.10.19.

해 파생된 결과라는 인식이 기저에 자리하고 있기 때문에 청소년에 대해서는 보도(補導)를 행하도록 지령을 발령한 것으로 볼 수 있다. 다음의 기사는 청소년의 히로뽕 남용에 대한 입장을 더욱 명확하게 보여주고 있다.

> 군국시대의 특공대가 만들어 낸 비극적인 일을 생각하며 정부는 특별법을 만들더라도 범죄의 폭탄을 안고 신음하는 불행한 청소년을 구제해야만 할 것이다.[32]

이 기사에는 청소년의 히로뽕 남용을 전시 중의 가미카제특공대의 비극과 동일시하면서 히로뽕이라는 '범죄의 폭탄'으로 고통 받는 청소년을 정부가 적극적으로 구제해야 한다고 주장하고 있다. 이러한 기사는 청소년은 일본 사회가 절대적으로 보호하고 구제해야 할 대상(피해자)으로 상정하고 있다는 방증이며, 반대로 히로뽕은 마치 '악의 원흉'이자 지탄의 대상으로 인식하는 시각의 변화에 따른 것일 것이다.[33]

다음으로 히로뽕의 이미지 변용에 타자의 존재가 동원되는 양상을 살펴보자. 일본 정부는 히로뽕 남용과 중독으로 인한 사회문제가 급증하자 1949년 3월 28일에 히로뽕을 포함한 6종의 각성제 정제를 극약(劇藥)으로 지정하고 단속을 강화하였다.[34] 그리고 마침내 1951년 6월 30일에는 '각성제취체법(覚醒剤取締法)'이 공포되고, 7월 30일에는 시행되기에 이르렀다. 이로써 각성제류는 '현물 및 그 원료의 수입, 수출, 소지, 제조, 양도, 양수 및 사용'에 대해 단속을 실시하게 되었다. 그러나 각성제취체

---

32) 「ヒロポン中毒を撲滅せよ」, 『埼玉新聞』 1950.10.26.
33) 그 외에도 청소년의 히로뽕 남용문제를 다룬 기사는 「恐るべきヒロポン」(『愛媛新聞』 1949.07.29), 「少年ヒロポン患者急増, 薬代欲しさに悪事」(『朝日新聞』 1949.10.22) 등을 들 수 있다.
34) 「ヒロポンは劇藥に」, 『朝日新聞』 1949.03.29.

법이 시행된 이후에도 히로뽕 등 각성제의 유통과 밀조, 부당사용 등은 꾸준히 지속되고 있었다. 그 배경에는 각 제조회사가 보유재고를 대량으로 불법 유통한 것, 비교적 규모가 큰 회사에서 밀조 판매한 것, 비전문가가 간단한 설비를 갖추고 소규모로 밀조 판매한 것 등이 작용하였다.[35] 그런데 이때 주목할 부분은 신문미디어에서는 각성제 주사약의 밀조와 밀매사건의 온상으로 재일조선인과 일본공산당이 지목되고 있었다는 점이다.

> 만세이바시(万歳橋) 경찰서에서는 16일 아침 6시 반 히로뽕 밀조소(密造所) 아라카와구 닛뽀리쵸 8의 135, 무직 김병택(金柄沢, 38세)을 급습, 김병택과 동생 김병화(金柄和, 35세)를 검거, 히로뽕 1천 5백 개(시가 1만 5천 엔), 약물 기계 등 다수를 압수했다. 수천 개를 밀조, 2백만 엔 이상의 부당이득을 취하였다.[36]

이 기사는 각성제취체법이 시행된 이후 처음으로 히로뽕 밀조사건을 다룬 기사이다. 기사에서 알 수 있듯이 재일조선인 형제가 검거되고, 관련 기자재도 압수하였다는 내용이다. 이후 재일조선인에 의한 히로뽕 밀조사건은 신문기사에 지속적으로 등장하게 된다.

> 경시청 수사2과에서는 스기나미경찰서와 협력하여 21일 오후 3시경 스기나미구 오미야마에(大宮前) 319, 일본공산당원 김용주(金龍珠, 44세)를 각성제 밀조 용의로 급습, 김용주와 동거인 강항수(康恒秀, 25세), 김병륜(金柄崙, 20세)을 밀조 현행범으로 검거함과 동시에 히로뽕 6백 개, 상표지 2만 매, 제조기 한 세트, 모르핀 6그램을 압수했다.[37]

---

35) 고모리 사카에(小森榮)는 이 무렵에 각성제 블랙마켓이 탄생한 것은 기존의 각성제 제조회사의 보유재고에 대한 대량의 불법유통과 '대회사(大會社)'로 불리는 비교적 규모가 큰 회사가 밀조품을 유통 판매한 것이 주요한 원인이라고 지적한 바 있다. (弁護士小森栄の薬物問題ノート, https://33765910.at.webry.info 검색일: 2018.11.20.)
36) 「ヒロポン密造兄弟」, 『読売新聞』 1951.09.16.

이 기사에서 주목할 부분은 히로뽕 밀조 용의로 검거된 재일조선인 김용주가 일본공산당원이라는 사실이다. 즉 재일조선인과 일본공산당은 히로뽕이라는 사회악을 밀조하는 온상이라는 등식의 근거를 제공한 것이다. 그리고 이러한 기사는 점점 자극적인 제목과 내용으로 일본 사회에 전파되었다.

「히로뽕 왕 잡다 2백만 개 밀조해서 도매」 아사쿠사경찰서에서는 30일까지 히로뽕 밀조 판매 일당으로 히로뽕 왕으로 불려지는 주소불명의 무직 오한석(吳漢石, 40세), 김공보(金公輔, 30세) 등 5명을 검거하여 밀조단의 전모가 밝혀졌기 때문에 최근 일제 검거를 실시하였다. (후략)

〈자료 9〉「ヒロポン王捕る」, 『読売新聞』 1952.03.31.

〈자료 9〉는 1952년 3월 31일자 『요미우리신문(読売新聞)』 조간 3면과 히로뽕 관련 기사이다. 먼저 지면의 오른쪽 기사는 1952년 3월 30일에 효고현 고베시에서 재일조선인단체인 청년평화협의회준비회가 데모행진을 하던 중 경관과 충돌하여 수십 명이 부상을 입고 17명이 검거된 내용을 사진(중앙부 사진-'검거되는 재일조선인 데모대', 중앙 하단부 사진-'압수한 죽창')과 함께 다룬 기사이다. 기사 제목에서도 알 수 있듯이, 재일조선인은 '최루병(催涙瓶)'과 '죽창(竹槍)'을 지참하여 사회질서를 교란하는 폭력집단으로 규정되어 있다. 그리고 바로 옆 왼쪽의 지면에는 「히로뽕 왕 잡다」라는 기사를 구성하고 있다. 이 기사에는 '히로뽕 왕'이라는 자극적인 제목과 함께 히로뽕 밀조 용의로 재일조선인 오한석

---

37) 「日共党員を検挙 杉並で覚醒剤密造の三名」, 『読売新聞』 1951.11.22.

등 5명이 검거된 내용을 다루고 있으며, 오한석에 대해서는 상반신 사진까지 제공하고 있다.

즉 이 두 기사는 재일조선인을 사회질서를 교란하고 사회악을 밀조하는 타자로 설정함으로써 내셔널리즘적 시각을 자극하고 있다. 다시 말해 히로뽕에 대한 부정적인 이미지를 재일조선인과 조합시켜 극대화하고 있는 것이다.[38] 그리고 이 과정에는 일본공산당 역시 동원되고 있었다.

> 미야사카(宮坂)경찰서에서는 25일, 분쿄구 모리마치44, 앰풀(ampoule) 제조업 마쓰우라 기요시(松浦淸, 47세), 근무자 고스기 시게(小杉しげ, 58세) 두 사람을 흥분제취체법 위반으로 체포. 히로뽕 6천 개와 약품, 제조기구 등을 압수했다. 조사에 의하면, 이들은 작년 말부터 히로뽕 약 수만 개를 밀조, 가와사키시 모리카와쵸(川崎市森川町)의 조선인부락을 통해 게이힌(京浜) 부근으로 유통시킨 것으로 마쓰우라는 일본공산당원이었던 적도 있다고 한다.[39]

이 기사에는 일본인 히로뽕 밀조자가 가와사키시의 조선인부락을 통해 히로뽕을 유통시킨 용의로 검거되었으며, '일본공산당원' 출신이라는 점을 기사화하고 있다. 여기에서 '일본공산당원'이라는 용어는 냉전이데올로기(반공주의)가 심화되던 당시 일본의 사회적 분위기를 고려할 때 극좌적 파괴분자 또는 불온한 존재로서 인식되는 또 하나의 타자를 지칭하는 것이다. 즉 히로뽕의 이미지 변용에 일본공산당 역시 타자로 동원된 것이라고 할 수 있다.

이렇게 볼 때 히로뽕을 둘러싼 담론은 재일조선인과 일본공산당이라는 타자를 동원함으로써 히로뽕의 이미지 변용을 강화하는 한편 재일조

---

38) 이러한 시각은 잡지 『キング』가 1954년 10월호에 수록한 「怖るべき亡国病(ヒロポン)の実体」라는 기사에 '히로뽕 밀조자의 72%가 조선인이다'는 표현에서 더욱 노골적으로 표출되고 있다.

39) 「ヒロポン十万本密造」, 『朝日新聞』 1952.08.25.

선인과 일본공산당이라는 타자에 대해서는 배제의 논리를 적용시킬 수 있는 근거로 작용하고 있었다고 할 수 있다.

V. 맺음말

전시체제하에 국가적 요구와 시대적 필요에 의해 제조되고 활용된 히로뽕은 일본의 패전과 함께 의약품으로서 암시장과 일반인들에게 널리 유통되었다. 전후 일본 사회에서 히로뽕은 남용과 중독으로 인한 사회적 문제가 표면화하기 전까지는 패전의 허탈감을 해소하고 동시에 전시체제로부터의 해방감을 발현하는 보조적인 수단으로 활용되었다. 또한 아프레게르의 유행을 주도하는 한편 전후 부흥의 촉진제로서도 기능하였다. 그러나 1947년 이후 히로뽕은 그 부작용과 중독 등의 유해성이 문제시되기 시작하면서 일본 사회가 구축해야 할 사회악으로 자리매김 되었다.

그런데 이와 같은 히로뽕의 이미지 변용에는 전쟁기억과 히로뽕을 오버랩 시켜 지적함으로써 히로뽕에 대한 심리적 저항을 극대화하는 한편 청소년을 보호하고 구제해야 할 대상(피해자)으로 상정함으로써 히로뽕은 악의 원흉이자 지탄의 대상으로 인식되게 되었다. 그뿐만 아니라 이 과정에는 재일조선인과 일본공산당이라는 타자의 존재도 동원되고 있었다. 재일조선인과 일본공산당을 사회질서를 교란하고 사회악을 밀조하는 타자로 설정하는 내셔널리즘적 시각과 냉전이데올로기(반공주의)를 자극함으로써 히로뽕에 대한 부정적인 이미지는 극대화되었으며, 전후 사회에서 배제되어야 할 당위성도 배가시키는 작용을 하였다.

결국 히로뽕은 제조부터 금지까지 모두 국가권력이 관여한 존재이지만, 그 이미지의 변용과 사회적 배제의 논리에는 전쟁기억과 타자의 동원을 활용하고 있었다고 할 수 있다.

참고문헌

1. 자료

『朝日新聞』

『愛媛新聞』

『中国新聞』

『読売新聞』

2. 저서

內藤裕史, 『薬物乱用・中毒百科―覚醒剤から咳止めまで』, 丸善出版, 2011.

織田作之助, 『定本織田作之助全集』 第7巻第3版, 文泉堂出版, 1995.

坂口安吾, 『坂口安吾全集』 17, ちくま文庫, 1990.

佐藤哲彦, 『覚醒剤の社会史』, 東信堂, 2006.

佐藤哲彦・青野栄一・吉永嘉明, 『麻薬とは何か』, 新潮選書, 2009.

杉山章子, 『占領期の医療改革』, 勁草書房, 1995.

中村希明, 『薬物依存―ドラックでつづる文化風俗史』, 講談社, 1993.

福井進・小沼杏坪, 『薬物依存症ハンドブック』, 金剛出版, 1996.

船山信次, 『麻薬のすべて』, 講談社現代新書, 2011.

本多秋五, 『物語戦後文学史』, 新潮社, 1960.

3. 논문

임상열, 「우리나라 히로뽕의 역사적 변천」, 『한국행정사학지』 14, 한국행정사학회, 2004.

ＡＱＢグルツペ, 「ブラック＆ホワイト教室」, 『陽炎』 創刊号, 1949.

有山登, 「新興奮劑β – Phenylisopropylamin」, 『精神神經學雜誌』 45, 1941.

岩田繁雄, 「ヒロポン連用についての戒心」, 『日本内科學雜誌』 36(5,6,7), 1947.

海軍軍医少佐竹村多一・海軍軍医大尉横澤彌一郎, 「除倦覚醒剤ノ作用ニ就イテ(第一報)」, 『海軍軍医会雑誌』 32, 海軍軍医会, 1943.

河北真太郎,「日本医師会は何を為し何を為さんとするか」,『日本医師会雑誌』22(10), 1948.

黒崎貞治郎,「文化人とヒロポン」,『生活科学』7(4), 1949.

黒田勝弘・畑好秀,『昭和天皇語録』, 講談社, 2004.

坂口安吾,「反スタイルの記」,『東京新聞』, 1947.02.06~07.

鈴木三蔵,「芸人とヒロポン」,『日本医師会雑誌』23(7号), 1949.

谷内六郎,「ヒロポン族」,『VAN』3(23), 1948.

田村雅幸,「覚せい剤の流行と法規制」,『犯罪社会学研究』, 日本犯罪社会学会 編 7, 1982.

鶴野峯正,「ヒロポン文化論」,『ＦＯＵ』14, 1947.

長井長義,「漢藥麻黄成分研究成績 (續)」,『藥學雑誌』121, 1892.

西川伸一,「戦後直後の覚せい剤蔓延から覚せい剤取締法制定に至る政策形成過程の実証研究」,『明治大学社会科学研究所紀要』57(1), 2018.

平野威馬雄,「ヒロポン禍──戦後作家の生態」,『世界評論』, 1949.

堀見太郎外,「精神状態ニ及ボス'Hospitan'(Phenylmethyl-aminopropan)作用ニ就テ」,『大阪医学会雑誌』39, 1940.

三浦謹之助,「麻黄より製出せる除倦覚醒剤に就いて」,『実験医報』28, 1941.

宮原誠,「占領期の厚生省東京衛生試験所(医薬品編-GHQの監督下, 医薬品・食品の検査機関として再出発へ)」Rev3.1, 2018.

「新しい言葉」,『主婦と生活』4(5), 1949.

「怖るべき亡国病(ヒロポン)の実体」,『キング』, 1954.

弁護士小森栄の薬物問題ノート, (https://33765910.at.webry.info(검색일:2018.11.20)

▌이 책에 실린 논문의 출처 ▌

1부 제국과 동원의 정치

■ 전시체제기 일제의 병력 동원 정책과 학교체육 __최재성
　:『역사연구』제45호, 역사학연구소, 2022.

■ 전시체제기 동원체제와 종교계의 대응 __성주현
　:『동학학보』63호, 동학학회, 2022.

■ 일제강점기 구술자료를 통해 보는 노무동원 노동자의 몸 건강 _김인덕
　:『역사연구』45호, 역사학연구소, 2022.

■ 전후 일본의 『주간소국민(週刊小國民)』 - 발신하는 담론과 연속하는 프로파간다 _황익구
　:『일본어문학』94호, 한국일본어문학회, 2022.

■ 독일제국(1871~1918)의 식민지 경영과 인력동원 - 여성역할을 중심으로 __나혜심
　:『역사연구』45호, 역사학연구소, 2022.

2부 국가와 신체 관리

■ 전시체제기 '멸사봉공'의 신체, 일본정신과 무도 __최규진
　:『역사연구』44호, 역사학연구소, 2022.

■ 1946년 충청도 지역 콜레라 발병·확산과 근대 철도 교통 체계 _임종명
　:『역사와 담론』103, 호서사학회, 2022.

■ 송형래 일기를 통해 본 대한민국 정부 수립 초기 보건행정체계 개편 과정
　 - 1949년 보건부 독립을 중심으로 _최규진·권영훈
　:『역사연구』45호, 역사학연구소, 2022.

- The role of Nurse in the Korean War _ 정은영
  : 『International Journal of Advanced Culture Technology』 10호, 국제문화기술진흥원, 2022.

- 전후 일본의 히로뽕을 둘러싼 담론과 이미지의 변용_황익구
  : 『일어일문학』 96호, 대한일어일문학회, 2022.

▌저자소개 (필자순) ▌

- **최재성**(청암대학교 재일코리안연구소 연구교수)

  저서로는 『식민지 조선의 사회경제와 금융조합』(경인문화사, 2006), 『계몽의 기획과 신체』(공저, 도서출판 선인, 2019) 등이 있다. 논문으로는 「개화기 교과서에 투영된 신체 규율」(『한국독립운동사연구』 67, 2019), 「조선총독부 발행 1930~40년대 교과서의 보건·위생론」(『사림』 73, 2020), 「일제 경찰기구의 위생 선전」(『한일민족문제연구』 40호, 2021), 「일제 경찰의 강압적 위생 취급」(『한국독립운동사연구』 77호, 2022) 등이 있다.

- **성주현**(1923 제노사이드 연구소 부소장)

  저서로는 『근대 신청년과 신문화운동』(도서출판 모시는사람들, 2019), 『동학과 동학농민혁명』(도서출판 선인, 2019), 『관동대지진과 식민지 조선』(도서출판 선인, 2020), 『근대전환기 서구문명의 수용과 민족운동』(도서출판 선인, 2021), 『해월 최시형 평전』(도서출판 선인, 2021), 『일제의 종교정책』(공저, 동북아역사재단, 2021) 등이 있다. 논문으로는 「근대시기 '안성천'의 명명과 이칭들」(『향토사연구』 21, 2021), 「해방 후 복간 『개벽』을 통해 본 3·1운동의 인식」(『동학학보』 58, 2021), 「천도교소년회의 지역 조직과 활동」(『방정환연구』 5, 2021) 등이 있다.

- **김인덕**(청암대학교 재일코리안연구소 소장, 간호학과 조교수)

  저서로는 『한국현대사와 박물관』(국학자료원, 2018), 『오사카 재일조선인의 역사와 일상』(도서출판 선인, 2020), 『갈등과 화합의 재일코리안 단체의 역사』(도서출판 선인, 2021) 등이 있다. 논문으로는 「재일조선인사 연구의 선구자 박경식」(『근현대 지식인과 한일 역사화해』, 동북아역사재단, 2021), 「역사 속 재일조선인 의료와 복지의 한계」(『한일민족문제연구』 40, 2021.06), 「역사박물관 전시 보기를 전제로 살펴본 대한민국역사박물관 한국근대사 전시 개편」(『현대사와 박물관』 4, 2021.12) 등이 있다.

- **황익구**(청암대학교 재일코리안연구소 연구교수)

  저서로는 『交錯する戦争の記憶-占領空間の文学』(春風社, 2014), 『異文化理解とパフォーマンス』(공저, 春風社, 2016), 『재일코리안에 대한 인식과 담론』(공저, 도서출판 선인, 2018), 『재일코리안의 역사적 인식과 역할』(공저, 도서출판 선인, 2018), 『일제침략기 사진 그림엽서로 본 제국주의의 프로파간다와 식민지 표상』(공저, 민속원, 2019), 『재일코리안의 이주와 정주 코리안타운의 기억과 지평』(도서출판 선인, 2021), 『재일코리안의 문화예술과 위상 기억을 위한 소묘』(도서출판 선인, 2021) 등이 있다. 논문으로는 「전후 일본의 귀환자 문제와 '민주주의'교육—소거되는 제국의 기억」(『일어일문학연구』 122호, 2022), 「戰後日本 の「主体性」の論議と坂口安吾の発想」(『일본문화학보』 94호, 2022) 등이 있다.

- **나혜심**(고려대학교 독일어권문화연구소, 연구원)

  저서로는 『독일로 간 한인여성』(산과글, 2012), 『박정희시대와 파독한인들』(도서출판 선인, 2013), 『기록으로 보는 해외 한인의 역사(유라시아편)』(국가기록원, 2015), 등이 있다. 논 문으로는 「독일로 간 한인 여성노동자의 난민성」(『역사문제연구』 20-1, 2016), 「A Study of South Korean Migrant Nurses in West Germany from the Perspective of the Catholic Church in Germany」(『독일연구』 37, 2018), 「횡단적 삶의 방식인 이주 그리고 재독 한인의 삶」(『사림』 59, 2017), 「돌봄 노동 이주의 역사적 기원」(『서양사론』 144, 2020), 「19세기 후반 독일 청년운동과 신체문화」(『독일연구』 47, 2021), 「독일로 이주한 한인간호여성과 독일 68운동」(『세계역사와문화연구』 62, 2022) 등이 있다.

- **최규진**(청암대학교 재일코리안연구소 연구교수)

  저서로는 『조선공산당 재건운동』(독립기념관, 2009), 『근대를 보는 창 20』(서해문집, 2007), 『근현대 속의 한국』(공저, 방송통신대학출판부, 2012), 『쟁점 한국사—근대편』(공 저, 창비, 2017), 『일제의 식민교육과 학생의 나날들』(서해문집, 2018), 『이 약 한번 잡숴 봐!: 식민지 약 광고와 신체정치』(서해문집, 2021) 등이 있다. 논문으로는 「우승열패의 역 사인식과 '문명화'의 길」(『사총』 79, 2013), 「근대의 덫, 일상의 함정」(『역사연구』 25, 2013), 「노동하는 신체와 '국민되기'」(『역사연구』 36, 2019) 등이 있다.

- **임종명**(전남대학교 사학과 교수)

  논문으로는 「대한민국의 지리산 지구 대(對)유격전(1948.10~1950.5) 재현과 스펙터클」(『역 사연구』 45, 2022), 「종전/해방 직후 남한, 인종 중심적 미국상과 反패권적 약소민족 인민 연대의 상상」(『한국사학보』 78, 2020), 「아시아—태평양 전쟁기, 식민지 조선의 인종 전쟁 담론」(『사총』 94, 2018), 「종전/해방 직후(1945.8~1950.5) 남한 담론 공간과 변경의 미 학적 재현」(『역사연구』 33, 2017), 「해방 공간의 소설과 '서울/비(非)서울'의 표상 체제」 (『역사 속의 중앙과 지방』, 엔터, 2011) 등이 있다.

■ **최규진**(인하대학교 의과대학 부교수)

저서로는 『세상의 배경이 된 의사』(건강미디어협동조합, 2018), 『광장에 선 의사들』(이데아, 2017), 『의료, 인권을 만나다』(건강미디어협동조합, 2017, 공저), 『의료 붕괴』(공저, 이데아, 2017), 『한국 보건의료운동의 궤적과 사회의학연구회』(한울, 2016), 『역사 속의 질병, 사회 속의 질병』(공저, 솔빛길, 2015) 등이 있고, 번역서로 『누구나 알지만 아무도 모르는 731부대』(공역, 건강미디어, 2020), 『콜레라는 어떻게 문명을 구했나』(공역, 메디치미디어, 2012)가 있다.

■ **권영훈**(연세대학교 대학원 인문사회의학협동과정)

「1953-1955년 한미재단의 보건의료부문 활동과 그 영향」이란 제목의 학위논문으로 연세대학교 대학원 인문사회의학협동과정에서 석사학위를 취득하였다.

■ **정은영**(청암대학교 간호학과 조교수)

논문으로는 「Development and Application of an Infant and Toddler Healthcare Program for Marriage-Migrant Women」(『International Journal of Healthcare Information Systems and Informatics』 14, 2019), 「근대(1876-1945) 한국사회의 전염병 인식과 간호사의 융합적 역할」(『The Journal of the Convergence on Culture Technology』 6, 2020), 「Story Telling Problem Based Learning(ST-PBL): A Program for Rural Elderly with Chronic Diseases」(『Journal of Problem Based Learning』 9, 2022), 「Story Telling Problem Based Learning(ST-PBL): A Program for Rural Elderly with Chronic Diseases」(『Journal of Problem Based Learning』 9, 2022) 등이 있다.